公共阐释对话集

价值

中国社会科学出版社重大项目出版中心 编

中国社会科学出版社

# 目　录

目　录

## 第三编　公共阐释的理论意义

第一编

从强制阐释到公共阐释

# 强制阐释、公共阐释与中国
# 阐释学的创造性建构<sup>*</sup>

傅永军<sup>**</sup>

自 20 世纪 70—80 年代西方诠释学逐步传入汉语学界以来，它快速地对汉语学界的诠释学研究产生广泛而持久的学术影响，以三种方式塑造出汉语学界诠释学研究的基本学术版图。这三种方式包括：一是将传统经典注解置于现代学术范式中进行考辩探究，揭示文献、语言知识与经典诠释之间的关系，激活其阐释的功能；二是返回传统，对中国经学中长久持存但在近代被中断的经典注释传统进行挖掘整理，反思重构中国经典诠释学，特别是儒家经典诠释学；三是尝试以不同方式审视、发挥、重组中国哲学的丰富诠释经验与诠释传统，积极促进传统诠释经验和意识的现代化与理论化，致力于构建一门区别于西方诠释学的中国诠释学。其中，以第三种方式最具创造性且对中国的诠释学研究影响巨大。检省汉语学界中国诠释学的创造性建构所取得的成就，我们可以发现六种以体系性方式存在的中国诠释学：傅伟勋的"创造的解释学"、成中英的"本体诠释学"、黄俊杰的"东亚儒家诠释学"、林安梧的"道论诠释学"、张江的"中国阐释学"和潘德荣的"德行诠释学"。这六种分别以不同名称标示的"中国诠释学"理论，既是汉语学界华人学者在诠释学领域所取得的较为完

* 本文为作者主持研究的国家社科基金重点项目"比较视阈下中国经典诠释传统现代化路径研究"（项目编号：14AZD092）的阶段性成果。本文原刊于《山东师范大学学报》（社会科学版）2020 年第 5 期。

** 作者单位：山东大学中国诠释学研究中心、哲学与社会发展学院。

整、系统和有标志性意义的成果，也是汉语学界华人学者在"中西对话""古今之变"之大的历史视域中，对中国经典诠释传统进行现代性改造最有典型代表性的模式。尽管在中国诠释学建构的哲学基础、朝向什么维度重构中国经典诠释传统、中国诠释学的旨趣、宗旨、任务与目标等问题上，这六种各具特色的中国诠释学存在着分歧，但可以肯定的是，它们均以自身实际的理论创造活动实践着将中国经典诠释之观念、思想与方法努力融入并推进到世界性哲学舞台中去之哲学慧命。

相比较而言，张江所致力建构的"中国阐释学"在时间上晚于海外华人学者的中国诠释学建构，但在理论建构的系统性、理论的说服力以及自我证成能力诸方面均有独到之处。张江的中国阐释学建构重回文本诠释学，从强制阐释到公共阐释再到中国阐释学的系统建构，分别讨论了中国语境下阐释学的命名、阐释的公共性与有效性、阐释的边界约束以及以阐释的客观性在有限性与无限性张力之间的正态分布等问题，并提出了"阐释 π"这个原创性概念。张江将阐释视为人的存在和社会存在的基本方式，不仅强调阐释的认知功能——对客观性的文本意义的揭示，而且更加突出阐释的实践功效。[①] 他的中国阐释学建基在中国思想与文化传统之上，兼具哲学的认知理论和阐释的社会理论二个面向，实为理论创造性建构之可效仿之典范。

本文旨在对张江的中国阐释学作出初步的讨论，主要剖析中国阐释学建构的历史步骤，探幽中国阐释学的内部结构及其建构原则，通过讨论、汲取汉语诠释学研究的经验，总结其理论成就，为汉语诠释学的研究与思想传播别创新局，进而对中国阐释学研究视野的拓展提出一种宏观展望。

## 一 从"强制阐释"到"公共阐释"

在与著名社会理论家、英国伦敦大学哥尔德斯密斯学院社会学系

---

① 张江、[英] 迈克·费瑟斯通：《作为一种公共行为的阐释——张江与费瑟斯通的对话》，《学术研究》2017 年第 11 期。

教授迈克·费瑟斯通（Mike Featherstone）就阐释学问题进行对话时，张江明确指出，他的阐释学研究是在两个方向上展开，一个是"强制阐释论"，另一个是"公共阐释论"。"从理论逻辑讲，两者其实是同一个范畴的问题，不仅所围绕的主题相同，而且出发点和目标无异。"然而，如果对它们加以更为细致的判分，则可以以将"强制阐释论"看作是先行为"公共阐释论"奠基的理论。正是通过对"强制阐释"现象——在张江看来，这种现象普遍存在于对文学文本所作的阐释中，因此，他对强制阐释的批评主要针对的是文学的文本解释——研判、分析、批判，他将阐释引申为一种公共行为或社会行为，是一种经由公共理性完成的"有边界约束且可公度的有效阐释"。唯有在公共性维度上理解阐释现象，阐释才能在澄清文本意义的同时，达成提升公共理性，扩大公共视域，在理解和对话中释放公共职能，进而超越并升华个体理解与视域、协同与提升公共性、实现阐释的教化与实践之效能，彰显"公共阐释"的社会价值。就此而言，公共阐释论"对于阐释学的发展乃至社会理论的发展来说，都是一个非常重要的方向"①。从研究者角度看，讨论张江的中国阐释学，其切入点必然是自"强制阐释论"开始。

在张江看来，所谓强制阐释，是存在于文学之文本阐释中的一种现象，它表征着当代西方文论的主要缺陷和问题。张江这样定义"强制阐释"，他指出：

> 强制阐释是指，背离文本话语，消解文学指征，以前在立场和模式，对文本和文学作符合论者主观意图和结论的阐释。其基本特征有四：第一，场外征用。广泛征用文学领域之外的其他学科理论，将之强制移植文论场内，抹煞文学理论及批评的本体特征，导引文论偏离文学。第二，主观预设。论者主观意向在前，前置明确立场，无视文本原生含义，强制裁定文本意义和价值。第三，非逻辑证明。在具体批评过程中，一些论证和推理违背基

———

① 张江、［英］迈克·费瑟斯通：《作为一种公共行为的阐释——张江与费瑟斯通的对话》，《学术研究》2017 年第 11 期。

本逻辑规则，有的甚至是逻辑谬误，所得结论失去依据。第四，混乱的认识路径。理论建构和批评不是从实践出发，从主观结论出发，颠倒了认识和实践的关系。①

张江对西方文论中普遍存在的这种强制阐释持一种强烈的批评立场。在他看来，强制阐释在 20 世纪的西方文论领域出现，并逐步扩张泛滥，成为西方对文学文本进行阐释的一种普遍方式，在"生态理论"、女性主义批评理论、"幽灵批评""混沌理论批评"等西方文论不同形态中都有典型表现。"强制阐释"作为一种将批评者自己的意志、观点和理论强加给被阐释文本的解释活动，既否定文本本身拥有确定的含义，也不承认文本中存在着作者意图，更是赋予阐释者对文本意义进行无限阐释的权利与自由，甚至允许阐释者可以使用某个现成的理论强制扭曲或裁剪一个文本，从而彻底否定了文本阐释中的客观主义立场，结果导致西方文论论域频频出现各色混乱景象。"20 世

---

① 张江：《强制阐释论》，《文学评论》2014 年第 6 期。在另一篇文章中，张江用更为平白的语言对"强制阐释"概念作出解释，他指出："首先要明确'强制阐释'的概念。我给出的定义是：背离文本话语，消解文学指征，以前在立场和模式，对文本和文学作符合论者主观意图和结论的阐释。这话有些绕，我一句句打开解释。所谓'背离文本话语'是指：阐释者对文本的阐释离开了文本，对文本作文本以外的话语发挥。这些话语可以离开文本独立存在，无须依赖文本而发生。文本只是借口和脚注，是阐释者阐释其理论和学说的工具。所谓'消解文学指征'是指：阐释者对文本和文学作非文学的阐释。这些阐释是哲学的、历史的、社会的，以及实际上并不包含文学的文化阐释，它们没有多少文学意义，不能给出具有文学价值的理论研讨，把文学文本释作政治、历史、社会的文本。所谓'前在立场和模式'是指：在文本阐释之前，阐释者已经确定了立场，并以这个立场为准则，考量和衡定文本。在这个立场面前，文本是第二位的，是张扬立场的证词，一切阐释都围绕立场，立场决定阐释。这里的模式也是阐释展开以前先定的。阐释者用一个前定模式，对文本作符合要求的剪裁，将文本因子镶嵌于模板，而无论文本含意是否符合模板。这种方式常见于语言学或数学、物理学方法的演练。至于'对文本和文学作符合论者主观意图和结论的阐释'，是个目的论的企图，意即论者的阐释不是为了揭示文本的本来含意或意义，而是为了论证阐释者的主观意图和结论。很明显，这个意图和结论也是前在的。在阐释文本以前，意图和结论就已确定，阐释者要利用文本证明结论，实现意图。在认识路线上，意图和结论是两个不同但又相续的过程。意图是指，论者持有现成的理论，去寻找文本，捕捉证据，证明理论；结论是指，论者一旦明确意图，结论随之而出，他要得到的结果，必须与结论相符。意图决定结论。"张江：《关于"强制阐释"的概念解说——致朱立元、王宁、周宪先生》，《文艺研究》2015 年第 1 期。

纪西方文艺理论提出了许多著名的口号与观点，比如说'作者死了'，然后否定文本本身具有相对确定的意图，接着又把批评家混同于普通读者，以为批评家可以跟读者一样，作各种背离文本的解释。其实，在这个过程中，不仅作者死了，文本死了，读者也死了。那还有谁活着呢？就只剩下理论和理论家活着了。在这一背景下，20世纪西方文艺理论的发展便进入了一个以理论为中心或理论主宰一切的时代。"①

拨乱必先反正。张江要求返回文本阐释的客观主义立场，重申阐释的符合论原则，要求阐释立足于文本，受制于作者意图，围绕文本说话，目的是揭示自在地存在于文本中的客观意义，由此区隔开两种阐释立场：一种是从阐释者自己坚守的理论出发，裁剪文本、自由阐释以证成自己所持守理论正确性的主观主义阐释立场。"强制阐释"即为其典型表现。另一种是从文本出发而非从先行具有的理论出发，将阐释的有效性与阐释对文本意义的真理性揭示联系在一起的客观主义立场。两种不同的阐释立场，实际上表现的是两种不同的认识论原则的对立。"强制阐释"将阐释中的文本自在意义对阐释者主观能动性的限制消解掉，同时又突出强调阐释者的"前见"支配着阐释作为一种认识活动而抵达的结论，因而在实际阐释活动中"颠倒了认识起点和终点的关系"，从而导致"合理的、确当阐释的基础已经丢失"，其结果是将"作者意图与结论"之间的时间继起关系颠倒为"结论支配意图"的逆相关关系。与"强制阐释"不同，正确的阐释应当坚守认识的符合论原则，在作者意图与结论之间坚持以文本为中心，阐释表现为一种由作者意图到结论的时间顺序，阐释活动表现为对以作者意图所标示的文本意义的揭示与把握。也就是说，"公正阐释的基点是承认文本的本来意义，承认作者的意图赋予文本以意义，严肃的文学批评有义务阐释这个意义，告诉读者此义本的真实面貌。在此基础上，才有对文本的多元理解和阐释，才能够对文本做出更合理更深刻的解析和判断，实现对文本历史的、当下的发挥和使用。尊

---

① 张江、伊拉莎白·梅内迪、马丽娜·伯恩蒂、凯撒·贾科巴齐：《文本的角色——关于强制阐释的对话》，《文艺研究》2017年第6期。

重文本，尊重作者，在平等对话中校正批评，是文学批评的基本规则，是批评伦理的基本规则"①。

文本阐释所遵守的符合论原则，同时也构成了文学批评的伦理之基本原则。这种批评的基本伦理原则，从认知角度看，又是一种阐释所要求的真理性原则。显然，就如同伦理原则是一种超越了个体道德反思意义上的普遍交往规则一样，其作为认识原则也必然要超越个体的主观知识而要求一种普遍性。这预示着阐释必然要以"公共的"方式存在和表达。因为，阐释不能是阐释者无限制的自我展示的思想游戏。"阐释作为人的存在和社会存在的一种方式，必须从客观事实出发，从文本对象自在的意义出发，以概括和总结出我们关于社会的确切、恰当的理解和认识，即基本符合事物发展本来面目的理解和认识。而且，更为重要的是，如果个人关于社会的阐释要能够说服人，就必须有公共的承认，提升为公共阐释。"② 职是之故，"强制阐释"隐含着自身的否定性因素，也只有在"强制阐释"之否定因素出现的时候，阐释的辩证要求才能将阐释的真理性以一种非强制的理性方式表现出来，寻绎出"公共阐释"概念。

张江这样定义"公共阐释"概念，他指出：

> 公共阐释的内涵是，阐释者以普遍的历史前提为基点，以文本为意义对象，以公共理性生产有边界约束，且可公度的有效阐释。这里的"普遍的历史前提"是指，阐释的规范先于阐释而养成，阐释的起点由传统和认知的前见所决定；"以文本为意义对象"是指，承认文本的自在意义，文本及其意义是阐释的确定标的；"公共理性"是指，人类共同的理性规范及基本逻辑程序；"有边界约束"是指，文本阐释意义为确当阈域内的有限多元；"可公度的"是指，阐释结果可能生产具有广泛共识的公共理解；"有效阐释"是指，具有相对确定意义，且为理解共同体所认可

① 张江等：《关于"强制阐释论"的对话》，《南方文坛》2016 年第 1 期。
② 张江、[英] 迈克·费瑟斯通：《作为一种公共行为的阐释——张江与费瑟斯通的对话》，《学术研究》2017 年第 11 期。

和接受为深度反思和构建开拓广阔空间的确当阐释。①

张江赋予公共阐释以"理性""整体性""公度性""反思性"和"建构性"五个特征②，强调阐释是一种公共的理性行为。在他看来，西方的"Hermeneutics"一词，将阐释必然是一种公共的理性行为表述得十分清楚。众所周知，"Hermeneutics"一词，直接关联于宙斯的信使赫耳墨斯（Hermes），赫耳墨斯的职责就是将宙斯的话语通过翻译、理解解释给世人，这是一个送信传话的过程。"而送信的过程则是这样的：首先是宙斯有想法，有话要说，但不是宙斯自己对自己说，如果是宙斯自己对自己说，那就没有赫耳墨斯什么事了，这是一层意思。这在逻辑上和事实上已经肯定，宙斯必然是要对别人、对外人说话。姑且不论为什么宙斯的话必须要由赫耳墨斯传达，或者宙斯是否有别的传达意思的方法，至少可以证明的是，宙斯的话是要对外说的，他知道自己的话不对外说是没有意义的。赫耳墨斯作为传信人，作为信使，要把宙斯的本意传下来，以达到公共性的效果。虽然古希腊没有创生像中国的'阐'这样一个字，即用两只手推开门闩以表达阐释的公共性这个意思，但是西方用关于赫耳墨斯的故事表达阐释是一种公共行为的企图是昭然可见的。"③ 这至少从词源学上证明，只有具备了公开性、公共性的阐释，才能进入对话、交流、协商过程，才能摆脱话语独白状态而成为有意义的、摆脱了私人性且可以公度的诠释。

可以公度的阐释是一种公共的理性行为。而作为一种公共的理性行为，阐释就是"居间说话"，它涉及在话语发出者（文本的原作者）、阐释者和阐释性行为（阐释的话语）之间建立一种基于公共理性的交往关系。一方面，具有公共性的阐释要求阐释者作为"传信"的人，说出的话语应当最大程度地忠实于原作者的意图，而不能将基

---

① 张江：《公共阐释论纲》，《学术研究》2017 年第 6 期。
② 张江、［英］迈克·费瑟斯通：《作为一种公共行为的阐释——张江与费瑟斯通的对话》，《学术研究》2017 年第 11 期。
③ 张江：《关于公共阐释若干问题的再讨论（之一）》，《求是学刊》2019 年第 1 期。

于自身主观理解所生成的解释强加于作者身上，以造成"强制阐释"。另一方面，又要承认阐释者的主观能动性，阐释者与原作者之间不可避免地有着"间距"（时空的与语言文化的），因而对自己所负责传达的话语的阐释不可能是作者意图的机械复制，总有"溢出"原意的地方。由此就产生出两个问题：

第一，居间说话者保持和发挥原作者意图的限度，他应当受到怎样的约束？

第二，居间说话者对所传达的原作者话语进行"发挥"或"衍义"的权利（或机会），阐释者溢出作者意图而生成的阐释话语如何获得承认？

第一个方面的问题涉及一个阐释过程中的这样两层关系：一是居间说话者与原作者之间的关系；二是居间说话者与原作者话语之间的关系。

张江在阐释学上捍卫作者的地位，他将作者理解为"话语创始人"，不仅是自己著作的书写者，在自己的著作中有着深刻永久的影响，而且以自己完成了的书写为基础，将自己创始的话语不断扩张和繁衍，继续发挥方向性的影响。[①] 由此来说，作者不能虚无，作者永远不死。这决定了张江必然要求居间说话者的传信必须以作者原意为阐释合法性和有效性的判据标准，阐释者对作者原意的忠诚是阐释的本体性要求。在这种本体性要求下，居间说话者与原作者话语之间最合乎理性要求的关系应当是复制关系，只有当复制关系不可能时——事实上，不可复制性才是居间说话者与原作者话语之间关系的常态，阐释溢出作者原意不可避免时，公共阐释论才不得不接受阐释者的对作者原意的"背叛"。但是即便如此，在张江看来，阐释者对作者原意的"衍义"也不是一种"颠覆"，它实际上如同水满而出，"即沿着河道下去，有时是要漫溢的，从而生出许多湿地，但其中并没有改道的意思，而且，目标也很明确，即朝着大海而去。'衍'也有约束的意思，虽然水有时要漫出去，但原来的河道还在"[②]。张江将其处

---

① 张江：《作者能不能死》，《哲学研究》2016 年第 5 期。
② 张江：《关于公共阐释若干问题的再讨论（之一）》，《求是学刊》2019 年第 1 期。

理成坚守与发挥的关系，并将其解读为阐释学的一个核心理论。如此一来，就必然迫使他去思考另一个与之相关的问题：居间说话者在阐释活动中的主观能动性问题，以及溢出作者意图而生成的阐释话语获得承认的途径问题，即上述所提及的第二个问题。

张江解决这个问题的一个前提预设是，在阐释学历史上，被公众所接受的阐释并非都是合理合法的阐释即没有曲解作者原意的阐释，许多谬误的阐释即阐释者的主观解释被公众所接受也不乏先例。这实际意味着，阐释活动不得不容受阐释者的主观性，作者的退场与虚无化似乎是一个不得不接受的现实，因为作者若时时在场，那么阐释者的主观阐释就没有存在的任何空间。如果说，公共阐释不得不接受作者经常退场这一事实，那么，问题的焦点就成为，在作者不在场的时候，居间说话者依据自身主观性说出的阐释性话语又是如何成为被接受的公共性阐释的呢？实际上，这是公共阐释论承认作者原意说和坚持"复制式"客观阐释所必然给自己带来的问题。

张江要求回到公共阐释的话语层面来解决这个问题。也就是说，在作者原意支配下，在作者缺位的情况下，阐释的合理性和有效性既不能交给作者去裁决，也不能交给阐释者本人来决定，而阐释的接受者对其也没有决定权，因而只能交给公众的公共理性。公众运用公共理性对阐释进行理性审视，便可以使得阐释存在的基础由个体阐释提供合理性说明转而建立在公共阐释之上，由此成为一种公共性的存在。结果，阐释超越于个体阐释，经由公共语言和逻辑的组织，而成为运用公共语言、公共理性、可公度性的话语，即被公共性承认的阐释。因此，张江主张，"阐释就是一个争取公众承认和实现其公共性的过程，是一个为争取公众承认和实现其公共性而斗争的过程"①。

然而，公共阐释论在这里出现了一个思想断裂。一方面，张江主张诉诸公共承认而赢得阐释的真理性，但另一方面，张江又认为诉诸公共承认赢得的阐释的真理性是一种不可避免有着暂时性特征的相对真理。因为，一种阐释"今天经过斗争或明天经过斗争赢得了公众的承认，却不一定就是真理。随着公众理性水平的不断提高，或者有新

①　张江：《关于公共阐释若干问题的再讨论（之一）》，《求是学刊》2019年第1期。

的考古发现，有新的材料被挖掘出来，曾经被公众承认的某个公共阐释就会被否定，就会出现新的公共阐释。抑或，某个公共阐释是被实践反复证明甚至被不断重复着的，然后变成知识，进入人类知识体系"①。这种在肯定句式之后又加上否定限制的表述，如果是在真理符合论意义上指称阐释的真理性的话，就极容易坠入伽达默尔所说的那种"黑格尔式陷阱"，即将阐释的真理性诉诸思维的无限之中，而只有将文本的意义与作者意图相脱钩，成为一种在阐释者的历史意识中不断实现出来的效果历史意识，才能够与这种表现为"恶无限"的反思意识相诀别。我们从伽达默尔下段话中可以清晰地体味到这个意思。伽达默尔说：

> 在任何地方，诠释学要求只有在知识的无限性中，在全部传承物与现在思维性的中介过程中才能实现。这种诠释学要求根据完美的启蒙运动的理想，根据我们历史视域的完全开放，根据我们自己的有限性可在无限的知识中得以消除而提出的，简言之，是根据历史认知精神的无所不在（Allgegenwärtigkeit）而提出的。②

然而，公共阐释论并没有意识到这种必然出现在意识哲学范式中的困难。由于坚持作者原意说，由于作者在场始终是一个不可能充分实现的理想，张江只能将阐释的真理性、合理性甚至有效性交给无限意识，在对象意识的无限进展之中完成。如此一来，就消解了任何一次实际的阐释成为真理和获得合理的有效性的可能。在时间中形成的阐释都会因为自身的历史性而成为相对合理性的阐释，而阐释作为一种理解活动总是要随着时间的转换而将被阐释对象带入新的历史处境之中，新阐释的产生是自然而然的事情。这样，在根本意义上，公共阐释内在地产生了自反性，知的暂时性和怀疑的普遍性就在自觉与不

---

① 张江：《关于公共阐释若干问题的再讨论（之一）》，《求是学刊》2019年第1期。

② ［德］伽达默尔：《诠释学Ⅰ：真理与方法》，洪汉鼎译，商务印书馆2010年版，第483页。

自觉之间融入了公共阐释论。

## 二 阐释的逻辑

按照公共阐释论的要求，公共阐释是一种公共的、理性的行为。一种公共行为，就必须使用公共语言；一种理性行为，就必须遵循逻辑规范。张江说："阐释，作为理性及协商行为，与体验、直觉以至梦呓相区别，逻辑上的一贯性与约束性，是其生成和展开的先决条件。作为理性行为，阐释的基本思维过程，必须符合普遍适用的逻辑公理化规定，并被其具体的范式与规则所制约，使主体自洽的理解与反思成为可能。作为协商行为，阐释将独立主体对现象的理解与认知，理性地呈现于他人，且被有限群体确证为真并广泛接受，不仅要遵守一般的逻辑规则，而且要由符合协商要求的特殊逻辑所约束。"①

阐释逻辑的提出，首先出自将阐释学建成一门科学的要求。按照张江的理解，任何内容的学术研究与理论探讨，只有在合理的规范与约束中展开，并且恪守基本逻辑规范与方法，才能称得上科学。这个要求不仅要对自然科学提出，也要对人文社会科学提出。"阐释学亦如此，诸多有关阐释生成与展开的元问题，譬如，阐释的确定性和开放性的逻辑基础是什么；阐释的收敛与开放根据为何；收敛是不是规范为一，开放是不是无限多元且无边界约束；多种阐释视角及结果，是连续还是离散；阐释的标准立足于真假还是可接受性，如此等等，诸多复杂问题，千百年来，一直争论不休。各持一词的迷狂偏执，反来复去的踟蹰不前，没有为各方基本认可和接受的一般规则。产生这种现象的原因很多，但理性地考察，从来没有阐释逻辑上的考辨与追究，无公理可依据，无规则可约束，无标准可衡定，是阐释学理论与方法的体系建构陷入困境的根本原因。"②

阐释逻辑的提出，亦出于阐释学解决自身诸多理论难题的需要。按照张江的说法，"从古希腊起，阐释就有两条不同的路线。一条以

---

① 张江：《阐释逻辑的正当意义》，《学术研究》2019年第6期。
② 张江：《阐释逻辑的正当意义》，《学术研究》2019年第6期。

求真寻本为标的，苦心确证文本书写者意图及文本呈现的自在意义；一条以脱离及超越对象约束为追索，无限阐扬释者主观意图，实现阐释文本的新创建"。在中国，阐释的这样两条路线，表现为汉学与宋学之争，"六经注我"和"我注六经"之争，"训诂明而义理明"与"义理明则训诂明"之争。它们之间的区别，将诸多阐释学的重要理论难题明白地揭露出来，如阐释的确定性与相对性、阐释的开放性与收敛性、阐释开放性中的多元性与有边界约束的聚集性、阐释之多种视角及结果的连续性与离散性、阐释标准的真理性与有效性，等等。在张江看来，这些问题的解决，必须诉诸逻辑。"阐释本身具有再生产和再创造意义，这种意义的创造与呈现，同样需要为他人理解和接受。阐释必须依据科学自洽的逻辑规范而有序展开，否则，无理解，无表达，无阐释。逻辑是理性生成和演进的基本形式。无论理性及思维的具体内容如何，其生成与展开形式是且只能是逻辑。理性在确定的逻辑构架内生成与展开。由此，阐释必须要有符合自身可能生成与展开的逻辑依据。"①

　　阐释需要逻辑，但需要什么样的逻辑？张江认为，阐释逻辑的建构既要吸收经典逻辑的理论经验，又要吸收非经典逻辑的理论经验，但非经典逻辑对阐释逻辑的建构更具有启发价值。阐释逻辑可以从概率逻辑、多元逻辑、模态逻辑、亚相容逻辑，以至协商逻辑、偏好逻辑等的研究成果中汲取理论和实践资源，用于阐释逻辑的形式构造。这样考量的主要原因在于，阐释毕竟是精神科学的事情，经典逻辑的形式化要求固然重要，但仍需更多地考虑精神现象的特征，以及开放、交流、协商在精神活动中的重要性。张江以协调逻辑、偏好逻辑和多值逻辑等为例，佐证自己的观点，并据此提出了建构阐释逻辑核心关切的问题：

　　　　阐释逻辑的基本构架，应当依据阐释的本质规定而建构。从当下的境遇看，我们认为应首先在以下几个方面深度切入，解决阐释学理论建构问题上的核心关切，并生成自洽完备的阐释公理

————————

① 张江：《阐释逻辑的正当意义》，《学术研究》2019 年第 6 期。

与规则系统。

第一，阐释的确定性。这个确定性是指，其一，对象的确定性，亦即阐释是对确定文本的阐释，而非他文本的阐释。对确定文本的阐释，以文本的意蕴呈现为核心。其二，语境的确定。文本阐释是确定语境下的阐释，文本的意义取决于语境。在确定语境下，语义确定。不同语境，生成不同意义。其三，目标的确定性，或曰主体对阐释的确定性追求。亦即阐释的目的是给予他者以确定性的意义，而非游移的、自相矛盾的模糊义堆积。

第二，阐释的开放性。对确定文本的阐释是开放的，亦即对同一文本的阐释结果多元。面对文本或现象，不同阐释主体对其理解与阐释可以不同。经典逻辑的矛盾律，在理性主体的独立阐释范围内有效，在主体间多元阐释域中无效。对同一对象的阐释，独立主体之间可以不同，甚至彻底对立。亦此亦彼是主体间阐释之常态。

第三，阐释的收敛性。在有限论域中，阐释的多值结果总体收敛。即在公共视域下，多数阐释者对确定文本的阐释，趋向有限重合，且阐释者越多，重合几率越大，亦即收敛趋紧；在知识共通的阐释群体中，对确定文本的阐释，其重合几率高于其他领域。在此过程中，阐释的公共性得以实现。收敛为有限收敛，非唯一。

第四，阐释的融贯性。融贯、完备的阐释是阐释的目标。其一，对文本的阐释由部分达及整体，由整体而理解部分，部分与整体相互融贯，最终把握整体。其二，确定语境下的独立词语意义建构语句意义，确定的语句意义强化或证实词语。词语与语句意义的相互融贯，维护阐释的一致性与可靠性。其三，阐释空间的三维结构，即文本制造者、自在文本与阐释主体构成的三维向度相互融贯。文本中的作者，文本的源蕴含，阐释者的阐释及再造文本，构成连续的完备系统，而非无关联或关联度极低的无端离散。

第五，阐释的可接受性。阐释的有效意义，由公共理性的接受程度所决定。基于文本的阐释，其合理与澄明准则，约束于阐释本身之能指与所指的有效重合，可直观表现为多方视域不断扩大重合的面积或范围。阐释的可接受性，实现于多种阐释的相互博弈。①

张江显然是在方法论意义上理解阐释逻辑，这与他要求重回方法论阐释学、努力将阐释学打造成人文科学普遍方法论的学术目标密切相关。从方法论立场理解阐释学，比从本体论立场理解阐释学，显然更需要阐释学与逻辑学的结合，就像张江所说的那样，缺少逻辑，阐释学无公理可依据、无规则可约束、无标准可衡定，如何以科学自居？阐释需要一种逻辑，无论是对本体论阐释学，还是方法论阐释学，都是容不得怀疑的事情。因为，阐释作为人类的一种理性活动，无论是对事实的描述，还是对意义的解释，都必然要以一种可理解的方式表达出来，概念要清晰，命题表达不能相互矛盾，推理要有理有据，如此等等。不仅如此，阐释活动对文本意义的揭示也必须符合逻辑要求，阐释者必须给出如此进行阐释的理性说明。而任何一种理性说明不是来自对事实的分析归纳、研判推论，就是来自一种基于上位理论或理性成果的分析式获得，或者演推式扩展说明。就此而言，一种阐释即使没有明确自己遵循了哪些逻辑公理、方法规则，但阐释者的阐释活动在实际上是有逻辑地展开的，这一点毋庸置疑。所以，我们在哲学诠释学那里，照样会发现逻辑的作用，伽达默尔就主张一种以问答方式呈现的诠释学对话逻辑。以是观之，阐释学不是要不要逻辑的问题，而是要什么样的逻辑的问题。我们必须清楚，阐释的逻辑是一种特殊逻辑，这种逻辑不仅要满足正确表述阐释结果的逻辑要求，更需要满足阐释揭示文本之事情本身的要求，也就是说，它是一种真理的逻辑。作为一种真理的逻辑，它必须与一种阐释理论对真理性阐释的理解相一致，或者说，它就应该出自阐释理论的元哲学要求。就此而言，基于正确理解的方法论要求，张江要求借鉴非经典逻辑，为公共阐释所追求的阐释的诸多理论要求的合理性提供根据，在我看来，如此建构的阐释逻辑所面对的挑战是，如何在统一的元哲学基础上处理来自不同逻辑在根基问题上可能出现的冲突、紧张与对立，如何在统一的阐释逻辑的哲学根基上融会吸纳来自不同逻辑的理

---

① 张江:《阐释逻辑的正当意义》,《学术研究》2019 年第 6 期。

论成果，并避免来自理论上的实用主义和拿来主义的指责。

## 三　阐释的无限与有限

在公共阐释论那里，从易于理解的角度说，可以作出这样一种划分：对阐释逻辑的探究是为了给阐释的真理性提供直接的形式化保障，而对阐释的有限与无限的讨论则是为了给阐释划定边界，对阐释的约束与开放、有限与无限、确定性与非确定性等事关阐释学的基本问题给出一种基于公共理性的解决。

张江将阐释的约束与开放、有限与无限、确定性与非确定性等问题的源头追溯至西方的古希腊和中国的先秦。在他看来，"远自古代希腊，从色诺芬与柏拉图对苏格拉底思想的不同传承开始，关于阐释的开放与约束就已生成无尽争论。上溯中国春秋战国，孔孟与老庄对阐释目标的确定与追求，亦有相互对立的两条路线"。由于阐释活动必然涉及阐释主体在文本阐释方面的自主性和创造性诠释问题，并且，因为阐释者的创造性阐释使得被阐释文本的意义被不断扩充，而内扩充的文本意义又大大提升了原文本的价值，所以，阐释中的原作者与阐释者的关系、文本及阐释的开放与约束，就始终是阐释活动中不得不面对的一个难题，坚持阐释具有绝对开放性、文本具有无限意义的一方，与坚持阐释必须被约束到文本原意上、阐释活动必须聚焦在作者意图之上的另一方，相互抵牾，彼此相向。虽然自古到今，坚持文本意义无限开放和阐释具有绝对开放性的理论占据主导地位，尤其是在文学阐释领域，受接受美学影响，流行的观点将阐释的无限开放当作对象文本及阐释本身获得意义的先决条件，但是，另一路线的阐释理论并没有完全消失，"在西方，受益于圣经解释学和法律解释学的传统，有人主张保卫作者，坚守意图；在东方，受益于儒家解经传统的影响，训诂与注疏之学于当今文学经典的研究，仍为潮流之主导"①。由此可见，两条阐释路线孰是孰非，一时难有定论。这也说

---

① 张江：《论阐释的有限与无限——从 π 到正态分布的说明》，《探索与争鸣》2019年第 10 期。

明，阐释的约束与开放、有限与无限、确定性与非确定性之间关系的理性解决，让阐释中存在的这些重要的关系之间消弭张力、达成平衡、和平相处，是当代阐释学研究中重之又重的问题。

为解决阐释学中这些必须面对的难题，张江首先要求厘清几组基本概念。

第一组是"文本开放"与"阐释开放"。前者指的是文本对他者敞开开放、无约束的理解与阐释，而后者指的是阐释自身的开放，指称着阐释本身的自由。"以阐释的开放代替文本的开放，将阐释意义的无限代替为文本意义的无限，违反阐释逻辑。"①

第二组是"阐释的边界"与"阐释的有效边界"。无边界的阐释意味着阐释的无限性，阐释不受约束，有边界的阐释指示出阐释的有效性，即阐释的有效边界。作者意图、文本的确定意义、文本的历史语境、文本在当下呈现出的主题倾向等等，都可以被理解为阐释的有效边界。

第三组概念是"意蕴""可能意蕴""意蕴可能"。"意蕴"指的是包含着作者意图于其内的文本的原意，"可能意蕴"指的是在阐释中呈现出来且不为作者所知的、处在可能状态的文本意义，"意蕴可能"即阐释者通过阐释对文本自在意义的自由发挥的可能性。

第四组概念是"诠"与"阐"。"诠"即确定、追索、言说文本的本义，"阐"则侧重阐发文本大旨，衍生义理，"诠在有限中无限；阐在无限中有限。从诠与阐的本性说，诠与阐都以文本的开放为前提"②。

第一组概念的厘清确立了正确理解阐释有限与无限关系的基本前提。第二组概念的厘清，揭示出"阐释可以无限，但非全部有效。只有为公共理性接受的阐释，才为有效阐释，才可能推广和流传，并继续生成新的意义"③。第三组概念的厘清区分开了文本的能指（可能意蕴）、阐释的所指（意蕴可能），以及阐释有效性与文本的能指与

---

① 张江：《论阐释的有限与无限——从 $\pi$ 到正态分布的说明》，《探索与争鸣》2019年第10期。

② 张江：《论阐释的有限与无限——从 $\pi$ 到正态分布的说明》，《探索与争鸣》2019年第10期。

③ 张江：《论阐释的有限与无限——从 $\pi$ 到正态分布的说明》，《探索与争鸣》2019年第10期。

阐释的所指之间的相关性关系。第四组概念的厘清，澄清了"诠"与"阐"之间在目的、路线、标准上的差异，使得谈论阐释的有限与无限有了现实的根据。

据上所述，张江作出了关于阐释有限与无限关系的基本判断："阐释是开放的，同时也是收敛的。阐释因开放而无限，因有限而收敛。作为一对相互依存的共轭变量，两者之间是相互包含、相互决定的积极关系，而非相互否定、相互排斥的消极关系。开放与收敛平衡，无限与有限相融，无限在有限中展开，有限约束界定无限。"在这个基本判断中，"阐释的无限"指的是"对确定的对象文本，阐释可创造无限意义"；"阐释的有限"指的是"阐释为多种条件所约束，其总体结果是收敛于有限论域之内"；"阐释的收敛"，意味着"公共理性的承认与接受，约束阐释向有限收敛"；"阐释的有效性"，揭示了"阐释的开放为无限，但是，无限生成的阐释绝非无限有效。阐释的有效性由公共理性的承认和接受所决定"。①

对这个基本判断，张江又给出了进一步的说明。在他看来，阐释的开放性源自文本的开放性，文本的开放性至少在两个方向上展开：一个是文本自身所蕴含的意义无限地展开；一个是阐释者的主体性解释活动使得文本自身产生无限的意义裂痕，衍生出新意义，从而开放阐释的无限性。公共阐释论尊重阐释的主体性，赞成阐释的开放性，反对对文本进行文物式研究，文本的开放性允许"阐释主体对文本做多元而非一元、多义而非单义的理解与阐释"。但是，公共阐释论反对文本诠释上的无政府主义，认为阐释应当存在一定的"限定的标准"，即它要求"对一确定文本的阐释，确定于该文本之所能蕴含的意义，而非游离于该文本之外的其他意义，亦即阐释主体的对象是此文本而非他文本"，从而要求将"阐释之无限可能，约束于可能区间。此约束说明，无论何种文本，只能生产有限意义，对文本的无限阐释约束于文本的有限之中。以此文本作对他文本的阐释，或为阐释者的自我阐释，违反阐释逻辑"。由此可以推知，阐释会随着阐释的

---

① 张江：《论阐释的有限与无限——从 π 到正态分布的说明》，《探索与争鸣》2019年第 10 期。

丰富性展开而表现出收敛性，"即阐释向有效点位集中"。也就是说，由于作者赋予文本中的意图即作者原意是有限的（"可能意蕴"的有限性），阐释者对文本的主体性发挥因此应当受限于文本之有限意义（文本的"意蕴可能"的约束要求），阐释者的阐释唯有收敛于文本自在意义之上，才能获得接受者更多的承认，才能实现阐释的公共性而成为有效的阐释。争取承认和成为有效阐释规定了阐释的收敛。"阐释的开放，并不追求无限结果，而是在多元比较中，争取和辐射有效的阐释力量"①。据此，公共阐释论给出了自己关于阐释确定性的理解，阐释的无限与有限、阐释收敛的聚集点以及阐释的有效性要求都指向文本的自在意义，这个自在意义由作者所赋予。因此，阐释的确定性要求必然联系着阐释对作者及其意图的理解与解释。当然，由于作者和文本经常以历史性方式出场，即使允许阐释者放弃文本的自在意义，允许文本的自在意义在解释者的阅读中自由呈现，但这种自由呈现的合法性依然要受到公共理性的限制与裁决。"在确定条件和语境下，公共理性的标准是确定的。语言、传统、当代境遇决定公共理性对阐释的态度"②，也就间接为阐释的确定性提供了判断标准。

这样，围绕文本的自在意义，公共阐释论确定了阐释的目的、有效性判准以及确定性标准，并据此在阐释的约束与开放、有限与无限、确定性与非确定性之间建立起一种公共阐释论的平衡关系。通过对这种平衡关系的进一步证成，张江富有创造性地提出了"π与正态分布"理论。

张江从圆周率 π 获得启示，去思考诠释的性质与特征。在他看来，在诠释之诠的意义上，诠的展开和实现，如同于 π，首先是追索文本的自在意义及作者的本来意图，诠释的目标是寻找和确定文本的 3.1415。这个过程如同寻找 π 值一样，是在一个反复进行的阐释过程，达成理解之目的的，是一个"不断追索，不断修正，不断靠近真

---

① 张江：《论阐释的有限与无限——从 π 到正态分布的说明》，《探索与争鸣》2019年第 10 期。

② 张江：《论阐释的有限与无限——从 π 到正态分布的说明》，《探索与争鸣》2019年第 10 期。

相"的过程。

其次，即使经过反复的阐释过程，公共理性确认了经典文本之本义，即确认了 π，诠释亦不会停止。"它会向更深入的方向探索，以求证更精准的 π 值"，这表明诠释是一个无限展开且连续的过程。在这个过程中，各种阐释之间相互作用，"以至互证，共同诠释 π 的无限意义"。

第三，对文本意义的这种无限诠释是有着约束性要求的，即"诠释的无限约束于有限，在有限中展开无限"。正如 π 是有区间的那样，对文本的"诠"的无限性也不能是一种离开文本之无约束的无限衍生，它是在文本自在意义约束下的无限展开。也就是说，文本自在意义的存在限制着诠释，不让其随意地展开，但接受文本的约束却又能够使得文本意义对阐释开放无限的可能性。可见，"诠释 π，是对诠释开放与收敛、无限与有限关系的象征性说明"，它是无限诠释的区间界定。在这个区间之内，"诠释是开放的、无限的，无限开放的诠释，收敛于诠释的起点与极点之间"①。这样，公共阐释论就给出了关于阐释的一个新概念：阐释的正态分布。

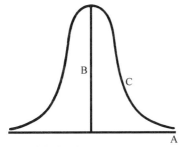

A 为现象或文本呈现
B 为公共理性对现象或文本意义的期望或可能接受的结果
C 为钟型线

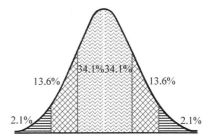

区域是距平均值小于一个标准之内的数值范围。在正态分布中，此范围所占比率为全部数值的68%，根据正态分布，两个标准差之内的比率合起来为95%，三个标准差之内的比率合起来为99%

**图 1　阐释正态分布图**

---

① 张江：《论阐释的有限与无限——从 π 到正态分布的说明》，《探索与争鸣》2019年第 10 期。

所谓正态分布（这里采用最简单的标准正态分布），即一钟形对称曲线，依曲线最高点向下横轴作垂直线，以此线为中心，钟形曲线两边呈对称状态，平滑均匀下降，开口逐渐扩大，无限趋近于横轴。曲线与横轴间面积为 1，相当于概率密度函数从正无穷到负无穷的积分概率为 1，即概率总和为 100%。概率分布以中线为集合，大多数分布集中于中线周围，其所占面积为全部面积的绝大部分。此分布规律，用于阐释学分析，其横轴为现象或文本呈现；其中线为公共理性对现象或文本意义的期望或可能接受结果。全部独立阐释的结果分布于曲线面积之内。

张江用正态分布曲线对阐释的开放与收敛、有限与无限、扩张与约束关系作出进一步的说明①，并据之得出了"阐释 π"概念，以图 1 示之。

---

①　张江给出的六个方面的说明，具体为："其一，独立主体对确定现象或文本的理解与阐释，其结果无限，且非确定、不可预测、离散分布于曲线面积之内，其概率密度函数为标准正态分布。阐释的无限开放，为正态分布的敞开状态，投射为向底线两边无限延伸，但无相交可能。其二，曲线之中轴，为公共理性所期望或接受的有效阐释。对确定文本的公共阐释，或阐释的公共性实现，投射为正态分布之中线。由公共理性的相对性所决定，对同一文本的公共理解与阐释非一个中心，即阐释的正态分布中心可为多元，并以不同中心构成不同投射面积。其三，阐释主体数量足够，全部参与主体对确定现象或文本的阐释结果，可从正反两个方向，大概率地趋向于中心，生产方向大致同一的结果，实现独立阐释的公共性，并投射为以中线为核心的有限面积，使无限离散的阐释呈有限态势。当阐释者的独立阐释与公共理性期望相差较小，其概率方差抽象为 1，此类阐释所占面积，将接近全部面积的 70%，即 70% 以上的阐释，服从于公共理性的约束，约束于公共理性期望域之内。其四，阐释的有效边界，由抽象为 1 的方差决定。阐释无边界。背离中心轴的独立判断无穷，但越远则接受者越少，无限渐进于底线，无可能达到，所占面积可忽略不计。渐近线的投影，证明阐释无边界。有效阐释有边界，可称为阐释的有效边界。方差的对称约束，就是阐释的有效边界。如确定抽象为 1 的方差为标准，近 70% 的阐释集于公共期望域内，数值为 1 的方差，为阐释的有效边界。其五，公共理性的期望是变化的。为当下公共理性接受的阐释，未必是真理。随着公共理性的进步或退化，若干曾经边缘化的阐释，可能移进中心，并生产更多的同质性阐释，集于新的公共理性接受的有效面积之内。其六，所谓诠之 π，作为正态分布的特例，其中心期望值为 3.1416，同样为阐释的正态分布所容纳。由此，我们可称阐释 π。"张江：《论阐释的有限与无限——从 π 到正态分布的说明》，《探索与争鸣》2019 年第 10 期。

张江认为，正态分布是显现和说明阐释无限与有限关系的最好方法与工具。它既解决了公共理性如何约束阐释问题，又给出了一种定量地分析阐释现象的可能性，其前景可期。

然而，这里存在的问题仍在于这种阐释正态分布分析所依赖的哲学基础。显然，在张江的阐释概念系统演绎中，亚里士多德实体的存在论构成了其阐释理论的哲学基础。也就是说，只有在亚里士多德实体主义的意义上，我们将文本的自在意义视作可以通过阐释的阅读（本质的表象）呈现出来的"事情本身"，那么张江的"阐释的正态分布"理论，无疑很好地解决了阐释的无限与有限的关系这一难题。但是，正如我们在前面所指出的那样，亚里士多德的实体主义在康德那里首先遭到严重的质疑，之后又遭到了现象学较为彻底的解构，其在哲学的基础追问上已经显示出了难以克服的困境。康德以其对对象与表象关系的重新追问，证明了亚里士多德关于实体与属性、本体与表现、本质与现象的区分，是一种未加证实的形而上学预设。在事情的"是其所是"和"是其所现"之间并不存在同构关系，也就是说，对阐释中阅读经验的不断追问证成的也只是在有理性那里获得更多理性认同的"阅读经验"，它依然是"文本自在意义"的"表象"，不过是获得更多有理性的人认同的"表象"而已。被证成的是一种理性共识，而非"事情本身"，因为"事情本身"不可能以可以经验到的表象方式表现出来。以可经验方式存在的感性表象与以不可经验方式存在的理智表象是完全不同的两种存在，人的理性的有限性决定了人绝没有任何方式可以以理解的方式打通"是其所是"和"是其所现"。人唯一可以打通的是我们在"表象"意义上实现出来的"共同感"，即我们可以拥有一般意义上的普遍经验。就此而言，公共阐释论还需要为自己的"阐释的正态分布"理论提供一种新的哲学基础，才能完全驳倒基于现象学之上的关于意义诠释无限开放之观点。

## 四　中国阐释学建构的探索

从强制阐释到公共阐释，张江阐释学研究目标十分明确，就是以公共阐释为核心，寻求建构当代阐释学的基本路径和形成中国阐释学的主要框架。

为了辨明中国阐释学是一门什么样的学问，并据之讨论建构的基本路径，张江借用中国传统的训诂学、语言学、文献学和考据学等的知识与方法，对涉及中国阐释传统的一些主要概念进行细致的辨正。这主要涉及"阐""诠""解""释""解释""理""性"等。下面，笔者仅对张江的"阐""诠"辨和"解""释"辨进行转述归纳①，以一斑窥全豹，讨论张江有关中国阐释学建构的学术构想。

**（一）"阐""诠"辨**

张江认为，阐释是一种公共的理性行为。一种阐释如果仅为私人对语言性存在物的把握，放弃以公共性方式言说，至多是一种私人性理解，就根本谈不上是一种理解。理解的公共性是阐释生成即存在的基本要素。这一点可以从中国文字中找到根据。"汉语言文字起源之初，勠力于象形。一字一词皆为整体图形，形即义，义即形，视之读之，其形其义共时共在于此。尤以公众共见之象为标志而明义，非隔、非臆、非折转，其公共性、共同性大开。此造字之法，从根本上影响汉语言民族之思维方式，使其呈现出重直观、重开放、重共享之特点。"②

"阐"这个字就将上述意涵展示得淋漓尽致。张江援引《说文解字》进行证立。

《说文·门部》：阐，开也。从门（門），单声。《易》曰："阐幽。"

"阐"这个字的本义、形和声，均与"开"相关，本义为双手开门、洞开通达、祛除掩蔽。于部首所属说形，只有对"门"言"开"才有意义，从与"门"字相关的"问"和"闻"字的古字原形可以坐实，"首义为'开'的'阐'，因部首归门，从而可引申为'闻'

---

① 由于本部分所涉及研究内容的特殊写作方式，我在这里做的主要工作不是分析，而是转述归纳，此部分研究应该归属于古文字文学、训诂学、语言学等，为我的学力及知识储备所不逮。另外，我对本部分研究的兴趣也主要在其所显示出来的有关中国阐释学建构之学术路径及其战略的思考。

② 张江：《"阐""诠"辨——阐释的公共性讨论之一》，《哲学研究》2017年第12期。

与'问'，且为开门之'闻'与'问'。"[1] 再说声，"阐"取单声，意在贯注阐之"大""广""众"诸义。由此可以确认"阐"的引申义，"阐"是确定的主体（开门之手）主动去认知、说出的行动，它向外、向显、向明，敞开言说，诉求对话，其公开性、公共性之要义昭然若揭，决无疑义。由此推知，"阐"大致有如下意义：它意味着克服理解障碍而在相互开放中构建合理的主体间性；它意味着从内向外，让阐释主动向外打开，争取公共承认，并在公共承认中实现自我确认；它意味着敞开阐释者的自身见识，实现阐之向明、向显的公共追求；它还意味着"阐"之开启是在与相关主体的价值选择相关的条件下完成，阐释必须祛隔去障，面向公共，但阐释的可能性与主体性的选择密切相关。

"诠"字亦可如此辨析。《说文·言部》：诠（詮），具也。从言，全声。从义说"诠"，诠的本义为具备、具有，释义为解喻，明也，证也，意解为"释"。从形说"诠"，"诠"从言，"表达了'诠'从'言'的意义，即有言，有问，有训，有宣且互宣之意，体现了'诠'之基本特性"，即明示出来的"言"，这种言为自言、为命令、为教令。从"声"说"诠"，诠，"全声"，有完备、完全意之谓，也就是说，"诠"为全诠和全释，要求对需要释义的词从义、形、声诸方面进行释。而"诠"的引申义，则指向解释、诠释，指向事理的说明、真理的揭示，所以，"由'诠'而结构的双音词，也多有强调其真、其正、其择序义"[2]。

对"阐"和"诠"的辨析，可断知："中国古代阐释史上，'阐释'之'阐'与'诠释'之'诠'，各有极为深厚的哲学和历史渊源。比较而言，'阐'之公开性、公共性，决无疑义，其向外、向显、向明，坚持对话、协商之基本诉求，闪耀着当代阐释学前沿之光。'阐'之核心要义定位于此。'诠'之实、'诠'之细、'诠'之全与证，亦无疑义，其面向事物本身，坚守由训而义与意，散发着民族求实精神之光。'诠'之核心要义亦定位于此。……由此可以得出

---

① 张江：《"阐""诠"辨——阐释的公共性讨论之一》，《哲学研究》2017 年第 12 期。
② 张江：《"阐""诠"辨——阐释的公共性讨论之一》，《哲学研究》2017 年第 12 期。

结论：'阐'尚意，'诠'据实，尚意与据实互为表里。'阐'必据实而大开，不违本真；'诠'须应时而释，不拘旧义。'阐'必据词而立意，由小学而阐大体；'诠'须不落于碎片，立大体而训小学。"①

### （二）"解""释"辨

张江从古代文字发生学入手，以原始字形之追索为方法，对"解"和"释"的意义辨析，是他力主在汉语语境下将西方的 Hermeneutics 翻译成"阐释学"，而不是"诠释学"或"解释学"的一个重要的文字学根据。他指出："深入考查'解释'义，特别是作为单音字的'解'与'释'的本义，并与'阐'及'诠'的意义与使用相比较，我们认为，选择并确定以'阐释学'——而非'诠释学'，更非'解释学'——为当代中国阐释学总称谓，是必要且充分的。从古代文字发生学入手，以原始字形之追索为方法，厘清中国古代阐释学之构建路径，可为当代中国阐释学总体构建提供可靠的文字学根据。"②

"解"之考辨。张江指出："《说文》角部：'解，判也。从刀判牛角。'中国古代有关阐释学称谓诸字中，'阐''诠''解''释'四字，'解'最为古老。武丁时期甲骨文中，就有象形兼会意的字。"③综合古语言学家的各种考证，判与分应是解之本义。也就是说，无论对"解"字如何理解、引申与发挥，其要义为分而解之、分而别之，则不应有分歧。

"解"字在阐释学意义上，大体可进一步引申为：（1）"释"与"说"；（2）"开"与"除"；（3）"晓"与"达"。第一种引申义表述出"解"字的"解释"和"解说"之义，明确彰显出"解"所具有的阐释与诠释之诉求，解而析之，由"解"而析取出被解之物的意义。第二种引申义则表述出"解"字所内含的解惑排疑之意涵，从中可以体味到其与"阐释"之"阐"的深刻联系。第三种引申义则表

---

① 张江：《"阐""诠"辨 ——阐释的公共性讨论之一》，《哲学研究》2017 年第 12 期。
② 张江：《"解""释"辨》，《社会科学战线》2019 年第 1 期。
③ 张江：《"解""释"辨》，《社会科学战线》2019 年第 1 期。

述出"解"与阐释学之"阐"在阐释目的上的关联，"解"文本之"道"（自在意义）而公开之，而明白示于人，阐释的公共性、争取承认以及意义阐释的实践效能豁然明朗，"阐释之本质是将现象之道理或本质释之于人，说服人，争取人，乃阐之根本"①。

"释"之考辨。张江指出："《说文》采部：'释，解也。从采，取其分别物。从睪声。''释'，亦单音字，动词，独立用。目前发现的甲骨文中无此字。但'采'与'睪'分解，可见'采'之甲骨文形。"而"采"义训为"辨别"，乃"分"之义。形训与音训亦为"分"之义。可见，"分"乃"释"之核心本义，由此而引申出"解"之阐释学的首要之义，即"解说"与"阐明"，这样，从古文字学角度看，"'释'与'解'互训，'解'乃'释'之本义"②。

"释"字在阐释学意义上，大体可进一步引申为：（1）"散"；（2）"消"；（3）"去"。第一种引申义强调"解"疑难和"消"疑问之意，突出了"释"的深刻性，"立志于分而不聚，尤其是不复行列，即背离本相与规则而聚"。第二种引申义与第一种引申义虽有相合之处，但更加强调"消灭""消失"之义，"这当然有'解释彻底''不留间隙'意，但亦难免'器中空也'，'消雾埃于中宸'，弃阐释之开放与协商意，陷独断与封闭之泥淖"。第三种引申义与第一种有异曲同工之妙，也着重强调"释"的去疑功能，阐释以释解疑难，阐释以去除疑问。③

在汉语语言表达中，"解"及"释"经常放在一起使用，它们同构为双音词，虽然"解释"一词含义丰富，但重在分析说明，或仅在分析说明，这一点是可以肯定的。就此而言，张江指出："'解释'，定义为偏正结构之词组。即以'释'为中心，'解'为动词状语，修饰解，表达以'释'为目的，以'解'为方法的释解性追索。诠释与阐释亦如此，两者皆以'释'为中心的偏正词组，以诠或阐的方式，实现'释'之目的及过程。由此，阐、诠、解之间，其不同目

---

① 张江：《"解""释"辨》，《社会科学战线》2019 年第 1 期。
② 张江：《"解""释"辨》，《社会科学战线》2019 年第 1 期。
③ 张江：《"解""释"辨》，《社会科学战线》2019 年第 1 期。

的与方法论深刻差别得以呈现。"① 职是之故，Hermeneutics 在汉语语境下，赋予它的一个合理名称应该是"阐释学"，而非"诠释学"，更不能是"解释学"。

综上所述，我们可以明确看出张江建构中国阐释学学术构想的基本思路：首先，张江主张，建立中国的阐释学，必须在全球视野下，在充分吸收西方相关优秀成果的同时，回到中国传统，回到中国的实践，建立一套符合中国社会实际、人文精神特质和学术传统的方法论阐释学，形成阐释学的中国学派。这促使他返回中国传统，"从古代文字发生学入手，以原始字形之追索为方法，厘清中国古代阐释学之构建路径，可为当代中国阐释学总体构建提供可靠的文字学根据"②。

> 中国古代从来就有两条差异深刻的阐释路线。一条由孔孟始，重训诂之"诠"；一条由老庄始，重意旨之"阐"。前者由两汉诸儒宗经正纬，至清初学者返经汲古，依文本，溯意图，诠之训诂索解，立信于世。所谓"以意逆志"是也。具有中国本色之阐释学根基于此。后者，经由两汉阴阳教化至魏晋、宋明辨明言理，"阐"之尚意顿悟，开放于今。所谓"诗无达诂"是也。具有中国本色之阐释学光大于此。两者各有其长，互容互合，为构建当代阐释学提供思想源泉与无尽动力。③

其次，张江强调，中国阐释学的建构应当以公共阐释为核心范畴。公共阐释是在反思和批判强制阐释过程中提炼和形成的一个新的阐释概念，它可以作为哲学社会科学乃至自然科学诸多领域共同的基础性概念，中国阐释学应当是基于公共阐释建构起来的，可以彰显中国概念、中国思维、中国理论的思想体系。张江说：

> 理解并承认阐释的公共性，是构建当代中国阐释学的重要起

---

① 张江：《"解""释"辨》，《社会科学战线》2019 年第 1 期。
② 张江：《"解""释"辨》，《社会科学战线》2019 年第 1 期。
③ 张江：《"阐""诠"辨 ——阐释的公共性讨论之一》，《哲学研究》2017 年第 12 期。

点。此其公共性，并非人之主观意愿所决定，而是阐释生成及存在之基本要素。阐释的公共性，由阐释主体及其间性而定位；由阐释之目的和标准而使然；由阐释行为的实际展开及衍生过程而主导。阐释之所以为阐释，就是因为它是公共的。任何放弃公共性的言说，不可谓阐释，最多可称私人理解，或未及实现的阐释。汉字"阐"（"闡"）及"诠"（"詮"）清晰蕴含此义。研究及立论于阐释之学，应重"阐"及"诠"之训诂。由此，我们从考据入手，追溯单音词"阐"与"诠"之本义及引申，汲取"阐"与"诠"之优长，坚持以"诠"为根据，以"阐"为目的，创建当代中国阐释学基本原理。①

基于这种学术构想，张江近年来倾全力于公共阐释问题的系统探究，从反思批判强制阐释到系统阐论公共阐释概念，再到讨论阐释的逻辑和建构"阐释的正态分布"理论，系统解决阐释的约束与开放、有限与无限、确定性与非确定性等诸种重要阐释要素之间的张力平衡关系，厘定阐释的边界约束，给出阐释的目的要求，一个系统的公共阐释理论体系已然形成，为中国阐释学理论体系的创造性建构并最终完成打下了坚实的基础。

第三，张江所倡言创建的中国阐释学主要是一种关于理解和解释的方法论阐释学。在中国阐释学的建构中，他在注意吸收西方哲学中的理性方法、逻辑规则的同时，特别强调对中国经典阐释方法的现代性改造及其创造性转化，为中国阐释学所用。张江认为：

> 阐释是理性行为。理性方法的选择，决定阐释的进入路径，决定阐释的呈现方式及水平。中国古代哲学及其他理论之一般方法，就其主要倾向而言，以归纳、综合为重，演绎、分析为轻，使阐释——特别是美学与文艺的阐释，既有大象无形、文约意广之长，亦有混沌弥漫、无界无疆之弊。西方的理性主义方法，自古希腊始，就是一条与古代中国完全不同的道路。20 世纪以来，

---

① 张江：《"阐""诠"辨——阐释的公共性讨论之一》，《哲学研究》2017 年第 12 期。

以数理逻辑的精密发展为标志，分析哲学将西方思辨方式中，重演绎、重分析、重确切概念与论证之倾向，推向新高点。在阐释学的一般方法上，既有分析严格细密、证据充分清晰之长，亦有囿于碎片，弱全局统观之弊。坚持阐释落脚于理，正确的路径与方法选择，当为重要之点。①

诠释学发展到今天，无论是在西方，还是在中国，都提出了重新重视阐释学之方法论意义的问题，融合诠释学的本体论与方法论以创造诠释学新的发展方向已经成为阐释学发展的一个新方向。西方学界以保罗·利科为代表，张江则是中国学界的一个重要代表。我们相信，无论阐释学今后怎样发展，方法论阐释学决不会缺席，因为只要存在理解与解释活动，人们就必然会要求思想家提供恰当的方法、合乎逻辑的规则、有效的规范，指导他们的理解和解释活动正确而合乎理性地进行。

总而言之，张江关于建构中国阐释学的学术构想是明确而重要的，他的探索是系统而富有成效的。目前，他的探索主要在方法论层面系统展开，我们更希望看到他对方法论阐释学之哲学基础的理性观照，明确阐明他的中国阐释学的存在论立场，并回应来自哲学方面可能出现的对自己基本立场的挑战性质疑。因为，我们清楚地感受到，中国阐释学应该是什么样的阐释学是一个在事实层面容易达成的共识的一个问题，而事实上，如此的中国阐释学如何可能，则是一个容易产生分歧的问题。基于不同的哲学立场，对被阐释之物及其阐释活动的不同哲学理解，经常会在阐释学的存在基础问题上产生分歧。就此而言，对阐释学的哲学基础进行深入的批判反思，夯实其哲学根基，是一门被称作"中国阐释学"的新学科能否成立的关键。

（说明：作者在本文发表前夕，收到张江教授惠寄的新论文《阐释与自证——心理学视域下的阐释本性》。在该文中，张江教授把"自证"理解为阐释的本质，并据之解释阐释的生成及展开方式。本文的研究没有涉及这一新见解。本文研究所得出的结论依据对张江教授此前公开发表论著的分析。）

①　张江：《"理""性"辨》，《中国社会科学》2018 年第 9 期。

# 从前理解、强制阐释到公共阐释[*]

## 陶东风[**]

由张江教授发起的关于阐释学的讨论，在学术界引起了持续关注和讨论，众多学者参与其中，成果颇丰。讨论涉及的问题很多。光就文学领域而言，其讨论范围就超出了文学阐释（文本的意义、文学的理解和阐释）的范围，涉及中国文学理论界长期关注的一系列问题，比如：什么是"文学"？如何理解文学的自主性？什么是文学与非文学的边界？什么是文学理论及中国文学理论的自主性？等等。这些问题随着西方后现代文论和文化研究的兴起而变得越来越尖锐，因为西方后现代文论和文化研究的重要特色，就在于挑战了封闭的"文本"概念和自律的"文学"定义，强调文学和文学研究的开放性和跨界性。可以说，张江教授系列文章的一个潜在对话者，就是后现代主义文论和文化研究。

## 一 关于前理解

"前理解"是具体理解行为发生前就已经存在的视野、期待、观点或信息，海德格尔称之为理解的"前有"（fore-having）、"前见"（fore-sight）和"前知"（fore-conception）。"前有"是我们的历史性

---

* 本文系广东省普通高校人文社会科学研究重点项目"当代中国大众文化的发生学研究（以粤港澳地区为中心）"（项目编号：2018WZDXM026）的阶段性成果。本文原刊于《学术研究》2021年第10期。

** 作者单位：广州大学人文学院。

存在方式，它决定了我们在进行阐释时总是从某一视域、境遇亦即"前见"出发，总是基于我们已经掌握的东西，即所谓"前知"。海德格尔强调的是阐释行为和阐释主体的历史性，前理解是由我们的历史化生存境遇决定的，因此，从客观上讲，前理解无法清除。伽达默尔也认为，由于人的有限而历史的存在，人的理解行为必然是历史性的。阐释者和阐释行为的历史性为人类提供了理解某一文本的必要知识和途径，这些知识和途径是在某一段历史时期形成的，有其自身特定的存在时间。人不可能摆脱自己的历史，人的历史性建构了其理解的基础。由于前理解是理解的历史条件造成的，因此它不是有意为之的歪曲，不是故意颠倒是非、混淆黑白。

阐释行为和阐释者的历史性决定了质疑和否定前理解的存在是违反常识的。与此同时，既然前理解是由阐释的历史性和人类存在方式的历史性所决定的，那它就是由历史和文化塑造、建构的，而非生而有之。这意味着前理解既不可避免，又可以被反思、丰富和修正。换言之，前理解是变化的而不是固定的、一成不变的。在与文本的持续对话过程中，在阐释的历史发展中，阐释者可以在一定程度上超越特定时期所形成的前理解的局限性，丰富它、扩展它。不能把前理解非历史化（从来如此）、本质化（一成不变）、神秘化（无法解释）或自然化（不可反思）。不能赋予前理解以自然正当性，从而为随意的、随心所欲的理解提供口实，也不能借此认为任何阐释均无标准、无公度。这就像一个人不能甩掉过去、抓住自己的头发飞进未来，但他可以与过去保持反思的距离，而不是沦为过去的奴隶。

伽达默尔认为，文本有自身的视域；解释者也有自己的视域（前理解）。当读者阅读和理解文本时，就会出现两个视域的相遇和碰撞。"视域融合"的过程是一个对话交往的过程，前理解在这个过程中发挥作用，文本的意义也在这个过程中呈现出来。通常情况下，阐释行为既不是解释者抛弃自己的视域完全接受文本的视域（顺应），也不是用解释者的视域取消、取代文本的视域（整合），而是解释者从自己原有的视域出发，在与对象的持续对话、交往过程中不断检验和修正自己的"前见"，使自己的"视域"不断扩大，从而逐渐形成一个新的视域。西谚有云："你看到的是你想看的东西"（what you saw is what you want to see），言简意赅地说明了前理解对阐释和理解的制约乃至宰制。这句话具有真理性，但也很片面。因为一旦你意识到了前理解的这种"先入为主"的作用，就会同时意识到你看到的是事物的一个方面而不是全部，意识到你的理解和阐释不是"绝对真理"，也不是全部真理。因此，如果你足够诚实，你就要承认别人看到的东西中也有真理成分。这就是说，由于前理解不可避免的选择性、局限性和片面性，任何阐释都有限度。这种局限、限度只有通过阐释者与文本的对话、通过不同阐释主体之间的对话而逐渐缩小。不妨以"盲人摸象"做比喻：每个盲人把自己感知的象和别人感知的象组合起来，就接近了完整的象，但前提是必须承认自己摸到的不是整体的象，承认别人摸到的也是象的一部分。

视域融合的达成并非一蹴而就。对于习惯并内化了传统戏剧规则的读者，在阅读一些现代派戏剧作品时，会发生"期待受挫"现象：阐释对象过于陌生、新奇，导致自己的期待/前理解无法整合它。比如阅读阿达莫夫的《大小手术》、贝克特的《等待戈多》，对于将古典戏剧规则比如"三一律"内化为前理解和期待视野的人而言，会遇到阐释与理解的障碍。这个时候会出现两种可能的结果：拒绝承认这是"戏剧"，以维持自己已有的"戏剧"观念；或扩大自己的"戏剧"概念，修正自己的前理解以接纳新的戏剧形式。

## 二 关于"强制阐释"

张江在《强制阐释论》中将"强制阐释"具体分为四个方面："场外征用""主观预设""非逻辑证明"和"混乱的认识路径"。[①]在《关于"强制阐释"的概念解说——致朱立元、王宁、周宪先生》中，张江进一步把"强制阐释"的特征概括为"背离文本话语，消解文学指征，以前在立场和模式，对文本和文学作符合论者主观意图

---

① 张江：《强制阐释论》，《文学评论》2014 年第 6 期。

和结论的阐释"。①"强制阐释"论希望捍卫文本的自主性（相对于阐释者）和文学的自主性（相对于政治、经济等非文学领域），坚持一个确定的文本具有"本身的确定意义"，这意义能为多数人所认同。强制阐释的"强制性"即表现在无视或否定上述两种自主性。

破坏文本自主性的是阐释者的"主观预设"，这是一种阐释开始前就持有的主观意向，它无视文本的"原生"含义，不顾文本的客观情况而从自己的立场出发来强制裁定文本意义和价值，或以特定的理论框架来框定文本，或选择特定的文本演绎阐释者自己预设的"理论"。结果是阐释的结论已经先在于阐释活动开始前。张江认为，后殖民主义、女性主义、生态批评等批评话语普遍存在这种"前在立场"，将文学阐释变成为某一意识形态而进行的政治解读。而破坏文学自主性的是所谓"场外征用"，"场"即文学场或文学学科，场外征用就是征用各种非文学的理论、方法来肢解文学。"场外征用"是西方文论的通病，西方文论广泛征用文学领域之外的其他学科理论，并将之强制移植到文论场内，抹煞了文学理论及批评的本体特征。

由于文本的意义是在与阐释者的对话中产生的，而非固定不变的（只有文本的物质形态是相对固定的），文本和非文学、场内和场外（哲学的、历史的、社会的、文化的等）之间的界限通常难以划定，从而为区分何为多元阐释、创造性阐释，何为"强制阐释"带来了极大麻烦。既然每个人的阐释都不同程度地带有自己的阐释视野、角度和前理解，从而带来阐释的选择性、主观性和不完全性，既然文学和非文学的界限无法一劳永逸地划定，那么，"强制阐释"之"强制"的标准是什么，边界又在哪里？"文本自身的相对确定的含义"到底"相对"到什么程度？这样的争论会在相当长时间内难以达成一致意见。但不能达成一致意见并不意味着不能推进认知的发展，也不意味着这种争论是无谓的。我们就"什么是文学""什么是美"争论了几百年、上千年，至今似乎也没有达成统一的、大家都接受的定

① 张江：《关于"强制阐释"的概念解说——致朱立元、王宁、周宪先生》，《文艺研究》2015 年第 1 期。

义，但在不断的讨论和交流过程中我们对文学和美的认识却在逐步加深，相关知识也在不断增长。因此，下面提出的看法无意于、当然也根本没有能力结束争论，而只是希望能够提供哪怕一点点接近问题的新思路。

第一，阐释不是完全没有公共标准。阐释具有开放性、多元性、相对性，但这种开放性、多元性和相对性都是有限度的。阐释也不能没有边界，否定边界就否定了"阐释的有效性"命题，阐释就变成完全随意、随心所欲的行为。为此，艾柯提出了"作品意图"概念以确立阐释的限度，防止后现代主义和后结构主义那种天马行空式的"过度阐释"。[①] 但是，除了从文本意义角度捍卫阐释的有效性这个思路之外，我以为还可以考虑另一个思路，这就是交往论的思路：阐释是一种基于语言这个公共符码的公共交往行为。阐释的对象，即文本，是语言符号编码的产品，而作为解码行为的阐释同样必须通过语言符号进行。关键是，语言符号是公共产品，也就是艾柯所谓被大家共享的"社会宝库"，是一种具有共享性、约定性的交往工具，而非一个人独自占有和控制的私人物品。对于语言符号的意义以及解码的基本规则，语言共同体长期以来形成了一系列基本共识。当然，这种共识是一种文化的约定和交往的产物，而不是某个权威（包括作者、其他权威人士等）强加的。比如，符号的能指和所指关系就是一种最基本的文化约定并通过辞书、教育等形式被逐步固定、代代相传。没有这种约定，每个人都随意把自己的"所指"加诸能指（指鹿为马），阐释就会陷入无政府状态，有效的交流就不可能进行。

文学创作是编码活动，文学阐释则是解码活动，它们所使用的符号以及解码规则都具有基本的共享性、约定性。正是这种语码以及解码规则的共享性、约定性、继承性，保证了我们能够理解古代的和西方的各种文本。依据艾柯，语言这种社会宝库"不仅指具有一套完整的语法规则的约定俗成的语言本身，同时还包括这种语言所发生、所

---

① ［意］艾柯等著，［英］柯里尼编：《诠释与过度诠释》，王宇根译，生活·读书·新知三联书店1997年版，第10页。

产生的整个话语系统，即这种语言所产生的‘文化成规’（cultural conventions）以及从读者的角度出发对文本进行诠释的全部历史"。①在这里，了解特定历史文化语境中语言含义的演变非常重要。艾柯所举的例子是华兹华斯的诗句"A poet could not but be gay"。这句话中的 gay 在华兹华斯那个时代还没有"同性恋"的含义，而只有"快乐"的含义，因此这句话只能翻译为"诗人是一个快乐的精灵"，而不能站在今天的角度将之阐释为"诗人是一个同性恋者"，否则就是牵强阐释或艾柯说的"过度阐释"。艾柯就此特别指出："承认这一点意味着认同从作品与其社会文化语境相互作用的角度去对作品进行分析的方法。"②他还认为，要对"诠释文本"与"使用文本"进行区分。使用文本可以为我所用、信马由缰（比如我们现在网络上非常盛行的"大话文学""无厘头文学"），不必考虑这样做是否符合文本或作者的意图，也不必考虑被戏说语言的时代背景（即使在华兹华斯的时代 gay 没有"同性恋"的意思，戏说者也可以不管这些而将华兹华斯的那句诗翻译为"诗人是一个同性恋"）。但是，"如果我想'诠释'华氏文本的话，我就必须尊重他那个时代的语言背景"。③由于有了这样的公共维度，如果有人完全不顾语言和文化共同体内关于能指—所指关系的约定以及关于符号编码和解码规则的约定，对文本进行指鹿为马式的肆意阐释，就会遭到这个共同体的抵制。这种阐释我称之为牵强阐释或歪曲阐释（下面我会说明为什么不是"强制阐释"）。之所以说它"牵强"，是因为它在一些非常基本的层面破坏了阐释共同体所遵循的关于符号意义的基本约定。

第二，这种明显违反共同体关于语言符号指义和解码之基本约定的牵强阐释，并非源于阐释和理解过程中难以避免的、由于阐释者和

---

① ［意］艾柯等著，［英］柯里尼编：《诠释与过度诠释》，王宇根译，生活·读书·新知三联书店 1997 年版，第 82 页。

② ［意］艾柯等著，［英］柯里尼编：《诠释与过度诠释》，王宇根译，生活·读书·新知三联书店 1997 年版，第 83 页。

③ ［意］艾柯等著，［英］柯里尼编：《诠释与过度诠释》，王宇根译，生活·读书·新知三联书店 1997 年版，第 83 页。

阐释行为的历史性处境带来的客观知识局限、视野局限，也不是产生于文学语言的模糊性，而是有意为之的存心曲解。换言之，阐释者明明知道自己在做牵强附会的解释，但仍然出于某种原因坚持这么做。仔细阅读张江关于"主观预设""前置立场"等概念的解释，我认为他所指的"强制阐释"就是此类有意为之的歪曲。在《强制阐释的主观预设问题》① 一文中，张江指出，主观预设问题由三个相互联结的部分组成，分别对应着文学批评活动的三个层次，即：前置立场、前置模式、前置结论。其中特别是"前置结论"，明显是有意为之，批评者的结论产生于批评/阐释行为之前。更重要的是，阐释者的这种"前置结论"是拒绝质疑的：即使你拿出证据证明对方错了也没用，因为他是有意为之。

这样看，有些学者对"前置立场"的质疑显得有些错位。他们说："立场"就是"前见"，从阐释学的角度出发，前见是阐释活动的出发点，因而也就不存在没有立场的阐释。其实张江在文章中已经指出，阐释学的"前见"是"无意识地发挥作用"，而"前置立场"是"自觉主动地展开自身"。② 张江还专门撰文《前见与立场》阐述前见与立场的不同，认为"前见"与"视域"相通，它们都与"立场"存在根本性差异，差异即在于前两者（"前见"与"视域"）虽然在阐释活动中发挥着前提性作用，但并不能决定阐释活动的结果；而后者（立场）则明显会由其强制性而规定文本的解释，从始至终发挥着作用。③ 一个比较尊重阐释对象的阐释者，在发现自己的前见与对象不符合的时候，会通过视域融合，通过文本、作者、阐释者等的多方对话修正、完善自己的前见，而不是固执己见。因此，前见是客观上无法清除但是可以反思和修改的，而立场——至少是张江说的"立场"——是主观上明知错了也绝不放弃的东西。

第三，应该区分"牵强阐释"与"强制阐释"。牵强阐释的特点是明显脱离文本、违反语言文化共同体关于符号指意和编码解码的一

---

① 张江：《强制阐释的主观预设问题》，《学术研究》2015 年第 4 期。
② 朱立元：《关于主观预设问题的再思考》，《学术研究》2015 年第 4 期。
③ 张江：《前见与立场》，《学术月刊》2015 年第 5 期。

套基本规则，指鹿为马，或可称为"歪曲阐释"。如果阐释活动是在平等、理性的对话交往空间中展开的，共同体成员可以就一个文本的意义阐释进行平等商讨，那么，明显的牵强阐释必然会被发现，被抵制和否定，因为通过平等、理性的交流对话，学术共同体不难就何为明显的牵强阐释达成一致意见。但如果阐释活动被非学术的力量绑架，平等、理性的对话无法进行，那就会出现这样的情况：明明是牵强的阐释，却不能被质疑，不能说这是牵强阐释。这样一种借助非学术因素的牵强阐释，我认为才是强制阐释。之所以要把"牵强阐释"和"强制阐释"区分开，是因为牵强阐释的核心是牵强，缺乏基本的文本依据，也无视语言共同体约定俗成的指意规则，故意望文生义；而"强制阐释"的核心是强制，强制人们做出某种阐释，不管你是否愿意。牵强阐释如果不借助非学术的因素就不具有强制力量，一种可以质疑的阐释不管如何牵强都还不是强制性的。张江批评我国当下文论界存在机械照搬西方理论阐释中国文学的情况，但我认为，即使存在这种情况，只要它不能强迫取消批评与反对的声音，只要人们还可以质疑它，它就不是强制阐释。这样看来，强制阐释可以说是一种受到了非学术因素支持的牵强阐释。作为阐释，它们都是牵强的，但外力的加入使得牵强变成了强制。可以说，"强制阐释"是强制（他人）接受的牵强阐释。

让我们举两个例子。第一个例子，用"现实主义"和"浪漫主义"两个概念解释整个中国文学史（从《诗经》一直到《红楼梦》），这种阐释显然是非常牵强的，因为它是套用西方概念宰割中国文学经验。如果这种阐释是可以商榷和质疑的，那它也只是一家之言，最多只是一种牵强阐释，还不属于强制阐释。然而一旦它变成教条且不允许别人质疑和批判，那就变成了强制阐释。第二个例子来自《诗经》。《诗经·关雎》"关关雎鸠，在河之洲，窈窕淑女，君子好逑"中的"淑女"，据说有七种翻译（阐释）：1. "美丽的女子"（a lass with pretty looks）（汪榕培译）；2. "美丽的未婚女子"（a good maiden fair）（许渊冲译）；3. "最好的女孩"（the best girl）（丁祖馨译）；4. "温良恭谨的女子"（a mild-mannered girl）（伯顿·华岑译）；5. "温柔优雅的女子"（a gentle and graceful girl）（杨宪益夫妇译）；6.

"谦虚、隐逸、有德、年轻的女子"（The modest, retiring, virtuous, young girl）（理雅各译）；7. 有人索性译为"好女子"（a good girl）。①这些似乎都不能说是牵强阐释（当然更不是强制阐释），因为"窈窕淑女"的含义似乎本来就有一定的模糊性。但这个模糊性不是无边的，如果有人将其翻译为"大大咧咧的、豪迈奔放的女子""粗野蛮横的女子"，就是牵强阐释或歪曲阐释了。这种阐释偏离了阐释对象，违反了"窈窕""淑女"这些词的约定含义，而且和整首诗描述的女子性格不符。如果甚而像汉儒那样将其比附成"后妃之德"，而且被后来钦定为唯一正确的阐释，不能质疑只能接受，那它就变成了强制阐释。

与此相关的一个问题是：判断何种阐释为牵强阐释，并不意味着我们同样能够证明何种阐释为唯一"合理的"阐释。换言之，对阐释的有效性进行限制并不意味着持一元真理观或封闭阐释观。这与艾柯的立场颇为相似。艾柯对后现代主义（如罗蒂）和后结构主义（如德里达）赋予读者无限的阐释自由、完全否定阐释的限度深不以为然，但同时又警惕陷入一元真理观。柯里尼说："他（艾柯）相信，我们可以——而且确实能够——确认出哪个诠释是'过度'的诠释，而不必花费精力去证明另一诠释为'合适的'诠释，甚至不必依赖于认为一定存在着某'一个'正确诠释的任何理论"。② 以上面所列举的"窈窕淑女"为例，在多种关于"淑女"的翻译——"美丽的女子""温良恭谨的女子""温柔敦厚的女子"中，没有必要非要选择唯一的"合适"或"更优"的翻译。但这并不意味着我们没有权利断定"后妃之德"为牵强阐释以至于强制阐释，与谬误相对的可能是多个真理而不只是一个真理。

## 三 "诗无达诂"与文学语言的特殊性

既然有约定，为什么仍然存在"诗无达诂"或"一千个读者一

---

① 参见阳卓君《前理解、理解与文学翻译中的两种阐释向度》，《长春理工大学学报》（社会科学版）2014 年第 10 期。

② ［意］艾柯等著，［英］柯里尼编：《诠释与过度诠释》，王宇根译，生活·读书·新知三联书店 1997 年版，第 11 页。

千个哈姆雷特"的现象呢？这就要考虑到文学语言符号的特殊性。文学语言是一种诗性语言。也有人说，文学中的语言是被诗性地使用的。一方面，文学语言并没有一套专门的词汇和语法，它使用的也是作为公共交往工具的语言符号；但与科学语言、日常语言不同，由于大量使用比喻、象征、夸张、寓言等修辞手法，文学语言的含义具有比较突出的模糊性、不确定性，而且很多作家还经常有意增加这种模糊性和不确定性。这就为多元阐释、差异化阐释留下了足够多的空间。比如李商隐《锦瑟》中的"锦瑟"到底隐喻或象征什么，这是我们通过查阅词典等大家共享的工具书无法解决的，只能依靠阐释者自己的带有个人化色彩的体悟去理解。个人化意味着合理的因人而异，不能轻易归入牵强阐释或过度阐释。

"诗无达诂"说明，因其破坏基本指意规则而被语言文化共同体一致否定的牵强阐释常常是有限的（比如用"刁蛮泼妇"来翻译或阐释"淑女"）。文学语言中大量象征、隐喻、反讽的含义都不在辞书约定的范围。因此，就文学而言，共同体对于语言指意的约定属于弱约定而非强约定。科学语言、法律语言、国与国之间的各种协议语言，即使不能达到也要努力接近意义的绝对确定性，致力于消除模糊性和不确定性，甚至以一个文本只有一种解释为目标。但文学语言的情况正好相反。在文学中，关于语言符号的指意和解码规则的约定，一般只集中在基本的字面意义上，而对语言的象征、隐喻等含义的约定就相对缺乏，甚至完全没有，因此留下了很多灵活的阐释空间（接受美学所谓的"未定点"和"召唤结构"）。这样，关于文学文本阐释的分歧常常也出现在其象征含义、隐喻含义等方面。正因为考虑到这一点，我以为研究文学阐释如果不紧扣文学语言的特殊性必将存在重大缺憾。

根据罗兰·巴特的符号学和神话学理论，可以发现阐释的多义性常常发生在神话学层面。巴特改造了索绪尔的结构主义语言学，发展出自己的符号学和神话学。在索绪尔那里，能指与所指构成一个完整的符号，表达一个完整的意思。但巴特认为，在大众文化（巴特的神话学并非只适用分析大众文化）中，索绪尔的能指（能指 I）与所指（所指 I）关系只构成初级意指系统（primary signification）或外延

（denotation）系统中的符号；而这一符号又转化为二级意指系统（secondary signification）的能指（能指 II），这个能指有自己的所指（所指 II）。以 dog 为例，dog 作为索绪尔符号学意义上的能指（能指 I），指的是一种四足犬科动物（所指 I），它们构成初级意指系统的符号。但这个符号在二级意指系统或内涵（connotation）系统中又成为新的能指（能指 II）和新的所指（所指 II），意为"一个招人讨厌的人"。也就是说，初级意指系统（外延）成了二级意指系统（内涵）的能指。① 再比如，在有些文化中，恋人之间用"玫瑰"代表爱情。"玫瑰"这个能指（能指 I，无论是实物玫瑰花，还是"玫瑰"的发音、照片图像或书写方式）有自己的所指（所指 I）：植物学意义上的花科植物。它们合成一个初级意指系统中的符号，但这一符号又在二级意指系统中变成了能指（能指 II），它的所指（所指 II）则是"爱情"。

必须指出的是，这个二级意指系统中的所指是依赖于文化阐释的，并不是在所有文化中玫瑰都有爱情的含义。因此，巴特的符号学比索绪尔的符号学包含了一个更大的系统，即社会—文化的表达—阐释系统，也正是在这一系统中，符号有着更为深广的含义。这样，巴特就从符号学中发展出了神话学。所谓"神话"，是在二级意指系统层面被生产出来的，它是"包含了一整套观念和实践的意识形态，其功能在于积极推行统治阶级的利益和价值观，维护既存的社会结构"。② 一个符号常常具有多种意义，有些非字面的意义是特定文化赋予的。巴特提供了一个大众文化方面的经典分析案例，一个刊登在《巴黎—竞赛》杂志上的封面广告：一个黑人士兵向法国国旗敬礼。他指出，这幅画的初级意指系统包括一个能指，即一系列的色彩、线条和图形（物质层面），而其所指是一个黑人士兵向法国国旗致敬。这是一个普通事实，几乎人人都可以理解。但从神话学角度看，这个

---

① 参见［英］约翰·斯道雷《文化理论与大众文化导论（第五版）》，常江译，北京大学出版社 2010 年版，第 145 页。

② ［英］约翰·斯道雷：《文化理论与大众文化导论（第五版）》，常江译，北京大学出版社 2010 年版，第 145 页。

能指和所指组成的符号又变成了二级意指系统中的能指，其所指是：法国是一个伟大的、多元包容的帝国，其中不存在任何种族歧视（因为有色人种也效忠于它）。这层意思不是人人都能发现的，需要文化分析家把它分析出来。巴特这样描述自己发现这个秘密时的情况："我在理发店里，一本《巴黎—竞赛》抄本到我手里了。封面上，是一个穿着法国军服的年轻黑人在敬礼，双眼上扬，也许凝神注视着一面法国国旗。这些就是这张照片的意义。但不论天真与否，我清楚地看见它对我意指：法国是一个伟大的帝国，她的所有子民，没有肤色歧视，忠实地在她的旗帜下服务，对所谓殖民主义的诽谤者，没什么比这个黑人效忠所谓的压迫者时所展示的狂热有更好的答案。因此我再度面对了一个更大的符号系统：有一个能指，它自身已凭着前一个系统形成（一位黑人士兵正进行法国式敬礼）；还有所指（在此是法国与军队有意的混合）；最后，通过能指而呈现所指。"① 经过神话学的这一分析，这个广告图片就成了神话，成了一种意识形态操控，具有强烈的象征意义。由此，这幅画中敬礼这一简单事实，就有了重要的所指内容。这个广告刊登的时间是 1955 年（巴特的文章就是写于这一年），而当时的法国正陷于越南（1946—1954）和安哥拉（1954—1962）战场失利，因此这个广告的意识形态具有政治上的重要意义。

在这里我想强调的是，文学语言之所以具有远超字面含义的丰富意义，文学文本的阐释之所以充满分歧，一个重要原因就是文学作品一般都包含两个指意系统，都可以在字面含义（所指 I）之外阐释，挖掘出丰富但又是充满差异的象征含义（所指 II）。

# 四 关于公共阐释

如果说在"强制阐释"论阶段，张江的立足点是文本内、外之划分以及文学/非文学之别，那么，到了"公共阐释"论阶段，张江论

---

① ［法］罗兰·巴特：《神话——大众文化诠释》，许蔷蔷、许绮玲译，上海人民出版社 1999 年版，第 175 页。

述的重点已经不再是"文本自身的意义"及以此为基础的阐释正当性、合法性，而是转向了公共交往和沟通的合理性、契约性以及公共理性。张江认为，公共理性"是个体理性的共识重叠与规范集合，是阐释及接受群体展开理解和表达的基本场域。在理性的主导下，主体间的理解与对话成为可能，阐释因此而发生作用，承载并实现理解和对话的公共职能。离开公共理性的约束与规范，全部理解和阐释都将失去可能"。① 张江把这种公共理性理解为个体理性的共识重叠，它在交往过程中建构和展开，也是对交往的规范，因此我将之归入交往理性。阐释的可能性和有效性都应该建立在这种交往理性基础之上。

我以为，诉诸主体间的对话交往和公共理性来保证阐释的公共性、合法性，比诉诸"文本自身的意义"维护阐释的有效性更合理，也更有意义。这应该说是张江阐释理论的重大发展。语言、符号、文化的社会性、公共性，以及交往规则的公共约定性，决定了阐释的公共性。这和艾柯关于阐释的"社会契约"说非常相似。一套公共交往的规则或模式，实际上就是一种"社会契约"。② 这种约定对阐释主体及其阐释行为形成了基本限定。阐释如果偏离了这个公共约定，就会被共同遵守约定的语言共同体视为荒谬。在所有的约定中，最为基本的就是关于符号的能指和所指的约定。因此，当"窈窕淑女"被解释为"泼辣刁妇"时，必然会被视作无稽之谈。由于能指和所指的关系同样属于社会约定关系，因此，所谓"文本自身的意义"实际上并非自然的或独立存在的，而是依赖于文化契约。

公共阐释论牵涉到比"强制阐释"论更多的哲学和社会学问题，在此无法展开。我只想就公共阐释理论建构中的哲学方法与社会—历史方法做一点简单的补充。

很明显，在关于公共阐释的几篇文章中，张江致力于从哲学角度建构一种理想的公共阐释模式，以便对阐释的有效性、合法性形成必要的规范，同时也使阐释理论更多参与现实政治与日常生活。我认为

---

① 张江：《公共阐释论纲》，《学术研究》2017 年第 6 期。
② ［意］艾柯等著，［英］柯里尼编：《诠释与过度诠释》，王宇根译，生活·读书·新知三联书店 1997 年版，第 32 页。

这是完全必要的。在某种意义上说，张江提出了类似哈贝马斯"理想交谈情境"的理想阐释情境（当然，张江对理想阐释情境需要满足哪些条件的说明稍显简单）。①他的重点不在于讨论现实世界中和人类历史上经验形态或实际存在的阐释活动。这样做的一个可能局限是忽视了阐释的公共规则、公共理性本身也是一种逐步完善的社会文化建构。换言之，忽视了对公共阐释本身进行社会—历史意义上的反思。

从理想或应然的角度说，公共阐释中的主体应该是具有公共理性、遵循公共规则的主体。但也要承认，并非历史上和现实世界中所有的阐释行为都合乎这种公共阐释理想，相反常常受到不同程度的扭曲（源于权力、利益等因素）。这也是汤普森在与张江的对话中一再强调的。汤普森指出："阐释和阐释学是社会生活及政治生活的一个组成部分，因此，它们总是与权力、利益及冲突等纠缠或捆绑在一起"，"阐释不仅是公共的，也是冲突性的。阐释是多样性的，而且它们彼此之间存在冲突、冲撞"。这可以说是从经验角度对阐释的实然形态的强调。汤普森明确建议张江更多地朝这个角度思考，"更多地从社会学的视角观察问题，把阐释学带入到社会生活与政治生活中来"。大概是考虑到了张江的"公共阐释"概念偏于理想型，因此汤普森坦承，相比"公共阐释学"这个术语，他更倾向于"社会阐释"或"社会阐释学"的提法，或者说，公共阐释就是社会阐释，两者没有区别。比较之下，在这个对话中，张江虽然同意"阐释不仅仅是一个哲学问题或理解问题，而是应该延展和深入到现实生活之中"，但是张江的思路基本上还是哲学的。更有进者，张江虽然也承认，"任何一种政治力量，乃至任何一种社会力量，想要达到自己的目的，实现自己的目标，就必须夺取和掌握阐释的权力"，也就是说，张江其实也不否定现实世界中的阐释常常不那么理想，但他仍然致力于在

---

① 在张江与哈贝马斯的对话中，哈贝马斯说：张江提出的"公共阐释"这一命题"非常有意义"，而且"在许多问题上我和您的观点相当一致"，比如"为达成共识必须构建公共言论基础"。张江、［德］尤尔根·哈贝马斯：《关于公共阐释的对话》，《学术月刊》2018 年第 5 期。

哲学层面上规定理想意义上的公共阐释应该是什么样的。为此，张江希望通过"公共阐释"与"社会阐释"的区别来坚持自己对公共阐释的理想型建构，认为社会阐释是属于经验形态的，是"非常复杂混乱的""多元的、碎片的、对立的、冲突的"，而公共阐释则是"理性的、澄明的，或者说是经过淘洗过滤的"。与社会阐释与公共阐释的区分相对应，张江还试图区分"公众"和"公共"："公众是矛盾的、冲突的，也常常是非理性的，而公共却是经由过滤和公共理性选择的。"①

张江在承认社会阐释和公众的复杂性、多元性、矛盾性、冲突性的同时，坚持对"公共"和"公共理性"的理想型建构，而不是像汤普森那样完全取消这个概念（认为公共阐释就是社会阐释），这具有重要意义，否则的话，我们就无法在经验世界实际存在的阐释之外树立一个理想的参照，一个评价的标准，甚至会面对各种阐释的无是非的纷争而无可奈何、无所适从。这就像哈贝马斯对于"理想言说情境"的规范性规定，与福柯等人对历史上经验形态的被扭曲的言说（话语）的分析，都具有自己的存在价值和学术意义。两者可以形成良性的互补：正因为有了理想型公共阐释的规范性建构，我们才可以对历史上和现实中种种被扭曲的阐释形态进行价值判定。但需要补充的是，理想型公共阐释也是在历史发展过程形成（正如哈贝马斯理想型"公共领域"实际上建立在对 18 世纪资产阶级公共领域的社会历史分析上），是在多元主体的交往过程中逐步建构和完善的，并不存在历史之外的神秘的或形而上的公共阐释或公共理性。正因为如此，任何特定时期阐释的公共性都不可能是完全的，更不能把阐释分为要么是完全"公共的"（理性的、澄明的），要么是完全"社会的"（复杂、混乱、非理性的）。"公共"和"公众"也是如此（它们在英文中实际上就是同一个词，即 public）：公共空间/领域中活动着的是多元的公众，不同的公众分有公共性而不是某一类公众独占公共性。他们通过协商、妥协、对话可以形成程度不同的共识，但这共识不是

① 张江、［英］约翰·汤普森：《公共阐释还是社会阐释——张江与约翰·汤普森的对话》，《学术研究》2017 年第 11 期。

绝对的和一劳永逸的，而是处在不断的变动之中，处在建构—解构—再建构的过程之中。在这点上我比较赞同汤普森的如下观点："我认为所有的阐释都有一定的接受度，问题是接受度有多高。"① 也就是说，不同的阐释通常是分有而不是独占公共性。

最后，我想指出，如果我们从反思社会学角度对公共阐释、公共理性及相关概念本身进行社会历史的反思，那么，我们就能揭示什么样的社会历史条件最有利于理想型公共阐释的出现。我们所关注的问题可能会变成：为什么在特定时期理想型的公共阐释遭到扼制、无法获得主流地位？哪些缺乏公共理性的阐释方式在什么时候、因为什么原因成为主导性的阐释模式？是哪些社会文化因素造成了这种局面？为什么历史上许多缺乏公共理性和公共规则的阐释实践不但发生了并且取得了支配地位？只有揭示了理想型公共阐释的社会历史条件，我们才能努力创造这样的条件，从而促进理想的公共阐释的出现。

① 张江、［英］约翰·汤普森：《公共阐释还是社会阐释——张江与约翰·汤普森的对话》，《学术研究》2017 年第 11 期。

# 强制阐释的歧途与公共阐释的正道[*]

## ——对张江教授《公共阐释论纲》的一点思考

范玉刚[**]

张江教授的《公共阐释论纲》刊发后，引发了学界的广泛关注。其实，任何争鸣都要回到问题的本源，一个绕不过去的问题是：阐释论是一种认识论还是本体论？它是否是一种"元理论"？它对当代文艺理论和美学研究的意义何在？在不同的理论源头处，其实践意味是不同的。马克思在《关于费尔巴哈的提纲》第二条中说："人的思维是否具有客观的真理性，这不是一个理论的问题，而是一个实践的问题。"[①] 在海德格尔、伽达默尔的阐释学理论体系中，阐释学是一种超越性的现代本体论建构，需要在现代本体论意义上来理解"阐释"。可以说，阐释学就是一种从语言视角进入的现代本体论，它虽有认知的价值，但不是一种认识论，而是意义的阐发和价值的守护。在中国当代文艺学美学实践中，阐释学意味着反本质主义的当代批评学，抑或就是当代文艺学美学学科的话语建构，它同样是一种本体论承诺。新时代语境下，公共阐释论的出场为文艺学美学话语体系建构清理了地基，提供了核心概念和理论范畴，表征着中国当代文论话语体系建构的自信，是时代变化和实践发展情形下的一种理论创新。

---

　　* 基金项目：中共中央党校创新工程项目"文化思潮和国家文化战略研究"。本文原刊于《学习与探索》2018 年第 5 期。
　　** 作者单位：中共中央党校文史部。
　　① 《马克思恩格斯选集》第 1 卷，人民出版社 1995 年版，第 55 页。

# 一　公共阐释论问题出场的语境

中国共产党第十九次代表大会报告做出了中国特色社会主义发展迈入新的历史方位的重大判断，文艺及文艺理论作为时代的先声，要有能力表征这个时代的精神追求。问题是时代的声音，只有倾听时代才能把握问题所在。习近平总书记指出："面对世界范围内各种思想文化交流交融交锋的新形势，如何加快建设社会主义文化强国、增强文化软实力、提高中国在国际上的话语权，迫切需要哲学社会科学更好发挥作用。"① 随着中国发展迈入"强起来"的新时代，社会主义文化强国建设彰显出时代的新气象，亟须在文化自信逻辑中构建中国文艺理论话语体系。一定意义上，拥有本土文化及其价值立场的阐释权，也就掌握了意义的生成和价值的引导方式，为各种社会思潮的引领、文化领导权的建构提供理论支点。究其现实性而言，拥有丰富资源的中国文艺理论批评话语的自主表达，自然就成了文化自信的理论支点和话语体系建构的突破点。"当代中国正经历着中国历史上最为广泛而深刻的社会变革，也正经历着人类历史上最为宏大而独特的实践创新。这种前无古人的伟大实践，必将给理论创造、学术繁荣提供强大动力和广阔空间。这是一个需要理论而且一定能够产生理论的时代，这是一个需要思想而且一定能够产生思想的时代。"② 当代文艺理论研究中曾长期存在唯西方文论马首是瞻的现象，这在某些特定历史时期可以理解，对中国当代文论和美学学科建设是有意义的，但长此以往不仅丧失当代中国文论自信，甚至还出现以西方理论强制阐释中国文艺现象的情形，如若察而不觉甚至习以为常，就会麻木了文艺学研究者的学术神经，扭曲学术研究的价值立场和话语体系建设。缺失自身价值立场和话语体系的学科建设，如何能以学术创新使中国文化自信彰显？面对杂糅的西方理论及其话语体系，随着中国文化"软实力"的增强及其话语权提升，文化自信的中国学者必然要在学术话

① 习近平：《在哲学社会科学工作座谈会上的讲话》，人民出版社2016年版，第7页。
② 习近平：《在哲学社会科学工作座谈会上的讲话》，人民出版社2016年版，第8页。

语体系建构上有所突破，改变单纯的追随者、模仿者、引进者的角色，需要立足中国的审美经验和文艺现实，表达自身的文化立场和学术理论主张，因而理论地基的清理和话语体系的平台建构就是必然。在我看来，这就是"强制阐释论"和公共阐释论话题出场的历史语境，其影响将是深远的，一定意义上是中国人文学术研究进入新时代的表征。

新时代，文化自信的根本性要求和中国特色社会主义发展步入世界舞台中央的新方位，需要中国当代文论自觉寻求生长点，需要在加强理论的现实关怀中建构中国哲学社会科学话语体系，以理论的创造和主流价值观的传播彰显中华文化自信，以中国精神的传承和弘扬续写中华文明的辉煌。在一系列重要讲话中，习近平总书记一再强调，"当代中国的伟大社会变革，不是简单延续中国历史文化的母版，不是简单套用马克思主义经典作家设想的模板，不是其他国家社会主义实践的再版，也不是国外现代化发展的翻版，不可能找到现成的教科书。"① 作为伟大民族精神的创造者、传承者和弘扬者，中国人民不仅能够创造史诗般的实践，还能够在实践中升华出有时代特征的理论创造，在理论与实践的互动和相互支撑中实现中华民族的伟大复兴。作为时代表征的"强起来"是一种精神的伟大和文化价值的感召，自然离不开理论的创新创造，以此才能回应历史性的变革和时代的风云际会。在我看来，从强制阐释论到公共阐释论是文化自信视域下中国当代文艺理论话语体系自觉建构的显现，它表征着文明互鉴视野下中国文论的自觉，旨在以中国文化价值立场重构当代文艺学美学话语体系，并与西方文论进行平等交流对话。

文化自信视域中的中国文论话语体系建构，需要回到中国当代文论的现实境遇。当前，文艺学学科重构及其理论范式转换，需要不断廓清西方理论的强制阐释掣肘，在文化自信的多元开放格局中清理地基、构建平台、启迪方法论，由此公共阐释论可谓是多元话语交锋的一个聚焦点，喻示了中国文艺理论话语体系的重构。公共阐释作为当代文论话语体系建构的前提性基础和地基式平台，一定要有世界眼光

---

① 习近平：《在哲学社会科学工作座谈会上的讲话》，人民出版社 2016 年版，第 21 页。

和文化自信意识。不能完全采用西方的理论标准来评价中国的文艺创作实践，也不能机械运用中国古代文艺理论中的道、圣、气、文、情、词采、意境等批评尺度来评判当下中国的文艺现实，必须立足当代文化现实和中国审美经验，在文艺问题的具体阐发中，尤其要深刻领会习近平总书记文艺思想中关于"历史的、人民的、美学的、艺术的标准"的论述，以中华文化立场来建构合乎时代特征和文艺发展实践的文艺评价体系。

## 二  阐释的逻辑起点和公共阐释之可能

问题是创新的起点，也是创新的动力源。直面新时代中国国内社会的主要矛盾变化，以及国际形势的纵横捭阖，必须坚持创新发展理念。中国共产党的十九大报告指出："全党同志一定要登高望远、居安思危，勇于变革、勇于创新，永不僵化、永不停滞。"① 创新是使命，创新是发展动力，尤其是要在全社会培育一种创新文化，并需要率先在学术上有所突破。作为学术话语体系建构的表征，公共阐释论的出场，某种意义上就是对文艺学美学研究中理论创新的探索。

文艺学美学是人文性学科，其学科建构的路径主要依赖学理性阐释，阐释是其学术研究的常态化。自 20 世纪中叶以来，阐释学已成为人文社会科学的基础性学科，是各具体学科门类建构的基础性理论框架。阐释需由个体性阐释进入公共阐释，阐释的公共性追求是阐释有效性的保障，由此才能实现意义的共享。就此而言，阐释都有走向公共性和开放性的愿望，都需要倾听和对话，其表述可以是个体性的，但其价值指向一定是公共性的，唯此阐释才会进入公共交往空间不同话语表达的场域，实现愿望的达成或失效。阐释首先是个体性阐释，但它之所以能够走向公共领域，主要源自人类的审美共通感基础，基于现实中的人性相通，由此形成一个确指的"意义"共识。

---

① 习近平：《决胜全面建成小康社会，夺取新时代中国特色社会主义伟大胜利》，人民出版社 2017 年版，第 2 页。

进入阐释活动中的主体无论有怎样的差异，或者基于何种学理基础与学派，都应该是"类"意义上的人，都有着诉求某种理解、理论或者意义生成的愿望。因此，阐释总是意味着要进入一个话语交往的场域，总是要以某种确定性为指归，总是在追逐"虚灵的真实"中达成某种可传达的共识。张江教授经由词源学考据和语义辨析指出，阐，开也。从门（門），单声。阐之发生离不开"共在"之前提，由此实现阐之向明、向显的公共追求。"'开'字原形已明示，阐释者是从内向外而开。此'开'，乃主动之开，自觉之开，表征阐之本身开放欲求。此动作暗示，阐释者清楚，个体阐释必须求之于公共承认，在争取公共承认之过程中确证自己。"① 从始源性意义来看，"阐"从"开"讲，有启义、有通义、有广大义、有吸纳义。启发之本义即有对话、协商、引导意，而非强制、独断、一统意。阐，居间说话也，要以意逆志，要争取公共承认。由此可见，主体及主体间性之存在，是阐释生成的基点，也就是说，阐释总是由某个确定主体生成和发出的。阐释之发生乃源自主体的阐释愿望，更确切地说是主体间的互阐互释。因而，从个体性阐释走向公共阐释，是一种学术研究的必然。即便如艾柯那般高度强调文本的开放性，认为面对一个既定的文本，接受者可以从既定经验和立场出发，可以对文本做任意方向的理解和阐释。却依旧要承认，"总之，作者向欣赏者提供的是一种有待完成的作品：他并不确切地知道他的作品将会以哪种方式完成，但他知道，作品完成后将依然是他的作品而不是另一部别的作品。"② 可见，无论如何开放式的阐释，都要围绕文本的意图展开，都会有一个大致确当的东西存在，这种存在可能是一种"虚灵的真实"，但它无疑是确当的，而不是真的虚空和某种任意。这个不是"别的作品"的意图正是某种确定性存在，诚然，它并非实体性的固定存在，而是一种不能脱离阐释主体的"虚灵的真实"存在，这正是阐释的公共性基础。诚然，文艺创作是个体性的，文艺的欣赏和消费同样是个体性的，但文艺的阐释（包括批评）却不能止于个体性，阐释的有效性

---

① 张江：《"阐""诠"辨——阐释的公共性讨论之一》，《哲学研究》2017年第12期。
② ［意］安贝托·艾柯：《开放的作品》，刘儒庭译，中信出版社2015年版，第23页。

要求其进入公共领域，由此形成阐释的公共性即公共阐释。公共阐释是对个体性阐释的超越与规约，也是对强制阐释的纠偏，使之回归文本中心。任何可通达的有效阐释都是公共阐释，公共性是阐释的基本特征。在阐释活动中，任何阐释都必有其"先结构"，也就是说公共阐释的基础恰是个体阐释，经由视域融合和特定的机缘（时间性）才能进入公共领域，不断地"现象"出来，逐渐臻至"澄明"状态，这一过程不可能一次性完成。其中真理的闪光引导个体阐释迈向公共阐释，只有在"机缘"出场中才能完成这样"一跃"，个体阐释成为公共阐释，否则就跌落为私人阐释成为个体的"喃喃私语"。"理解并承认阐释的公共性，是构建当代中国阐释学的重要起点。此其公共性，并非人之主观意愿所决定，而是阐释生成及存在之基本要素。阐释的公共性，由阐释主体及其间性而定位；由阐释之目的和标准而使然；由阐释行为的实际展开及衍生过程而主导。阐释之所以为阐释，就是因为它是公共的。"① 可见，阐释所内含的公共性品格，是公共阐释之可能的逻辑前提。

文本是阐释的现实基础，阐释必须立足文本，以文本为中心展开。文艺文本的特殊性存在及其真理性探寻，是阐释存在的合理性依据。诗无达诂的文艺蕴藉性特征，决定着阐释的合法性存在，旨在以理论批评之力使文本的"真理"处于澄明之境，在照亮文本中走向公共性。"任何艺术作品事实上都不是'封闭的'，而是每一部作品外表上都是确定的，'阅读'它的可能性是无限的。"② 文艺掌握世界的特殊方式及其真理性诉求，决定了阐释的必要性，要求文艺批评者经由个体性阐释迈向公共阐释，以使艺术的真理处于澄明状态。著名哲学家海德格尔通过对梵·高的"农妇的鞋"的现象学阐释，揭示了"艺术就是真理的生成和发生"的命题③，进而洞悉了艺术作品的本源，为人打开了一道理解艺术世界的视域。无独有偶，加拿大著名批评家弗莱强调，"艺术只是表现，但不能直说任何东西"，"并非诗人

---

① 张江：《"阐""诠"辨——阐释的公共性讨论之一》，《哲学研究》2017 年第 12 期。
② ［意］安伯托·艾柯：《开放的作品》，刘儒庭译，中信出版社 2015 年版，第 33 页。
③ 《海德格尔选集》，孙周兴译，上海三联书店 1996 年版，第 307 页。

不知道他在说些什么，而是他不能够直说他所知道的东西"①。阐释的必要性旨在表明，文学艺术的真理性指向不同于自然科学和社会科学，但它同样是真理的一种存在形态。阐释是文艺批评及其理论建构的一种思维方式，它以真理的探寻为旨归。在伽达默尔看来，艺术经验是一种独特的认知模式，它固然不同于可量化的科学技术的知识，但同样有真理的性质，其宏著《真理与方法》就是为艺术和人生之真理和价值而作的一种哲学论证。对文学艺术而言，阐释是必需的，但阐释不能是无边的，它必须基于文本、立足现实语境。有学者经由不同案例辨析指出，"在艾柯那里，文本的开放是有限度的开放，阐释者对文本的理解和阐释必须立足于文本。文本规定了开放的限度，决定了阐释的界限及其合法性。"② 通常，文艺文本能指的丰富性为鉴赏者（批评者）解读文本带来多种可能性，甚至有理论家认为，"作者向欣赏者提供的是一种如有待完成的作品：他并不确切地知道他的作品将会以哪种方式完成"③。但不能由此放任阐释的无边性，任性解读，甚至以主观预设强制阐释，完全置文本的意图于不顾。张江教授指出，"我们的主张是，文本是自在的，不能否认文本自身所蕴含的有限的确定意义；文本是开放的，不能否认理解者的合理阐释与发挥。确定的意义不能代替开放的理解，理解的开放不能超越合理的规约。我们的结论是，在确定与非确定之间，找到合理的平衡点，将阐释展开于两者相互冲突的张力之间。各自的立场都应该得到尊重，无须对具体文本阐释过程中各个方向有限的过度夸张加以过度责难。"④ 阐释的有效性必须立足文本，文本的客观性绝不是如后现代主义者所说的是一个幻象，任凭读者随意指涉，它必然有其真理性依循。就一般性而言，文艺是人类掌握世界的一种实践方式，文艺不仅表达真理，文艺实践本身也体现某种真理性。这种真理性依存于阐释，并印证于文艺实践。文艺思维的实践性可以是一种阐释，它显现

---

① 张隆溪：《过度阐释与文学研究的未来——读张江〈强制阐释论〉》，《文学评论》2017年第3期。

② 张江：《开放与封闭——阐释的边界讨论之一》，《文艺争鸣》2017年第1期。

③ ［意］安伯托·艾柯：《开放的作品》，刘儒庭译，中信出版社2015年版，第23页。

④ 张江：《开放与封闭——阐释的边界讨论之一》，《文艺争鸣》2017年第1期。

为理论把握现实的能力。固然，文艺文本是开放的，需要破除"意图谬误"和"感受谬误"，但这种开放仍是有边界的，否则就会失去阐释的公共性，而阐释正是在多元主体参与的意义追寻中实现情感共享。"文本在文学理论建构中只是依托，而不是全部；文本细读也只是所有理论建构的第一步，而不是终点。"① 同理，回归文本也不是回归文学实践的全部，恰是批评阐释的起点，其可能路径是"在重新梳理现当代西方文论的基础上，去其糟粕、取其精华、细嚼慢咽、消化吸收，融合本民族优秀的文论传统，形成新理论"②。如何使文艺理论观照文艺现实和审美经验自然离不开阐释，阐释不是单纯的理论逻辑推演，而是一种深入文本的审美体悟式解读，一种理论的反思和现实批判，旨在激发理论的创新和思考的洞察力，使理论研究在回归文艺现实中，展示人文情怀的境界提升，最终建构基于中国审美经验和文艺现实的当代文艺理论话语体系。

阐释是一种艺术，既取决于天赋才能，又关乎人类普遍性的知识修养，由此才能把握好"度"，"既阐发作品的含义，又不脱离文本容许的范围和程度，做出合情合理的解释"③。文本是公共阐释的根，公共阐释强调文本的客观性，是为了强化文艺经验的本土化意味，强化扎根文本实践的个体性阐释，并以其文艺的体验与感悟而升华于具有共通感的审美经验，在回应现实关切中实现超越，而走向公共阐释，当然这种建构不是一次完成的。因此，公共阐释既有意义世界敞开的澄明，又有文本大地的归隐，文艺批评作为一种阐释活动就是保藏与绽出的统一，这是文艺批评的魅力之源（奥秘之所在）。文艺的蕴藉性决定了阐释的多元化形态。公共阐释基于文本及其实践现象的本体论阐释，旨在探究文本的意义世界的丰富性、生成性与可能性，并因着机缘（时间性）使文本世界敞开与归隐，因而文本意义的生成是动态的、实时的，是充满生机和活力的，它既可以有效回应文本

---

① 张江：《作者不能死》，中国社会科学出版社 2017 年版，第 51—52 页。

② 蒋承勇：《"理论热"后理论的呼唤》，《浙江大学学报》（人文社会科学版）2018 年第 1 期。

③ 张隆溪：《过度阐释与文学研究的未来——读张江〈强制阐释论〉》，《文学评论》2017 年第 3 期。

的历史性生成，也可以以介入性回应现实关切而搔到痒处。德国哲学家施莱尔马赫指出，阐释需要把作者无意识的创作带入意识的领域，"首先理解得和作者一样好，然后理解得比作者更好"①。在阐释活动中，似乎某些作者追求文本写作的非确定性，成了随意阐释文本的合法性依据，认为这样的作品才是"开放的"，混乱的书写才是好作品的标志。其实，任何写作意图都是在场的，任何的解读阐发都是向着这个"意图"的无限趋近，都是为了把这个"意图"讲得更好，但批评家理解的"意图"并不必然就是作者文本固有的"意图"，只是向着那个合力形成的"意图"靠近。就此而言，文本能指越是模糊，其审美意味和语义就越丰富，就越有可阐释的空间，往往会有文本解读的"理性的爽朗"及其通透感油然而生。就此而言，公共阐释通过构建追寻真理与意义共享的研究范式，旨在尊重文艺及其批评的差异性和多样性现实，诉诸阐释的公共性，成为重构中国当代文艺理论的逻辑起点。

在理论建构和批评实践中，可以说，个体性阐释的每一次出离文本之间都是一次冒险，都会游离于强制阐释与公共阐释之间。因着理论的普遍性和抽象性（抽离出具体语境），强制阐释指向的是从理论到理论的探险，自然难以搔到文本的痒处，而陷入理论的"自说自话"或者话语自我复制的困境，形成一种没有文学的理论泛滥，无怪乎理论越来越不及物，甚至因不断僭越而滋生强制阐释乱象。有学者指出："文学理论取代文学，使文学沦为理论的仆从，把文学当作文献资料，为文学之外其他领域的理论提供佐证材料，甚至为宣扬一种理论而肆意歪曲文本，强词夺理，强作解人，这些都使文学研究产生了深刻的危机。"② 张江教授的"强制阐释论"所批判的，就是在西方理论强势影响下脱离文艺文本、空谈理论的倾向，以及其在"理论旅行"中存在的某种理论空转现象。"以理论为中心，依循理论的意

---

① 张隆溪：《过度阐释与文学研究的未来——读张江〈强制阐释论〉》，《文学评论》2017 年第 3 期。

② 张隆溪：《过度阐释与文学研究的未来——读张江〈强制阐释论〉》，《文学评论》2017 年第 3 期。

志展开和运行自己，是 20 世纪西方文艺理论生成和发展的基本特征。"① 脱离文本实际的强制阐释，是以一种理论取代另一种理论，只能造成整个文艺研究的碎片化，形成各种学术研究壁垒。公共阐释不是从理论到理论，而是从文艺文本（包括实践文本）到理论批评，是有文艺初心和现实关怀的。强制阐释的后果是扭曲初心、忘记初衷，偏执于理论自身话语的复制与喧嚣，而公共阐释则是基于交往原则强调其公共性、理性等原则，旨在使文学批评能有效回到文艺自身，回到文本及其现实性上，是基于本土文艺实践的一种批评及其理论范式建构，是文艺学美学学科建构的正道。

## 三 公共阐释论的元理论建构

从当代文论研究中强制阐释论的"破"，到公共阐释论的"立"，表征着中国当代文论话语体系建构的自觉，以及中国当代学人的文化自信。所谓"强制阐释是指，背离文本话语，消解文学指征，以前在立场和模式，对文本和文学作符合论者主观意图和结论的阐释"②，这种通过普遍存在或强化了以主观预设的立场、方法，把歪曲文意的解释强加在文学作品之上的谬误，必然带来文学危机、文艺理论危机。"强制阐释论"就是对这种在西方理论强势影响下，脱离文学文本空谈理论的倾向及其理论空转现象的批判。公共阐释论则是旨在反思和克服强制阐释的弊端，进而建构中国当代阐释学元理论的一种尝试。公共阐释论的地基清理旨在为文艺理论的重构奠定基础，使文艺理论能够有效言说文艺文本，回应文艺现实，这本质上是一种"元理论"层面的重构。正是在这个意义上，公共阐释学可视为一种立足文本、厘清边界、追求某种确定性，具有反思意味的"元理论"。张江教授指出："公共阐释的内涵是，阐释者以普遍的历史前提为基点，

① 张江：《理论中心论——从没有文学的"文学理论"说起》，《文学评论》2016 年第 5 期。
② 张江：《强制阐释论》，《文学评论》2014 年第 6 期。

以文本为意义对象，以公共理性生产有边界约束，且可公度的有效阐释。"① 所谓"普遍的历史前提"是指阐释的规范先于阐释而养成，阐释的起点由传统和认知的前见所决定；"以文本为意义对象"是指承认文本的自在意义、文本及其意义是阐释的确定标的；"公共理性"是指人类共同的理性规范及基本逻辑程序；"有边界约束"是指文本阐释意义为确当域内的有限多元；"可公度"是指阐释结果可能生产具有广泛共识的公共理解；"有效阐释"是指具有相对确定意义且为理解共同体所认可和接受，为深度反思和构建开拓广阔空间的确当阐释。张江教授总结了公共阐释的六个特征：第一，公共阐释是理性阐释；第二，公共阐释是澄明性阐释；第三，公共阐释是公度性阐释；第四，公共阐释是建构性阐释；第五，公共阐释是超越性阐释；第六，公共阐释是反思性阐释。② 在一定意义上，公共阐释的这六个特征，可被视为一种文艺学美学研究的"元理论"基础，一种重新回归文艺文本和审美经验的理论研究范式建构的尝试。

张江教授进一步强调，"公共阐释乃阐释的本质特征"，其理论依据不单是借鉴了西方伽达默尔阐释学的文本间性理论，更有着中国传统文化特别是词源学意义上的语义支撑。他在《"阐""诠"辨——阐释的公共性讨论之一》中指出，"阐"之公开性、公共性，其向外、向显、向明，坚持对话、协商的基本诉求，闪耀着当代阐释学的前沿之光。究其生成性和价值指向而言，公共阐释论本质上是一种现代本体论，是当代文艺批评学和当代美学理论建构。在实践中，公共阐释需要"同情的理解"，更要强调主体间性、文本间性、文化间性的视域融合，由此才能在阐释中把握文艺的多重意蕴。公共阐释通过遵循主体间性和文化间性原则，进入协商式社会交往领域，在多元主体合力作用下，完成对文本的可通约性理解，其指归依旧是对人及其意义世界的理解，是对现实的一种人文关怀。同时，公共阐释还要尊重理论建构的历史性存在及其理性原则。实践是理论之源，理论生长要扎根现实、传承传统、吸收外来，这样才能有效回应文艺及其批评的现

---

① 张江：《公共阐释论纲》，《学术研究》2017 年第 6 期。
② 张江：《公共阐释论纲》，《学术研究》2017 年第 6 期。

实关切，形成把握当代文化现象、揭示真理的能力。马克思指出："人应该在实践中证明自己思维的真理性，即自己思维的现实性和力量，自己思维的此岸性。"① 实践是检验真理的唯一标准，它关乎理论创新性及其真理性追求。理论自觉的前提是文化自信，需要我们勇于正视自身的审美经验，立足本土的文艺现实，克服学术研究中的自卑情绪，从而使学术研究能够有效观照中国人民史诗般的实践。张江教授指出："我们必须坚持以中国话语为主干，以古典阐释学为资源，以当代西方阐释学为借鉴，假以对照、选择、确义，由概念起，而范畴、而命题、而图式，以至体系，最终实现传统阐释学观点、学说之现代转义，建立彰显中国概念、中国思维、中国理论的当代中国阐释学。"② 说到底，公共阐释其实是一种学术机制和平台意识，它是对独断论的遏制和霸权思维的批判。也就是说，公共性是前提，也是指归。阐释活动是一个主体间沟通交流对话的过程，也是意义增值即再创造的过程。有学者指出，"'公共阐释'因而不是阐释者对文本世界的再现还原，也不是对作者观念的表现还原，而是阐释者在'生活世界'与'文本世界'的互相照映中，通过想象性模仿与历史性创造，把握文本的可能意涵"③。通常来说审美是具有公共性的，审美王国是自由、平等、民主的公共领域，因此成为文学阐释公共性的价值指归。

公共阐释作为学术框架，是对长期浸淫于西方文论知识语境中的文艺学、美学的反思、清理，非一朝一夕所成，需要久久为功。在跨界融合发展的现实文化语境下，阐释的多视角、多学科化甚至跨学科化是一种必然。认同文学理论研究和文学批评，"需要接通一些其他的学科，可以借鉴哲学、历史、心理学、人类学、社会学等方面的知识，完成理论的建构，但是，他们研究的中心却依然是文学"④。目标指向是回归文艺自身、回归文艺现实，建构文化自信视域下开放式

---

① 《马克思恩格斯选集》第 1 卷，人民出版社 1995 年版，第 55 页。
② 张江：《"阐""诠"辨——阐释的公共性讨论之一》，《哲学研究》2017 年第 12 期。
③ 谷鹏飞：《"公共阐释"论》，《西北大学学报》2018 年第 1 期。
④ ［英］拉曼·塞尔登等：《当代文学理论导读》，刘象愚译，北京大学出版社 2006 年版，第 132 页。

的基于文学实践的中国文艺理论话语体系。从当代中国文艺理论构建的需要出发，思考"中国智慧、中国方案"。从容地面对西方文论，立足中国审美经验和文艺现实，在回应时代之问中推进马克思主义理论中国化，在建构中国文论话语体系过程中，体现当代文化的创造性和理论创新性。在价值坐标系调整中，以中华文化为价值立场，结合时代条件，以中国为方法，在重新认识中国与世界的大历史叙述中，重建中国文论的主体性，使马克思主义文论与中国文化在相互融合中创新，做出无愧于时代的理论探索，以纠偏西方理论对中国文论话语构建的误导。有思想的学术才能产生理论创新，强调公共阐释的公共性与现实性，旨在在批判与反思中不落入单纯的知识生产，而是在倾听时代声音中激发思想解放、观念创新，在智慧与自由迸发中不断提升社会文明程度。

究其底蕴，西方文艺理论研究契合后现代主义思潮的勃兴，在20世纪八九十年代就已出现"向外转"的大趋势，随着西方理论的旅行和全球化思潮的扩张，中国在20世纪末和21世纪初，就有诸多学者开始倡导文艺学的越界与扩容，文化研究渐成显学而独霸文艺学研究领域，由此出现了文艺学研究范式的转换。西方理论的长驱直入并大量被征用于文艺学研究，出现了近年来为中国学者所反思的文艺学的文化转向，及其基于西方理论的"强制阐释"现象。有学者指出，文艺学转向文化研究已成大势，文化研究使被"元理论"（或"原理"）困扰的文艺学突然有了解放的希望。从文化研究那里取得后现代真理的文艺学，对当代文学熟视无睹，却对新生的媒体、各种文化现象乐此不疲。文化研究重新填充了文艺学的空镜子，给予了新的内容。[1] 因此，本土文学经验、审美经验的缺席，使文艺理论成了各种后学的演练场，各种"理论"独步文艺学研究领域。对理论的过度追捧，使得术语、概念满天飞，词汇轰炸遍布文本，导致文艺批评脱离文本、批评家对文本的解读能力低下。更为根本的是，强制阐释作为当代西方文论的基本特征和根本性缺陷之一，使得各种发生于

---

① 陈晓明：《历史断裂与接轨之后：对当代文艺学的反思》，《文艺研究》2004年第1期。

文学场外的理论或科学原理纷纷被征用于文学阐释活动，或以前置的立场裁定文本意义和价值，或以非逻辑论证和反序认识方式强行阐释经典文本，或以词语贴附和硬性镶嵌的方式重构文本，它们从根本上抹杀了文艺理论及其批评的本体特征，导致理论偏离了文艺、艺术家、作品和鉴赏者，滑向了"理论中心"。作为对历史的反思和纠偏，本文倡导回归文本，回归文艺现实，不是不要理论，而是需要立足文艺实践的理论，公共阐释论的出场彰显了中国当代文艺学美学的重构姿态。有学者指出，这种对于"理论"的反思和对于文学理论的乡愁，透露了"理论"回归文学理论的新动向，成为"后理论"转向的风向标。契合文化自信的彰显，文艺理论和美学研究的人文属性更加凸显价值立场的重要性，哲学社会科学理论话语体系的建构日益迫切，公共阐释论的价值就愈发凸显。

# "公共阐释论"与审美活动作为时间意识的空间性、同时性[*]

## ——论"强制阐释论"与"公共阐释论"的内在关联

刘彦顺[**]

## 一 维护审美活动作为时间意识的完整性与合乎逻辑的美学知识生产

张江教授所提出的"强制阐释论"有待于在"公共阐释论"视野才能得到根本性的理解与陈述。就理解而言,"公共阐释论"是基于审美活动的完整性及审美价值的独立性而提出的,是对审美活动作为阐释活动尤其是针对以文本作为审美对象的阐释活动而提出的,且其思想与论述是从正面入手并进行系统论证,这为在"强制阐释论"中仅仅以简短文字出面,却担负着系统批驳"强制阐释"重任的思想提供了正面、系统的支持。就陈述而言,"强制阐释论"是对现代西方文论中的强制阐释现象进行的批评,对其全面的表述应该是"反对强制阐释论",很显然,"反对强制阐释论"作为一个概念还是不成熟的,因为这还是一个句子而不是一个概念,其内涵还是着重批评"强制阐释"现象负面的特性、机制、内涵与具体形态,还有待于进一步凝练,所凝练的对象便是为批评"强制阐释"所依赖的思

* 本文为国家社科基金项目"现象学美学中的时间性思想及其效应研究"(项目编号:16BZW024)的阶段性成果。本文原刊于《求是学刊》2018年第1期。

** 作者单位:浙江师范大学人文学院。

想或者逻辑出发点，更有待于进行与"强制阐释论"相对立的正面的、具体而系统的论述。而在"确当阐释论"与"公共阐释论"中，"确当阐释"与"公共阐释"这两个概念已成为成熟的、独立的术语，也在《前见与立场》（张江，《学术月刊》2015 年第 5 期）《公共阐释论纲》（张江，《学术研究》2017 年第 6 期）等文中得以系统表述。

因此，就《公共阐释论纲》与《强制阐释论》（张江，《文艺争鸣》2014 年第 12 期）来看，前文所进行的是基础理论研究，所针对的是如何在美学研究中确保与维护审美价值、审美活动的完整性、确定性与公共性；后文则是依据这一基点或逻辑，对现代西方文论中普遍存在的根本缺陷——强制阐释现象进行的评析。

在此所说的"逻辑"便是美学与文艺理论中的基础理论，而"历史"则是指具体的美学或文艺理论学术史。"逻辑"或者"基础理论"既是美学与文艺理论中奠基性的为数不多的能够支撑起知识体系的核心道理，也是在不同的文化及学术生态中呈现出不同价值选择、不同状态的学术史现象。这意味着"逻辑"或"基础理论"并不是一个绝对自足的、自持的、无时间性的"公理"，其存在介乎"公理性"与"地方性知识"之间，"公理性"决定了基础理论不仅是存在的，而且可以成为一种可供交流、沟通的平台，但是交流与沟通却未必是互相理解、互补，也会是对立、矛盾，甚至是激烈的冲突；而美学与文艺理论作为"地方性知识"则是出自不同文化、文明形态的美学或文艺理论对各自文艺现象及审美实践的总结、反思，它可以体现为具体的文艺批评，也可以体现为观念形态的思想，在整体上体现出不同的价值观念、民族文化差异，而且在这当中会有来自于宗教、科学、道德等人类主要价值观念的强烈渗透。而"学术史"层面的美学、文艺理论形态则要具体而微，极为丰富与复杂，一方面它有着独立价值与意义的可能，其存在当然是必然的，也是必要的；另一方面，就其与"逻辑"层面的关联来看，它既可能是"逻辑"或"基础理论"的直接呈现，也可能是极具个性化、个别性的思想或评论，但是无论其形态如何，都一定要上升至"基础理论""逻辑"层面才能得到根本理解，所谓"万变不离其宗"是也，但是

"逻辑""基础理论"不能取代"历史""学术史"的独立性。同时，"逻辑""基础理论"也应该下延至具体的"历史""学术史"，否则就变成了空洞的概念、术语及命题陈述的游戏。

就以上对美学、文艺理论作为"逻辑"与"历史"的分析来看，在"逻辑"作为"公理"与"地方性知识"之间，在"逻辑"与"历史"之间，都存在着历史性的内在张力，在不同的情境、时机中会有不同的取向，需要进行具体判断与辨识，才能对其动态的、复杂的关系及衍化进行合理分析。对于美学、文艺理论研究而言，其根本的逻辑出发点一如所有学科一样，就是要首先明确、确立研究对象并在研究过程中始终保持其完整性。

就此而言，本文认为美学研究的对象是审美活动或者审美生活，它是人类最主要的生活形态之一，也是人生中一段时光内所发生的行为与事件，更是人之所以活在这个世界上最为主要的意义或价值之一。与审美活动或者审美价值相并峙的就是科学活动、道德活动、宗教活动。对于美学与文艺理论而言，并不存在一个绝对同一的、跨文化的美学研究对象——审美活动，就中西方而论，有些审美活动是相同的或相通的，有些则有着巨大的文化差异，这同样需要进行具体辨析。就相同或相通的角度而言，审美活动与上述其他活动相比，其特性在于——它是一种感官所能直接感受到的、兴发着的、流畅性的愉悦"过程"；在此愉悦的过程之中，审美主体始终指向对象。在这段话中，前半句所陈述的是审美活动原发性的基本或者根本状态，后半句则是陈述审美活动的构成方式。就审美活动的原发性的根本状态而言正是"时间"，因为"时间"虽然与"过程"基本同义，但是"时间"显然更能胜任学术陈述，完全能够充当在公共学术交流平台上的最佳表达。

"时间"有多义，或为纯粹物理时间，或为组织社会生活的社会时间，或为计算劳动生产率的劳动时间，或为主客不分离的生活形态之主观时间，等等，因此"时间"又常常被表述为"时间性"。审美活动在"时间性"上有两种基本可能性。

其一，从动态角度而言，审美活动作为意义寻求活动，既是意义的时机化实现，也是意义的提升、增殖或超越，它作为一种冲力、吸引力、诱惑力与持续欲，贯穿审美活动始终并为我们所熟悉。自此而言，审美活动就是一种广义的意义阐释活动，但是却与科学知识作为公共阐释的绝对确定性、普遍性、恒定性、精确性有着根本的差异，也与宗教信仰中神祇的绝对永恒、一致有着根本的差异。除此之外，只有当这一意义阐释活动得以存在、持存，才能够去谈论作为审美对象的文艺作品自身的意蕴、主题或者内容，因为后者只是隶属于前者的一个因子，绝不可能与前者相并列且独立存在。审美活动作为价值寻求、意义实现及提升的行为在根本上确立了阐释的公共性，因为审美活动显然是一个正在进行或者已经完成的行为，其作为意向活动在最小限度上已经在审美主体、审美对象之间展开，这就是最低限度的公共性。

　　其二，从静态角度而言，审美活动作为时间意识或者内时间意识呈现出由原印象—滞留—前摄所构成的"视域"或"晕圈"特性，而不是上述物理时间的"点状"特性，且最根本的状态就是"流畅"，而"流畅"的时间意识奠基于审美对象特定的、固定的空间性整体构成之上。自此而言，审美活动的视域性及流畅性为其作为阐释活动及其公共性确立了原发性的构成状态，这一构成状态及其原发性形成了自足性的约束体制，它对形形色色的强制阐释自具免疫力与阻抗性，对一切试图跨越这一流畅的时间意识及空间构成完整性的阐释具有顽强的拒斥性，因为构成审美对象尤其是文本对象的所有要素或材质都已经褪去了原本作为"物"的属性与内涵，且已经完全消融于整体之中并在整体中承担独一无二的作用与功能。仅就文学作品中意蕴的阐释而言，如果试图从整体上把《关雎》解读为"后妃之德"，把戴望舒《雨巷》解读为"小资产阶级在大革命失败后的苦闷与彷徨"，则在构成整体的所有要素中找不到实际的依存与奠基；如果从局部上试图把《离骚》中的"香草"解读为"美人"，就会滥发联想，妄求词外之意，使阅读过程变得磕磕绊绊，使要素游离于整体之外。上述两种基本可能性在任何审美活动之中都是存在的且是完全融合的，只不过由于分析的需要才做如此划分。"审美"作为"意义"必定呈显为流畅的时间意识，不存在抽象状态的"审美意义"；"审美"作为"时间意识"必定是"意义"的推动，且自始至终。

在我国近现代乃至当代的美学、文艺理论陈述中，不管是在美学的低潮期、停滞期、倒退期还是正常发展期，不管美学论争、争鸣的立场差异何等强烈，不管对其内涵的具体陈述有多少差别，对上述审美活动特性的认识业已成为一种常识，在具体陈述中常常以"形象""生动""鲜活""可感""感性"等汉语词语来描绘这种愉悦或者美感。在以上这些术语中，最为核心、最能传达出审美活动特性且作为最成熟汉语的表达应该是"生动"与"鲜活"。其实，有一个历经数千年，在中国现代美学中仍旧生生不息，且最能代表中华美学精神、中华审美文化的词语——"兴"或者"兴发"，比上述两个概念更为根本、妥帖，因为"兴发"所指的正是审美活动作为注意力被触发而不忍停止的"继续欲"或者"持续欲"的状态。"生动""鲜活""兴发"所指的正是审美活动以享用"过程"、沉浸于始终之持存与绵延的"过程"为己任的根本特性。在很多人看来，文艺理论与美学的基础理论就是一些基本的且浅易的理论或者常识，提及"基础理论"这个词，甚至让人们下意识地想到"文学概论""美学概论"等这些文字或者课程名称，这些在专科、本科等学历教育层次就已经熟练掌握了的"基础"却"低端"的知识。这是天大的误解。如果没有把握住审美活动这一美学研究唯一对象的存在特性、状态及其构成，那就不可能把握住美学作为一种知识体系进行合乎逻辑的生成、生产的基点，因此，在对美学史、文艺理论史的把握上，也就必然会出现学术史"知识丰富"，却丧失对其进行判断与反思的标准，继而只能进行"背书""引述"乃至莫分媸妍高下，见识低下。可见，在进行美学、文艺理论研究之初，首先要赢得的必然是确保研究对象——审美活动的完整性，以此作为标准，才能对美学学术史上的任何思想、命题、概念进行反思，才能对文艺批评进行反思与判断，因为能确保审美活动之生动、兴发性且主客不分离的构成及呈现状态的美学才是好的美学，能有助于、有益于原发性的审美活动的文艺批评才是好批评。

在中西方美学史上，那些做出巨大贡献的思想家与学者基本上都体现在基础理论层次。当然，这些贡献又可以分为正面与负面，正面的建树是指肯定审美价值并能把握住审美价值呈现为审美活动原初的时间性存在状态，以及对审美活动的构成方式进行深入分析的思想，这些思想是美学与文艺理论思想的有效积累，往往引领一个时代、思潮，甚至成为一种审美文化、美学形态的标识，比如孔子所提出的"诗可以兴""兴于诗"，刘勰所提出的"杂而不越"，钱钟书所提出的以"不即与不离"对纯文学作品与准文学作品空间构成差异的分析，亚里士多德所提出的审美愉悦乃人生之终极目的之一，康德所提出的审美不是求知，席勒所提出的审美活动作为游戏冲动在时间中扬弃时间的思想，叔本华所提出的审美愉悦"隔"与"不隔"之说以及对科学活动与艺术活动的杰出对比分析，福楼拜所提出的"消融材质于形式"的思想，胡塞尔对于审美活动作为内时间意识构成或时间视域的划时代分析，等等，这些都是美学史、文艺理论史上的丰碑。

而"负面"的"贡献"却要复杂得多，就总体而言，它所指的是否定审美价值并对审美价值所呈现的审美活动的原初存在状态视若罔闻或者进行否定性拆解，尤其是对审美活动的构成方式进行否定性拆解与掩埋的思想。这些思想在进行陈述、运作的过程中，涉及了美学、文艺理论基础问题，其中不乏对重大命题或重大问题的发现之功。因此，对其存在的复杂性需要进行具体分析，诸如柏拉图在城邦美学中对注意力前后相续的深刻分析，奥古斯丁在基督教神学美学中对审美时间哲学的首次专题性探讨，黑格尔所提出的"美是理念的感性显现"等。

就"强制阐释论"而言，其内涵正是从西方当代文论"学术史"的诸多现象及思潮中提炼出了"科学主义"僭越"审美价值"以及无法维持审美活动完整性的"逻辑"，也就是将无时间性的知识及其知识生成的模式运用于时间性的审美活动。而"公共阐释论"则从正面确立了审美活动的完整性，在这种完整性且只能是非反思性的、原初或者原发性的完整性之中，阐释的公共性才获得了原本的存在。

## 二 审美时间意识的空间固化对强制阐释的免疫及公共阐释的始基

研究对象的差异会导致哲学或者知识的差异，而且，这一差异的程度与性质也完全随对象之差异的程度与性质而定。在根本上，应该把前面一句话陈述为：是由于且仅仅是由于价值与意义寻求的差异，才会出现不同的价值或意义的实现活动，由此才会产生出由不同视角来进行研究的各种哲学或者知识。因此，不仅美学研究的对象与科学哲学、道德哲学、宗教哲学之间存在着根本的差异，而且美学自身作为一种哲学也自然有不同于上述三种哲学的性质及呈现方式。因此，世界上不存在"统一"形态的哲学——这种哲学往往强调极端的、极致的、最高的"统一性"。在这种"统一性""整一性"的支配下，"哲学"被视作一种只研究"一个对象"且只具有"一种特性"，这种极端简单化、想当然的"哲学"往往在"名分"上成为尊贵的、雅正的、标示自身为正统、学院化或者学院派的最好借口与最强大依据，它往往以最高的、居高临下的、爱智慧的美名、大义出现，所谓的"爱智慧"往往就意味着：只存在一种可以解决一切问题、化解人世间所有现象的"统一性"哲学。这种哲学由古至今、由中而外，其影响力极大，往往成为一种文化形态最为主要的标记之一。究其具体内涵及其所造成的负面影响，具体呈现在必然会以某一种价值或者意义来僭越、替代其他价值或意义。在西方哲学史上，其主要体现是以科学、宗教价值或意义来取代、僭越审美价值；而在中国哲学史上，往往主要体现为以审美价值、道德价值来取代、抑制科学价值、宗教价值。尤其是自中国近现代以来，由于受到西方思想、文化的强烈影响，其状况、维度、性质当然极其复杂，但上述这种强调主客二分的，尤其是科学主义、认识论的哲学无疑成为一种"统一性"哲学，其主要体现就是把审美价值归化、驯服、强行征用为认识价值或者科学价值。上述宗教价值、科学价值、道德价值对审美价值的僭越都是以"公共"之名大行其道的，因此，"公共阐释"必须划清价值与意义的界限。

以抽象消除形象、具体与丰富性，所保存的是一般、共性与单一性，而且这个一般、共性与单一性是观念性的，而不是一个实体。这就是科学的价值。而审美的价值则体现于特定的审美快感，奠基于特定的审美对象之上，"特定的审美快感"意味着审美活动是一个随机缘、时机而发的，且具有时间、境界上被提高、上升或超越——也就是具有无限可能性的实际生活经验；"特定的审美对象"则意味着任何审美对象的空间性构成都是独一无二的，构成审美对象的部分或者因素都处在特定的位置之上，一旦审美对象被改变、改换，要么是审美主体指向了不同的审美对象，要么是同一审美对象的构成被改变，审美活动的质量、状态就会大相径庭、面目全非。需要特别指出的是，上述审美对象的空间构成的完整性绝不是一个先验的、可以预先做出判断的结论，而是一个审美活动正在进行或者已经结束之后，审美主体只有基于自身审美感受作为时间意识持存、前牵后挂的流畅性，才有可能对审美对象中诸因素或部分空间构成的完整性做出陈述。所以，科学是基于"种类之物""一般之物"的"判断"，而审美则是基于"个别之物"的"愉悦感受""快感"或"美感"。

在科学活动中，其所追求的是抽象的、客观的、规律性的观念，且这一观念绝不仅仅限于某一具体事物，或者仅仅为某一具体事物而设。用胡塞尔的话来说，这些具体事物都是在具体的时间、地点里存在的，其可能随时间、地点之变化而变化，但是那些科学原理、逻辑规律却不会发生任何变化。而审美活动的对象尤其是艺术作品却是一个具体的且整体性的构成，任何一个因素、部分都在整体当中发挥着不可替代的作用或者功能，这些所有的因素、部分之间是一种不同却亲密到极致的关系，绝不可以像科学活动那样对这些艺术作品中的因素、部分进行化约、归类，而后再抽象出像科学规律一般的美学原理。科学活动对构成艺术作品之因素的任何努力都是枉然的，科学活动所具备的所有机制、目的、手段都无法穿透艺术作品及其构成要素。当然，在这里所说的艺术作品是指那些经典的艺术作品，其实也就是带给某个审美主体以完满的、高质量的、理想的审美愉悦的作品。而上述一切关于科学与审美、科学与艺术之比较，最后都要归结于两者的最底层的构成——时间性或者时间意识的构成。

当我们在凝视达·芬奇的《蒙娜丽莎》时，如果仅仅把视线或者其焦点投向某一个点，仅仅指向某一处色彩，那就意味着对整个作品欣赏的终结、中断或者从未激发起、兴发起审美活动。尽管这个点或者色彩的确在此时此地属于《蒙娜丽莎》，是这幅画作上的一个点或者色彩，但在上述观看行为中，它们只是如同大千世界的事物的任何一个点或者色彩一样，毫无二致。当然，也存在这样的一种情况，在先行欣赏了这幅画作之后，却对其中的一个点或者某一处色彩进行孤立的处置，先把它们视为独立自足的存在，把它们总结为一般之物，比如一般性的创作手法、创作规律，甚至是艺术理论的知识体系。以上两种情况可谓殊途同归、百虑而一致，因为前者对作品所采纳的完全是纯粹客观、纯粹科学的态度，认为此画作上的色彩只不过是可供科学研究的光谱等而已，而没有把这些个别因素、个别属性看作是坚实的有机整体中不可分离的一部分，且个别因素、个别属性之间是一种互为是否值得存在的前提的关系。每一个构成因素、属性都是不可缺少的，且在整体中承担不可更替的作用。就后者而言，这一态度或操作虽然看似强调文艺作品的审美价值，但其根本的缺陷在于，没有把当下即席的、主客不分离的、意向性的且涌现着的、兴发着的愉悦过程视为此画作价值的唯一呈现本身，正是在这个观赏过程之中，画作的所有构成因素，那些个别性的属性或者部分，才成其为一个整体。当我们为达·芬奇的《蒙娜丽莎》所叹服的时候，一定是我们正在观赏《蒙娜丽莎》的时候，且这个时候一定是从我们的注意力被吸引、被攫取开始，而后这种美感便持续无间地、流畅地占据我们的身心。在此审美活动中，观赏者始终在观赏画作，且画作中的任何组成部分、任何个别性的属性因素都在空间里分处在如其所是的那种特定的位置之上，具体甚至烦琐地言之，每一个部分、个别因素都是特定的、固定的、独一无二的，且它们都分布于、安居于特定的、固定的、独一无二的位置之上。正是由于这一特定的、独一无二的、坚定的、顽强的空间与审美主体一起，才造就了那特定的、独一无二的、涌现着的、愉悦的时间意识——对《蒙娜丽莎》的观赏活动本身；当然，审美主体首先要具备相应的审美能力。从审美活动作为一种时间意识的构成来说，此空间之内任何因素、部分所处的固定位置也就是时间意识或者时间视域中的特定相位。如果构成这一空间的任何部分、因素有任何变动，都会引发空间的退化、变质，必然就会造成审美活动作为内时间意识过程的退化、变质，面目全非。这不仅是审美活动作为时间视域之空间性固定构成对强制阐释的免疫，也是阐释公共性的始基。

审美活动作为意向性活动，其构成方式与同样作为意向性活动的宗教活动、科学活动有着根本差别。宗教活动的意义与目的在于寻求对永恒之神的信仰，科学活动的目的与意义在于寻求恒定的、普遍性的、绝对普遍有效的客观知识。因此，宗教是人类在绝对主观一端进行理想发展或者极致发挥的结果，而科学则是人类在绝对客观一端进行理想发展或者极致发挥的结果，对于宗教信徒与科学家来说，宗教活动与科学活动自身虽然是带有时间性的，但是永恒之神祇与恒定之知识却只能是无时间性的。也可以换一种说法，也就是宗教活动与科学活动都是以主体的意向性活动来确保无时间性的神祇与知识，这正是主客不分离活动中存在的主客必须分离的现象，绝对的神祇与知识必须独善其身，永葆其超时间性或无时间性。而审美活动尤其是以纯粹的艺术作品作为审美对象的审美活动，则完全不同于科学活动与宗教活动，其美感或者审美愉悦只能奠基于特定的、独一无二的审美对象之上，也就是说，审美主体的注意力只能自始至终地投注于审美对象之上。这样的陈述虽然没有任何问题，但是却还只是停留在宽泛含混的地步，这一陈述必须经由或者上升至时间性及空间性的角度才可获致自明性的清晰。任何审美活动都是一个兴发着的、前牵后挂的、视域性的、晕圈状的而不是点状的时间意识，且其完善的存在状态或者境界必定是流畅的，而这一时间意识只能由特定的审美对象，也就是构成审美对象诸因素或诸质料之间独一无二的空间位置关系所奠基。虽然这一陈述只是描述了审美愉悦被特定的审美对象所奠基，但审美主体自身的能力、素质、需要、欲望也是处在变化、提高过程之中的，只不过在审美主体任何当下即席的审美活动当中，我们强调这一审美对象的奠基性是恰当的。

在一个完整的审美活动之中，艺术作品及其诸因素的空间构成与艺术作品自身的内容、意蕴都只能是这一整体的构成因子，都只能隶属于这一整体，并必然带有这一整体所具有的根本特质；否则，如果把艺术作品自身构成的空间整体性或者艺术作品内容、意蕴的生动性、形象性作为自足、自立、自持的存在者或事物来看待，那就不仅僭越了所属的整体，而且更丧失了由整体赋予的根本特质，在这些根本特质中最为重要的便是审美价值或者审美活动的意义。

因此，"时间性"并不是可任意采取或者可以从数种可能的审视角度中选取的一种"视角"或者"方法"，以至于似乎很多"视角"与"方法"都是可以任意选择而且是完全平等的、并列的，而是出自忠实于、执着于审美活动自身原发性的呈现状态及其构成方式，才会从其自身的时间性、空间性状态做出如此陈述的。从审美活动原发性的呈现状态而言，它是一种感官能够直接感受到的、兴发着的、涌现着的且流畅的愉悦过程；从审美活动的构成方式而言，其作为意向活动的审美愉悦只能由特定的审美对象，也就是诸要素、诸质料之间的独一无二的空间性构成所奠基。其实，以上所述来自于时间性与空间性的两种维度都绝不是把时间与空间作为独立的要素甚至自立的、外在的标准来看待的，而是就描述一个完整的、鲜活的审美活动才自然而然地滋生出的。显然，时间性、空间性的维度都是内在于一个完整的审美活动之中的，这两个术语都有着特定的、具体的内涵，而且只有在描述审美活动的呈现状态及其构成方式时才是合理的。如果用一句话来陈述审美活动且同时包含以上两种维度，那就是：构成艺术作品的诸因素或诸质料的聚集被审美主体立意为一个令人愉悦、令人陶醉的审美行为或者审美活动，这是最为根本的一个立意行为，也是处在最顶端的、最巅峰的、最高的立意行为。当然，在这个被立意的或者业已完成的审美活动当中，还存在很多被立意的因子或者因素，尤其是对于艺术欣赏活动而言，最为显著的或最为显赫的立意因素就是艺术作品的内容或者意蕴，比如李煜的《虞美人·春花秋月何时了》中的"愁"就是如此，但是，不管艺术作品中的内容与意义如何显著、如何显赫，其都应该俯就于、隶属于、归化于一个有意义、有价值的审美活动或者审美行为，比如，常态的或者常见的文学批评与文学史研究往往只满足于述说李煜此作的"愁"，却忘记了"愁"隶属于、寓居于对这一作品的欣赏活动。

西方传统文化在科学与宗教上非常发达，其寻求的是绝对客观且"不变化"的知识与绝对主观且"永恒"的神，自古希腊至现象学哲学崛起之前，一直在主客之间进行剧烈摇摆，在主客不分离的这一区域却极为捉襟见肘、笨拙不堪，极少在这一领地驻足、深研，因为丰富的、流变不居的、愉悦的感官愉悦不仅是科学之敌，更是宗教的死对头。换言之，绝对客观的科学一如绝对主观的宗教，其"不变化"与"永恒"都是没有时间特性或者无时间性的。如果说西方传统文化是无时间性的文化，那大体是没错的。这种文化往往以科学与宗教来克制感觉及感官愉悦，以一致性来克服丰富性，以无时间性对抗时间性。这一文化生态机制所滋生的两大美学谱系也是如此：其一是出于绝对客观的美学，把审美现象作为科学对象加以把握；其二是出于绝对主观的美学，当中又有两大变体，一为基督教神学美学，一为夸张的主体性美学。这些美学虽然自有其价值，但是它们往往以消除风雅、消灭情趣为己任，甚至成为一种风尚、制度、惯例、谱系。自柏拉图从兼具绝对主观、绝对客观的理念来衡量艺术，到中世纪神学弃绝审美愉悦的体系性美学的建立，到康德只以视听的无利害感为衡准来要求审美，再到黑格尔使用无时间性的理念来征用审美对象，一直到 20 世纪以来如张江教授所分析的科学主义倾向的文论，强制阐释现象是普遍存在且不绝如缕的。

比如，一旦把构成文学作品诸要素之间的空间关系理解为一般性的科学或知识性的存在，那就会滋生科学主义的美学观念、文艺理论观念，就会把其固有的、整体性的空间构成化约、转渡为一般性的、抽象的、客观的、无时间性的所谓"规律""结构""方法""手法""句法""模型""语法"等，或者使用化约式的语言来取代文学作品文本，这就完全改变了作品的空间性构成，也就同时把奠基于这一空间构成之上的文学阅读活动的时间视域彻底改换。以上所述只是强制阐释的一种形态，就像张江教授所说："用恒定模式阐释具体文本，是科学主义诉求的直接表现。科学主义是推动当代西方文论发展的主要动力。它主张用自然科学的理论、原则、方法重构文学理论的体系，并将之付诸实践，分析和批评文学作品，强调文学研究的技术性，追求文本分析的模式化和公式化，苦心经营理论的精准和普适。"[①] 其中的要义与机杼正在于审美活动的原发性存在状态既是时间视域化的，又是空间构成高度固定化或者整体性的。

---

① 张江：《当代西方文论若干问题辨识——兼及中国文论重建》，《中国社会科学》2014 年第 5 期。

# 三　公共阐释论与审美活动的同时性

我认为，既应该关注"阐释"是一种"公共行为"，也应该关注而不能省略、忽略"阐释"的主体。这一主体有可能是纯粹的个人，也有可能是两个以上的审美主体对某一审美对象、艺术作品的公共感受，而且，"两个以上"的审美主体有可能是小众的，比如二三同好、三五成群，或者成为一种流行的风习为广大欣赏者所同赏，甚至成为一个民族、一个国度在审美文化上作为公共体的存在，这些共同体绝不是一种"想象性"的"公共体"，而是实实在在的、鲜活的"感受性整体""感受共同体"。比如华夏民族对于红色的审美执着以及听到《义勇军进行曲》时的感受等现象。我们可以具身投入地成为这个整体中的"一员"，这是"体验"到的，而不是"认知"到的。阐释行为既有可能是个人化的、私人化的活动，也有可能是在私人化活动中呈现出的公共性。当然，还可能存在一种极端的私人化的阐释行为，那就是一个艺术作品只有作者本人才进行了欣赏与认同，但是这要么只能是一种历史的传说或者记载，要么就是作品的完全失败，因此，绝对的、极端的私人化的阐释行为要么在事实上不存在，要么在根本上就是一个语法的错误。但是，不能因此就否定审美主体作为一个个体的私人化的、第一人称的阐释行为，其意义与价值不仅在事实上是存在的，况且这是一个自明性的审美常识，而且只有当个人化、私人化的审美行为、阐释行为存在，才能奠基起阐释的公共性或者公共阐释。因此，在审美活动中，"公共"与"私人"或者"公"与"私"之间恰恰不是一种截然对立、水火不容的关系，而是一种无"私"则无"公"与"共"的关系。

正像张江教授所提出的"强制阐释论"的核心在于以审美活动的生动、丰富来对抗科学主义对审美的僭越一样，在"公共阐释论"之中，同样要防范科学主义。如果说，"强制阐释论"的核心在于依照科学知识或者纯粹逻辑规律的无时间性、非时间性标准取消了审美活动的时间性，而"公共阐释论"则是站在公共理性立场上，认为文本作为审美对象的自身意义是确定的、公度性的。

就审美活动的构成方式来看，"主体"与"对象"之间是一种"不分"的关系，当然，在这里的"不分"并不是"无法进行区分"的意思，更不是"无法分别"——"主体变成客体，客体变成主体"或者"心物两忘"的意思，而是"无法分离"的意思。比如，当我把手放在一块冰上的时候，感觉到了"凉"，"凉"就是我此时的"生活"，但是"凉"既不是纯粹的主观心理感受，也不是纯粹的客观的"冰"的物理性质；对于这种"生活"，如果付诸于语言描述，那么，就只能说，"当我在那一刻把手放在冰上的时候，我感觉到了'凉'"，这就是"不可分离"，一旦"分离"的话，我就感觉不到"凉"，"凉"的"生活"消失了，因而，对于"生活"的两个最基本的构成因素——"主体"与"客体"之间就只能是一种"不分"的关系。而且，"时间性"也就自然而然地进入对"生活"的构成状态进行描述的视域之内，而且是以一种绝对的、先验的姿态进入这一视域之内，因而，除了构成"生活"的两个基本的、相对而成的"主体"与"客体"因素之外，就应该再加上"时间"或者"时间性"这一"因素"。因而，"只有当……的时候"就成为描述"生活"的"构成状态"的"时间性语法"。

在一个审美活动之中，"主体"与"对象"之间的构成关系在"时间性"上的体现就是一种"同时性"——"客体"始终在"主体"的统整性的延续与绵延的"过程"之中，而这种"同时性"就再也不是"客观时间"意义上的"同时性"，而是"主观时间"意义之上的。因为，在客观时间意义上的"同时性"是指在绝对的物理空间之中有两个以上的事物或人的存在，比如，"我在教室里"与"冰块在冰箱里"之中的"我"与"冰块"就是这样。因而，在此所说的"主观时间"意义上的"同时性"是指在"一个"（而不是多个）已经形成的"生活事件"之中"两个""相关项"（有可能是人与物、我与他人、我与自身）之间的关系。如果抛却了"时间性"之中的"同时性"，那就无法对"生活"之中的两个基本"因素"或者两个"相关项"——"主体"与"对象"之间的构成关系做出合乎其本貌的描述。当我们为一个艺术作品所打动之时，也就是审美价值正在实现且呈现之时，也就是作品自身的意义或者意蕴正在兴发之时。

　　事实上，对于"审美活动"之中"主体"与"对象"的"同时性"关系的理解，如果只是以"主体"与无生命的"物"的"客体"为例，还是难以理解；如果把"同时性"的视野放在"主体"与"主体"即人与人之间的关系之上，就昭然若揭了。比如，《周易》之中的"咸卦"讲的是少男少女在情爱中的欢娱，据张再林在《咸卦考》中的详尽考论，"咸卦"所传达的其实就是："故男女间的身体语言与其说是体现了一种意识间的思想的彼此交流，不如说更多地体现了一种身体间欲望的相互满足，与其说是体现了一种我身'吃掉对方'的弱肉强食，不如说正如古人把性体验称之为的'对食'而非'独食'那样，体现了双方身体的阴阳互补、相得益彰。"① 可惜，该文没有点出其中的男女之间所达到的"同时性"快乐。因而，"咸"这一汉字的意蕴可谓精辟之极，即同时具有"都""同""和睦""快速"的含义，即相爱的双方在情爱、性爱过程中，极其"敏捷"地投入"同时性"的"快乐"之中，而且互为对方快乐的前提或者先决条件。"咸"作为"无心"之"感"，对中国古典美学来说，可谓"时间性美学"的一个创举，其中蕴含的宝藏还有待今人重新认识与发掘。

　　人类的一切"主体之间"（或曰"主体间性"）的活动都奠基于"同时性"之上，否则的话，就没有了"感同身受"，就没有了"同情"与"共鸣"，就没有了游戏，没有了节庆，没有了爱情，没有了民族共同体。柏拉图曾形象地把剧院之中观众与观众之间的关系称作"剧场整体"：

　　　　他们创造出一些淫靡的作品，又加上一些淫靡的歌词，这样就在群众中养成一种无法无天胆大妄为的习气，使他们自以为有能力去评判乐曲和歌的好坏。这样一来，剧场的听众就由静默变为爱发言，仿佛他们就有了能力去鉴别音乐和诗的好坏。一种邪

―――――――――――

① 张再林：《咸卦考》，《学海》2010 年第 5 期。

恶的剧场政体就生长起来，代替了贵族政体。①

　　"剧场共同体"中的"机杼"就在于"观众"与"观众"之间在欣赏同一部戏剧时所达到的那种"同悲"亦"同喜"的"同时性"关系，虽然柏拉图在此所言的是对艺术与审美的控制与摒弃，但是同样精彩地传达出了公共阐释的这一特性。西方美学史上对公共阐释的注重与重视也是不绝如缕的，正如哈贝马斯所说："黑格尔首次系统地提出理性纲领，从中已经可以看到，将出现一种新的神话，认为诗是人类的导师。其中还可以看到后来被尼采和瓦格纳大力标举的那个动机，即在一种经过更新的神话中，艺术应当重新获得公共机制的特征，并释放出修复大众的道德总体性的力量。"② 他所提及的谢林、施莱格尔、席勒、黑格尔等都是极为典型的案例。

　　马克思主义美学对审美活动作为意义阐释活动在"公共性"与"时间性""同时性"之间的关联上认识极为深刻、精辟。就整体来看，马克思这一"实践美学"的时间性语法就是——"意义"与"价值"实现于"只有当……的时候"，即"审美生活"作为人类生活的基本"目的"之一，同时也是人类生活的基本"价值"与"意义"之一，实现于"当审美主体对审美客体或审美对象的听、看、游历、使用、交流等等的时候"；而且这一语法对于美学而言就成了它的基本语法，其他美学之下的所有分支与类属的语法都要以此语法为基本阈限和前提。就这一时间性语法在马克思《1844 年经济学哲学手稿》中最直接的体现就是，他认为人的"本质力量"——"激情"与"热情"是内在于主体之中的，它既推动实践的产生与发展——"实践"就是"激情"的"对象化"，同时，"本质力量"也是在"实践"的历史中形成的，随着人类实践的丰富与提升，这一本质力量必然也应该愈来愈丰富，走向更高的境界。正如前文所述，马克思在此所说的"实践"既不是"唯于物"，也不是"唯于心"，

---

① ［古希腊］柏拉图：《文艺对话集》，朱光潜译，人民文学出版社 1963 年版，第 311 页。
② ［德］尤尔根·哈贝马斯：《现代性的哲学话语》，曹卫东译，译林出版社 2011 年版，第 102 页。

而是针对"对象"的"整体特性"而采取了主体、客体"同时性"并存的态度，而且这种"同时性"也绝对不是在绝对的物理时间意义上的"同时性"。比如说，当同一教室里，教师正在上课，而学生正在走神，虽然这两个事件是绝对处在同一个时间段内发生的，但是对作为理想的教育活动的课堂而言，教师与学生却不是"同时性"的，因为没有实现与完成一个完整的课堂活动。这正是无法进行"主客二分"的根本所在。马克思说："人不仅通过思维，而且以全部感觉在对象中肯定自己。"① "以全部感觉在对象中肯定自己"中的"在……中"所指的就是对象性活动中的"同时性"，也就是说，一个已经完成的"实践"或者一个已经完成的"实践感"的相关项必然包含主体与客体，而且两者必然是一种"同时性"存在的关系，如果只是事实性地在某一空间中存在于其中任何一方，那么"实践"或者"实践感"将不复存在。这正是"人的本质力量的对象化"中的"同时性"语法。

马克思在《1844年经济学哲学手稿》中说："从主体方面来看：只有音乐才激起人的音乐感；对于没有音乐感的耳朵来说，最美的音乐毫无意义，不是对象，因为我的对象只能是我的一种本质力量的确证，就是说，它能像我的本质力量作为一种主体能力自为地存在着那样才对我而存在，因为任何一个对象对我的意义（它只是对那个与它相适应的感觉来说才有意义）恰好都以我的感觉所及的程度为限。"② "实践感"是对主客二分的突破，尤其是当马克思对"实践"的描述充满了"时间性"的时候，他以充满"时间性"色彩的词汇所描述的"实践"以及"实践感"，来区别于以往的唯心主义与唯物主义，其突破点就在于："意义"与"价值"作为开显出"未来"的"可能性"实现于"只有当……的时候"，是对"实践"的最为彻底的描述。而马克思对资本主义社会中时间剥削现象的分析，更显示出审美活动作为公共阐释在"同时性"上的裂变，也就是构成审美活动的主体在异化劳动中既丧失了审美的冲动与能力，也走向了审美的反

① 《1844年经济学哲学手稿》，人民出版社2000年版，第86—87页。
② 《1844年经济学哲学手稿》，人民出版社2000年版，第87页。

面，也就是否定自己。

因此，审美活动作为公共阐释既可能是个体性、个体化的，也可能是群体性的，不过，其"公共性"及其"同时性"状态却是恒定的。反对科学主义对审美活动的强制阐释正是反对科学主义的绝对普遍性或者绝对公共性，也就是反对以科学的越界与僭越行为，反对以无时间性、非时间性、超时间性来强行阐释审美活动。同时，审美活动作为一种阐释活动，尤其是对艺术作品的阐释活动，也要反对相对主义。当然，审美活动自身意义的公共性与艺术作品作为审美对象之意蕴的公共性，也绝对不是科学活动或者科学知识那种无时间性的、精确的、绝对普遍有效的公共性，而是愉悦的、时机化的、同时性的、主客不分离的、兴发着的、流畅的，这才是审美活动作为公共阐释原发性的存在状态。

# 问题导向与"强制阐释"之后的<br>文论突围路径<sup>*</sup>

李圣传<sup>**</sup>

近几年来，在全面反思当代西方文论缺陷与重建当代中国文论的学术潮流中，围绕着"强制阐释论""理论中心论""公共阐释论"等学理问题，学界掀起了一波又一波的争鸣和研讨，不仅在"焦点议题"的争锋中摆脱了过去"自说自话"的文论尴尬局面，实现了学科话语的聚焦与对话，更在"热点问题"的总体反思中显示出学科不断克服"话语危机感"寻求"理论突围"的自觉走向。这种不断反思与超越西方文论话语霸权，并试图在中国传统文论以及当下现实基础上重构当代文论话语体系进而重建民族美学的理论自信，亦成为2017 年文艺学研究的总体精神状况。适时回顾与总结过去一年文艺学各领域研究的新动向，既能有效捕捉"强制阐释"之后文论突围与建构的学理趋势，亦能为学科不断超越模式积弊、实现理论突围提供经验借鉴。

## 一 "意图""阐释"与当代西方文论的方法论问题

2017 年文艺学研究的焦点仍是对西方当代文论缺陷的辨识，尤其侧重对方法论的批判，并随着"强制阐释论"的不断纵深，逐渐

* 基金项目：本文得到教育部"霍英东青年教师基金"资助、北京市科技创新平台项目资助。本文原刊于《文艺评论》2018 年第 4 期。

** 作者单位：首都师范大学美育研究中心、首都师范大学文学院。

延伸到"作者意图"和"阐释边界"这两个重要议题的反思中。尤其是围绕张江先生《意图岂能成为谬误》及《开放与封闭》引发的关于"作者意图"及"阐释边界"的研讨，激起学界广泛热议。

其一，"强制阐释"的相对合理性及其必由之路。早在"强制阐释论"提出之初，李春青教授便基于中西文论总体脉络指出了"强制阐释"与理论的"有限合理性"问题，① 张玉能教授也十分警醒地指出强制阐释的"历史的必然"。② 近来，张隆溪教授同样指出："阐释是一种艺术，文学的阐释尤其如此，这当中没有一个机械硬性的规定。"文学阐释既是"多元的"也"不应各执一端"。③ 事实上，"强制阐释"的确指出了西方后现代文论的某些问题，却也是"文化转向"后西方文论建构的话语特征。无论是解构主义、女权主义、新历史主义还是文化研究，其突出特点就是要走出过去"文本中心主义"的模式，并在克里斯蒂娃提出的"互文性"层面上注重跨学科知识的"打通"。正是这种跨学科知识的流通与互动，一方面极大拓展了理论视野，另一方面也将阐释重心逐渐由文本过渡到读者。因此，应该看到：这种研究路径已然成为当前中西方文论的阐释常态，因而在反思其弊端的同时须在一定界限内看到"强制阐释"的合理性及其必然性。

其二，尊重"作者意图"固然重要，但切不可"唯意图论"。"意图"是英美新批评流派的关键词，尤其是维姆萨特与比尔兹利提出的"意图谬误""感受谬误"影响极大，到罗兰·巴特"作者之死"的提出，更将"文学四要素"中的作者抛离了阐释视界。在张江等学者看来，正是对"作者意图"的放逐，导致文本无限开放并最终远离了文本。对此，周宪教授借用美国哲学家厄文教授关于"源作者"与"事实作者"的区隔，认为："对文本阐释来说，要建构的不是这个事实的个体，而是透过文本语言所呈现出来的那个想象的或隐含的作者。"即"源作者"，如果在文本阐释的实践中忽略了这个

---

① 李春青：《"强制阐释"与理论的"有限合理性"》，《文学评论》2015 年第 3 期。
② 张玉能：《西方文论的有效性不应该否定》，《青岛科技大学学报》2016 年第 2 期。
③ 张隆溪：《过度阐释与文学研究的未来》，《文学评论》2017 年第 4 期。

差异,"对文本阐释就会采取一种简单的还原论,把事实的作者的某些话语、事件、活动直接当作文本意义阐释的根据"①。的确,作者意图固然在场,但文本阐释并非"作者还原论","作者中心论""文本中心论"及"读者中心论"作为文本阐释的不同路径指向,也有其重要意义。

其三,"阐释的边界"与"文本的开放性"。张江先生曾指出,阐释有效性的依据就在于"对作者意图和文本自在含义的积极追索",而不应"片面推崇阐释的无限开放与任意结果"。② 对此,南帆教授在回应中认为,文本"始于作者",其意义却"终于读者",尤其是"形形色色的阐释是读者对于作品生命不同方向的延续",而解决的可行方案就是"恢复'读者'的历史身份,亦即回到历史语境之中"。③ 有效性并不局限于作者意图,凡能在文本中找到依据的阐释都是有效的,这可以说是代表了很大部分学人的看法。

事实上,理论的阐释都有一定的倾向,作者、文本、读者、世界作为"艺术品——阐释对象"的钟摆,必然倾向到某一个要素上,这也恰恰构成了西方文论"心理学转向""语言学转向""文化转向"的不同侧面。这些"作者中心"文论范式、"文本中心"文论范式等不同阐释路径,无所谓高低,也不分对错,而是不同历史阶段哲学思想潮流在文论上的体现。正如艾布拉姆斯所言:"把握住一种批评理论的主要倾向,还只是恰当的分析工作的开始。这四个坐标并非一成不变,而是随着各自处所的理论不同而产生不同的含义。"④ 因此,对于"作者意图"与"阐释边界"的研讨,也应置于更宏大的理论脉络和历史语境中予以洞悉,既要"防止拒绝作者意图、泛化读者阅读所造成的文学文本意义的消失",又要防止"黑格尔式的逻辑主义强势话语对评者评论自由性的遮蔽,凸显文学评论的真理性、公共性和

---

① 周宪:《文本阐释与作者意图》,《社会科学战线》2017 年第 2 期。
② 张江:《不确定关系的确定性》,《学术月刊》2017 年第 6 期。
③ 南帆:《作者、读者与阐释的边界》,《社会科学战线》2017 年第 2 期。
④ [美] M. H. 艾布拉姆斯:《镜与灯:浪漫主义文论及批评传统》,北京大学出版社2015 年版,第 5 页。

普遍有效性"。① 或许，在文学文本阐释问题上，这种态度也显得更加开放与辩证。

## 二 "本质主义""反本质主义" 与当代　　中国文论的方法论问题

文艺学界的"本质主义"与"反本质主义"问题近期再次引发学者关注，尤其是杜书瀛先生与南帆先生关于"文学本质论"问题的通信发表后，部分学者对之加以再思考，进而引发了争鸣。相关争论大体可归为两类：

一是对"反本质主义"的反思，认为当前文艺学的"反本质主义"并不彻底，仍然陷入"本质论"的范式中。早在 2016 年底，单小溪教授与李自雄教授便对中国当代文艺学的"本质论"迷失进行了严厉批评，认为：当代文艺学的理论争鸣基本属于"本质论"范式之中的内部矛盾，而"反本质主义"主张（如"建构主义""关系主义""穿越主义"等理论模式）总体上也未能脱离"本质论"文艺学范畴，乃至当前反对"强制阐释"而主张"本体阐释"的"本体阐释论"，其理论根部也仍深藏着"本质论"的基本观念；② 近期，孙秀昌教授也指出，尽管"反本质主义"在世纪初"营造出了一种文论狂欢的氛围"，但至今"对问题重重的中国文论界来说，问题依旧是问题"③。对此，王坤教授则更加理性地指出，"反本质主义"的成功在于以建构论消解本质论的僵化或固化对象的弊病，但建构论真正要消解的还是"本质论"的先在性及其背后的自然本体论，因此，"从学理层面看，本质论不应该就此消失、由本体论取而代之"，否则"现在取代本质论的本体论，将来也会发展为反本体主义"。④

二是对"本质主义"文论中国进程的反思，试图提供一种更加

① 张政文：《文学文本的意义之源》，《社会科学战线》2017 年第 8 期。
② 单小溪：《从"反本质主义"到"强制阐释"》，《山东大学学报》2016 年第 5 期。
③ 孙秀昌：《"反普遍主义"的文艺学知识生产之反思》，《文艺争鸣》2017 年第 12 期。
④ 王坤：《反本质主义和本体论学理问题》，《学术研究》2017 年第 9 期。

合理的文论建构方案。赖大仁透过"文学本质论"的历史、嬗变及影响进行了考辩：一方面，文学本质论是现代文论的核心问题，反映了文学理论的转型和发展；另一方面，通过文学本质问题的反思，也可获得经验教训并在克服反本质主义论争带来的消极影响和自我迷失的困惑中进行当代文论的探究。① 部分学者还指出，解构当代中国"反本质主义"文学理论，需要摆脱传统、文化、政治的桎梏，并从历史的、现实的维度建构文学研究的方法论，以求重回文学的本源。

事实上，无论在西方还是中国，因直接关乎对文学特性与功能认识的判定，文学本质问题都是一个无法回避的重要而又基本的问题，因而才屡遭争议。在市场媒介与大众文化的促发下，中国在 20 世纪 90 年代后期"文艺学的学科反思与重建"浪潮下，便将"反本质主义"明确提出，力图在"去中心化"的"日常生活审美"中重建文学与社会、文化的广泛关联。然而，正如赖大仁先生所批评的，"反本质主义"在文学理论的"文化转向"中造成了当前"文学阐释对象的迷失""文学理论问题的迷失"及"文学理论信念与价值立场的迷失"等消极后果。因此，无论是"本质主义"文学观，还是"反本质主义"文学观，均有其合理性，关键是如何将"是什么"与"不是什么"这种"实然性本质"转向到价值论层面的"应然性本质"的探索中，进而在对文学问题的"现实接地性"思考中探究与建构当代中国文论。

## 三　马克思主义文论研究的问题与方法

在"新时代"语境中，马克思主义文论仍是文艺学学科的热点，尤其是习近平总书记关于文艺的系列讲话以及"十九大"的召开，进一步激发了马克思主义文论相关话题的研讨，既显现出鲜明的问题意识与现实关切，又在史案剖析中不断夯实与拓展了学科话题。

一是对"习近平总书记关于文艺问题系列讲话"的理论探讨。董

---

① 赖大仁：《文学本质论观念的历史嬗变及其反思》，《文艺理论研究》2017 年第 1 期。

学文教授认为，习近平总书记文艺思想是"构建和发展 21 世纪中国马克思主义的有机组成部分，是马克思主义普遍真理与当代中国革命文艺实践结合的最新产物"，其特征不仅在于"坚持以人民为中心的创作导向"，还表现在"实现了文艺理论从引进依赖到主体自信的认知模式转变"以及"全方位地提供出新时代中国特色社会主义文艺思想的新范本"两个方面。① 丁国旗研究员在习近平总书记文艺思想创新发展基础上，对其理论贡献进行了五个方面的总结，即："对文艺本质属性的新界定、对文艺功用的新阐释、对艺术家素养的新要求、对文艺精神价值的新期盼、关于文艺人才培养的新思路。"② 范玉刚教授则围绕"人民性"这一核心概念，认为与此前"人民"作为"历史的主体"这一"集合性意义"不同，习近平总书记进一步强调了基于个体意义上的"人民"概念，这不仅"明确了社会主义文艺的人民性本质，阐述了文艺与人民的内在关系，重申了文艺创作的人民性取向，重新定位了文艺发展的人民坐标"，还"发展了马克思主义文论的人民性内涵"，并"体现了对中华民族伟大历史复兴中个人的尊重"。③ 这些研究在习近平总书记系列讲话基础上，有分析、有论断，为当代中国特色马克思主义文论话语注入了活力。

二是对"当代中国马克思主义文论研究"的问题反思，这集中体现在两个方面：一是对"反映论""审美意识形态论"等马克思主义元理论问题的批判；二是对马克思主义文论研究中的方法论反思。高楠教授指出，当代中国文论的多元建构始终盘踞着"马克思主义文论"的"在场性幽灵"，发展当代马克思主义文论需要不断克服思维方法上的"简单化等倾向"，要注意从"马克思主义文艺学的体系性问题""审美意识形态问题""马克思主义文论的时代性与民族性建构问题"④ 等多元角度进行理论新构。范永康教授则将"审美意识形

---

① 董学文：《习近平文艺思想是中国化马克思主义文艺理论新形态》，《中国文化报》2017 年 11 月 1 日。

② 丁国旗：《习近平总书记文艺思想论纲》，《贵州省党校学报》2017 年第 6 期。

③ 范玉刚：《"以人民为中心的创作导向"》，《文学评论》2017 年第 4 期。

④ 高楠：《当代中国马克思主义文论研究的尴尬及问题性建构》，《山东社会科学》2017 年第 5 期。

态论"纳入到中西文论发展史的脉络比较中，认为：中国的审美意识形态理论隶属于传统马克思主义的"问题式"，当代西方的审美意识形态理论则归属于后马克思主义的"问题式"；前者的理论路径是"反映论"和"观念论"，后者的是"建构论"和"实践论"，更强调"政治干预功能、文化治理功能和社会区隔功能"，① 这恰恰启示我们建构日常生活审美意识形态理论，并为审美意识形态研究打开了全新的视野。

三是对马克思主义文论研究方法的学理创构。阎嘉教授通过对哈维、威廉斯、伊格尔顿等新马克思主义理论家的翻译、阐释和研究，认为新马克思主义不仅为马克思主义理论传统做出了重要的贡献，还深刻影响中国文学理论在百年历程中的发展和走向，因而急需进行"创造性的本土转化"，以防止出现"理论走向上的迷误"，② 因此，建构新马克思主义文学理论并尝试构建起一门新马克思主义理论的分支——"当代文化理论研究"则显得十分必要。

四是对马克思主义文论家及相关问题的个案考察。季水河教授对新文化运动时期马克思主义在中国的传播路径、传播主体、传播媒介、研究内容、研究特点、研究贡献进行了翔实深入的考察，有力辨识并澄清了相关问题上的分歧。③ 黄念然教授也对中国早期马克思主义文艺理论的译介传播途径进行了考察，尤其是对俄苏、日本和欧美三种马克思主义文艺理论话语系统进行了区分和考辨，并指出，由于"极端残酷的现实条件下难得拥有进行正常的学术活动所必需的客观条件与精神氛围"以及"救亡图存、不断革命的紧迫现实"④ 两方面原因，导致了中国理论家对马克思主义理解、把握与运用上的片面化和实用化。

---

① 范永康、刘锋杰：《后马克思主义的审美意识形态论》，《文艺理论研究》2017 年第 1 期。

② 参看阎嘉教授近年来发表的《西方新马克思主义理论和文论研究的重要性和迫切性》，《中外文化与文论》2016 年第 3 期及《文学创作中的地域抒写》，《中国社会科学报》2017 年 7 月 24 日等系列文章。

③ 季水河：《马克思主义在中国的传播与研究》，《求索》2017 年第 7 期。

④ 黄念然、李耀威：《论中国早期马克思主义文艺理论的译介与传播》，《重庆三峡学院学报》2017 年第 2 期。

　　以上研究围绕中西马克思主义文论，在现实关切、方法反思、史案剖析等路径上，鲜明突显出当前中国化马克思主义文艺理论构建思想体系、加快话语创新、凸显问题意识、介入文学实践的总体性倾向，也在基础理论问题的重视以及现实理论关切的回应中，预示着马克思主义文论学科建设的未来方向。

# 四　"强制阐释"之后的文论重建路径

　　"强制阐释论"对当代中国文论的重建与发展，影响难以估量。仅就当前学科发展趋势而言，受其刺激、启发或影响，文艺学各领域内皆试图从多条路径重新出发，借此不断突破西方文论话语霸权以及百年中国文学研究中的西方规范，以此重建当代中国文论。

### （一）激活与重构：中西文论关键词比较研究

　　在深入批判当代西方文论话语霸权及其流弊影响的学术声浪中，唯有构建起中国特色的文学理论话语体系，方能真正摆脱"失语"症候，彰显民族文论话语的"合法性"。为此，"关键词研究"——对文学理论关键词进行不断清理、激活、重构与创造，成为"强制阐释"之后学界学人共同倡导的一条理论突围路径。

　　其一，通过"关键词"构建，返回原初根基，实现理论转场，重建中国文论合法性。关键词是学科最为核心的概念、范畴、术语和命题，也是学科发展脉络的灵魂线索。过去文论所谓的"失语症"，病因不仅在于"文学理论撤离中国火热的文学现实生活""与中国本土文论传统自断血脉""误读西方理论，食洋不化"，[①] 更在于缺乏学科发展的本土性支撑，缺乏理论话语建构的逻辑支点。重现重视并积极发掘学科话语的理论支点，是当前文论摆脱困境的重要方法。通过"关键词"构建获取理论话语的支撑这一基本途径，则是实现当代中国文论的本土性、当下性和现实性，尤其是突破西方文论话语模式、重建中国文论合法性的有效策略。

---

① 张政文：《当代中国文论"关键词"构建的基本途径》，《文艺争鸣》2017 年第 1 期。

其二，通过中西文论关键词比较，在互文见义、互识互证中激活中国传统文论的生命力。当前文论的危机或困境，根源之一在于"身份焦虑"，这一焦虑的核心又在于"话语困惑"。近百年来，现代中国文论始终在西方模式话语、苏联模式话语、西方模式话语间游移振摆，甚而在"自我他者化"中纯然不觉、乐在其中。在"自我"与"他者"中，民族性文论话语愈来愈边缘，进而被"他者"所宰制。那么，如何借助"他者"理论话语，既实现本土文论话语模式的更新，又不断重建和丰富"自我"，则不仅是当下文论研究的诉求，更是创造中国文论话语系统的要求。这其中，通过中西文论关键词比较，在"考其原始、释其内涵、辨其演变、别其异同"中"激活中国传统文论蕴含的多重面相"，[①] 则是重建"自我"，激活古代文论现代意义，彰显民族文论理论品格的有效方式。

其三，"中西文论关键词比较研究"的实践尝试。在重建中国文论合法性、激活古代文论现代意义的层面上，诸多学人在中西文论关键词比较上进行了积极探索。如：李春青教授对古代学术的"体认"模式与19世纪后期以来西方哲学中的"体验、存在之领悟、默会"进行了沟通；[②] 胡亚敏教授对中西"空白"概念在"空间关系""读者关系"及"哲学本源关系"上进行了比较；[③] 刘方喜研究员对中国古代诗学之"体用"与西方哲学诗学之"本体"范畴进行了比较，[④] 等等。这些实践尝试，绝非牵强比附，而是十分注重关键词的概括性、代表性，并在此基础上强调关键词比较的"可能性"和"会通处"，真正实现为解决自身问题、为摆脱自身困境而寻找原初诗意根基的意旨。

**（二）从"危机"到"突破"：发现传统文论的"当代性"**

除"关键词"清理比较外，还有一批文学基础理论、古代文论领

---

① 罗剑波：《问题导向与中西文论关键词比较》，《文艺争鸣》2017年第1期。
② 李春青：《在"体认"与"默会"之间》，《社会科学战线》2017年第1期。
③ 胡亚敏、刘知萌：《中西"空白"概念比较研究》，《学术研究》2017年第1期。
④ 刘方喜：《诗学"体用"与"本体"比较研究》，《学术研究》2017年第3期。

域的学者，试图从"百年中国文学批评史"出发，通过对中国传统文论与美学话语的激活，克服当代文化无根性危机，破除西方话语的"强制遮蔽"及其"庭训的困局"，并在"文化自信"的时代回应中重建民族美学的理论自信，实现中国当代文学理论的整体突围。

其一，发掘传统的文论、思想、概念、话语方式、思维方式，参与当下文论建设。当前中国文论建构所面临的双重尴尬处境是：一方面源自西方文论话语的强势霸权而中国传统文论话语日渐淡出；另一方面源自当代中国社会文化转型而经典文论话语又无法有效回应和涵盖。据此，党圣元研究员提出以"当代眼光""国学视野""文化通识"意识对传统文论进行"现代阐释""当代选择"和"大文论"话语体系建构以应对其挑战。① 李春青教授则提出要"积极地、主动地"弘扬传统资源，"把传统的文论、思想、概念、话语方式、思维方式能够激活，进入我们当下的文论建设中"，② 这才是当下文艺理论重建突围的重要任务。应该说，无论是"建构大文论"，还是"激活传统"，都是当前文论建设的必由路径。

其二，重视传统文论话语资源的选择、综合和重构。在"激活传统"路向上，如何选取对象，又该怎样激活？这些问题同样值得重视。张晶教授认为，"阐释选择"的基础非常重要，因为"有些问题是可以越过去的"，否则"仅仅停留在原来的问题"便毫无意义，而选择阐释的对象后更要重视"综合与重构"，以便"同当代的、当下的文论建设结合起来"，③ 真正推动、发展与繁荣文艺理论。韩经太教授也认为现代、当代与古典之间并非简单的"新对旧的否定"，而是"交融与糅合"，因此，建构当下的文艺理论体系必须"更多地依靠中华民族五千年所积淀的丰富多彩的文艺理论思想，包括一些范畴、概念、术语等，不是全盘接受，是依靠，要结合我们当下以及西

---

① 党圣元：《传统文论的当代价值与民族美学自信的重建》，《山西大学学报》（哲学社会科学版）2017 年第 4 期。

② 李春青：《百年"文学批评史研究"之反思》，《山西大学学报》（哲学社会科学版）2017 年第 4 期。

③ 张晶：《传统文化与阐释的选择、综合和重构》，《山西大学学报》（哲学社会科学版）2017 年第 4 期。

方的经验完成建构",① 同时还需积极回应"新形态样式"对文艺学学科的挑战和冲击,以不断重构当下文论话语。

其三,以科学的态度面对"他者"话语,冲破"规范"实现"打通"与"对话"。在当代文论建设中,必须借助"他者",但需从"驻足于对西方的崇拜"中解脱出来,回到"汉语的思维"及"中华民族传统文化血脉"中,以建立"中国特色的文艺理论体系"。② 此外,在中西学观念上秉持"客观公允的理解"并在"比较、对话"中采取"真正科学的态度"而非扮演"裁判官",③ 这一研究态度同样重要。或许正如刘毓庆教授所言,解决当下的文艺学的问题,重点要打破"西方概念对中国学术和文学研究的规范",更要从"当下人当下需求的角度"将中西理论体系、话语体系视为"一个精神资源去接受",④ 进而真正实现转换。

### (三)重提"文化诗学":一种行之有效的"文学阐释学"路径?

著名文艺理论家童庆炳先生逝世后,文论界在福建连城举行了"文化诗学与童庆炳学术思想研讨会",会议就童庆炳学术思想,尤其是晚年倡导的"文化诗学思想"进行了集中研讨,由此将"文化诗学"这一世纪之交十分"时髦"近年却一直"不温不火"的学理思潮再次跃入理论视界。

其一,文化诗学为当代中国文论打开了新的视界。马大康教授认为,童庆炳基于"文学活动的基点"上提出的"文化诗学构想",真正找到了将文学与历史相关联的内在机制,并在"各种资源有机整合"中为"文学理论建设打开了新视界";江守义教授基于当前文论界在马克思主义文论、西方文论和古代文论之研究现状上,同样认为

---

① 韩经太:《漫谈百年研究中的三个"三十年"》,《山西大学学报》(哲学社会科学版)2017年第4期。

② 王秀臣:《当代文艺学生态与古代文论研究》,《山西大学学报》(哲学社会科学版)2017年第4期。

③ 侯文宜:《现代早期批评史研究中的史观问题》,《山西大学学报》(哲学社会科学版)2017年第4期。

④ 刘毓庆:《百年文学研究中的西方规范及其弊端》,《山西大学学报》(哲学社会科学版)2017年第4期。

"童庆炳的文化诗学显出独特的价值，它是在和三种文论对话基础上提出的一种研究路径，是对当前中国文论走向的一种探索"。① 客观说，文化诗学作为文化与诗学的互动互构，强调历史文化语境的重要性，关注文本内外之间的沟通交流，因而在跨学科的"互文性视野"中极大拓展了文学研究的视野，具有普遍有效的阐释力。

其二，文化诗学为文学研究与文化研究之"综合"提供了未来拓展的方向。赵勇教授在历史脉络中全面回顾与总结了童庆炳"文化诗学"思想形成的语境、脉络及思想内核，更在当前文论发展趋势下对"童庆炳文化诗学思想"进行了反思，直陈其思想在"文学、文化现实交往互动的通道"关闭中难于将"关怀现实"与"介入现实"落到实处，而这恰恰为拓展"文化诗学"提供了方向，即"把'审美中心论'的单维结构变为'审美/非审美'的矛盾组合（二律背反）"进而在"纯文学与大众文化的'结合部'，在文学研究与文化研究之间"实现"文化诗学"的更新与发展。② 因童庆炳先生对于"审美诗学"的情怀，其"文化诗学"基点也建立在"审美"的地基上，但正如李春青教授所质疑，"审美诗学"是前现代特征，"文化诗学"是后现代理论特征，两者存在根本差异，无法关联。因此，"审美/非审美"矛盾律的提出，既使得童庆炳先生的文化诗学构想具有了融通处，更在"文学/文化"结合部上具有了广阔的拓展空间。

其三，中国文化诗学作为一种有效的文学阐释路径，仍是文学理论发展的重要选择。作为中国文化诗学实践的重要代表，李春青教授曾反复指出"文化诗学不是一种理论，而是一种实践"，中国文化诗学作为一种有效的文学阐释路径，它不"预设立场与原则"，不标榜"解构与建构"，而是在学术史的流变中"呈现研究对象生成过程的复杂关联及其所表征的文化意蕴"，进而在文化语境重建中"对所阐释的对象产生新的理解，获得新的意义"，这种"历史化、语境化"

---

① 参见马大康《文化诗学——行为结构——历史化》及江守义《从文论格局看童庆炳文化诗学的研究路径》，《文化与诗学》2016 年第 2 辑。

② 赵勇：《从"审美中心论"到"审美/非审美"矛盾论》，《北京师范大学学报》（社会科学版）2017 年第 6 期。

的研究策略在当前文化语境中,① 对于处理"古"与"今"、"中"与"西"的关系问题尤具实践意义。

可以说,无论是"关键词研究",还是"激活传统文论",抑或是"文化诗学"的拓展,都是"强制阐释"之后文艺学界超越西方文论模式积弊、实现理论突围做出的积极回应,也在各自路径的探索中迈出了有益的尝试。综合看来,在问题与反思中不断调整、重构,在古与今、中与西的跨文化阐释中不断融通、交流与对话,仍是实现中国特色文论话语体系建设与发展的根本宗旨。

## 五 媒介、图像与当代中国文化研究的视听转向

随着"全媒体时代"之媒介社会的到来,媒介化生存一方面在"读图"中深刻影响着人们的日常生活,由媒介塑造的"视觉""听觉"等"媒介观"与现实关系也变得更加密切,另一方面人们的生存生活也愈来愈"曝光"或"置身"于微信、微视频等"微时代"的"媒介区间"中,进而引发人们对"表象"背后之媒介逻辑的警惕。据此,媒介、图像与视觉文化、听觉文化日益成为文艺理论的增长点,并在"微时代"审美范式、语图关系、文学精神、媒介阅读、媒介文艺批评和视听文化政治等领域不断更新与拓展,预示着文论研究的未来。

首先,"微时代"之审美范型、空间意识及文学精神成为关注焦点。鉴于"微时代"空间体验方式的变化,王德胜教授提出"美学批评的空间意识建构"问题,充分利用"移动互联网"这一更大的场域,实现对"大众艺术经验"② 的影响,进而实现美学批评的有效性。对于媒介语境中审美范型与文学镜像从"形象"向"拟像"的

---

① 李春青、程正民、赵勇等:《中国"文化诗学"研究的来路与去向》,《河北学刊》2017 年第 2 期。

② 王德胜:《"微时代":美学批评的空间意识建构》,《浙江社会科学》2017 年第 1 期。

异变，胡友峰则认为"摆脱媒介的形式偏好，面向文学的实践召唤"，并"恢复文学的想象和形而上学功能"进而"呼唤一种'尊灵魂'的文学创作原则"，① 是走出这种文学异变的有效途径。

其次，网络与媒介文艺批评标准日渐形成。随着网络文学日趋得到主流文学史的认可，网络文学中存在的问题引起了人们的关注，尤其是当下网络文学中"作者匿名和主体性虚位"对"传统写作的责任、良知、使命感、意义追问等价值依凭和审美担当"的消解，② 使得建构媒介文艺批评以便进行价值引导，成为发展网络文艺的重要任务。对此，单小曦教授认为，构建出一种与学者批评、读者批评、作家批评、编者（编辑）批评等形式不同的"契合网络文学批评"的"'媒介存在论'批评"，③ 是有效建立网络文学批评标准和理论体系并对网络文艺现象进行有效阐释的重要方法。

再次，文学图像学转向以及文化研究的视觉转向、听觉转向成为新的文论增长点。后现代特征已然将时下的文学包裹于图像之中，或者说，文学、图像与生活愈来愈融为一体。为此，在所谓的"图像转向"的"读图时代"，文学、图像、视听文化及其所表征的政治意识形态等问题，成为理论研究与反思的热点。诸如，基于图像叙事之"叙事趣味浅表化、图像话语权力化"的双重局限，龚举善教授提出建构"语图互文诗学"的构想，力图兼顾文学创作的既有传统和图像展示的现实情境，并"将批评视角由日常生活审美化延伸到了审美生活日常化"，以"响应全球化时代的生活风尚、艺术向往和价值取向"。④ 王海洲副教授则对瓦尔堡学派的"图像政治学"、米歇尔的"图像的政治心理学"、贝尔廷的"图像人类学"和彼得·伯克的"图像的历史人类学"等多条理路有关"政治"概念的详尽爬梳，提出了两条"图像政治学"研究路径：一是"政治史的方向"，即"侧重于从图像之中观测和评估政治体制的变迁与冲突"；二是"政治学

---

① 胡友峰：《电子媒介时代审美范式转型与文学镜像》，《浙江社会科学》2017 年第 1 期。
② 陈定家：《试论新媒介文化的批评标准与叙事逻辑》，《中州学刊》2017 年第 3 期。
③ 单小曦：《网络文学评价标准问题反思及新探》，《文学评论》2017 年第 2 期。
④ 龚举善：《图像叙事的发生逻辑及语图互文诗学的运行机制》，《文学评论》2017 年第 1 期。

的方向",即"关切何种政治机制对图像产生何种影响,以及图像如何作为政治机制中的一种组件发挥作用"。① 张伟副教授也对"图像时代"之视觉转向与视觉批评进行了有益探索,认为"图像对文学的挤压造成了现代意义上的'图—文'张力"并"孕化出视觉批评这一新的文本阐释形态",这一视觉景观既"得益于速度社会、消费意识乃至日常生活审美化等多元文化因素的现实滋养",也因"图像主导机制"而显露出"表意缺陷"。② 近来,更有"视觉文化"向"听觉文化"转移的倾向,对"听觉有机体""声音政治"、电影声响等文本关注,③ 亦成为一种趋势。应该说,"图像转向""视觉转向""听觉转向"之后,包括文艺理论在内的人文社会科学均面临着诸多新的课题,正如米歇尔的图像跨越人文社会实践而与认知、精神、语言、无意识、艺术等密切关联一样,图像思维模式取代语言文化模式后,不仅图像成为视觉的焦点,也成为文学与文化的表征方式,由此势必带来文学总体格局的转换,这也是文艺理论未来发展不容回避的课题。

总之,电子媒介的不断渗透、网络衍生品的不断涌现、技艺的不断复制、文学的审美形态与文学观念的巨大变化,均要求我们对行之改变的审美范式、审美观念、审美精神予以反思,而图像、视觉文化、听觉文化对经典文学叙事的冲击也必然吁求人们对视觉性、视觉建构、图像政治,乃至听觉文化、声音政治予以理论回应。可以预见,在这样一个"泛审美时代","微时代"的精神询构、媒介文艺批评的价值引导、视听文化形态下的视听话语建构,乃至城乡互动审美及公民社会的审美想象力等话题,仍是"新时代"文艺理论的话语趋势和增长点,也是当前文艺学学科重建与发展的一大现实方向。

---

① 王海洲:《图像学的政治维度:兼论文艺理论中的"政治"概念》,《文艺研究》2017 年第 1 期。

② 张伟:《视觉批评何以可能:图像时代文学阐释的视觉转向与审美创构》,《河南社会科学》2017 年第 3 期。

③ 可参阅傅修延《"你"听到了什么》,《天津社会科学》2017 年第 4 期;周志强《声音与"听觉中心主义"》,《文艺研究》2017 年第 11 期;以及张聪、王姮《聚焦中国当代文化研究的听觉转向》,《中国社会科学报》2017 年 11 月 22 日等系列文章。

# 第二编

公共阐释的理论内涵

# 阐释的被规定性与共识性*

高　楠**

以整体性为要领的西方结构主义的不断消解，成为西方思想理论整体性溃散的一个象征，各流派自立名号、各争短长，都充满统领领域的霸气。这种情况把阐释学推到风口浪尖，因为各种立论均是阐释的立论，各种攻讦也都是阐释的攻讦，有多少流派在论争，就有多少流派在阐释。相比于整体性的历史延续时代，阐释的多元化及阐释交流的公共化，使西方阐释学进入混乱的解构与建构时期。在此背景下，中国阐释学提出"公共阐释"这一命题，并由中国社会科学院张江教授的《公共阐释论纲》得以纲要性阐发，其意义不仅是中国阐释学的特色建构，而且也为西方理论整体性破碎后的阐释乱局的调整提供了理论参照。

## 一　阐释的被规定性

《公共阐释论纲》把阐释的公共性揭示为阐释的基本属性——"阐释本身是一种公共行为。阐释的生成和存在，是人类相互理解与交流的需要"[①]。这一基本属性揭示了一个重要的阐释事实，即阐释是公共行为，因此具有公共性。这个事实在此前就一直是事实，但却

　*　本文为国家社会科学基金（项目编号：14BZW004）的阶段性成果。本文原刊于《社会科学战线》2019 年第 1 期。
　**　作者单位：辽宁大学文学院。
　①　张江：《公共阐释论纲》，《学术研究》2017 年第 6 期。

是隐匿的事实，就像生命的遗传基因在基因科学之前一直是事实一样。在阐释的已在（基本属性）与应在（基本属性在现实生活中应该实现的状况）间历史地形成推动阐释展开的张力。人需要阐释是因为人必须生存，并必须为生存而活动，阐释所阐释的就是人何以生存并何以为生存而活动，这是阐释基于认知活动的理解重要性的由来，因为任何阐释都离不开对于阐释对象的理解及对理解表述的被理解，这就是阐释的生存现实及实践规定。出于这样的阐释理解，伽达默尔在阐释的原始理解的追问中，强调了亚里士多德诠释学的现实意义，他认为尽管亚里士多德并没有涉及诠释学问题，或者说，是根本没有涉及诠释问题的历史向度，但他却触及了诠释的根本，即"他在那里所讨论的并不是与某个既成存在相脱离的理性和知识，而是被这个存在所规定并对这个存在进行规定的理性和知识"，① 在这样的理性和知识中，"起作用的不单纯是能力或力量，人其实是通过他做什么和他怎样行动才成为这样一个已成为如此地、但也正在成为如此地以一定方式去行动的人"②。即是说，伽达默尔所阐发的亚里士多德非诠释学的诠释价值，在于它从生存及生存行为的角度，揭示了人何以诠释及何以需要诠释的根据。人生存的相互依赖的共在性，规定着基于生存的阐释的公共性。因此，尽管阐释对象千差万别，阐释者也千差万别，但共在的或公共的生存阐释，在其历史展开的过程中使不同理解得以融通为公共阐释，"理解本质上是一种历史性的理解，也就是说，在这里仅当文本每次都以不同的方式被理解时，文本才可以说得到理解"③。显然，伽达默尔此处对亚里士多德延续于苏格拉底与柏拉图的前阐释学的阐释理解的阐发，意在为阐释的生存根据找到一个本原性的依凭。

　　而这样的引发于生存本原的阐释，又绝非阐释者随心所欲的阐

---

　　① ［德］伽达默尔：《诠释学Ⅰ：真理与方法》，洪汉鼎译，商务印书馆 2011 年版，第 441 页。

　　② ［德］伽达默尔：《诠释学Ⅰ：真理与方法》，洪汉鼎译，商务印书馆 2011 年版，第 442 页。

　　③ ［德］伽达默尔：《诠释学Ⅰ：真理与方法》，洪汉鼎译，商务印书馆 2011 年版，第 437 页。

释，即便它以随心所欲的方式表述出来，其实也是被规定的阐释；而且，正因为它是被规定的，它才适应于生存的被规定性。对这种生存的被规定性，海德格尔称为"此在的自我领会"①。

阐释的规定性总体说是源于人的生存的被规定性，即人的生存或生存活动的被规定性；而当这种被规定性以阐释对象的样式得以展现时，它就成为对象的阐释规定性。任何文本，当它成为阐释对象时，都具有阐释的规定性。这是张江从"强制阐释"到"公共阐释"所一直坚持的阐释学要点。② 文本的阐释规定性可以从三个方面理解，即被释文本的规定性、阐释者自身的规定性以及对阐释持相同或不同态度的受释者的规定性。

### （一）被释的关系系统规定性

文本是被释的基本样态，也是被阐释学论及的基本样态。这不仅是因为文本能指的背后，总有并未显露但又有待显露的所指，这所指越是变动不居地隐藏着，它便越是唤起释者与受释者的揭秘兴趣，只要这文本本身能够唤起释者与受释者的关注；而且，这也是因为已然被言语所确定地表述的文本，才以其确然存在的性质，确然地召唤着释者集聚而来，并确然地召唤着更多的受释者的期待。这才是阐释的着力之处，即在确然的对象中揭示或彰显尚未确然的东西。

就文本而言，当它成为阐释对象时，它不仅是印刷的纸制本，或者如当下所流行的，是网络读本，它更是一个在封闭中敞开的关系系统。它封闭，是因为它的一切都闭合在已然完成的言语形式中，封闭到一字不易的程度；它敞开，又在于谁阅读与阐释，它就在谁中复

---

① 马丁·海德格尔对生存的被规定性阐述说，生存问题总是被生存活动所规定，即是说，"生存问题总是只能通过生存活动本身来澄清"；而此在的生存领会，"总是取决于每一个此在自己可能挑选的抓紧或者延误的生存方式"。参见［德］马丁·海德格尔《人，诗意地安居——海德格尔语要》，郜元宝译，上海远东出版社 1995 年版，第 5 页。

② 张江把文本的有限意义确定为规定阐释的边界，把作者的意图确认为评估阐释有效性的基本要求，一些对此质疑的学者，把作者意图的可确定性与作者意图的规定性混为一谈，用前者的不可确定性否认后者的规定性。对此，张江一直坚持自己的规定性意见。参见张江《作者能不能死》，中国社会科学出版社 2017 年版，第 303 页。

活，而且所复活的是阐释者的心灵灌注的文本，是已然归属于阐释者的文本。但这个封闭且又敞开的文本其实是一个整体性的关系系统，它的封闭与敞开都是系统性的封闭与敞开。一些阐释陷入误区，如张江所批判的西方的强制阐释，就是割裂文本关系系统之典型。海德格尔就"在"的关系性讲过一段耐人寻味的话，即任何离开"在"之关系的另外评价都是对于"在"的"最大亵渎"，因为在这种另外的评价中，"思在评价行为中与在别处一样"[①]。强制阐释就是建立在离开对象关系系统而另外地评价与阐释对象的基础上。

　　文本关系系统由作者意图、文本语言及文本当时的历史规定性构成，此三者不是并列性的叠加，也不是递进式的排列，而是彼此相依互构的有机生成。即是说，作者的创作意图——无论它事后变得如何捉摸不定或模糊不清，都在创作中存在并发挥作用，它萌生之初就已与文本语言共时而生，用米·杜夫海纳的话说，即作家本人的意图被他用来表现意义的符号所纠缠，意图因此被圈定，并因此变得模糊不清。[②] 与此同时，作者所以如此意图又所以进行如此意图的语言表述，其当时的历史规定性在意图与语言表述达成关联时便已参与进来，也可以说，正是由于当时历史规定性的参与，才有了如此意图的语言表述。这种因相互依存而共生的关系，作为关系系统整体性地呈现给阐释，阐释便在这种系统规定的文本整体性中进行。把这种由作者意图、语言表现及现实历史规定的关系系统，称之为文本共同体（如张江所称呼的那样）应该是恰当的。这是因为上述三者的每一个方面其实都体现着一种人的生存，即思之生存、语言的生存以及现实的历史的生存。

---

　　① 马丁·海德格尔把思索作为一种行动理解，认为思索行动的本质是要完成，完成的意思就是不制造与引发某种关系，而只是把"在"的关系作为"在复活它的东西交还给在"。参见［德］马丁·海德格尔《人，诗意地安居——海德格尔语要》，郜元宝译，上海远东出版社 1995 年版，第 32 页。

　　② 杜夫海纳认为，"表现离不开主题，主题又被认为离不开感性"。主题在这里是意图经由思考而达到表现的过程，作家的意图思考便是表现的思考，是见诸语言的思考。不存在单纯的表现，也不存在单纯的主题思考，文本的含糊与限制，均由此而来。参见米·杜夫海纳《审美经验现象学》，韩树站译，文化艺术出版社 1992 年版，第 357—369 页。

### （二）阐释主体的公共约束的规定

阐释主体即释者，当他进行阐释时，具有个体的主体自由，他可以自由地确定阐释对象，自由地形成阐释意图，自由地达成阐释理解，自由地确定阐释重点，他的自由便是他的自由阐释。不过，回溯他的个体阐释自由的获得过程，便不难发现，这自由始终是公共约束所规定的自由。

释者生存本身就是公共约束的生存。他的与生俱来的社会关系属性，是生存被抛的属性，这一属性经由海德格尔的阐释，已几乎成为常识。① 释者不可能另外地生存或生存在别处。他被抛入他的历史限定中，并历史限定地展开他的阐释。希腊神话时代不可逾越的神知界限，在希腊文明时代便早已不是界限，坦塔罗斯所受的来自神的越界惩罚，深刻地表明了神知而人不可知的界限在神话时代是无可逾越的，这一界限随着那段历史的结束而变得通达——即是说，释者只能是历史生存的释者，他的对象阐释越是个体自由的，就越是历史限制的。② 阐释什么、对谁阐释、如何阐释，都被历史所规定，释者的作用只是代史而言。

再有便是阐释所由阐释的理解，这是西方阐释学津津乐道的一个问题。西方学者深刻地指出理解便是所能理解，那前一个理解是理解的获得，那后一个理解是理解的前提，二者之间指涉着理解的过程。这种理解见于理解自身的循环，海德格尔认为其中包含着最原始认识的一种积极的可能性，伽达默尔则认为海德格尔对诠释学循环结构的描述，比他所进行的诠释学研究"更富有成效"③。而无论是海德格尔

---

① 马丁·海德格尔用"站出来"，解释人的生存之在。"他站出来，站到在的敞开状态中。在本身，作为一种抛出，把人的本质抛入'烦'，也就是此一敞开。"参见［德］马丁·海德格尔《人，诗意地安居——海德格尔语要》，郜元宝译，上海远东出版社1995年版，第12页。

② 英国哲学家齐格蒙特·鲍曼用希腊神话坦塔罗斯的故事，赋意于一个共同体原则，即共同体是人的共在，"不要试图愚笨地去改变它们，更不要说去把它们控制在你手里"。参见齐格蒙特·鲍曼《共同体》，欧阳景根译，江苏人民出版社2003年版，第2～3页。

③ ［德］伽达默尔：《诠释学 I：真理与方法》，洪汉鼎译，商务印书馆2011年版，第378页。

的"积极的可能性"，还是伽达默尔的"更富有成效"，都在于这里蕴含着一个何以理解阐释对象的根据，即"前有，前见和前把握"。伽达默尔说："解释开始于前把握（Vorbegriffen），而前把握可以被更合适的把握所代替：正是这种不断进行的新筹划过程构成了理解和解释的意义运动。"① 此处涉及阐释的前在把握的两个要点：一是理解是前在把握的理解，在阐释对象之前，释者已前在地获有理解对象的根据；二是由前在把握进入阐释，这是一个筹划过程。阐释既投入前在把握，又根据对象的实在情况对前在把握进行调整。张江从"强制阐释"步入"公共阐释"的过程中，对前在把握或前见给予阐释学关注，认为这是一种不断存有和变化的"知识模式"，并认为它由三个方面在认知形成过程中构成，即特定的历史环境，包括民族与世族的变化影响与塑造；释者个人的教育背景和经验积累，以及认知形成过程中社会与文化环境的浸润。对于前见的阐释作用，张江强调说，"前见不决定对象的内容，因此它不决定结果"②。张江的前见对于阐释作用的理解，与海德格尔及伽达默尔强调的阐释的"筹划"大体一致。由此可以看到，阐释所由的理解，通过前在把握而把释者的历史环境的规定、其教育环境与生活状况的规定，以及所处现实的社会与文化环境的规定，以无意识的方式引发出来，并引发阐释活动在这个起点上展开；而在阐释进一步展开的"筹划"过程中，不仅被释文本的关系系统规定性不断地发挥作用，而且阐释当时的社会实践状况和受释接受状况也发挥规定性作用，这便在被释、释者与受释间，形成一种共同体的系统互动关系，即文本关系系统、释者前在把握与现实筹划系统，以及受释接受系统的互动关系。这样的共同体互动关系通过语言系统无所不在地参与与透入，就有了释者的个体主体性的阐释。因此可以说，释者投入了文本阐释，便投入了历史、文本、受释、语言及现实社会生存的阐释共同体，阐释共同体的每一方系统规定，都是释者必在其中的规定，各方系统相互作用、彼此综合，形成

---

① ［德］伽达默尔：《诠释学 I：真理与方法》，洪汉鼎译，商务印书馆 2011 年版，第 379 页。

② 张江：《作者能不能死》，中国社会科学出版社 2017 年版，第 245 页。

了阐释主体以自由形态表现出来的公共约束的规定。

### （三）受释者的公共生活规定

当受释者以受释身份面对阐释时，他们便已经进入公共生活，并在公共生活的规定性中成为受释。人需要阐释，是因为人需要自由、需要长久、需要荣誉。[①] 阐释在人们生活中所以必不可少，人所以要向世界追问真理，所以要在文本中探寻意义，所以要在历史中搜罗智慧——这些正是释者所要阐释的东西，无论是原始时代的巫释者、轴心时代的哲释者、宗教神学时代的神释者，还是当下的公释者，所要阐释及所能阐释的都是这些东西。就像当人们把脸朝向太阳时，他们便都是阳光受沐者一样。当人们面对阐释时，哪怕是过度阐释、强制阐释，甚至是伪阐释，受释的观看冲动与聆听冲动，都引发于公共生活的需求动力。伪阐释、强制阐释及过度阐释等难以被接受，不在于它们不是阐释，在于它们不合于人们面对阐释的公共生活的需求。

汉娜·阿伦特在对私人领域与公共领域进行区分时，把必然和自由、无益和永久、羞耻和荣誉这些相对立的生活追求作为根据，指出必然的、无益的和羞耻的东西，为了自身存在起见是需要隐匿起来的，而自由、永久和荣誉这类可以获益于阐释的东西，则需要公开地展露。对公共领域与私人领域，阿伦特的划分根据简洁而有效，"在任何特定的文明社会里，不管我们在何处发现了这两种东西，只要对它们进行观察，就会看到，这两种活动中每一种都指向世界上的某个特定场所"[②]。阐释的人类生存意义就在这里，即当人们面对阐释时，人们便进入了生活的公共领域。

在生活的公共领域，人们所希求的阐释是被公共生活规定的阐释。首先，是对象何以被需要的阐释。这是一个历史问题也是一个时代问题，其根本处在于，这类对象所提出的问题与人的现实生存相

---

① ［德］汉娜·阿伦特：《公共领域和私人领域》，刘锋译，载《文化与公共性》，汪晖、陈燕谷主编，生活·读书·新知三联书店1998年版，第101—102页。

② ［德］汉娜·阿伦特：《公共领域和私人领域》，刘锋译，载《文化与公共性》，汪晖、陈燕谷主编，生活·读书·新知三联书店1998年版，第102页。

关，因此，对这类对象或文本的阐释便成为事关生存的阐释。在中国古代文学阐释最多也最为充分的，当属那些事关中国古代生存质量的诗的阐释。

诗，是中国古代建立在宗法血缘关系基础上的人伦生存状况的文学表述，诗不仅一般性地表述人伦情况，而且基于不同的历史时代状况，表述着人伦情感的历史状况。因此对于《诗经》的阐释，对于乐府诗的阐释，对于建安诗群的阐释，对于唐诗宋词的阐释，便构成蔚为壮观的中国艺术阐释。这种阐释，以诗的注释方式、诗的精要点评的方式得以展示。无论是帝王将相、天下寒士，还是樵翁钓叟，只要以诗为释，便都朝向诗歌受释群体，而任何一首影响广泛的诗或一个影响广泛的诗人，便都成为集历史与当下为一体的诗阐释的平台，登上平台的释者，都给诗以人伦之情蕴得以澄明的阐释，那阐释的阳光，自然也照亮了公共生活中的人伦蕴含。对此，荀况对《诗》《书》《礼》《乐》的阐释，便突出了公共性这一要领："故《书》者，政事之纪也；《诗》者，中声之所止也；《礼》者，法之大分，类之纲纪也。故学至乎《礼》而止矣。夫是之谓道德之极。《礼》之敬文也，《乐》之中和也，《诗》《书》之博也，《春秋》之微也，在天地之间者毕矣。"（《荀子·劝学》）《诗》《书》《礼》《乐》乃天下至理，因此其阐释所及，乃"天地之间者毕矣"，亦即天下在公共生活领域的至极之理。对这种进入公共领域的生活，尤尔根·哈贝马斯则说："公民们作为一个群体来行动，因此，这种行动具有这样的保障，即他们可以自由地集合和组合，可以自由地表达和公开他们的意见。"① 在这样的公共生活中，大家不仅就公共利益彼此自由地公开各自的意见，就公共利益的实现达成"筹划"的共识，而且就公共生活的效果，充分地阐发己见。当然，就目前的情况说，无论中国还是西方，这种自由与充分尚处于公共生活的应在状况。不过这种公众生活的已在也好，应在也好，都离不开阐释，不仅公共生活及文本的释者进行这种阐释，作为受释的公众，也并非只是聆听的受释，他们也

---

① ［德］尤尔根·哈贝马斯：《公共领域》，汪晖译，载《文化与公共性》，汪晖、陈燕谷主编，生活·读书·新知三联书店 1998 年版，第 125 页。

同样进行各自的阐释，阐释各自的公众理解。这里的阐释差异不在公共与否，而只是在于何者更具有阐释的专业性。

受释因阐释进入公共领域，并非说阐释是受释进入公共领域的可选择性的前提性条件，而是说，即便公共领域已经搭建起来，而且越来越展开为人们的日常生活，阐释仍然为受释进入公共领域所必不可少，这不是选择性的，而是必然性的。这是因为公共领域的各种公共规定，明文的也好，历史的也好，潜意识的也好，都须经由阐释而得以公共的实现，这是生存的无可或缺，这是一个不断自觉化的过程。据此，公共性相对于进入公共领域的个体，就形成公共规定性，唯有合于公共规定性，个体才得以进入公共领域。当下，很多公共领域性的活动，如组团旅游、乘坐公共交通工具、在现代化的公共建筑中博览先进的科学技术及人类文明，总有一些不合公共规定的个体行为现象，这不仅证明着公共领域的规定性须经由阐释而实现，而且也证明着合于经由阐释而实现的公共领域的规定性，才能自由于公共生活。也可以说，受释的合公共领域的规定性，建构着阐释的公共性。

## 二　阐释的公共性

既然阐释的公共性是在被释、释者及受释的相互作用中被综合规定的属性，即是说，阐释只能是被规定的阐释，而且惟其是被公共性规定的阐释，才成为公共阐释。那么，阐释的公共性又是如何在释者与被释的个体性中得以获得并实现的呢？对此，作为公共阐释论的建构者张江在《公共阐释论纲》中做出明确的解答："在理解和交流过程中，理解的主体、被理解的对象，以及阐释者的存在，构成一个相互融合的多方共同体，多元丰富的公共理性活动由此而展开，阐释成为中心和枢纽。"① 这样，阐释的公共性就托付给多元丰富的公共理性。

理性，当它以理性的合法身份进入人们的日常生活，或者说，当它以日常生活的理性形态在人们的生活中得以凝聚并发挥作用时，它

① 张江：《公共阐释论纲》，《学术研究》2017 年第 6 期。

本身就是公共性的。康德把理性解释为"'先天的知识之原理'之能力"，① 即世界所以成为人的世界，知识所以成为人的知识，源于人将世界与知识加工成如此的世界与知识的能力。卢卡奇的理性规定则由先验能力进入社会规定，即"理性自身不能是某种飘浮于社会发展之上的、不偏不倚的中性东西，相反，它总是反映着一个社会情况或一个发展趋势中具体合理的东西（或具体的不合理的东西），使之成为概念，从而促进或抑制该具体的东西"②。卢卡奇的理性是社会情况的反映，它促进或抑制具体现实，并被表述为概念。两种截然不同的理性表述，却从不同角度揭示了理性的公共属性，前者是人的使世界获得秩序的共有的先验能力，后者则是这种共有能力对人的世界秩序的共有反映。对于人的社会生活的共有秩序的把握，则是理性的实质，这便是理性的公共性。西方学者正是在这重意义上谈论理性。因为人的社会生活的共有秩序是不断变化的，所以理性也因时代、因民族而有所差异。

理性本身是公共性的，而且唯有在它是公共性的时候，它才可以共用、共循、共守与共识，才因此以其普遍性成为可以用概念表述的东西。至于为什么理性既然就是公共理论而公共阐释论又特别对理性进行公共理性的强调，这里有一个理性的运用领域问题。

理性在私人领域也仍然有效，并且也仍然具有公共性，这是因为即便是私人生活，也只有在众人共循的理性中才能保证它的稳定与秩序，比如夫妻间的孝顺双方父母与养育子女的理性。但相对于公共阐释，私人生活的理性，毕竟无法也无须进入公共阐释领域，此前或此后某些私人生活进入公共领域，是因为公共领域的状况发生了变化。否则，在公共领域的现实状况下，私人生活即便以其理性进入其中，也会因其不合于公共领域的规定而难以驻足。如张江说："个体阐释终究未被公共理性和视域所接受，最终沦为私人阐释而被淘汰。"③ 因此，公共理性在公共阐释论中，是对于理性的领域性的强调。在理

① [德] 康德：《纯粹理性批判》，蓝公武译，商务印书馆 2011 年版，第 47 页。
② [匈] 卢卡奇：《理性的毁灭》，王玖兴等译，山东人民出版社 1988 年版，第 3 页。
③ 张江：《公共阐释论纲》，《学术研究》2017 年第 6 期。

性的公共领域强调中，决定阐释的公共理性保持着延续于《强制阐释论》的对于西方阐释乱象的理性批判锋芒。造成近年来西方阐释混乱的一个重要原因，是在后现代旗号下先后产生影响的个体阐释、感性阐释及非理性或反理性阐释。这类阐释主张在否定西方传统阐释，进而打破阐释的僵化及封闭方面有其积极作用，如德里达的解构论、福柯的感性论、梅洛－庞蒂的知觉论、德勒兹的域外论等。但理性的冲击唯有成为冲击的理性时才能进一步转化为理性并产生真正的理性效应，这一转化的重要环节是形成新的理性建构。德里达意识到这一点，因此他一方面通过解构去批判形而上的西方哲学，一方面又"解构哲学而又不要瓦解它，不要轻易打发它或剥夺它的资格"①。为此，他一直不间断地处于解构与建构这两极之间。但当这类冲击性的说法成为现实具体的阐释根据时，阐释便不仅取向混乱了，标准混乱了，方法混乱了，而且决定阐释的理性也混乱了。这种混乱在全球化的进程中，也冲击着中国的文学阐释，于是，如齐格蒙特·鲍曼所说："在全球化的道路上，空间发生了异乎寻常的经历：当它的意义增加时，它便失去了重要性。"② 为重新找回阐释的重要性，公共阐释论把阐释的根基确定为公共理性，并因此使那些非理性的阐释及不合于公共领域规定性的理性阐释面临能否进入公共阐释的审视与检验。

公共阐释论对公共理性的基本蕴涵，从阐释学角度进行了四个方面的概述。其一，"公共理性呈现人类理性的主体要素，是个体理性的共识重叠与规范集合，是阐释及接受群体展开理解和表达的基本场域"。其二，"公共理性的目标，是认知的真理性与阐释的确定性"。其三，公共理性的运行范式，由人类基本认知规范给定。其四，"公共理性的同一理解，符合随机过程的大数定律，是可重复并被检验的"。③ 这四个方面集中揭示了公共理性的给定性、汇聚性、规范性与可验性。即是说，从阐释角度说，它对任何个体阐释者都是已然确

---

① ［法］雅克·德里达：《书写与差异》，张宁译，生活·读书·新知三联书店2001年版，第4页。

② ［英］齐格蒙特·鲍曼：《共同体》，欧阳景根译，江苏人民出版社2003年版，第135页。

③ 张江：《公共阐释论纲》，《学术研究》2017年第6期。

定的理性根据，这一理性根据的给定性不在于它是一种理念式的既在，而在于它是个体理性的汇聚，是汇聚的共在，亦即后面将要谈到的经由"共识"而汇聚为理解与表达的场域。这汇聚的场域性的共在，具有认知的真理性。经由它的真理性的理解，阐释获得确定性；而且，无论是由个体阐释归入公共理性还是由公共理性展开为个体阐释，都是一定的规范性的运作，这种运作的可检验性在于为多数人所认同并接受的大数定律。这样，公共理性便被理解为具有普遍性的、可以规范运作的、体现在人们的公共活动的理解与交流中的、具有真理性的认知场域。这一公共理性理解，汲取了康德的人类公有能力的说法、黑格尔的具体普遍的真理实体性与主体性的说法、胡塞尔面向事实本身的"一切原则的原则"的说法、海德格尔的"无蔽"的说法以及美国著名文论家赫施的解释的有效性验证及其原则的说法。上述汲取中，各方阐释都没有把阐释的真理性或有效性寄托在统计学的基础上，如赫施所说："虽然我们从不能肯定，我们所作的解释上的推测是正确的，但是，我们知道，我们这个推测会是正确的。"① 统计学标准之所以未被提起，一方面是因为理性从实质上说是公共性的，它融入人们的日常理性活动中，大家共循这种理性，共享这种理性，因此由此及彼，由我及他，不言而喻地确知"这个推测会是正确的"；一方面，则是因为此前统计科学的欠缺，在统计科学欠缺的情况下，如汉娜·阿伦特所说："统计学法则仅在涉及巨大的数量或漫长的时间段时才是有效的。"② 公共阐释论此处提出的大数定律，把理性的公共性由释者的大体臆断推入大数统计的客观范畴，在统计学的大数据时代来临前谈这个话题，似乎仍然是预设，而在大数据时代的当下，大数定律已成为随时可以统计、可以确认的定律。

这里须进一步思考的问题如下：

其一，公共理性之于阐释，并非个体阐释对于既有公共理性的归

① ［美］赫施：《解释的有效性》，王才勇译，生活·读书·新知三联书店1991年版，第235页。

② ［德］汉娜·阿伦特：《公共领域和私人领域》，刘锋译，载《文化与公共性》，汪晖、陈燕谷主编，生活·读书·新知三联书店1998年版，第74页。

附，这是因为既有公共理性，不是个性之外的理性已在，任何个体阐释者也都不会实在地面对这样一个已在的公共理性；他们的阐释，是发于他们的个性理性的阐释，公共理性乃是他们阐释的个体理性中的理性。既然如此，个体理性向着公共理性的阐释运作，该是如何进行的？这涉及阐释的个体理性与公共理性在具体阐释中是相对而待的，还是一体相融、自然达成的阐释具体运作的问题。相对而待，则导致阐释的理性分立；自然达成，则导致阐释的个体理性与阐释的公共理性的标准模糊。

其二，公共理性确有人类的共通性，即人类共同面对生存困境而形成的公有理性；但人类的具体存在，总是时代的、民族的存在，因此又总是差异性甚至对立性的存在，当中国与西方学者都在说理性或公共理性时，其所指并非同一种理性；而且，即使是时代的或民族的阐释，也可能在不自觉中造成阐释的时代或民族性缺失或失误，比如进入 21 世纪的一段时间里国内文学阐释倾向性地体现出来的"以西释中""以西律中"的阐释。这种情况在哲学的一般性概述中可以通过差异统一或对立统一的范畴论解决，但阐释学是理论应用学科，它总是以个体的、具体的阐释而运行，因此，当人类的公共理性面临具体的时代的或民族的阐释时，前者该如何向后者转换，后者又该如何避免不合于前者的质疑？这涉及阐释的判断或评价标准问题。

其三，公共理性不是封闭的理性，西方理性观念化倾向 20 世纪 60 年代即已开始受到多方面的批判，理性或公共理性的敞开性已成为西方理论界普遍接受的理性意识。问题是这种敞开，不仅是公共理性向个体理性的敞开，并因此体现在个体阐释中，它更是公共理性向当下公共生活的敞开，理性总是被现实实在所规定。尤其在这个世界大变动、中国大转型的时代，公共理性的敞开性变化，使见于个体阐释的公共阐释面临一个阐释理性因时而变、因势而变的问题，彼时的公共理论，此时便可能不再具有合理性。对此，该如何进行阐释学的阐释？上述阐释实践的问题，将随着公共阐释论的公共阐释的深入，得以求解。

# 三 阐释的共识性达成

《公共阐释论纲》指出："公共阐释的内涵是，阐释者以普遍的历史前提为基点，以文本为意义对象，以公共理性生产有边界约束，且可公度的有效阐释。"① 由此，这一公共阐释内涵提出了公共阐释的五个要点，即历史前提、文本对象、公共理性、可公度性以及阐释效果（有效阐释）。这五个要点在《公共阐释论纲》中被表述为六个方面，即公共阐释是理性阐释、公共阐释是澄明性阐释、公共阐释是公度性阐释、公共阐释是建构性阐释、公共阐释是超越性阐释以及公共阐释是反思性阐释。

就本文思路而言，公共内涵的五个要点及《公共阐释论纲》表述的六个方面，已构划出公共阐释论的总体框架，并确立了公共阐释论的基本观点。

这里，从中国阐释学的理论建构，从《公共阐释论纲》提出但尚待进一步细化，从由强制阐释到公共阐释的发展所引发的国内外讨论而言，还有必要就公共阐释的历史性、澄明性、规范性以及共识性四个方面，再进行一些思考。

## （一）公共阐释是历史性阐释

在公共阐释的历史性这一命题下，不仅《公共阐释论纲》所提出的前见问题、作家意图问题、公共约束问题、反思性问题，将得以展开，而且阐释的历史现场问题、既有阐释的历史评价问题，也会得到关注。这是公共阐释的重要问题域。

文本从历史中来，当文本带着历史风尘展现于释者的阅读与理解时，它便不再是作者当时写出的文本，而是见诸历史的文本。毫无疑问，当今天的释者阅读《红楼梦》时，曹雪芹写作当时的生活情境及高鹗续作时的生活情境，已经无法被还原；而被当时生活情境所规定的写作，在后来的阅读与理解中，便被非情境地呈现出来。但非情境

---

① 张江：《公共阐释论纲》，《学术研究》2017 年第 6 期。

并非没有情境，情境还在，但那已是历史化的情境。对于曹雪芹《红楼梦》写作的时代，一些学者认为，那是我国封建文化专制统治最严酷的时代，那是一个存在着诱惑、毒雾、枷锁、屠杀，充满了恐怖的时代。① 这种理解，显然是特征性的，这是经过鲁迅等名家阐释的历史化的理解；而换一种历史化理解，当时正是中国历史上康乾盛世的时代。不同的历史化带来《红楼梦》的不同阐释。历史化并非哪个阐释者对于某段历史的一己之见，它源于那段历史的当下反思，又源于对那段历史所经由过来的各种阐释。因此，历史化本身，就是一种公共阐释的效果，伽达默尔称此为"效果历史"②，并且，这又总是在文本的当下阐释中活化的效果，它不仅规定阐释，而且构入阐释。

对于历史化，黑格尔说："哲学用来观察历史的唯一思想就是'理性'。'理性'是世界的主宰，因此世界历史是一种合理的过程，这种观念在哲学中并非假定。"③ 黑格尔把历史纳入理性的合理运作中，由此，历史化便成为历史的理性化。因为历史是理性化的，所以，当人们对文本进行阐释时，他所面对的便是先他而在并构入他的阐释的先在的历史。阐释的历史化是阐释的先在根据，因为历史对于阐释文本而言，总是相对于阐释而先行构入文本。历史化先行构入文本阐释一般有两种情况，一种是历史知识的先在，一种是历史认知结构的先在。这两种先在在具体的文本阐释中，以意识与无意识的方式综合地发挥作用。对于历史知识的先在，不仅包括有关文本作者的传记、评价，而且相关当时的历史状况，即历史化的状况——这是张江在阐释学研究中所一直重视的方面，他认为即便这些东西不足以证明作者的写作意图，但它们对于文本阐释仍具有重要意义——这种重视，就历史化的理性实质而言，是有道理的，因为这些可以作为历史

---

① 参见朱眉叔《红楼梦的背景与人物》，辽宁大学出版社1986年版，第2页。
② 伽达默尔认为，从历史角度理解作为文本的历史现象，不仅是关注历史传承下来的文本，还要关注这样的文本在历史上所产生的效果，这就是被关注的"效果历史"。"效果历史"不是文本之外的另外的历史，而是凝聚于文本的见于文本的历史阐释与接受效果的历史。这种历史效果，已潜移默化地渗透到文本的历史阐释及文本的当下接受中。参见伽达默尔《诠释学Ⅰ：真理与方法》，洪汉鼎译，商务印书馆2011年版，第424页。
③ ［德］黑格尔：《历史哲学》，张作成、车仁维编译，北京出版社2008年版，第7页。

参照的东西，乃是体现着当时的公共理性的东西，这正是当下公共理性阐释所需要的东西。而历史化的认知结构的先在，它本身就既定着文本阐释的理性运作，是理性运作的前提。

### （二）公共阐释是澄明性阐释

澄明性即明晰性，它涉及公共阐释的目的性筹划、公共阐释的行为要点、公共阐释的思之运作以及公共阐释效果等问题。这是国内外阐释学无论从思的方面还是从行的方面，均不断思考的问题。一些阐释误区与阐释乱象由此而来，代表性的情况是释者的个体意见对于阐释对象意蕴的另外的赋予。

《公共阐释论纲》把澄明性问题强调出来，期待更深入的研讨。

阐释，就是使阐释对象中隐藏的、晦暗的、散见的但又有待彰显的、明晰的、集中的东西，通过言说或书写，进而被认识与接受的理解与解释的理性活动。这是一个被海德格尔称之为"去蔽"的活动过程，即通过"去蔽"，使被遮蔽着的东西得以显露从而得以"无蔽"，从而获得"澄明"："在我们现在所思的关联中，'澄明'这个词所命名的东西即自由的敞开之境，用歌德的话来说，它就是'原现象'（Urphanomen）。我们不妨说：一个'原事情'（Ur-sacne）。"① 这个"原现象"或"原事情"，是被释文本中的意蕴，它是在写作时被作者放入的东西，这类东西有时作者也不甚明了，它是随着文本语言而被放入的东西，它就那么仿佛是自然而然地存身于文本，像生机自然而然地存身于机体；"思"即"理解"，并非刻意地把这个东西观念地强调出来，而只是把遮蔽的东西清去，它便"澄明"地显露，也可以说它便进入"澄明"，它就是澄明的"原现象"或"原事情"。海德格尔又把这种经由"思"之阐释而获得的"澄明"称为"面对"，即"面对实事本身"。海德格尔引用歌德予以阐发说："'在现象背后一无所有：现象本身即是指南'。这就是说，现象本身——在眼下的情形中即澄明——把我们摆到这样一个任务面前：在追问着现象之际从

---

① ［德］马丁·海德格尔：《哲学的终结和思的任务》，孙周兴译，载倪梁康主编《面对实事本身——现象学经典文选》，东方出版社2000年版，第427页。

现象中学习，也即让现象对我们有所道说。"① 海德格尔此处说的思之"面对"或思之"澄明"，正是阐释学所要阐释的东西。张江将之运用于公共阐释的特征性概括："阐释的澄明是澄明阐释的前提。意在澄明的阐释，是置入公共意义领域，为公众所理解的阐释。"② 即是说，晦暗于文本现象的"原现象"或"原事情"，通过公共阐释进入公共意义领域，并为公众所理解；在公共阐释中见于澄明的意义，不是强加，也不是另造，而是一种当下情境的自我显现。须注意的是，这种当下情境的自我显现是一种关系状况的显现，即既有文本意蕴规定性与当下阐释规定性相互作用关系的显现，释者把当下的阐释规定，包括受释者所意识到的阐释期待的规定，相关于当下社会生活结构（阿尔都塞的问题意识）的释者规定，以及释者状况的自身规定带入文本意蕴的理解，由此而达成的阐释便是文本意蕴的当下情境的自我显现。

### （三）公共阐释是规范性阐释

公共阐释延续强制阐释而来，提出一个有待进一步思考的问题，即公共阐释的规范性该如何体现。这不仅涉及阐释前置模式问题，而且涉及公共生活及公共理性的模式化问题，因为公共理性与公共生活总有一种模式化倾向，这是一种向着普遍性与确定性运动的倾向，是进行关联性凝聚的倾向。而且，在模式化倾向中才有真正意义的公共理性与公共生活。对规范性问题，公供阐释论提供了一个进一步细化的空间，公共阐释论强调的文本规定性，本身就是前置模式的规定性。

张江在分析公共阐释的内涵时把历史前提指认为阐释的基点，并进而指出"阐释的规范先于阐释而养成"③。公共阐释的一般属性，在于它是人的公共生活与公共生活领域的阐释，公共生活领域的各种得

---

① ［德］马丁·海德格尔：《哲学的终结和思的任务》，孙周兴译，载倪梁康主编《面对实事本身——现象学经典文选》，东方出版社 2000 年版，第 428 页。
② 张江：《公共阐释论纲》，《学术研究》2017 年第 6 期。
③ 张江：《公共阐释论纲》，《学术研究》2017 年第 6 期。

于历史先在规范性——其中也包括公共阐释的规范性，并不是对于进入公共生活的公众个人的另外的强加或者强制，而是公众个人的生存模塑，是公众个人的生存接受与生存本体状况。这也就是说，人们生存，就是公共理性地生存，因此也就是公共生活的生存。既然如此，为什么还要在阐释中强调公共生活与公共阐释的规范性呢？这个问题就像人本来就是社会性的，为什么还要特别地论证人的社会性一样，要在应在中形成自觉，要在自在中形成约束，这是一个教育与习得的过程。

　　张江所强调的公共阐释的规范性，并不像西方某些传统阐释学者所认为的，只是一种应用技巧，即理解的技巧与解释的技巧，如伽达默尔所批判的 J. J. 兰巴赫的《〈圣经〉诠释学教本》，在这个教本中，兰巴赫提出理解和解释的精巧性。① 伽达默尔的意见是，阐释学的认识的解释与再现的解释，本身就是一种规范的解释，没有规范的解释，也就不会有可供理解的认识的解释与再现的解释，规范的解释并非解释技巧，而是解释得以进行的解释本身——"认知的解释、规范的解释和再现的解释之间所强加的这种区分是毫无根据的，这种区分只能表明这三者乃是一个统一的现象"；继之，他又更明确地说："在规范的功能和认知的功能之间作出区分，就是分割那种显然是一体的东西。"② 规范，根据伽达默尔的说法，可以理解为阐释中普遍遵循的认知范式，它具有历史性与时代性，"假如在把原文翻译成可感的现象中没有注意到那种由于他自己时代的风格愿望而对风格上正确再现的要求加以限制的另外的规范要素，也就没有人能实现这种再现的解释"③，这是说见于阐释的历史与时代的要求本身就是规范性的，这种规范甚至在风格再现的解释中体现出来。

---

　　① 伽达默尔说到诠释学的应用问题，涉及阐释的规范性，被伽达默尔称为"詹信派"的兰巴赫认为包括阐释的规范性在内，那都是一种理解与解释的技巧，这种技巧不仅使规范性等成为可以支配的方法，而且被理解为一种优异精神造就的能力。参见［德］伽达默尔《诠释学Ⅰ：真理与方法》，洪汉鼎译，商务印书馆 2011 年版，第 435 页。

　　② ［德］伽达默尔：《诠释学Ⅰ：真理与方法》，洪汉鼎译，商务印书馆 2011 年版，第 439、440 页。

　　③ ［德］伽达默尔：《诠释学Ⅰ：真理与方法》，洪汉鼎译，商务印书馆 2011 年版，第 439 页。

这里强调的规范性，是那种在前在的历史公共生活中形成的视域性的、可公度性的、边界约束性的、逻辑程序性的、语言表述性的理解范式或理解模式，它在当下的个体阐释中，发挥着个体阐释进入公共阐释的取范作用与规约作用。在这个问题上，张江曾与朱立元、王宁、周宪等学者进行专题讨论，张江注意前在的规范性，否定前在模式的僵化与技术、技巧性应用，在技术与技巧这一点上，他与伽达默尔有相似的看法。

### （四）公共阐释是共识性阐释

公共阐释所以在公共生活中发生，并在公共生活中实现为公共阐释，在于以个体阐释为公共阐释的必由形态的阐释，是可以在不同阐释个体及释者与受释个体间达成共识的，而如何共识、何以共识、何为共识，这类问题在理论上尚有晦涩之处须予澄明。

被接受为公共阐释的个体阐释，乃是在公共生活及公共领域中得以共识的阐释。张江称此为公度性阐释："阐释的公度性是指，阐释与对象、对象与接受、接受与接受之间，是可共通的。"① 前面提到的阐释的历史性、阐释的澄明性、阐释的规范性，都在阐释的共识性中获得具体的、共时性的实现。对公共阐释的共识性，张江又表述为"大数定律""共享理解""有效阐释"。

共识以差异性为前提，自己与自己无所谓共识。共识是不同个体在彼此的思之差异性中达成的条件性认可或认同。这种认可或认同，并不以消除个体间的差异为指向，相反，它允许个体间差异的存在，因此只是可理解的彼此接受。而且，就共识而言，这里又有一个共识场域，彼此在这一场域中保留宽容的可接受性。因此，当人们就某一说法或现象达成共识时，允许彼此的有限度的差异性理解，这种情况见于阐释，便有了彼此阐释的以共识为前提的差异性交流。对这样的差异性互动的共识，哈贝马斯提出一个"言语行为的以言行事"的协调行为，他把协调差异性而达成共识的力量，交付给语言理解，"亦即语言自身的约束力能够把行为协调起来；而在策略行为中，协调效

---

① 张江：《公共阐释论纲》，《学术研究》2017 年第 6 期。

果取决于行为者通过非言语行为对行为语境以及行为者之间所施加的影响"①。由此理解公共阐释的差异性共识，便有了两个必不可少的条件：一是公共行为对行为语境及行为者所施加的影响，这是公共生活的行为性所提供的行为语言规定，它规定着公共生活的构入个体，生成一种共同生存其中的生存意识或体验；二是这种共同生存的意识或体验是通过语言而有约束力地得以协调的。以差异性为前提的公共交往，便在这两个条件中达成共识。而这个过程，又正是各种关联条件及其关联性在阐释的共时性中综合实现的历史过程，包括澄明的过程和规范性的过程。这样的公共阐释的共识理解，在语言与行为语境中，不仅肯定了阐释个体的阐释与接受的可交流性、可理解性、可认同性，同时也肯定了这是以差异性为前提的可交流性、可理解性与可认同性。

公共阐释的共识性，不仅是阐释过程性的，也是阐释效果性的，而且它也构成公共阐释的筹划、效果及评价标准。对此，中国古人的和同论早已有精辟阐发，《中庸》说"万物并育而不相害，道并行而不相悖……此天地之所以为大也"（《中庸》第十三章）。《易·乾·象传》则说："大哉乾元！……保合太和，乃利贞"。"和"，即公共阐释的共识，"和"，如冯友兰所说，是"调和不同以达到和谐的统一"②。

---

① ［德］尤尔根·哈贝马斯：《后形而上学思想》，曹卫东、付德根译，译林出版社2001年版，第68、69页。

② 《冯友兰选集》上卷，北京大学出版社2000年版，第289页。

# "公共阐释"论*

谷鹏飞**

由当代中国学术话语"失语"所引发的"强制阐释"批评，并非现代问题，而是与人类理解史一样久远。当奥林匹斯上的信使赫尔墨斯（Hermes）脚蹬飞翼，手持权杖，向人们传递诸神的谕旨时，人类便已经踏上了"强制阐释"（Hermeneuein）的歧途。后世西方神学也惯于在权威与正确的意义上理解"阐释"，阐释遂成"强制阐释"，其权威与代表资格，成为神权与王权反复争夺的对象。但文艺复兴后西方人文主义却不断消解"阐释"的独断论意涵，提升"阐释"的公共性价值。当代哲学解释学实践也一再表明，"阐释"首先要成为"公共阐释"①，而后才能成为个体对世界

---

  * 本文原刊于《西北大学学报》（哲学社会科学版）2018 年第 1 期。

  ** 作者单位：西北大学文学院。

  ① "公共阐释"（common interpretation）一词，是中国学者张江针对西方学术界的"强制阐释"立场而提出的诊断性概念。在张江先生看来，西方学术界基于特定立场而对中国问题进行独断论的理解，本质上是一种对中国问题的"强制阐释"，这种阐释，不仅误解了中国问题，而且误解了阐释的本义。如何解决这一问题？张江先生提出了应从"强制阐释"走向"公共阐释"。关于"强制阐释"问题，参见张江《作者能不能死》，中国社会科学出版社 2007 年版，第 162 页；关于"公共阐释"概念，参见张江《公共阐释论纲》，《学术研究》2017 年第 6 期。本文赞同张江教授对"公共阐释"概念作出的六个基本规定，认为它切中了西方解释学的本质特征，抓住了西方解释学从神学解释学、技术解释学、哲学解释学到解释哲学发展的最根本内核。本文所要做的工作是：以张江教授对"公共阐释"的基本规定为基础，进一步讨论处于阐释活动中的阐释主体，其对自我与文本的理解，何以"成为"公共的？正是在"成为"而非"是"的意义上，本文强调了公共阐释不仅是阐释主体对文本理解的根本特征，更是阐释主体自我证成与自我存在的根本方式。也正是在后一种意义上，本文所使用的"公共阐释"（common hermeneuein）概念，突出的是阐释活动由"个体性"凝聚为"普遍性"的现象学过程，而非"公共性"与"私人性"意义上对阐释的公开使用与私下使用；后者归于社会学题域，前者则属于哲学基本问题。

及自我的理解。

本文试图通过对"公共阐释"概念要素的进一步辨析，讨论"公共阐释"的基本理论定位、知识特征与理论本质，以此推进当代人文学科对"阐释"问题的理解。

一

"公共阐释"的基本理论定位仍应归于"哲学解释学"，而非文本理解与解释的单纯技艺。凝聚为"公共阐释"本质的哲学解释学，其首要特征在于：它超越神学解释学与古典解释学而使自身由认识论与方法论上升为本体论。自此后，解释学不再单纯是对文本理解与解释的技术解释学，而是理解与解释的一般原则。这种一般原则，经由此后存在主义现象学的进一步拓展，成为生命世界的现象学与人的自我理解的基本形式。

作为哲学解释学的一般原则，解释活动中"公共阐释"本质的凝聚，并不是因为阐释对象的晦涩难解而需要一套阐释的技艺或方法论，也不是因为阐释主体要克服阐释对象的含混而确立其真理意涵，更不是因为阐释主体要清除阐释文本陈陈相因的历史迷障而还原其本真意义；而是因为，它戮力于阐释活动中理解与解释本身的普遍性与可公约意义，探究阐释对象与阐释主体的一般作用方式，因而从属于哲学解释学的基本问题域。具体来说，它以阐释学的"视域融合"为理解基点，以阐释学的"效果历史"为理解结构，通过悬设理解与阐释主体的先验共通感，寻求不同理解与阐释主体的基本经验结构，从而达成对文本的经验共识。由于作为历史流传物的文本，其表现语词、音韵、概念，乃至线条、色彩、形式、符号、意义具有变动性，其与文本存在世界的关系具有结构性变化事实，因而文本的解释学意涵就具有一种历史的动态生成性，而并非某种静态的一致性理解。以文本为中心的"公共阐释"，因而也不是通过文本内容的一致性而获得阐释的一致性，而是通过文本语义要素的变动性以及文本本体在历史变迁中造就的理解陌生性，解释阐释者与文本、阐释者与阐释者对话过程中所形成的共通理解。

据此，"公共阐释"就不仅要依据文本及作者的意图进行阐释，而且要依据"文本的本体"进行阐释。这也意味着，对于某一具体的文学文本，我们不仅要追问"作者的意图"与"文本的意图"是什么，还要追问"作品的意图"与"文学的意图"是什么。只有既理解了作者与文本的阐释意图，又理解了作品与文学的阐释意图，文学文本的公共阐释才有可能。由此推出的结论是：文本的本体，也就是"公共阐释"的本体。

但这个"本体"，并非理性对自身或文本达成的一致性理解，恰恰相反，它是理性使自身摆脱独断论的围限，升华为超越理性的判断力阐释。独断论的阐释，将文本视为孤立客观的封闭世界，解释完成的只是对这个文本世界"固有"真理的揭示；超越理性的判断力阐释，却是在哲学解释学一般原则的指导下，来解释这个文本世界意义的丰富性、生成性与可能性。

因而"公共阐释"的对象，虽以"文本"所建构的世界为主，但亦可以是以"文本"为中心的整个世界，亦即以人的"文本"创造为中心的全部人类"世界"。对于"文本"而言，它是一种历史性的精神存在，因而阐释文本不同于解释自然现象，其文本精神内涵的丰富性与意义模糊性，需要通过公共阐释的瞻准性与澄明性，来激活与照亮；对于"世界"而言，"世界"不是凝固的客观存在物，"世界是一切发生的事情"，"世界是事实的总体，而不是事物的总体"，[①] 因而解释世界不同于解释事物，其意义世界的复杂性与生成性，需要通过公共阐释的主体间性与时间性，来获得可通约性理解。

"公共阐释"所面对的"文本"与"世界"，惟有通过语言才能获得理解。语言理解，正是公共阐释的钥匙。但这种语言理解，并不是要构造一套独特的人工语言，而是要通过限制阐释活动中过多专业术语的使用，约取一些"公共语言"，这些"公共语言"，就存活于

---

① ［英］维特根斯坦：《逻辑哲学论》，贺绍甲译，商务印书馆1996年版，第25页。

已有的语言世界中，生成于当下的生活世界中，是人类内在自我经验与外部生活世界的沟通与理解。由此我们也可以说，语言的世界与生活世界，就是"公共阐释"的世界；语言的边界与生活的边界，就是"公共阐释"的边界。"公共阐释"通过对"文本"与"世界"的阐释，最终所指向的，正是人对文本与世界的自我理解。

二

作为哲学解释学的"公共阐释"，具有三大明显的特征。

第一，它是阐释主体超越"你""我"的固有阐释视域而作出的主体间性阐释。

公共阐释并非单一阐释者的独白阐释，也非众多阐释者的同一性阐释，而是不同阐释者基于主体间性立场对阐释对象作出的通约性阐释。不同阐释主体超越单一阐释主体的有限视域而对阐释对象作出可通约性阐释，使阐释活动成为"你""我"阐释主体的真理经验。在其中，"……'你'的经验对于一切自我理解来说成了起决定作用的因素。……因为'你'的经验揭示了这样一种矛盾：立在我对面的东西提出了它自身的权利并要求绝对地承认这种权利——并且正是因此而被理解。……这种理解根本不是理解这个'你'，而是理解这个'你'向我们所说的真理。我所指的真理是这样一种真理，这种真理只有通过这个'你'才对我成为可见的，并且只有通过我让自己被他告知了什么才成为可见的"[①]也就是说，不仅处于具体阐释活动中的单一阐释主体，其理解有限性难以保证阐释的真理性，因而需要其他阐释主体作出参证弥补；而且，阐释活动挽合阐释对象与阐释者自我意识的同一性特征，也为阐释活动的主体间性提供了经验依据：阐释总是阐释主体对阐释对象的自我意识，并通过这种自我意识而把握对象，从而形成对对象的真理性经验与可通约性理解。

--------

① ［德］伽达默尔：《真理与方法——哲学诠释学的基本特征》，洪汉鼎译，上海译文出版社 1999 年版，序言第 13 页。

这种理解当然需要借助于语言。但语言绝不是单纯的公共阐释工具，它毋宁就是公共阐释活动主体。我们必须把参与阐释活动的语言作为参与对话的主体来理解。在阐释活动中，"并非语言寓于人，而是人栖居于语言，人站在语言当中向外言说"①。马丁·布伯指出，处于阐释活动中心的语言，并非为"我"所独有，它伫立于"我"与"你"之间，作为人的基本精神形态而存在。阐释活动中"你"与"我"相遇，并在语言中展开交流与理解，是克服"你"与"我"作为肉身的僵硬性与阻隔性，而成为在精神层面可自由交流的绝对完满存在之逻辑与事实条件。语言由此不仅仅是交流与阐释工具，更是交流赖以发生的条件与阐释的前提。

正是借助语言，并凭借语言的交流性与理解性，阐释的主体间性才不仅发生在阐释者"你""我"之间，它还进一步发生在阐释者与"文本"之间。公共阐释的"主体间性"因而可以进一步表述为：我们与作品一道，分享阐释的"世界"。"我们的理解总是同时包含某种我们一起归属这世界的意识，但是与此相应，作品也一起归属于我们的世界。"② 不仅"我的"理解与"他的"理解属于世界，而且"作品"也归属于世界。阐释从而不仅是阐释者与阐释者展开理解对话的过程，也是阐释者站在作者和文本敞开的境遇中，与作者和文本展开理解对话的过程。阐释的主体间性，因而既发生在阐释者与阐释者之间，又发生在阐释者与文本及作者之间。基于阐释的主体间性而生发的阐释的"公共性"，从而就既是阐释的前提，也是阐释的目的，二者统一于阐释学的视阈融合中。在阐释学的视阈融合中，所有阐释者与阐释文本，都将自身置入一个历史处境中，在这个处境中，每一个存在体，都以否定自身的方式来提升自身，"（它们）既不是一个个性移入另一个个性中，也不是使另一个人受制于我们自己的标准，而总是意味着向一个更高的普遍性的提升，这种普遍性不仅克服

---

① ［德］马丁·布伯：《我与你》，陈维纲译，生活·读书·新知三联书店 2002 年版，第 33 页。

② ［德］伽达默尔：《真理与方法——哲学诠释学的基本特征》，洪汉鼎译，上海译文出版社 1999 年版，第 372 页。

了我们自己的个别性，而且也克服了那个他人的个别性"①。虽然伽达默尔在这里借用的是一种带有浓厚黑格尔辩证法气息的话语来描述阐释活动的公共性特征，但它却无意中道出了"阐释"何以是"公共性"的深层哲学依据："共通感"。

如同维柯将"共通感"视为人文主义教化的重要目标一样，哲学解释学意义上的"共通感"，不仅是指存在于解释者之间可能达成的共有性解释经验，更主要的是指解释者通过理解与解释的经验而升华为共通感觉的理念。这种"理念"，可以是对作品真理性的一致领会，也可以是对某种存在氛围的共同认识，亦或是对现实与历史经验的趋同理解，其主要作用在于，它虽不是一种理性与逻辑的论证，却能启发我们寻求科学之外的真理性事物，最终获得对自我与对象的真理性洞见。

"共通感"因而成为主体间性解释学的踏脚石。18世纪处于人文主义解释学核心的维柯，悬"共通感"为人性完满性尺度，认为拥有"共通感"即拥有健全、合理与正当的判断力；设若所有人都拥有共通感，那么，他们对事物的认识与理解，自然会表现出健全、合理与正当的一致性判断，特别是能对"公共道德""共同利益"取得一致性判断。因为，"人类的选择……要靠人们的人类的需要和效益这两方面的共同意识（常识）才变成确凿可凭的"。"共同意识（或常识）是一整个阶级、一整个人民集体、一整个民族乃至整个人类所共有的不假思索的判断。"② 康德虽然不同意维柯的上述判断，并剔除了蕴含在人文主义传统中"共通感"的道德意涵，而从情感形式的

---

① 伽达默尔通过游戏观赏者与游戏"同在"关系的揭示，也便于我们理解阐释活动中，阐释主体与阐释对象是如何通过否定自己来提升自己的："同在作为人类行为的一种主体活动而具有外在于自身存在的性质。……外在于自身的存在乃是完全与某物同在的积极可能性。这样一种同在具有忘却自我的特性，并且构成观赏者的本质，即忘却自我地投入某个所注视的东西。"参见氏著，第163页。正如观赏者在观赏中由于忘却自我，而使他在观赏的世界里发现了自我一样，阐释者通过与阐释对象的"同在"而与阐释对象融为一体，他在忘却自我的同时，也在阐释的世界中找回了新的自我。正是这个新的自我，既照亮了阐释对象的世界，又激活了阐释者自己的世界。［德］伽达默尔：《真理与方法——哲学诠释学的基本特征》，洪汉鼎译，上海译文出版社1999年版，第391页。

② ［意］维柯：《新科学》，朱光潜译，商务印书馆1997年版，第87页。

先验共同性入手（“人同此心，心同此理”），将“共通感”铆定为关于美的东西的趣味判断，但趣味判断作为无利害的审美判断，仍然具有“无目的的合目的性”，因而最终仍指向判断的理念。①

设若我们从主体间性的角度理解“公共阐释”，就必须首先恢复“共通感”与“趣味”概念的人文主义解释学关联，将“共通感”理解为公共的判断能力与先验的情感形式，它意味着公民的“共同的意向”“真正的公民的道德的团结一致”“对于正当和不正当的判断”，以及作为无目的的合目的性的判断理念。②“趣味”也不限于康德意义上纯粹的审美判断与美的理想的一致性，相反，它是通过美的对象而显露出的道德倾向性与社会理想。“趣味”与“共同感”的阐释学关联因而可以表述为：“趣味不仅仅是一个新社会所提出的理想，而且首先是以这个‘好的趣味’理想的名称形成了人们以后称之为‘好的社会’的东西。好的社会之所以能被承认和合法化，不再是由于出身和等级，基本上只是由于它的判断的共同性，或者更恰当地，由于它一般都知道使自己超出兴趣的狭隘性和偏爱的自私性而提出判断的要求。”③ 我们可以说，这个“判断的要求”，就是“公共阐释”。

所以，基于“共通感”与“趣味”的“公共阐释”，不单是一种理解与解释的修辞艺术，它更是一种“你”“我”阐释主体放弃个体性阐释偏狭而达成的一致性审美价值准则。依据此准则，“公共阐

---

① 康德指出，“在我们由以宣称某物为美的一切判断中，我们不允许任何人有别的意见；然而我们的判断却不是建立在概念上，而只是建立在我们的情感上：所以我们不是把这种情感作为私人情感，而是作为共同的情感而置于基础的位置上。于是，这种共通感为此目的就不能建立于经验之上，因为它要授权我们作出那些包含有一个应当在内的判断：它不是说，每个人将会与我们的判断协和一致，而是说，每个人应当与此协调一致。……共通感就只是一个理想的基准，在它的前提下人们可以正当地使一个与之协调一致的判断及在其中所表达出来的对一个客体的愉悦成为每一个人的规则：因为这原则虽然只是主观的，但却被看作主观普遍的（即一个对每个人都是必然的理念），在涉及到不同判断者之间的一致性时是可以像一个客观原则那样来要求普遍赞同的。”参见康德《判断力批判》，邓晓芒译，人民出版社 2002 年版，第 76 页。

② ［德］伽达默尔：《真理与方法——哲学诠释学的基本特征》，洪汉鼎译，上海译文出版社 1999 年版，第 41 页。

③ ［德］伽达默尔：《真理与方法——哲学诠释学的基本特征》，洪汉鼎译，上海译文出版社 1999 年版，第 46 页。

释"才不仅成为哲学解释学的一般原则，它同时包含了理解与解释的价值与审美意向。

第二，"公共阐释"是一种沟通历史、现在与未来的时间性阐释，是通过效果历史的建构而展开的人的理解与存在的基本方式。

哲学解释学的一个中心动机是："诠释学应真正严肃地对待人的历史性。"① 人的历史性，一开始就包含在公共阐释对象中；正是公共阐释对象的效果历史要素，将人自身与阐释对象一起带入了其全部世界的历史关联中。这种"历史关联"，自身包含了对阐释对象的历史、现在与未来的一体性理解，展现为效果历史与阐释主体的互文性建构："每一个历史学家与语文学家必须考虑他进行理解活动的意义境遇的基本开放性。历史流传物只有在我们考虑到它由于事物的继续发展而得到进一步基本规定时才能被理解，同样，研讨文学本文和哲学本文的语文学家也知道这些本文的意义是不可穷尽的。在这两种情况里，都是通过事件的继续发展，流传物才获得新的意义方面。……这正是我们所说的诠释学经验里的效果历史要素。"②

所以，"公共阐释"作为一种沟通历史、现在与未来的理解，必须超越古典阐释学方法论意义上的阐释视野，而将理解与解释视为"效果历史"的要素与世界的本体存在方式。伽达默尔指出："我们一般所探究的不仅是科学及其经验方式的问题——我们所探究的是人的世界经验和生活实践的问题。借用康德的话来说，我们是在探究：理解怎样得以可能？这是一个先于主体性的一切理解行为的问题，也是一个先于理解科学的方法论及其规范和规则的问题。我认为海德格尔对人类此在的时间性分析已经令人信服地表明：理解不属于主体的行为方式，而是此在本身的存在方式。"③

"理解"之所以"不属于主体的行为方式，而是此在本身的存在

---

① ［德］伽达默尔：《真理与方法——哲学诠释学的基本特征》，洪汉鼎译，上海译文出版社1999年版，第725页。

② ［德］伽达默尔：《真理与方法——哲学诠释学的基本特征》，洪汉鼎译，上海译文出版社1999年版，第479页。

③ ［德］伽达默尔：《真理与方法——哲学诠释学的基本特征》，洪汉鼎译，上海译文出版社1999年版，序言第6页。

方式",是由于"理解"就是理解者的"前理解",就是理解者通过前理解而沟通历史、现在与未来,并获得对自身在世的理解:"把某某东西作为某某东西加以解释,这在本质上是通过先有、先见、和先把握来起作用的。解释从来就不是对某个先行给定的对象所作的无前提的把握。"① 伽达默尔进一步肯认海德格尔的这一观点,他说:"一切诠释学条件中最首要的条件总是前理解,……正是这种前理解规定了什么可以作为统一的意义被实现,并从而规定了对完全性的先把握的应用。"② "理解从来就不是一种对于某个被给定'对象'的主观行为,而是属于效果历史,这就是说,理解是属于被理解东西的存在。"③ 也就是说,就理解者而言,理解总是带有已有文化知识与认知结构的理解,没有绝对纯真的客观理解,这是理解活动永远难以摆脱的理解"宿命",它属于理解者自身的存在。因此,理解活动中的所谓"前理解",绝不是一个固定的理解结构,而是一个特殊的观看"视域"。在此视域中,理解者与理解对象构成了一个历时性与共时性同在的阐释视域("视域融合"),从而将理解主体与理解对象、历史与现在融为一体,构成一种理解的"效果历史的辩证结构"。伽达默尔说:"真正的历史对象根本就不是对象,而是自己和他者的统一体,或一种关系,在这种关系中同时存在着历史的实在以及理解历史的实在。一种名副其实的诠释学必须在理解本身中显示历史的实在性。因此我就把所需要的这样一种东西称之为'效果历史'。理解按其本性乃是一种效果历史事件。"④ 所谓"效果历史",具有双重意涵,它既指历史进程中获得并被历史所规定的意识(历史性的对象意识),又指对这种获得和规定本身的意识(现时性的自我意识)。正是解释活动中历史性对象意识与现时性自我意识的交融无间,基

---

① [德]马丁·海德格尔:《存在与时间》,陈嘉映,土庆节译,生活·读书·新知三联书店 2006 年版,第 184 页。

② [德]伽达默尔:《真理与方法——哲学诠释学的基本特征》,洪汉鼎译,上海译文出版社 1999 年版,序言第 378 页。

③ [德]伽达默尔:《真理与方法——哲学诠释学的基本特征》,洪汉鼎译,上海译文出版社 1999 年版,序言第 8 页。

④ [德]伽达默尔:《真理与方法——哲学诠释学的基本特征》,洪汉鼎译,上海译文出版社 1999 年版,第 384—385 页。

于效果历史意识而生发的文学与艺术公共经验，常常也是解释者自我理解与生存的公共经验。就如一幅古代的绘画，一部古代的文学作品，不论是悬挂于旧日的厅堂，还是放置在往日的案几，抑或陈列在现代的博物馆，一俟其进入我们的效果历史视野，它就旋即成为一种由之而来与向之而去的统合性理解经验，在这种经验中，过往的历史经验与当下的现实经验相互激荡，成为重新照亮并敞开它们生命世界的方式；而我们也在这种经验中，获得对自我与存在的公共性理解。

所以，统合历史性对象意识与现时性自我意识的"公共阐释"，并不单是要构造一种理解与解释的原则，也不单是要依据某种理解与解释的原则而对对象作出阐释，它更是要对理解与解释对象本身的存在作经验延续与形象创造。只有这种经验延续与形象创造，我们的存在和世界的存在，才是完整的和有生命力的。"不仅历史的流传物和自然的生活秩序构成了我们作为人而生活于其中的世界的统一，——而且我们怎样彼此经验的方式，我们怎样经验历史流传物的方式，我们怎样经验我们存在和我们世界的自然给予性的方式，也构成了一个真正的诠释学宇宙。"① 这样，公共阐释就以探寻一切理解活动的共同原则为出发点，将自身筹划为对自我、文本与世界的构成性理解。正是通过这种构成性理解，自我才成为生命的自我，文本才成为自由的文本，世界才成为开放的世界。

第三，"公共阐释"是用生活世界填充文本世界，用文本世界拓展生活世界的创造性阐释。

处于文本阐释活动当中的阐释者，是从"生活世界"的视角来阐释文本所揭示的"文本世界"的。阐释学意义上的"生活世界"，不同于科学真理观宰制的客观存在世界，它是一个现象学意识中的主观有效世界，"即这样一个世界，我们在其中无忧无虑地自然处世，它对我们不成为那种对象性的东西，而是呈现了一切经验的预先给定的基础……（它）意味着另外一种东西，即我们在其中作为历史存在

---

① ［德］伽达默尔：《真理与方法——哲学诠释学的基本特征》，洪汉鼎译，上海译文出版社1999年版，序言第20页。

物生存着的整体"①。也就是说，生活世界不是现时的当下世界，它自身携带了历史性；生活世界也不是孤立的客观世界，而是与我们一起共在的世界。"生活世界总同时是一个共同的世界，并且包括其他人的共在。它是一个个人的世界，而且这个个人世界总是自然而然地被预先设定为正当的。"② 这个"共同的世界"，通过阐释主体的现实阐释活动，亦即一种基于"生活世界"中"你—我"的主体间性而作出的"主—客间性"阐释活动，使阐释者的"生活世界"渗入文本的"生活世界"，最终创造一个兼具主观客观要素的真理性存在世界。

"公共阐释"因而不是阐释者对文本世界的再现还原，也不是对作者观念的表现还原，而是阐释者在"生活世界"与"文本世界"的互相照映中，通过想象性模仿与历史性创造，把握文本的可能意涵。以施莱尔马赫为代表的古典阐释学曾经认为，"由于精神的同质性，理解乃是原先思想产物的再生产的重复"③。"解释的首要任务不是按照现代思想去理解古代文本，而是要重新认识作者和他的听众之间的原始关系。"④ 古典阐释学的这两点肯断，亦即：第一，理解之所以可能，在于人类精神的……同质性，亦即具有后来康德审美判断意义上的"共通感"；第二，正确的理解乃是对原有思想的忠实还原，亦即古典解释学意义上的历史主义理解——当然有其积极意义。事实上，伽达默尔也认可人类"精神的同质性"，但显然不满足于把解释学的任务限定为"原先思想再生产的重复"，相反，他要通过对原文本在"生活世界"的"再生产"，实现对"文本世界"的"再创造"。

这种"再生产"与"再创造"之所以可能，不仅在于"生活世

① ［德］伽达默尔：《真理与方法——哲学诠释学的基本特征》，洪汉鼎译，上海译文出版社1999年版，第318页。

② ［德］伽达默尔：《真理与方法——哲学诠释学的基本特征》，洪汉鼎译，上海译文出版社1999年版，第319页。

③ ［德］伽达默尔：《真理与方法——哲学诠释学的基本特征》，洪汉鼎译，上海译文出版社1999年版，第719页。

④ ［德］施莱尔马赫：《1819年讲演纲要》，载《理解与解释——诠释学经典文选》，洪汉鼎译，东方出版社2001年版，第56页。

界"与"文本世界"的同质性，更在于对文本的理解与阐释，本身构成了人与文学艺术作品的本体存在方式。

人不仅是作为区别于动物的感性现实活动主体而现实地存在着，而且是作为将自己理解为感性现实活动的主体而存在着。"理解"因而不是认识论的方法技巧，而是人的本体存在方式。"理解就是人类生命本身原始的存在特质。"① 不仅如此，作为与意识对象相关的"理解"，本身也是文学艺术作品的本体存在方式。伟大的文学艺术作品总是希望得到理解，获得阐释，并通过理解与阐释获得生命的延续。文本的理解与阐释之所以本身构成了人与文学艺术作品的本体存在方式，原因在于文本本身构筑了一个"事物"世界，阐释者通过理解与阐释而明晰"事物"的意义，使作品的意义得以创造丰盈。所以，"一切语言的相互理解并非仅以对词义和所说语言之规则的认可为前提。相反，在一切能够被有意义地讨论的东西中，倒是鉴于'事物'许多东西是无可争议的"②。"公共阐释"因而也不是化约所有语言为一种语言，不是对阐释对象的语义指称或语言规则达成共识理解，它毋宁指向实存的阐释对象及其生活世界本身，后者超越各种概念、语言而直接通向"事物"本身。正是"事物"本身的同质性与"理解"的构成性，成为公共阐释的最深层本体。

蕴含在文本世界中的"事物"经由理解与阐释而获得意义增加的过程，也是文本扬弃自身而实现自身的过程。文本因而不是一个符号或象征物，它是人类的一种基本生存与创造活动。我们只有把文本看成是某种人类活动的创造性体现，而非审美意识支配下的艺术再现或表现，文本的理解与阐释，才能成为文学艺术作品的本体存在方式。因为文本的理解与阐释，并不在于要提醒人们文本所表现/再现事物的现实疏异性，而是要通过对所表现/再现事物的理解与阐释，参与事物的存在与创造。在这个过程中，阐释者一方面把自己目光吸引到

---

① ［德］伽达默尔：《真理与方法——哲学诠释学的基本特征》，洪汉鼎译，上海译文出版社 1999 年版，第 334 页。

② ［德］伽达默尔：《真理与方法——哲学诠释学的基本特征》，洪汉鼎译，上海译文出版社 1999 年版，第 752 页。

文本所构筑的世界中来，另一方面又把理解者推向文本后面的生活世界。理解者立于自己的世界，观照这两个世界，使这两个世界都能得到创造性表现。

## 三

"公共阐释"作为人类的一种认知形式，本质是"判断力阐释"，而非理性意义上的"科学阐释"。①

伽达默尔指出，"凡是世界被经验了、陌生不熟悉的东西被抛弃了的地方，凡是产生了明白易懂、理解领会和通晓掌握的地方，并且最后，凡是成功地把一切科学认识都综合为个别人对个别事物的知识的地方，诠释学的努力就取得了成功。"② 也就是说，作为人类认知活动的公共阐释，不仅是为着个别而寻求普遍的反思判断力，更是把个别归入一般的规定判断力。

"公共阐释"假定阐释者一起观看、一起阅读、一起欣赏时必然会达成理解的一致性。这种"一致性"，不是在某种共同理性规则约束下的一致性，而是在某种共同理念指导下的一致性，亦即阐释者希望从其与阐释对象共在的意义上把某物作为如其所是来理解。在阐释活动中，只有当阐释者理解了阐释对象的时候，阐释对象才能成为自为的存在；只有当阐释者理解了阐释文本的时候，阐释文本才能成为阐释作品；只有当阐释者萌发一种共通性的审美经验时，阐释者才与阐释对象或阐释文本一起成为澄明性的存在："艺术的万神庙并非一种把自身呈现给纯粹审美意识的无时间的现时性，而是历史地实现自身的人类精神的集体业绩。所以审美经验也是一种自我理解的方式。

---

① 康德在讨论鉴赏判断的依据时，将"在每个别人的地位上思维"视为判断力的准则，其与知性、理性一起，构成人类认知活动的基本准则。按照康德，人类的认知活动遵循三大准则："1. 自己思维；2. 在每个别人的地位上思维；3. 任何时候都与自己一致地思维……第一条是知性的准则，第二条是判断力的准则，第三条是理性的准则。"参见康德《判断力批评》，邓晓芒译，人民出版社 2002 年版，第 136—137 页。

② ［德］伽达默尔：《真理与方法——哲学诠释学的基本特征》，洪汉鼎译，上海译文出版社 1999 年版，第 731 页。

但是所有自我理解都是在某个于此被理解的他物上实现的，并且包含这个他物的统一性和同一性。只要我们在世界中与艺术作品接触，并在个别艺术作品中与世界接触，那么这个他物就不会始终是一个我们刹那间陶醉于其中的陌生的宇宙。我们其实是在他物中学会理解我们自己，这就是说，我们是在我们此在的连续性中扬弃体验的非连续性和瞬间性。"① 据此我们可以说，"公共阐释"，其理解与解释对象，正是客体与自我的审美存在。

因为物理学意义上的东西不需要阐释，它只是一种对象性的属己存在，有其客观科学属性；美学意义上的东西才需要阐释，因为它是一种非对象性的属人存在。一块石头不需要阐释，一块石头的存在才需要阐释，因为它是与人的共在。人的审美情感与趣味判断的丰富性，决定了石头意义的丰富性。人的审美情感与趣味判断的心理调和属性，决定了"公共阐释"不是科学阐释（区别于科学定义），不是理性阐释（区别于交往理性与对话理解），不是感性阐释（区别于强制阐释与任意阐释），而是介于感性与理性之间的"判断力阐释"，亦即康德意义上的"审美判断力"阐释。正是这种审美判断力阐释，才使艺术成为艺术的存在，人成为审美的存在。

在阐释活动中，当我们面对文学艺术文本时，我们所作的阐释本质上是一种审美的判断与阐释，它经由个体性的判断与阐释而指向普遍性的理解意愿。"在我们由以宣称某物为美的一切判断中，我们不允许任何人有别的意见；然而我们的判断却不是建立在概念上，而只是建立在我们的情感上的：所以我们不是把这种情感作为私人情感，而是作为共同的情感而置于基础的位置上。……这种共通感…… 它不是说，每个人将会与我们的判断协和一致，而是说，每个人应当与此协调一致。"② 这样，对于经由共通感所作出的文学艺术文本的审美判断力阐释，其有效性限于主观的普遍性，它只在"共通感"的前提下被表象为客观的和公共的。

---

① ［德］伽达默尔：《真理与方法——哲学诠释学的基本特征》，洪汉鼎译，上海译文出版社 1999 年版，第 124 页。
② ［德］康德：《判断力批评》，邓晓芒译，人民出版社 2002 年版，第 76 页。

从阐释的目的来说，这种判断力阐释，其使命并不是文本生命的历史性再现，而是阐释者通过对文本世界的审美判断与阐释，实现阐释者自我心灵与文本世界的双双再发现与再创造。在这个意义上，梵·高创作的《鞋》，不是要再现一幅关于农妇劳动的历史性场景，而是要通过"鞋"所构筑的世界，展示围聚在"鞋"的世界中的人与事物，是如何成为自己的。"鞋"使农妇、劳动、汗水、阳光、土地、丰收的喜悦与年馑的担忧一起现身在场，赋予阐释者以关于它们自身的展望。正是"鞋"所聚拢的世界，才使围聚在"鞋"的世界里的存在万物，得以敞开与保存。"鞋"的价值，因而在于：聚拢万物，敞开万物，成就万物。它揭示出：万物只有共在一体，才能成为意义的构成物。这个构成物，作为意义统一体，也是阐释的统一体，因为阐释者只有抛弃阐释的前见立场，纵身于文本的意义世界，才能发现并创造心灵的真正自我，使自我心灵成为一种无限展开的创造与生成过程。如果我们承认海德格尔"艺术就是真理的生成和发生""艺术就是人的自我创造和保藏"的阐释有其现象学揭示意义，[①] 那么，文本的公共阐释，就是阐释者通过阐释活动来诱发阐释文本中真理的生成和发生，就是阐释者借此真理的生成和发生来实现阐释者的自我创造和自我保藏。

## 四

那么，以"判断力阐释"为本质的"公共阐释"，对哲学解释学的贡献又是什么？

我们可以从两方面来理解：

其一，对于经典文本的阐释来说，它提供了文本意义的普遍生成路径，为经典文本在新的时代具有真理性与意义丰富性做了辩护，守护了精神领域人的自由与可能。

"公共阐释"绝不是要通过理解与解释达成一种科学主义的真理

---

① ［德］马丁·海德格尔：《海德格尔选集：上卷》，孙周兴译，生活·读书·新知三联书店1996年版，第307、292页。

诉求，恰恰相反，它要在自然世界的科学真理观之外，发现存在于人的精神世界的真理性经验。文学与艺术作为人类理解、解释并表现人的精神世界的一种恒久方式，一直是探讨人的精神世界真理性经验的绝佳入口。以文学与艺术为对象的公共阐释，因而也就首先要重述表现在文学与艺术作品中的这种真理性经验。但这种"重述"，不是回到原点的照述，而是理解、解释与表现主体基于新的阐释语境而作的全新真理性经验建构。正是后者，完成了文学与艺术文本意义的延续与扩充，创造了溢出文本原始涵义的全新意义，表明文学与艺术文本的意义，既不是在作者那里，也不是在文本那里，更不是在理解与解释的主体那里，而是在理解与解释的真理性经验中。

正是这种人与阐释文本的互文性共在与真理性经验，构成了科学主义的"后人类"时代，人在精神领域的创造与自由的可能。从公共阐释的视野看，通过保持人与文学艺术作品的共在经验，是保持人在精神领域具有无限创造性与自由可能性的必要条件。因为既然文学艺术作品的丰富性与可能性，也就是人的存在的丰富性与可能性；那么，经由公共阐释所获致的对文学艺术作品多样性真理经验，也就是人在精神领域的无限自由与可能。

正是在这个意义上，我愿意把"公共阐释"概念视为哲学解释学与人对自我存在的内在理解，其仍然遵循解释学的一般原则，但在原则的"应用"方面，会根据新的现实与文本经验而作出拓展。这个新的现实与文本经验就是：现实的分裂更加加剧，多元文化、异质文化、混杂文化分裂并存；生存的经验更加丰富，真实的、虚拟的、人机共在的经验成为常态；文本的形态更加多样，纸质媒介、数字媒介、混合媒介合力塑造巨量的文本与超文本……所有这些新的现实与新的文本，都需要我们站在哲学解释学的立场上加以"应用"，发展新的哲学解释学；而"公共阐释"，无疑就是这种新的哲学解释学的尝试"应用"。

也正是有了这种尝试"应用"，解释文本与解释者才在新的语境以新的方式证成了自身。法律文本在对新的现实案件的判决中实现"应用"，宗教文本在不同的福音布道与神圣祈祷中实现"应用"，文学艺术文本在下一次的读者阅读体验中实现了"应用"。"应用"从而不单是文本实现自己，它同时也是阐释者实现自己，因为："应用绝不是把我们自身首先理解的某种所与的普遍东西事后应用于某个具体情况，而是那种对我们来说就是所与本文的普遍东西自身的实际理解。""所有的读都包含一个应用，以至谁读某个本文，谁就自身处于他所理解的意义之中。他属于他所理解的本文。"①

其二，对于数字文本的阐释而言，它提供了文本创作、接受与批评的一体性阐释思路，为数字人文（DH）语境下数字文本的人文价值与意义生成，提供了可行途径。

数字文本"人机"一体的创作者、阐释者与批评者意义生成结构，既佐证了创作者、阐释者、批评者与阐释对象共在的意义生成特征；同时，也使数字文本在互文性的创作与阐释批评共在的本体视阈中，获得全新的理解，那就是：文本等同自身为创作者、阐释者、批评者，自己生成自己，自己阐释自己。但这种解释原则，并不同于16世纪路德教派为反对教会对《圣经》的独断论解释而提出的《圣经》"自解原则"，亦即"《圣经》自己解释自己"的解释学原则——后者限制了解释者灵感、想象、无意识等非理性活动在解释学中的应用，仍然是一种独断论解释；而前者则在人机交互的多元阐释主体与阐释对象共在的本体论视阈中，使阐释主体与阐释文本一起成为一种开放性的意义结构。

数字文本意义上的"公共阐释"，因而不在于要成为一种关于理解与解释的修辞学技艺，不在于要制定一套如何"正确"理解与解释的规则程序，而是要探究混杂语境下多元阐释主体与人机阐释主体的一切理解活动得以可能的条件，通过分析一切理解活动的基本条件而发现不同主体的共有阐释经验，并根据这种共有阐释经验而建立全新的主体与世界的交往、理解与实践关系。

为了实现这种全新的交往、理解与实践关系，数字文本的公共阐释必须剥离文本中一切存在物的僵硬性，切断其与历史或现实的直接关联，返回到它作为共在物的意义整体，从而使参与阐释活动的不同

_____

① ［德］伽达默尔：《真理与方法——哲学诠释学的基本特征》，洪汉鼎译，上海译文出版社1999年版，第438、437页。

阐释主体，与文本一起，成为生命的完满存在。必须使每一次数字文本的阐释，都是一次阐释者对人机构筑世界的生命完满性经验。因为既然数字文本不是某种抽象或虚拟观念的体现，而是心灵的自由创造；那么，对数字文本的公共阐释，便不是按照某种给定文本阐释规则而作的形象化读解，相反，它必须回返人类自由心灵，揭示人机共在的文本世界中人类自由心灵的富有生气与伟大创造。

在这个过程中，公共阐释通过沟通数字文本中"涵义"（meaning）与"意义"（significance）的固有关联，来解决数字文本中数字符号信息的刻板涵义与数字文本中人文意义的模糊内涵之分裂困境。当阐释者与数字文本形成人机共在的互文性文本结构时，阐释的客观性与创造性，文本的"涵义"与"意义"，就只剩逻辑区分的意义，而没有事实区分的意义。它们都依赖于阐释者与文本对象所共有的哲学根基：自然原初生命存在的共有基质，相配于这种基质的后天历史性生成，亦即人与自然协同共在所积淀生成的公共性工艺社会结构与文化心理结构，后者超越公共阐释的先验设定而凝结为具体阐释对象的现实根基。

# "公共阐释论"术语、概念的构成及发展[*]

卓　今[**]

　　阐释既是人在认识过程中一种先验表达，同时又是作为对自然、社会、人的认识能力进行解释性和规定性的行为。自伽达默尔以来，阐释学形成了一系列专业术语，有一些术语做了更进一步的规定，并且下了定义，成为阐释学这门学科中的基本概念。理论体系的构成应该是连续的贯通的过程，具有流动性特征。要真正建立阐释学的规律，需要对阐释行为的流动性进行观察，对阐释的过程进行分析。张江"公共阐释"[①] 概念的形成经历了一个复杂的过程，一是通过否定和扬弃建立概念，二是对对立因素和运动性本身的把握，三是将外在形态与内在统一性进行联系，但它仍然还在未完成中，还要面对真理与方法的对立及概念发展的困境。规律的建立就是要在人的认识能力里面找到一套先验的结构体系，也就是说要建立一个由术语和概念所构成的认识之网，所有的术语和概念都是这个网上的纽结，用这个网去捕捉知识、解释行动。

## 一　通过否定和扬弃建立概念

　　很显然，公共阐释论的术语和概念都还在生长过程中，已经有相

　　* 本文原刊于《文艺争鸣》2018 年第 9 期。
　　** 作者单位：湖南省社会科学院文学研究所。
　　① "公共阐释"概念由张江提出，在《公共阐释论纲》（《学术研究》2017 年第 6 期）有专门论述。

对独立的术语群和一系列概念，正在向着"多数性"和"全体性"发展。术语是理论体系中最基本的单位，只有最单一的术语或概念才具有全称判断的普遍涵盖性。孔子曰："名不正则言不顺，言不顺则事不成。"（《论语·子路》），术语、概念、范畴都是"正名"，三者有递进关系和种属关系。在一门科学或技术中，每个术语的地位只有在这一专业的整个概念系统中才能加以规定。它既可以是词，也可以是词组，具有专业性、单义性、科学性、系统性特征。在应用过程中，又有派生性和稳定性的双重特征。术语越简短，构词能力越强，它会不断派生出新的术语。概念是人类认知和思维体系中最基本的构筑单位，在认识过程中，从感性认识上升到理性认识，把所感知的事物的共同本质特点抽象出来，加以概括，是自我认知意识的一种表达。而范畴在最高层级，规定着一个时代的科学理论思维，具有普遍的方法论意义。康德规定了十二个范畴，他认为范畴都是统觉，都是有对象性的，它的本义是自我意识统摄对象的手段。黑格尔则认为范畴取决于世界精神发展的某个阶段，它就是本体，就是存在。对时间做先验规定性，所有的范畴互相指示，互相规定，都是意识自身。《尚书·洪范》的"洪范九畴"既有康德所说的规定，又有黑格尔所说的自我意识的统摄，它涉及事物的发展规律和运动本质。"洪范"即"大范畴"，与英文名称 Category 不能完全对应。"洪范九畴"是中国古人理性思维的基本逻辑形式，反映事物本质属性及普遍联系的基本概念。中国人建立概念和范畴沿袭了这种逻辑概括方式。公共阐释论的概念形成也有这一思维特点。深入到事物的具体运动中，把观察到的那个东西概括出来，在实践中把握到它的本质。术语、概念、范畴都必须通过否定和扬弃才能建立起来，它们都不是被发现，而是自我区分，从自我推演得出来的。一个理论体系必然有大量的术语，但并不是每一个术语都变成概念，或者是都给它下定义。

术语和概念的创新是构建新理论的基本前提。只有回到词的本源，回到个别性和现实性，创立引领该学科的新术语和新概念，才可能形成该学科新的范畴和理论体系。公共阐释论理论来源和发展过程与"强制阐释论"密切相关。而强制阐释论是在文艺实践中不断磨合、改进，并与其他理论体系的交流和碰撞中产生的理论，同时，这一理论成果也批判和吸纳了其他文明的思想资源和理论成果。意大利哲学家安伯托·艾柯（Umberto Eco）曾经用“过度阐释”来批判文艺复兴时期的神秘主义者对兰花的曲解，但艾柯在这一理论上没有继续朝前发展。张江提出“强制阐释论”，把西方文论带有普遍性的现状以及其理论的根本性缺陷指出来，不仅对西方文论有清理作用，同时对中国文论这些年来盲目追随西方文论予以警醒。我们可以看到“强制阐释论”概念的否定和扬弃过程。“强制阐释”通过“过度阐释”改造得来，并给它赋予了新的含义。艾柯注意到了阐释中“兰花被扭曲”这一个别现象，但没有把它一般化，或者说没有进入一种普遍意义的层面。要上升到普遍，需要给它进行规定性。以下这段文字可以看作对强制阐释的规定：“强制阐释是当代西方文论的基本特征和根本缺陷之一。各种生发于文学场外的理论和科学原理纷纷被调入文学阐释话语中，或以前置的立场裁定文本意义和价值，或以非逻辑论证明和反序认识的方式强行阐释经典文本，或以词语贴附和硬性镶嵌的方式重构文本，它们从根本上抹杀了文学理论及批评的本体特征，引导文论偏离了文学。其理论缺陷表现为实践与理论的颠倒、具体与抽象的错位，以及局部与全部的分裂。”[①] 它虽然不能算是一个精确的定义，但经过对这个术语内涵和外延的规定，它已经从术语上升到概念。阐释的过程有大量的感觉和印象。常识告诉我们，对感性直观的材料直接下定义是危险的。从观察理性的角度来看，也不可能对某一事物一开始就给出一个精确的定义，需要经历实践理性的环节。到底是对概念本身的定义还是对这个概念对象的定义？容易产生歧义。为了避免经验派的错误，最好是一步一步地解释，把一切都说明白了，不会再有歧义了，这时候给它下一个定义，那么这个定义已经包含丰富的内容。

“强制阐释论”最开始就是从解释入手。从认识论的意义上说，文本的确当认知需要排除主观预设，因为认识事物首先是认识事物的本真性，认识它的实际面目。由于主观预设常常以论者意志决定一切，“在认识路线上和程序上违反了规则，在道德理性和实践上违反

---

① 张江：《强制阐释论》，《文学评论》2014 年第 6 期。

了律令。"① 如果不把主观预设的根源找出来，问题始终得不到解决。只有顺藤摸瓜，在主观预设之下找出三大特征：前置立场、前置模式、前置结论。与此平行的还要进行一系列判断的步骤。要避免主观预设，需要得出以下判断：第一是经验背景与前置立场的区别；第二是理论指导与前置立场不同；第三是统一模式的可能；第四是批评的公正性。

强制阐释论在解释过程中使用了很多现成的术语和概念，这些密集的术语和概念并不需要单独加以规定，只不过在"强制阐释论"的特定语境中，它们被附加了新的含义，如"批评的公正性""独断论""理论中心论""目的推论""前置立场""前置模式""前置结论""词语贴附""硬性镶嵌""无效判断""循环论证""无边界推广""反序路径""意图存在论""纸上的生命""作者能不能死""前见与立场""否定自己"等。当它们抛弃了原来的身份，跃升为概念时，自身并不具有规定性，而是成为范畴下面的要素。相同或相近的概念在强制阐释论中形成新的范畴。"批评的公正性""独断论""理论中心论""目的推论"是一个层次，属于认识论范畴，其他属于阐释的方法论和本体论范畴。在这里，认识论的重要性与方法论、本体论是同一层级的。"批评的公正性"关系到对文本的确当认知这个根本问题。认识事物首先是认识事物的本真性，认识其实际面目。而对一个文本展开批评必须是对文本存在的本体认知，需要有一套可行的方法，如："目的推论""前置立场""前置模式""前置结论""词语贴附""硬性镶嵌""无效判断""循环论证""无边界推广""反序路径"。认识过程自身就是从一个规定到另一个规定的过渡，它就是一个过渡，不能固定下来，那么，这一套方法和它所形成的这种规律，其性质就完全显露出来。如前所述，这个丰富的过程本身就是一种定义。在这一系列运动过程中，"强制阐释论"这个概念便得以确立。

---

① 张江：《强制阐释论》，《文学评论》2014 年第 6 期。

## 二 对对立因素和运动性本身的把握

赫拉克利特说"一切皆流，无物常住"。黑格尔也有"一切都是过渡"的说法。《金刚经》的"应无所住，而生其心"，"无所住"就是过渡。住，禅宗是指人对世俗、对物质的留恋程度，在哲学里它是定在。心，是人对佛理禅义的领悟，人应该对世俗物质无所执着，在哲学里它是持存，只有在持存中才有可能深刻地把握事物的本质。在阐释活动中，文本的自在含义并不是容易确定的，它就像一个活的有机体，它是作为流动性才能持存的。文本的复杂性决定了批评的复杂性，正确的认识路线和基本的道德律令是保证批评的公证性和确当性的前提。作者本人无意表达，文本中又没有确切的证据，却把批评家的意志强加于人，这种阐释方法一直以来充满争议。如果批评者的立场已预先设定，批评的目的不是阐释文学和文本，而是要表达和证明立场。用预先确定的模板和式样强硬地套在文本上，做出符合目的的批评。如同机械论，用自然科学的解剖学对待有机物那样，把它视为一个现成的存在，无视它的运动、流动、转化的特性。为了符合论者的目的，甚至把原来仅仅作为背景的环境描写或无关紧要的事物上升为主题，像生态批评、女性主义，把文本中相近的边缘要素集中起来，作为文本的核心要素。有生态批评者以农业文明作为参照系，过分强调自然主义，忽视社会发展和民生问题，把部分和整体，历史和现实对立起来，文本的整体被肢解，变为一个僵死之物。文学阐释无论是自身还是其对象都处在变动不居之中，文学文本是不是有固定的意义？谁能把握这个固定的意义？这个话题一直在探索之中。"建立文学阐释的规律"这种思路是不是值得考虑，一旦建立了规律，便失去了有机性。一定要强行建立，便会出现"纸上的生命""作者死了"这样的论断。每一个部分都是整体，它渗透到每一个环节。规律无法建立起来，但规律的思想可以保留下来，部分与整体的联系一定有必然性，辩证唯物主义、历史唯物主义、客观唯心主义、经验主义等，它们不是规律，是规律的思想。

公共阐释论的六大特征①有先验逻辑因素。先验逻辑被视为一种有内容的逻辑，它是可以从事物本身中抽象出一种形式逻辑来的。张江在《公共阐释论纲》中做了这样一种尝试，他从阐释自身中引出了全部形式逻辑，但又必须用辩证逻辑的方法对它进行解释，同时还要按照先验逻辑的观点对它做出新的提升，并以实践理性为基础，不断改进和增添新的内容。这个基础工程不能少，清理地基，建立框架。对六大特征、公共性、公共理性的概念和定义，都是一个粗略的，大而化之的框架。任何一位公共阐释理论爱好者和研究者可以在这个框架上派生出许多环节（批评和反对是另一种形式的建构，有助于这个理论体系的丰富和完善）。总而言之，先要打好地基，才能建立理论大厦。这个框架也许还存在着许多缺陷，但它有基本的力学基础，有稳定的内在生长力。它虽然有先验逻辑因素，但并不完全是先验的，它同时也是在经验和实践中不断发展、完善得来的。它纳入了"意图存在论""前见与立场""否定自己"等辩证法在里头。把它仅仅看作一个先验的逻辑框架，是一种误解。这需要结合张江的一系列关于阐释学论文整体地看待这个问题。"前见与立场""意图存在论""否定自己"涉及了阐释学的本质。弄清意图和目的是使阐释得到确当性的基本前提。语言、结构、风格可以看作是文本的独立自主的外在的东西，它们构成文本的一般形状。贯穿作品全过程的"作者的意图"则是它的内在的东西。张江认为作品意图有一种牢不可破的地位。"它和文本熔铸于一体，甚至说它们就是文本，是客观存在的。作者支配不了文本，是说文本付梓，他无法修改既定的文本；作者支配不了意图，是说意图在文本之中，同样无法改变。"② 他对维姆萨特的"意图谬误"提出反驳。维姆萨特掉入自己所设定的理论陷阱：如果它被实现，则无须作者自己去寻找；如果没有实现，那作品便"不足为凭"。这是不是可以证明，意图及其作用一直是"在"的，并随同文本的存在而持续发挥作用，哪怕是"作者死了"，意图依然

---

① 参见张江《公共阐释论纲》，即：公共阐释有理性阐释、澄明性阐释、公度性阐释、建构性阐释、超越性阐释、反思性阐释。《学术研究》2017年第6期。

② 张江：《"意图"在不在场》，《社会科学战线》2016年第9期。

存在的。承认了作者意图，阐释者的“前见与立场”仍然是一个需要解决的问题，区分前见与立场的不同功能。“前见是潜在的，非自主决定的，立场是显露的，自主选择的。”① 一个是先天存在于阐释者意识中自在的东西，一个是作为态度和判断发自阐释者的自为的东西。前见到底如何定义？海德格尔认为：“最先‘有典可稽’的东西，原不过是解释者的不言而喻、无可争议的先入之见。”② 人在认识事物时有一种“先入之见”，海德格尔试图用几个词把它们固定下来：“先行具有”（Vorhabe）、“先行视见”（Vorsicht）、“先行掌握”（Vorgriff）。立场是相对稳定持久的自觉认识，但要实现确当阐释还需要经过“否定自己”这个环节才能达到。这其中包含了丰富的对立统一的辩证环节。

20 世纪中期以来现代主义兴起之后，西方文艺理论家集体保持一种默契，就是带有否定作者及其意图的存在的一种倾向。否认了作者的意图，接下来就可以大大方方地宣称“作者死了”。作者能不能死？作者与文本的关系是阐释中的原点问题。新批评的“意图谬误”，罗兰·巴特的“作者之死”，福柯的“什么是作者”，一条线索下来，疏离与否定作者，隔绝和阻断作者与文本的关系，视文本为纯粹的、悬浮的词与物，成为主流观点和基本主张。从唯物主义观点出发，作者或者说文本的书写者都是一种“存在”，是一种“有”。“作者死了”之后，文本解读的话语权归谁，标准怎么制定？“从阐释权力来说，作者死了，读者成为最高阐释者和文本创造者。在文本意义的多维空间中，任何阐释都可以生成，批评家和普通读者一样，随意衍生自己的结论。从阐释的标准来说，文本没有了作者，意义不再有源头，阐释就不再受单一的意义支配，各种想象体验相互对话竞争，任何阐释都是正确的。”③ 正是这种阐释思想，使得 20 世纪中叶以来，西方文论中的“强制阐释”成为潮流。阐释成为各种理论任意发

---

① 张江：《前见是不立场》，《学术月刊》2016 年第 11 期。
② ［德］马丁·海德格尔：《存在与时间》，陈嘉映等译，生活·读书·新知三联书店 2006 年版，第 176 页。
③ 张江：《作者能不能死》，《哲学研究》2016 年第 5 期。

挥和竞争的试验场。从"作者能不能死"的追问中，对重新确立作者与文本的关系具有重要的意义，对文学理论重新回到文学，起着决定性的作用。这一概念的形成，在观察理性、实践理性中，经历了对立统一的辩证环节，

否定艺术产品的指称性意义，质疑创作者意图的存在和作用，建构艺术包括创作本身的独立性与自足性。这是西方后现代艺术批评的典型特征。英国美学家克莱夫·贝尔提出"有意味的形式"，形式或形式之间的关系可以激发和唤起人的审美情感，这些外在的形式即线条、色彩的关系组合，本身就包含着深刻意味，读者没有权利也没有必要去窥探隐匿在作品背后的作者的心理状态。贝尔就是要断绝形式与现实及对象世界的关系，破除作者在文本产生中的主导地位。"有意味的形式"还保留了对文本的依赖，需要同作者意图进行彻底的切割，因此罗兰·巴特提出"纸上的生命"。他认为从结构主义和符号学的观点来看，叙述者和人物主要是"纸上的生命"，与作者无关，当然也与作者意图无关。因此作者的意图就可以彻底消解。阐释也容易进入彻底的虚无主义。要使阐释具有确当性，这一系列观点都需要辩驳。文本的存在本质是看不见摸不着的，形式、符号都是外部要素，或者说它是形成外部的内外关系的要素。要看清本质必然着眼于它的现实性，在这个现实性中，如果把作者灌注在文本中的意图看成一个生命过程，它就会是一个活的生命，有感受性、应激性和再生性特征。很显然，这些外化了的形式、符号无法代替活生生的文本本身，更不能否定书写意识和意图是实际写作的真正源头。要使符码变成有意义的符码，必然是作者起决定性的作用。为了揭示作者存在于文本中的客观性，重新找回作者的主导地位，抵抗这种阐释学相对主义和虚无主义，张江在《"意图"在不在场》中对"有意味的形式"和"纸上的生命"进行批判。他在此对立面建立起一个新的概念，即"公共阐释"，建立这个概念也是试图在"中国阐释学的基本框架中建立一个核心范畴"。"公共阐释"就是一个在批判、运动、矛盾统一中成长起来的概念，它具有理论自足性。如果撇开之前的一系列强制阐释的论文，仅仅孤立地看待《公共阐释论纲》，这个框架似乎是一个纯粹的先验逻辑，所构成的体系也是僵硬的，它就不能自己从

框架内部推演出概念来，填充框架的概念也只能从外面收集起来并且强行填充进去，无法构成一个有机生命体。因此，要全面理解"公共阐释"，还须整体地、全面地了解强制阐释系列观点。

## 三　外在形态与内在统一性的联系

概念的生成和发展有它内在的目的性，它要自我保持，就得不断地否定外界对它的规定性，它的外在环节与内在本质取得统一，而阐释并不仅仅是搬运原意，从理解到表达，无论如何都有信息丢失，语言符号无法原样还原理解，即所谓"得意忘言"，因此，阐释的概念也无法获得永恒的规定性。而它的内在的本质是变动不居的，很难抓住。自由是它的本性，如果赋予自由一种规定性，那它就不自由了。公共阐释概念附加了一个"公共"的规定性，它的外在表现由理性、澄明性、公度性、构建性、超越性、反思性等构成。人类的"共在"使公共性阐释得以实现，同时还需要具有公共理性为前提的个人阐释，公共性需要充分考虑"他性"。"达成主体与主体之间的统一性，主体对他人的意图推测与判定应当受制于'他性'。"[1] "他性"或者公共性是多级主体间性的认知和认识。如何避免立场先行或强制阐释？首先要"否定自己"，否定自己是阐释者面对文本的一个关键环节。当"前见"与"实际的真理"不相符的时候，阐释者要反对自己，纠正自己，而不是相反。这看起来是方法，实际上还是公共阐释概念本身的问题，通过"前见"和"立场"的辨析"回到事物本身"。在前见问题上，西方阐释学家的态度是清楚的。前见是理解的前提，前见不可避免，但是，正确处理前见与对象的关系，前见会成为阐释的有效基础。核心是从哪里出发。如果从立场出发，因为立场的诸多特质，并执着于立场，阐释的有效性和确当性必将大打折扣。所以，要"回到事物本身"，事物本身就是阐释的现实性。在阐释活动参与之前，文本的客观性独立于主观意向，阐释者需要承认事物本身的全部内容与形式的自在性，再从实际出发，立足于事物本

---

[1]　卓今：《公共阐释的公共性基础》，《求索》2018年第2期。

身。否则，建立规律（概念）这种空洞的游戏与阐释本身没有联系。概念即是阐释行为本身。因此，要做到这一点，必然要有"否定自己"这个环节，否定自己并不是完全排除阐释者的主体性，而是一个反思的环节，让事物回到事物本身的关键环节。从而实现了公度性、超越性、反思性，同时也通过公度性、超越性、反思性等外在形式达到内在的概念持存。

公共阐释的外部形式与内部精神具有统一性。公共阐释的外部形式除了外在特征，即"理性阐释""澄明性阐释""公度性阐释""建构性阐释""超越性阐释""反思性阐释"外，还有更远的延伸，如"个体阐释""私人阐释"等。如果把阐释看作是一种公共行为（公共阐释本身就是公共行为）。公共性基础是人的"类本质"和人类理性公共性。马克思的人的类本质解释了人的公共性特征。阐释的内在精神应该是认知的真理性与阐释的确当性。"认知的真理性"如何定性？这个问题永远悬置在那里，因为认知是一个生命整体，是动态的，发展的，它涉及认知哲学、神经医学和心理学。认知水平有高低之分，也有对错之分，它包含着世界观和价值判断。而阐释的确当性是无法界定的，谁来评判，以什么为标准。"强制阐释"就是超出了这个确定性。如果按美国历史学家卡尔·贝尔克的观点，就没有什么确定性，他认为"历史不是事实，而是想象"。[①] 这一口号的提出，"是当代西方史学理论由实证主义转向相对主义的标志性宣言。"[②] 如此这般地难以确定，是不是就任其泛滥？当然不是，还有"人类基本认知规范"，须"符合随机过程的大数定律"，它总体上有一个公共的东西约束，不能为所欲为。也就是说，公共阐释的外在形式规定了内在的离散性和不确定性，它们是内外统一、和谐一致的。

用理性和非理性来描述公共阐释的外部形态和内在灵魂之间的联系并不恰当，当然我们可以说理性对阐释的态度进行了规定，同时又

---

① ［美］卡尔·贝尔克：《人人都是他自己的历史学家——论历史与政治》，马万利译，北京大学出版社 2013 年版。

② 张江：《评〈人人都是他自己的历史学家〉——兼论相对主义的历史阐释》，《历史研究》2017 年第 1 期。

有必要使带有非理性的感性认知参与到阐释行为。理性使阐释有了逻辑层次，清除了晦暗和隔阂，并具有开放和澄明的意义。非理性的偶然性和巧合在阐释过程中有扩充和升华的意义。两者结合完成一种恰当的呈现。仅仅这些还不够，它是如何成形，如何运动的？古希腊哲学里逻各斯（Logos）① 和努斯（Nous）② 是一对合体。认为在宇宙万物中逻各斯起到成形的作用，努斯是内在的推动力。用逻各斯解释阐释概念的形成有一定的合理性。"真正的逻各斯是以人心中更深刻的原因作为根据的。"③ 类似于海德格尔的"我思"。但是没有努斯的逻各斯就不是一个真正的、彻底的逻各斯。亚里士多德将努斯理解为人类所特有的认识能力和实践能力，实现了知行合一。这可以看成概念成形的内部的外部，还有外部的内部，即意义的理解和表达。连接内部和外部的统一性。语言或符号是阐释学得以持存的现实性，不仅仅是中介，它就是存在本身。它的内在结构分为"词语"（图像）和"意义"，对应着逻各斯与努斯。中国的"道"兼具两种功能。学界讨论比较多的道与逻各斯对比，大多是概念及其内涵的对比，东西文化的比较，以及对于文学阐释学的意义、阐释的多元主义主张等。对于概念成形，"道"有统摄的作用，并且自我形成，自我推动，不需要最后归结为上帝之力。"易"与"道"一样广大精微且包罗万象，它"含盖万有""纲纪群伦"，被视为中华文明的源头活水。它与"道"分工略有不同，有分解的作用，主变动和变化。中国人的逻辑能力和概括能力都有"道"和"易"的思维基础，但这两门学问的现代性转化工程还在进行之中，目前在概念的统分的问题上，仍然还需要依赖西方的思辨哲学和分析哲学。

---

① 赫拉克利特（Heraclitus）提出逻各斯这个概念，认为逻各斯是一种隐秘的智慧，甚至可以看作世间万物变化的一种微妙尺度和准则。但普罗塔哥拉（Protagoras）把逻各斯降为世俗层次，他认为人是万物的尺度，逻各斯就在人心中，人可凭借他自己的逻各斯去衡量万物，判断如何"存在"、如何"非存在"。

② "努斯"（Nous）由古希腊哲学家阿那克萨哥拉提出，它是自然的第一推动力，苏格拉底在逻各斯基础上反思后，发现只有掌握在努斯手中的逻各斯，才能摆脱支离破碎、自相矛盾的困境，最后达到最高目的。

③ 邓晓芒：《古希腊罗马哲学讲演录（二）》，《西南政法大学学报》2007 年第 2 期。

# 四　真理与方法的对立及概念的困境

给事物下定义是困难的。要给"阐释"下定义，实际上要面对两个对象，一是阐释作为一种行为时，它处于运动状态，在意识层面属于感性确定性。对于一个具体感性的经验对象，很难给出精确的定义，一定要下一个定义也只是暂时的。定义对于意义来说是外在的，而那个悬置的"意义"需要时刻领悟。能指都没有意义，所指才有意义，而所指又永远在探寻之中。虽然可以找出有代表性的特点，将此特点与其他事物区别开来，但仍然还是很难抵达意义。二是阐释作为静态的概念时，同样也很难给出精确的定义。因为本体性的概念涉及最大的普遍性，同时它还要求这个概念必须有内容，还要有对象。而概念只涉及概念本身，并不涉及对象。从单纯逻辑的角度而言，它是困难的，但这件事不能回避。阐释最终是要达到一种目的，那么把这种逻辑建立在目的论基础上，把所有的活动看成一个有目的的活动，为了这个活动的持存，它所进行的一切活动都是一个生命力的创造过程，它的真理性不在于结果，而在于过程。这也可以看作"公共阐释论"建立的基础，过程即真理性。我们尝试用这个因果性来解释这个逻辑框架。伽达默尔的《真理与方法》（*Truth and Method*）的书名翻译曾引起争议，有学者认为，书名或可译为《真理或方法》更准确，即在真理与方法之间必须加以选择，以此表达阐释学的本质特征。

胡塞尔提出的"面向事情本身"被视为西方现代现象学的标志性口号。从阐释学的角度来看，海德格尔又将此概念向前推进一步，他认为应该"从事情本身出发处理前有，前见和前把握"。"面向事情本身"这一思想来源可追溯到黑格尔的《精神现象学》。在《精神现象学》序言里，黑格尔批判了过去人们只重视"结果"不重视"事情本身"的做法，他说："所以在哲学里比在其他科学里更容易使人觉得仿佛就在目的或最终结果里事情自身甚至全部本质都已经得到了表达，至于实现过程，与结果相比，则根本不是什么本质的事情。"[①]

---

[①]　［德］黑格尔：《精神现象学》序言，贺麟、王玖兴译，商务印书馆 2009 年版。

由于人们习惯于采取"历史性的无概念的方式",从而导致把真理与错误对立起来看,并且对不同哲学体系的态度要么是赞成要么是反对,只看见矛盾,不会把它们"理解为真理的前进发展"。花朵替代了花蕾,果实替代了花朵,人们会说果实才是"植物的真实形式",忽略了它们"彼此都同样是必要的"。并且恰恰是这种同样的必要构成生命的整体。花蕾和花朵正是"事情本身"。伽达默尔的阐释学中的理解的任务首先是要"做出正确的符合于事情的筹划",它实际上就是目的性,而目的性应当是由"事情本身"才能得到证明。

阐释学作为精神哲学它是形而上学与实践哲学的结合。公共阐释论作为一个原创性理论,有待完善,还留下许多问题需要继续探索。

(一)在学科目标上。现代实践哲学越来越走向自我异化的实践。形而上学也进入哈贝马斯所说的后现代形而上学。建立中国阐释学需要从文化根基里寻找活的源头,结合西方哲学和文艺理论的合理成分,中西互通,古今对接,顺应后现代潮流和后人类(基因技术、人工智能)历史选择。在阐释学领域,中国古代文论的现代性转换应当是充满了活性的,如言意之辨——现实性与符号,诗无达诂——阐释的边界,以意逆志—— 意图与目的。重视依据并史论结合的经学阐释,如史论互证——意图的索解,疑古析理——理性批判,实事求是——唯物史观与辩证法等。乖灵精致的禅宗式阐释与后现代碎片化认知,以及偶然性和非连续性有某种契合,如"参话头"——感悟、认知,"指月说"—— 能指与所指等。如果它们的内涵能够一一对应就毫无意义,这些深藏在传统文论的阐释要素激活以后其内涵和外延应该会有新呈现,中国哲学的实践模式可能为阐释学提供新的思想、经验和方法。

(二)在概念的辨析上。公共阐释论所说的阐释学意义上公共理性仍然是认识论和方法论范畴。公共性作为基础概念,它与公共理性的关系应该是种与属的关系,也就是说公共理性在公共性之下。如果说"公共性就是一种公共行为",而"公共理性是人类共同的理性规范及基本逻辑程序",这里头包括了伦理甚至法规(公共理性形成整个伦理实体),连接二者的桥梁是什么?如果说"阐释的规范先于阐释而养成",同样也需要补足其中的环节,一是矛盾发展,二是辩证过程。

（三）公共阐释的内在性探索。这也是最核心的部分，即阐释的确当性。公共理性的目标是"认知的真理性与阐释的确定性"，但"公共理性判断不保证真理"。那么公共阐释的目标是什么，它以什么手段进行自我保持？确定性和真理性都是难以达到的目标，尤其是文学阐释。文学阐释常常是从一个不确定性过渡到另一个不确定性。阐释作为一个意识的科学，并不在于它的目的，而是在于现实性。"现实的整体也不仅是结果，而是结果连同其生产过程。目的本身是僵死的共相。"① 追求确定性容易堕入机械论。追求真理性又回到可重复验证的自然科学方法，抓住了结果，却是一具死尸。它像量子力学一样难以把握，有测不准特征，词与词、意义与意义之间就像"量子跃迁"。无视确定性和真理性又容易陷入相对主义和虚无主义。判断和理解都是困难的，而最困难的是两者的结合，文学阐释学恰恰就是这样一门学问。

（四）文学阐释中意图论的未知领域。意图与现实性还需要进一步剥离。作者的意图是由看不见的形态与看得见的实践行为所构成。行为（作品）比内心更现实。以托尔斯泰写《安娜·卡列尼娜》为例，托尔斯泰本意是要把安娜·卡列尼娜写成一个堕落的女人，结果却引起读者的广泛同情。这里的意图是作品呈现出来的现实性意图还是作者内心的那个意图？作品的现实性意图是它的可见的外在性，作家内心的意图是精神自己的外在性，而语言有一种可见的不可见性。哪一个才是它真正的本质？阐释或许可以抵达现实世界的边界，却无法抵达不可见的世界的边界。公共阐释所呈现的是外在的内在性，精神自己即作家真正的意图被搁置起来。

# 结　语

公共阐释是以文本为意义对象，要使这个意义对象具有有效性，首先是阐释者的前见，同时还要站在普遍历史前提基础上，使阐释成

---

① ［德］黑格尔：《精神现象学》序言，贺麟、王玖兴译，商务印书馆2009年版。

为"有边界约束"的有效阐释。阐释所产生的意义为公众认可和接受，结果可能是达成了被公共理解的广泛共识，却不一定有真理性。但不能说这个阐释结果就没有意义。作为目标的"确当阐释"永远在追寻之中，无法把它牢牢把握在手。目的总是在事物之外，已经据为己有了就不是目的了。公共阐释的六大原则是外在规定性，也可以看成外部表现形态。然而外在规律是内在东西的表现。内在的东西它自己规定自己，因此公共性的阐释本质上就是一个认知过程。阐释的流动性和不确定性特征决定了这一学科无法处于静止之中。公共阐释论的"超越性"和"反思性"随时为这一理论进行定向和导航，其术语群和概念群还在生长过程中，并在这一学科共同体之下得到丰富和扩大。按照马克思主义唯物史观的哲学思想，只有从文艺实践中形成的理论才能作用于社会现实，才能对应和解决文明进程中复杂的问题。在社会重大变革时期，中国文艺理论迫切需要建立自己的话语体系，"主动设置议题，提出标识性概念"要有前瞻性和前沿性，公共阐释论是在现实的土壤中按照学科成长规律构建起来的新理论。理论家群体意识的崛起或将推动这一理论的术语和概念的发展。

# 建构共在的阐释共同体<sup>*</sup>

## ——简论公共阐释的生成与实现

李永新<sup>**</sup>

随着经济全球化进程的不断加快与中外文化交流的逐步深入，中国当代文论近 40 年来一直积极学习并吸收西方文论，特别是当代西方文论的各种观点，将西方历时生成的各种理论观点以大致共时化的方式贩运进来。这种"拿来主义"在促进中国当代文论建设的同时，也存在着"食洋不化"的问题，于是有人高呼中国文论已经"失语"了！正是基于这样的背景，张江提出的"强制阐释"为中国当代文论的未来发展提出了富有警示意义的诊断，也在学术界引起了强烈反响。那么，中国当代文论今后应该如何不断提高关照现实、把握现实与解释现实的能力，努力以中国话语表达中国的文学与审美经验呢？张江富有建设性地提出了"公共阐释"的观点。从理论渊源、内涵界定与效果评价等角度来看，公共阐释论与滕尼斯在马克思和黑格尔的影响下提出的共同体理论有密切关联。"在理解和交流过程中，理解的主体、被理解的对象，以及阐释者的存在，构成一个相互融合的多方共同体，多元丰富的公共理性活动由此而展开，阐释成为中心和枢纽。"[①] 阐释共同体作为公共阐释形成与实施的基本要件，在公共阐释论中具有极其重要的意义。其实，从共同体理论的发展来看，公共阐释论显然是针对当下流行的共通体理论有感而发，通过强调阐释

---

　＊　本文系国家社科基金项目"文化唯物主义：英国马克思主义文论的演进逻辑"（项目编号：13CZW001）的阶段性成果。本文原创于《当代文坛》2018 年第 2 期。

　＊＊　作者单位：南京师范大学文学院。

　①　张江：《公共阐释论纲》，《学术研究》2017 年第 6 期。

共同体的共在性，为推进具有共享、共契与共识特点的公共阐释域的建立做出开创性的理论探索。

# 一 走向不可知论的阐释共通体

公共阐释论显然对当下"共通体"理论的流行保持着高度的警惕。20 世纪 80 年代以来，南希、布朗肖与费什等后现代理论家开始对共同体——人类对自身及世界共在性的美好向往——进行解构，过去一直被译为"共同体"的英语词汇"Community"也随之被译为"共通体"。南希指出，共同体思想存在着一个人与人之间能够"共在"的本源预设。正是基于这种预设，共同体思想认为个体之间虽然存在着差异与分离，却能够实现共在性沟通。"我们能够说，在使用'共同体（共通体）'这个词时，意味着在私人之间有着亲密的共契，是一个天然的共同体，一个有着合法、行政或区域的地位的共同组织，一个需要和欲望趋于一致的共同体，一个从属于习俗和制度的共同体，等等。在每一种情形下，都产生了'共同'的价值，它被施行和起着作用。"[①] 共通体则以被解构了的主体为基础，强调个体只能是断裂或破碎的主体，人与人之间根本无法交流。"我们的人类共同体的法则：沟通只是穿越不可还原的分离"[②]，"如果没有分离，人们甚至都不能谈论交往（沟通）：其实并没有什么可去沟通的。分离也是一直内在于每一个语言和每一个支撑着'共同体'的东西之中"。[③]

除了关于主体及其之间关系的看法出现重要改变之外，南希等人关于"共通体"的强调凸显了人与人之间永远处于动态的他异性以及共在的有限性之中。共通体不能"摆脱共同体的浸染，共通体本身

---

① ［法］让－吕克·南希：《解构的共通体》，夏可君编校，上海世纪出版集团 2007 年版，第 2—3 页。
② ［法］让－吕克·南希：《解构的共通体》，夏可君编校，上海世纪出版集团 2007 年版，第 3 页。
③ ［法］让－吕克·南希：《解构的共通体》，夏可君编校，上海世纪出版集团 2007 年版，第 4 页。

也不是现成的，而是在解构中对通道的打开，只是打开通道——甚至，'体'这个词也应该被删掉，而就是共通态或通道的踪迹"，"试图把思想转向如何打开'通道'，而超越传统对共同和融合的同一性追求"。① 共通体并不是反对有差异的个体之间的交往与联系，而是强调个体之间的差异大于一切，根本不存在任何内在同一性的"共——在"。共通体是"有限性的共显，是外展"。"共通体并不扬弃它所外展的有限性。总之，它本身仅仅是这个外展。它是有限的存在者的共通体，因此它本身就是个有限的共通体。换言之，不是相对于无限的或绝对的共通体而言的有限制的共通体，而是出自有限性的共通体，因为有限性'是'共通的，而且除了有限性之外，没有任何其他东西是共通的。"② 共通体不但否认人与人之间存在思想或心灵无限接近的可能性，而且在拆解主体的基础上将关注的目标指向人与人之间的差异性与排他性。所谓共通，其实意味着人与人之间最根本的同一性是外在的差异与区别，并且这些差异与区别是处于动态之中的非实存领域，作为一种漂浮的能指凸显着人与人之间内在交流的破碎、中断和悬隔。因此，共通体永远处于动态之中，只能不断展示个体存在的有限外展。

与南希的共通体的观点遥相呼应的是斯坦利·费什提出的解释共通体理论。费什在分析文学接受过程中到底哪种因素发挥决定作用时认为，决定文学接受过程的既不是文本也不是读者，而是解释共通体。因为，读者和文本都是文学接受过程的构成部分，文本根本无法完全限制读者的解读，读者通常对文本提出各种不同的"创造性"解读。为了解决这一问题，费什提出了解释共通体的观点。费什在此将解释共通体视为由一群单个读者构成的集体观念或精神，而不是一群现实存在的读者。当然，这种观念或精神并不是由一群读者通过共享/共契的交流生成的，而是一种排除异己的运行规则。面对同一个

① ［法］让－吕克·南希：《解构的共通体》，夏可君编校，上海世纪出版集团2007年版，第3页。

② ［法］让－吕克·南希：《解构的共通体》，夏可君编校，上海世纪出版集团2007年版，第48页。

文本，持有相同理解的读者构成了一个解释共通体，持有另外理解的读者又构成了另外的解释共通体，文本的意义就在不同共通体的生成中得到了不断延异。

费什提出的解释共通体理论打破了以往读者反应批评理论中存在的主、客观二元对立的关系，但"把意义的有效性完全建立在读者的主观意志上，最终也大大削弱了他的意义理论的说服力。一个完全依赖主观性的批评理论，到头来势必陷入不可知论"。在费什看来，文本处于独立时与在解释过程中是完全不同的。处于解释过程中的文本不断受到阅读行为的建构，阅读也对文本完成了具体的赋形，使其展示出与独立的文本完全不同的形态。当然，这样的阅读不是个别读者的阅读，而是一群由个别读者采用相同阅读策略构成的解释共通体的阅读。"正是解释共通体而不是文本实体或读者生产意义，并对文本的基本特征的显现负责。解释共通体是由那些针对阅读与可写文本分享着相同解释策略的人以其精神特征构成的。换句话说，这些阅读策略存在于阅读行为之前，并因此而决定着阅读的具体性质，而不是通常所认为的处于阅读的旁边。"① 不同解释共通体由于目标或立场不同而拥有不同的解释策略，对文本提出的解释也不是中立的，同时不同解释共通体由于是由群体意识构成的，也就避免了个别读者解释的主观性。因此，在文学接受过程中，解释共通体是以对文本相对稳定的观点为标准而对个别读者进行的归类，个别读者之间并没有任何的沟通，只是凭借对文本采用的相同阅读策略被归为同一个群体。费什的解释共通体显然并不关注个别读者之间的关系，而是强调他们持有相同阅读策略这一有限的外展。

其实，无论是南希的共通体还是费什的解释共通体都站在后现代主义立场上，在试图颠覆传统形而上学的过程中走向了虚无主义。马克思主义理论家杰姆逊认为，随着晚期资本主义的到来，资本主义社会的文化进入了后现代主义阶段。后现代文化作为一种由文化工业生产的文化，是一种充满虚无主义的不可解释的文化。首先，后现代文

---

① ［美］杰姆逊：《后现代主义与文化理论》，唐小兵译，北京大学出版社 2005 年版，第 176 页。

化是毫无内容的无主体文化。在杰姆逊看来，20 世纪 60 年代之前的现代社会是一个"焦虑的时代"，现代主义艺术充分表现了各种焦虑与孤独，但是进入后现代社会，这种充满否定性的焦虑根本不存在了，因为焦虑与孤独意味着封闭的自我仍然是一个完整的主体，"而在后现代主义的'耗尽'里，或者用吸毒者的语言，'幻游旅行'中，你体验的是一个变了形的外部世界，你并没有自己的存在，也就是说，你是一个已经非中心化的主体"①。其次，后现代文化以全新的形象和影像表现世界，在取消现代主义文化的时空深度的基础上发展成为一种无深度的文化。后现代艺术中尽管充满了各种现象世界死亡的主题，"但我以为这已不能再称作一种内容了，因为在后现代主义中是没有什么内容的。后现代主义艺术的这一特色是和客观世界及主体所发生的深刻变化联系在一起的，客观世界本身已经成为一系列的文本作品和类像，而主体则充分地零散化，解体了"②。这种文化除了追求"审美的通俗化"之外，通过消解深度模式走向表意的平面化与主体的残片化，既要取消任何个人风格，又要抹去历史性，还要抛弃关于未来的思考，完全陷入无法辨识的复制、拼贴与戏谑之中。

## 二　阐释共同体的共在性

正是因为否定理性并强调他异性，共通体理论显然拒绝文学的情感交流与沟通属性，反对文学理论研究作为一种公共阐释存在的可能性。随着后现代主义与解构理论的发展，质疑和解构"共同体有机/内在属性"这股风在我国学界也吹得十分强劲。③ 共通体作为后现代主义思潮的重要构成部分，强烈质疑自 18 世纪前后兴起的共同体理论的合理性，对共同体的共在精神提出了否定和批判，极力宣扬一种

---

① ［美］杰姆逊：《后现代主义与文化理论》，唐小兵译，北京大学出版社 2005 年版，第 176 页。

② ［美］杰姆逊：《后现代主义与文化理论》，唐小兵译，北京大学出版社 2005 年版，第 170 页。

③ 殷企平：《共同体》，《外国文学》2016 年第 2 期。

"独体"观念。"共同体，还是独体？这居然成了问题。不解决这个问题，文学中的共同体想象就很难想象。也就是说，对共同体观念的内涵和外延进行梳理实在是燃眉之急，而解决问题的关键，在于走出'独体'怪圈。"① 公共阐释论直面倡导"独体"观念的共通体理论，在规定了阐释的前提、对象和基本要求的基础上，强调了阐释共同体的重要性。"公共阐释的内涵是，阐释者以普遍的历史前提为基点，以文本为意义对象，以公共理性生产有边界约束，且可公度的有效阐释。"② 这一阐释是由以话语共同体、理解共同体和民族共同体等形式存在的阐释共同体在坚守公共理性的前提下做出的阐释。阐释共同体必须恪守相同的解释前提，以公共理性为基本准则，在尊重个体自由的基础上针对文本意义做出的有效阐释。"'有效阐释'是指，具有相对确定意义，且为理解共同体所认可和接受，为深度反思和构建开拓广阔空间的确当阐释。"③ 解释的有效性除了取决于解释的前提、对象和要求之外，还要得到阐释共同体的理解和赞同。

与滕尼斯在 19 世纪末期面对工业文明的发展以及传统伦理价值的崩溃而提出共同体理论的情形相似，张江提出的公共阐释论努力破除文学研究可能存在的虚无主义的危险，以建立充满生机与活力的阐释共同体为目标，通过建构具有共在性的中国阐释学提升中国当代文论关照现实的能力。由此来看，阐释共同体在组织形式与价值追求等方面与滕尼斯所论述的共同体理论是完全相通的，同时也可以进一步上溯到黑格尔与马克思等理论家的共同体理论。滕尼斯明确指出，马克思与黑格尔关于个人与共同体之间关系的论述对他产生了深刻的影响。"人们很容易理解：在历史和文化里没有个人主义，除非它派生于共同体，并且仍然因此受到制约，或者它创造并支撑着社会。问题纯粹是个人同人类的这种针锋相对的关系。"④ 其实，黑格尔与马克思尽管关于共同体理论的论域与旨归存在本质差异，但对普遍性的强

---

① 殷企平：《共同体》，《外国文学》2016 年第 2 期。

② 张江：《公共阐释论纲》，《学术研究》2017 年第 6 期。

③ 张江：《公共阐释论纲》，《学术研究》2017 年第 6 期。

④ ［德］斐迪南·滕尼斯：《共同体与社会》，林荣远译，北京大学出版社 2010 年版，第 13 页。

调以及共在性共同体的论述又存在一致性。他们的这些论述又对滕尼斯产生了重要影响，使其能够对共同体的性质与生成等问题展开深入论述，并明确指出共同体内部应该充满有机的共在性。

首先，阐释共同体"被理解为现实和有机的生命"。① 滕尼斯认为，共同体是借助血缘和地缘等关系结成的相互习惯的精神共同体。共同体的成员通过本能的中意、习惯与记忆等超越个体的特殊性，在精神和意志层面形成充满生命力的有机体。这与黑格尔和马克思关于个体性与普遍性之间关系的分析是相通的。马克思与黑格尔都认为，个体性与普遍性在历史与现实中是相互排斥、相互矛盾的，但是普遍性又存在于个体性之中，从个体性到普遍性的转化在马克思看来是通过作为类本质的劳动实现的，在黑格尔看来则是通过精神层面的异化实现的。在中国当代文论建设中，阐释共同体是由作为个体的阐释者，也即从事具体文学理论研究乃至文学研究的人员构成的，其中业缘关系是共同体构成的纽带，但正像马克思与黑格尔所认为的，个体只有借助公共理性对其个别性进行否定，才能结成实现个体自由的共同体。个体只有在这种特殊性得到批判和扬弃的共同体中，才能使公共阐释的形成成为可能。例如，新世纪以来，文艺学界发生过"日常生活审美化""审美意识形态"等问题的论争。从积极意义上来看，这些论争的发生本身就证明了阐释共同体的生命力。论争双方作为阐释共同体的成员在文学观念的构成、文学理论的研究对象以文学理论的研究方法与存在形态等问题上试图去伪存真，找到一些可以达成一致的共性。论争双方尽管有些观点针锋相对，但都承认文学"扩容"的事实以及传统文学理论价值。

其次，阐释共同体中存在着权威或威严。滕尼斯认为："有一种优越的力量，它被用于下属的福利或者根据下属的意志实施，因此也为下属所首肯，我把这种力量称为威严或权威。"② 从社会学角度来

---

① 〔德〕斐迪南·滕尼斯：《共同体与社会》，林荣远译，北京大学出版社 2010 年版，第 43 页。

② 〔德〕斐迪南·滕尼斯：《共同体与社会》，林荣远译，北京大学出版社 2010 年版，第 53 页。

看，滕尼斯认为这种威严是由年龄的威严、强大的威严和智慧的威严构成的。具体到阐释共同体，这种威严首先来自阐释共同体成员所持守的理性，也即公共理性。新世纪以来，各种以"戏说"为卖点的历史阐释类文艺作品非常流行，从戏说古代的皇帝大臣到戏说近现代的各类人物，在对重要历史人物或经典文艺形象进行重新阐释的同时，也以各种复杂的心态突破公共理性的限制。例如，某作家的"风流版"《沙家浜》，让阿庆嫂与胡传魁和郭建光存在两性关系。这显然是对阐释共同体所共享的公共理性的亵渎。其次，阐释共同体的威严来自阐释共同体自身的责任以及真正的相互关系的建立。黑格尔认为，在经过家庭与市民社会之后，共同体最终将超越个体的契约走向具有普遍性的民族和国家。马克思则指出，共同体最终将是"自由人的联合体"。这也就意味着共同体的普遍性尽管是否定和批判个性特殊性的，但是却实现了个体特殊性所无法实现的自由和理性。阐释共同体作为有机的生命体，以超越个体阐释的普遍性对个体阐释进行规范和纠偏，使之在遵守公共阐释的基本逻辑的基础上相互确认、相互肯定。"风流版"的《沙家浜》一经发表，自然首先遭到文学研究同行的一片指责，认为其无视文学所应承担的社会责任，践踏了作家的使命感与责任感。这种批评显然是为了维护阐释共同体的存在和健康发展。

最后，阐释共同体内部相互默认一致，以"共同的、有约束力的思想信念"作为意志，"把人作为一个整体的成员团结在一起的特殊的社会力量和同情"①。阐释共同体显然都以文学的审美属性作为理论建构的基础，其成员尽管可以对文学做各种分析，但从美学角度对文学价值的评判显然是默认一致的底线。当然，这种美学分析是阐释共同体成员从自己的立场做出的，他们以各具特色的个性分析实现了一致性的达成。马克思与黑格尔关于普遍性的强调显然并不是要取消个体的存在，相反，每个个体都通过普遍劳动或精神层面的异化而实现对自身的复归，这一复归的过程既是普遍性实现的过程，也是个体

---

① ［德］斐迪南·滕尼斯：《共同体与社会》，林荣远译，北京大学出版社 2010 年版，第 58 页。

之间从根本上实现相互理解和相互交流的默认一致的过程。个体之间的相互默认首先是从自己开始的，把自己的个人经验与关系转化为类存在物的过程就是与他人同在的过程，因为个体完成自身转化的过程也是他人完成转化的过程，两者具有等同性。具体来说，自我的普遍性的获得除了要完成对自己的特殊性的否定性转化之外，也要关切他人的普遍性的获得，反过来他人普遍性的获得也是自我的普遍性的实现过程。滕尼斯认为，共同体成员的默认一致是建立在相互之间密切认识的基础上的，每一个人都要像其他人那样生活并需求着，双方之间互相参与的过程能够带来尽可能大的相似性或趋同性。阐释共同体的默认一致并不仅仅是观点的相同或相似，而是阐释共同体的成员为实现相互理解要转化自我并关切他人，在互动的过程中达成的协调与默契。

## 三　共在性阐释共同体的建构

阐释共同体除了在观念上与共同体理论相通之外，作为中国当代文论建设的重要载体，还必须超越纯粹的哲学分析与理论描述，以切实有效的现实建构路径保障公共阐释的顺利实施。马克思与黑格尔的共同体理论作为一种哲学观念，主要从社会转型的角度分析了个体自由与共同体之间的统一。马克思的共同体理论显然是以政治经济学分析为起点发展到政治哲学，以"自由人的联合体"这一最终目标实现了个体自由与共同体之间的辩证统一。共同体作为个体的存在方式，既能够使个体获得自由，也是其获得自由的基本途径和保证。[①]相反，黑格尔则借助辩证法在国家这一伦理实体中实现了个体与共同体的统一。国家在扬弃家庭与市民社会的同时吸收了它们的积极因素，以普遍性与特殊性相统一的方式和解了个体与共同体之间的矛盾。当然，黑格尔以作为先验逻辑的辩证法为路径，强调其在观念层面的运作与整合，因此这一方案只是一种观念推演，根本无法完满实

① ［美］古尔德：《马克思的社会本体论：马克思社会实在理论中的个性和共同体》，王虎学译，北京师范大学出版社2009年版，第33页。

现。后来，滕尼斯综合了马克思与黑格尔等人的理论，将共同体这一哲学观念与现实生活相结合，以传统社会为典范，从想象层面描述了共同体的完整形态。滕尼斯的理论在表明对社会拥有美好期待的同时，也充满了温情的想象色彩。从建构的具体途径的角度来看，他的理论只停留在纯粹的理论构想层面，根本不具有方法论意义。

进入 20 世纪，共同体理论产生了很大的影响，共同体在多数情况下被视为一个文化概念。共同体"指社会中存在的、基于主观上或客观上的共同特征（这些共同特征包括种族、观念、地位、遭遇、任务、身份等等）（或相似性）而组成的各种层次的团体、组织"①，主要面临着如何协调自身的确定性与个体自由之间的矛盾的问题。威廉斯与哈贝马斯等理论家直面这一矛盾，深入思考了如何建构"我们将热切希望栖息、希望重新拥有的世界"的共同体。威廉斯的感觉结构理论将个人的"最微妙也最难触摸到"的"感觉"与"稳固而明确"的"结构"结合起来，既强调由个体经验所构成的深层的感觉共同体，又指出感觉共同体具有持续性、多变性以及表现性等特点。哈贝马斯在批判伽达默尔理论的基础上指出，应该以意识形态批判取代诠释学，从语言与交往情境的角度反思平等交流的可能性以及重建的可行性，提出以"理想的话语环境"作为交往和理解的客观条件与逻辑前提，兼顾个体的自由与共同体的责任，构成一种理想的交流组织形式。由此来看，阐释共同体拥有相同的感觉结构，其成员之间的沟通和交流，正是得益于这种相互共享的深层经验。同时，阐释共同体作为一个具体的共在，是不断变化与发展的，既努力与社会变迁相协调，又不断更新着自己的结构。阐释共同体更是一个具有批判阐释学意义的交流情境，以真诚、正确和真实的有效性为前提，使参与者、话题与意见突破外在环境的限制，为有效阐释文本意义并不断反思阐释共同体自身而努力。

首先，阐释共同体的成员共同参与阐释活动，形成一个共享的阐释空间。"人类共同体的发展是通过发现共同意义以及共同的沟通手

---

① ［英］齐格蒙特·鲍曼：《共同体》，欧阳景根译，江苏人民出版社 2003 年版，第 1 页。

段实现的。在某个活动范围之上，大脑所创造的那些模式和那些被共同体所具体化了的模式在持续不断地互动。个人的创造性描述是创造了惯例和制度的总体过程的一部分，正因为如此，共同体所珍视的意义才能被分享并发挥作用。"① 阐释共同体的所有成员在参与阐释活动的过程中尽管可以追求个体自由，但必须以意义的给予和获取为基本手段，以有效沟通增进相互之间的交流与理解，形成一个共享的意义空间。这一共享的空间既要求个人坦诚地向别人说明自己的态度与观点，也要求每个人虚心接受别人的态度与观点，形成彼此之间的有效联系与互动。这一共享的过程同时也是一个共同参与的创造活动，阐释共同体的成员在互动过程中，通过共享某些为大家所共同接受的意义并抛弃某些极富有个人化的意义而形成一个新的意义共同体。这一共同体既提出了一些此前根本不存在的意义，也能够促使阐释共同体的成员不断反思个人持有的观点，并比较个人的创造性与阐释共同体的惯例之间的差异，使个体与共同体在不断寻求共在的过程中实现自我的拓展，个体成为共同体中的有机组成部分，共同体则因个体的真实融入以及有机整体的形成而充满了活力。

其次，阐释共同体随着社会的变动而变动，其构成和成员与世界形成共契关系。阐释共同体并不是固定的组织，更不可能存在僵化的运行机制，而是通过边界流动和成员变动与世界构成相互契合的共在关系。阐释共同体成员通过相互开放而形成的共享，本身就蕴含着与世界之间的共契关系，因为个体的自由既要受到同为阐释共同体成员的他者的限制，又要受到阐释共同体所处的外部环境的限制。从成员变动的角度来看，阐释共同体的成员之所以存在共契关系，是因为个体只能作为共同体中的个体而存在，共同体实现个体自由的前提与保障。同时，阐释共同体与外部世界的共在主要表现为阐释共同体作为一种包容差异、激发可能性的阐释系统，总是努力从多元立场上审视外部世界，探求个体与世界相互契合的可能性途径。在威廉斯看来，艺术作为实际生活的感觉，能够使个体在阐释过程中结成共同体，并

---

① ［英］雷蒙德·威廉斯：《漫长的革命》，倪伟译，上海人民出版社2013年版，第47页。

且能够随着世界的变化而不断做出新的反映。威廉斯借助"感觉结构"① 这一概念分析了阐释共同体的成员及其与世界之间的相互沟通，以不同于观念或意识形态的感觉建立起多个层面的关联，使共同体在不断变动之中与世界形成共契关系。

最后，阐释共同体创造平等交流的环境，使成员通过合理交往达成共识。哈贝马斯认为："理想的话语环境应当理解为脱离了经验、不受行为制约的交往形式，其结构将能够保证，只有话语的潜在有效性要求才可成为讨论的对象；能够保证参与者、话题和意见绝不受到限制，除了更有说服力的论证不存在任何强制，除了共同寻求真理，任何其他动机都必须摒弃。"② 这种理想的环境是话语活动参与者达成共识的基本条件。在这样的环境中，话语活动参与者都乐于坦露自己的内心世界，并以同样的权利表达他们的情感和愿望。他们既可以反对或质疑其他人的意见，也可以对自己的观点作出解释和论证，还能够对言说的规范提供说明或提出质疑，同时为了防止某些片面要求的发生都有同样的权利对话语行为实施调节。阐释共同体所创造的交流环境正是这种理想环境，除了对阐释共同体成员的身份平等与机会均等的阐释权利作出明确规定之外，还要求他们在阐释过程中心胸坦荡、志同道合，为阐释活动的顺利开展建立积极有效的规范。公共阐释只有在这种理想的话语环境中才能真正实现，因为公共阐释作为由阐释共同体做出的阐释，从表面看来是阐释共同体成员做出的集体阐释，其实则是个体成员的共同阐释，其中个体成员的自由阐释只有受到理想话语情境的制约并积极建构理想话语情境，才能摆脱私人性，转变为一种能够达成共识的共在性阐释。

从公共阐释的构成来看，阐释共同体作为公共阐释效度的衡量者与评价者，既体现着公共阐释活动的公共理解程度，也要对公共阐释的具体效果及其对文本意义阐释的深度做出合理评价。李勇认为，阐

---

① ［英］雷蒙德·威廉斯：《漫长的革命》，倪伟译，上海人民出版社 2013 年版，第 57 页。

② 章国锋：《关于一个公正世界的"乌托邦"构想》，山东人民出版社 2001 年版，第 153 页。

释共同体是由使用相同或相似的阐释策略的阐释者构成的，针对同一个问题得到结论往往是趋同或相似的。① 阐释的合理性既来自解释者的共识程度与文化传统，又要符合基本的逻辑规律，还有遵循阐释共同体成员公认的前提、假设和预设。其实，除了文化传统与基本的逻辑规律这些外部因素之外，阐释的合理性主要取决于阐释共同体自身的共在性。阐释共同体显然是由存在一定差异与区别的阐释者构成的，这些阐释者尽管从表面上来看是分离的，但最终必然由分离走向结合，因为共同体的本质是"是一种生机勃勃的有机体"②。阐释共同体作为保障公共阐释实施的基本载体，从理论渊源与现实建构层面来看都必须以共在性为基本诉求，促使个体阐释者积极做出以追求真理为目标的可公度的有效阐释。

---

① 李勇：《阐释的边界及其可变性》，《学术研究》2016 年第 1 期。
② ［德］斐迪南·滕尼斯：《共同体与社会》，林荣远译，北京大学出版社 2010 年版，第 45 页。

# 公共阐释形成的三条路径*

## 江守义**

张江教授在《公共阐释论纲》中提出"公共阐释"这一概念，其特征之一是超越个人阐释的"公度性阐释"①，这涉及到如何理解公度性以及个人阐释与公共阐释之间的关系等问题，要理解这些问题，就要进一步追问公共阐释如何形成。公共阐释是一种阐释，阐释者总要针对阐释对象的某一问题提出自己的观点和看法，而且总是用从某个角度用某种方法提出自己的观点和看法，同时，这些观点和看法要经过同行的评议和时间的检验，才有可能被学界接受，成为公共阐释。由此看来，公共阐释的路径，大致可以归纳为三条路径：提供观点、提炼方法、营造氛围。

## 一 提供观点

就阐释对象而言，任何阐释都需要阐释者提供自己的观点，② 阐释者提供的观点首先只能是私人观点，这一观点如果能成为公共视域中可接受的观点，就需要在"阐释与对象、对象与接受、接受与接受之间"形成共通性。③ 阐释的共通性可以从三个维度展开分析。第

---

　* 本文原刊于《当代文坛》2018 年第 2 期。

　** 作者单位：安徽师范大学文学院。

　① 张江：《公共阐释论纲》，《学术研究》2017 年第 6 期。

　② 按照狄尔泰的说法，自然科学提供解释，精神科学提供理解，但这一说法后来受到普遍的质疑。

　③ 张江：《公共阐释论纲》，《学术研究》2017 年第 6 期。

个维度，就阐释学的源头看，它起源于对古代经典（尤其是《荷马史诗》和《圣经·旧约》）的阐释，经典之所以是经典，是因为它包含了人类的某种共通的社会心理，"乔装成个人或集体的无意识隐藏在深层的记忆中"，① 或者说，经典是人们对世界观念的一种表达方式，它本身就不是个人的文学作品，而是反映人类生活的共同指南。公共阐释主要是对经典的阐释，首要原因就在于经典可以沟通人类的共通性。第二个维度，从阐释的表达看，阐释是理性思考的结果，并通过语言来加以表达。就《荷马史诗》和《圣经·旧约》这样的古代经典来说，它们主要谈论的是神的意志，里面的很多内容不能用今天的理性来加以推敲，但对经典的阐释，即使是非理性的经典（如宗教信仰）的阐释，"其阐发过程却基本上被理性化了"；② 理性的思考需要借助语言才能得到很好的表达，阐释的语言自然是公共的语言，同时，阐释的语言还需要一定的修辞，修辞作为一种技艺，是为了让公众能更好地理解修辞者的观点。无论是柏拉图反对修辞还是亚里士多德支持修辞，其基本出发点都是修辞对公众产生的影响。第三个维度，就阐释的接受看，对阐释对象的理性阐释首先是阐释者的个人理解，这种理解能否得到其它阐释者的认可，是阐释能否形成公共阐释的重要依据。这里涉及到阐释学的一个基本问题，是以作者的本意为主来阐释还是以文本为主来阐释？狄尔泰和赫希认为阐释主要是为了弄清作者的意图；利科尔和艾柯则认为阐释的中心应该是文本，因为作者和文本之间存在距离，阐释者可能无法得知作者的真实意图，阐释者唯一能确定的就是文本究竟说了什么，依据文本，艾柯还提出了阐释的"证伪"原则：从文本出发，虽然难以确定何种阐释是正确的，但可以确定何种阐释是错误的。就公共阐释而言，要想让个人的阐释得到其他阐释者的认可，众说纷纭的作者意图显然不是最可靠的依据，最可靠的依据只能是已经成形、无法改变的文本。阐释共通性的这三个维度，最核心的当数第三个维度，前两个维度是阐释能成为

---

① ［意］伊塔洛·卡尔维诺：《为什么读经典》，黄灿然、李桂蜜译，译林出版社2006 年版，第 3 页。

② 潘德荣：《从神迹到智慧——诠释学探源》，《世界哲学》2006 年第 3 期。

公共阐释的基础，第三个维度才是阐释成为公共阐释的直接原因。

公共阐释既然在"阐释与对象、对象与接受、接受与接受之间"形成共通性，阐释者的观点也需要在共通性形成的过程中接受检验。阐释者对对象的阐释即是一种接受，因而"阐释与对象、对象与接受"可以合并成"阐释与对象"，阐释对象真正的意蕴和阐释者所提供观点是否有内在的契合，是阐释是否可靠从而成为公共阐释的最重要的依据。至于"接受与接受"之间的关系，主要是某种阐释能否被其他阐释者所认可的问题，既然是公共阐释，意味着阐释被其他阐释者所认可。这样一来，"阐释与对象、对象与接受、接受与接受之间"的共通性，其核心就是阐释与对象之间的契合度以及其他阐释者对该阐释的认可度。

阐释的直接对象是文本，间接对象是作者。阐释者提出的观点是侧重于作者还是侧重于文本，对公共阐释的形成有着不同的影响。阐释者如果有作者本人写作意图的确切言论和背景，他所侧重阐释的作者意图应该能得到普遍的认可，阐释也容易成为公共阐释。但很多情况下，作者没有交代自己的创作意图，有时也无法说清楚自己的创作意图。即使是坚定的"作者意图"的支持者赫希最后也得出一个无可奈何的结论："明确一个作家意图打算的意思是不可能的，只能得到可能的意图和打算"[1]，他竭力维护的作者意图，被艾布拉姆斯表述为"作者的言语意向"："作者的言语意向并不是他创作时的意识状态，而仅仅是他利用已存在的语言惯例与规范在字里行间所表达出的想要表达的意向"[2]。恒定的作者意图最终仍需要通过语言表现为文本的"语言含义"，读者在语言中虽然竭力寻找作者想表达的确切的"意思"，结果只能得到永远变换不定的"意义"。在这种情况下，如果阐释一味追求作者原意，可能会收效不大，不妨将追求作者原意作为一种阐释理想，以此作为公共阐释的追求，可能会更实在一些。明

---

① 雷强：《虚幻的枷锁——论赫希的客观阐释理论》，《东南大学学报》（哲学社会科学版）2009 年增刊。

② ［美］M. H. 艾布拉姆斯：《文学术语词典》，吴松江等译，北京大学出版社 2009 年版，第 257 页。

言之，阐释者提出的观点如果是关于作者本意的解读，它只能是公共阐释的一个维度，就观点提出的路径而言，它可以有"共通性"，但具体观点本身，未必就有"共通性"。

　　阐释者提出的观点如果侧重于文本，其观点从文本而来，阐释有明确的文本依据，说服力较强，容易形成"共通性"，成为公共阐释。此时阐释者的观点大致可区分为三种情况：第一种情况是文本中显而易见的观点。这种观点是作者在文本中明确表述出来的，是文本和作者之间的高度契合。虽然按照阐释学的本意，阐释不是针对文本中显而易见的内容，① 但在实际的阐释中（尤其是在课堂讲解或公共演说中），这些内容经常被提起，成为公共阐释中最稳定的部分。《三国演义》中的诸葛亮对刘备和蜀汉政权忠心耿耿，贤臣良相的形象已深入人心，毛宗岗在《读三国志法》称其"在草庐之中，而识三分天下，则达乎天时，承顾命之重，而至六出祁山，则尽乎人事……鞠躬尽瘁，志决身歼，仍是为臣为子之用心"②，这样的阐释基本上是重复文本内容稍加引申，没有新见却被广泛认同。

　　第二种情况是隐含在文本中的观点，这类观点是阐释学的主要用心所在。③ 这类观点可以是作者的观点，也可以不是作者的观点，它能否得到普遍认同，关键在于阐释者的观点是否经得起阐释对象的文本推敲。如果经得起推敲，即使和文本表面上意义大相径庭，也可能会成为公共阐释。傅伟勋倡导的"创造的阐释学"，借助乔姆斯基对语言"表层结构"和"深层结构"辨析，将其运用到哲学思想的重新阐释上，指出："一个创造的（而非平庸的）解释家在重新诠释或建构原有哲学思想时，必须能够透视并挖出隐藏在原有思想的表层结构（普通探求者所能知晓）内底的深层结构（非普通探求者所能发觉）；一旦挖得出深层结构，创造的解释家应可摇身一变，成为开创

---

　　① 施莱尔马赫创立当代阐释学的目的是为了"消除误解"，是把阐释当作阐释者以作品为中介与作者进行"对话"的过程，文本中显而易见的内容既不会引起误解，也不是"对话"关注的重点。

　　② 朱一玄、刘毓忱编：《三国演义资料汇编》，南开大学出版社2003年版，第255页。

　　③ 对《圣经》的解释促成了阐释学的兴起，对《圣经》的重新理解需要寻找其文字背后隐藏的意义。

性哲学思想家的幼苗。"① 他本人将"道"区分为道体、道原、道理、道用、道德和道术六个依次推进的层面，进而得出自己的创造性阐释：在道家哲学那里，"形而上学必须优先于实践哲学"②，这对过去的儒家传统排斥老庄形而上学是一个有力的反驳。③ 傅伟勋所说的创造性的阐释，经常出现在文学阐释中。浦安迪在分析"四大奇书"时"详尽阐述这些作品如何通过反讽影射委婉曲折地表达它的潜在本义"④，虽然是作者的"本义"，但经过浦安迪的阐释，它才由"潜在"而成为"显在"。"创造的阐释"也可以违背作者本意，陈思和对《雷雨》中周朴园和鲁侍萍关系的分析可为代表。在陈思和看来，剧中人物经常提起"三十年前"，不是侍萍被赶出周家的时间，而是她和周朴园相爱的时间，因为鲁大海出生三天侍萍就被赶走了，鲁大海在剧本中出现时是二十七岁，这样算来，周朴园和鲁侍萍相爱的时间是三年，"三十年前"对他们来说，是在"潜意识里回忆着一个美好的日子"，所以周朴园让那个房间一直保持着当年的布置，周朴园和鲁侍萍的悲剧，"就是过去陆游与唐婉的故事"。⑤ 对宣称"周朴园坏到了连自己都不认为自己是坏人"⑥ 的曹禺来说，陈思和的分析应该不是他本来的意图，但陈思和的分析又从文本而来，且合情合理。或许由于他的学生有刨根问底的精神，他后来又在不同的场合多次谈及这一问题，⑦ 加上陈思和在学术上的影响，使这一问题成为《雷雨》研究中一个有代表性的公共阐释。

第三种情况是从文本生发的观点，这类观点也可以看作是傅伟勋倡导的"创造的阐释"的产物，但这类观点不仅违背作者本意，而且也多少背离文本的字面表达。某种观点本来并没有隐含在文本中，但经过阐释者的创造性阐释，硬是从文本中读出了某种观点，且产生

① 傅伟勋：《从西方哲学到禅佛教》，北京三联书店1989年版，第29页。
② 傅伟勋：《从西方哲学到禅佛教》，北京三联书店1989年版，第384—389页。
③ 对这一问题的具体分析，可参看潘德荣：《诠释的创造性与"创造的诠释学"》，《中国哲学史》2002年第3期。
④ ［美］浦安迪：《明代小说四大奇书》，沈亨寿译，北京三联书店2006年版，第504页。
⑤ 陈思和：《文本细读在当代的意义及其方法》，《河北学刊》2004年第2期。
⑥ 王育生记录整理：《曹禺谈〈雷雨〉》，《人民戏剧》1979年第3期。
⑦ 参看陈思和《文本细读的几个前提》，《南方文坛》2016年第2期。

公共影响。金圣叹评《水浒》，就是著名的例子。就书名而言，金圣叹之前双峰堂刻本题名《京本增补校正全像忠义水浒志传评林》（余本）、容与堂刻本题名《李卓吾先生批评忠义水浒传》（容本）、袁无涯刻本题名《出像评点忠义水浒全传》（袁本），都在小说名称中标明"忠义"二字，突出了小说的"忠义"主旨，而贯华堂刻本则题名《第五才子书施耐庵水浒传》（金本），突出了小说的艺术性（所谓"才子书"）而删除其"忠义"主旨，这反映出金圣叹对万历年间的"余本""容本""袁本"的不满。就评点内容而言，他通过三个方面的改动展开"创造性阐释"：一是删除一百二十回本七十一回以后的内容，让"忠义"在小说中失去根基，并按照自己的意图来改动文字表述；二是对小说结构加以处理，自己在小说结尾加了一首诗，以便"一部大书诗起诗结，天下太平起天下太平结"①；三是通过改动小说文字、回前评和夹批等形式来丑化宋江这个主要人物形象。② 阐释的结果有三：一是以"恶之至"的宋江为主体的《水浒》，"如史氏之有梼杌是也"，它不能表达"忠义"主旨，但"削忠义而仍水浒"；③ 二是由"治乱"而来的虚无感④；三是突出《水浒》"精严"之文，可谓"一切书之法也。"⑤ 显然，金圣叹创造性阐释的结果，让《忠义水浒传》成为没有"忠义"的《水浒传》，同时又成为写作文法的指南。需要特别指出的是，金圣叹的创造性阐释，是他的一家之言，但金本《水浒传》出来后，很快成为最流行的本子，这意味着金圣叹的私人化阐释最终成为一种公共阐释。

## 二　提炼方法

阐释不仅是针对某种观点的阐释，阐释也是一种方法的提炼，阐

---

① 陈曦钟、侯忠义、鲁玉川辑校：《水浒传会评本》，北京大学出版社 1987 年版，第 39 页。
② 江守义：《小说评点的伦理意图》，《古代文学理论研究》2015 年第 2 期。
③ （清）金人瑞：《水浒传序二》，朱一玄、刘毓忱编：《水浒传资料汇编》，南开大学出版社 2002 年版，第 211—212 页。
④ 江守义：《小说评点的伦理意图》，《古代文学理论研究》2015 年第 2 期。
⑤ （清）金人瑞：《水浒传序二》，朱一玄、刘毓忱编：《水浒传资料汇编》，南开大学出版社 2002 年版，第 215 页。

释方法的差异可以导致阐释的差异。当某种方法在阐释中被证明为可行的方法因而得到普遍使用时，这种方法也就具有公共性。就阐释学的历史演化而言，不同形态的阐释学划分的主要依据就是各自独特的理解方法，阐释学因此被认为是"一种理解的方法论学说"①。就阐释学的实际情形看，方法不仅包括对阐释对象的认知方法，也包括认知的方法论体系，还包括对阐释本身的理解，当这些方法被提炼出来在一定范围内成为公识后，这些方法也成为公共阐释的有机组成部分。由此，公共阐释对方法的提炼，可以通过由表及里的三个层面（具体方法、方法论体系和理解阐释的方法）来加以探讨。

第一个层面是表层的具体方法。阐释对象总要通过某种具体的方法来进行，就文学阐释而言，20 世纪被称为"批评的世纪"，主要原因就在于文学阐释方法的多样性，无论是俄国形式主义、英美新批评、法国结构主义，还是精神分析学说、马克思主义、女性主义等等，都是用各自的方法来阐释文学，这些批评方法作为流派存在，说明这些方法已成为公共阐释的方法。方法总是为阐释服务的，同一阐释对象在不同方法中会呈现出不同面貌，但有时候，当某种方法提炼成公共方法之后，对阐释对象的具体看法会让位于方法本身，譬如说，"陌生化""反讽"这些文本分析方法已超越具体分析对象成为阐释术语，人们不需要借助阐释对象就可以对这些术语进行思考，说明这些术语所代表的阐释方法已经从具体阐释对象中独立出来。更有甚者，即使某种方法对阐释对象的阐释非常私人化，该阐释是私人阐释而非公共阐释时，也不妨碍该种阐释方法的公共性。惟其公共性，才称之为"提炼"出来的方法。不妨举例说明。结构主义叙事学中格雷马斯的语义方阵在中国目前已成为众所公认的一种阐释文本的方法，但当初传入中国时却是一种非常私人化的阐释。1985 年，杰姆逊应邀来北京大学讲学，用语义方阵理论来分析《聊斋志异》中的《鸲鹆》，得出的结论是："《鸲鹆》是一个寓言，说明怎样利用高度发达的文化的武器来返回自然或自然的文化，这个过程可以说是从一个自然的文化出发，来到一个不自然的文化，然后通过放弃自然，让

---

① 潘德荣：《当代诠释学的定义及其形成》，《学术界》1992 年第 3 期。

自己被囚禁以获得自由，以获得重返自然的机会。"① 在中国语境中，《鹌鹑》本来就是主人和鸟合伙骗人的故事，根本没有杰姆逊所说的"利用高度发达的文化的武器来返回自然或自然的文化"这样的寓意，杰姆逊是在用西方的思维来过度阐释中国的故事。就阐释的具体观点而言，杰姆逊的阐释是不折不扣的私人阐释，在中国语境中不可能成为公共阐释；但语义方阵这种阐释方法，由于其新颖别致且易于操作，很快被中国学界所接受和使用。

第二个层面是中层的方法论体系。这在认知性阐释学那里表现特别明显。认知性阐释学作为现代阐释学兴起的标志，其阐释当然具备公共阐释的属性。认知性阐释学无论是以阐释作者本意为中心，还是以阐释文本本意为中心，其阐释都可以从方法论层面加以考量。施莱尔马赫、伯艾克、狄尔泰等人的阐释学，其目的就是寻找一套合适的方法论体系来理解、把握作者的真正原义，施莱尔马赫用心理移情的方法来重构作者的创作过程，伯艾克认为阐释学"应该成为建构语文知识的方法论"②，狄尔泰则以"体验"为核心，用来"理解"那些不能"解释"的精神科学。贝蒂的阐释学则从作者中心转向文本中心，他所推动的方法论阐释学研究，"坚持的是一种认识论立场，认为解释过程在根本上就是'解决理解中的认识问题'。"他提出了著名的阐释四规则："对象的自主性规则""对象的整体性原则""理解的现实性规则""理解的意义符合规则"，将文本中心确立为第一原则。他的认识论立场和阐释四规则构成一个完整的方法论体系，其真正用意是主张"以文本为中心的作者、文本与读者三者的意义和谐"③。无论是以探寻作者原意还是文本原意为中心，认知性阐释和所有阐释一样，都秉持一种方法论，即阐释的循环。阐释的循环可说是所有阐释都无法回避的一种方法，由于其普遍性，它已经超越了具体的方法，上升到方法论的层次。阐释的

---

① ［美］弗雷德里克·杰姆逊：《后现代主义与文化理论》，唐小兵译，陕西师范大学出版社 1987 年版，第 98 页。

② 彭启福：《施莱尔马赫和伯艾克对诠释学方法论的不同建构》，《天津社会科学》2012年第 1 期。

③ 潘德荣：《理解方法论视野中的读者与文本——加达默尔与方法论诠释学》，《中国社会科学》2008 年第 2 期。

循环首先表现为本文内部分和整体之间的循环，早在现代阐释学之前的《圣经》的阐释中，人们已经意识到这一现象：具体语词只有放到本文中才能被正确理解，对本文的理解又离不开具体的语词，语词和本文之间形成一个阐释的循环。认知性阐释则将阐释的循环纳入到更大范围内的本文与历史语境的循环。施莱尔马赫在《新约》翻译和《圣经》注释过程中注意到一个现象，由于不同时期的人们都曾参与《圣经》的编写，《圣经》文本内存在很多矛盾的地方，但《圣经》又被视为一个包含共同信仰的整体，这样，如果坚持具体部分内容的"语义"分析，就会破坏共同信仰，如果坚持以共同信仰为基础，不少"本文"就显得不可信。任何一种情况，对于虔诚的信仰者都是无法接受的。为此，施莱尔马赫将本文和它赖以形成的历史语境联系起来，对本文的理解依赖其历史语境，本文的意义因而受到历史语境的约束，它可以解决《圣经》本文和共同信仰的矛盾问题，但如何理解历史语境，又离不开具体的本文，这样，本文作为部分，历史语境作为整体，又形成一个阐释的循环。在此基础上，伽达默尔又提出阐释主体和历史传统的大循环，此不赘述。①

和西方阐释学的方法论传统不一样，中国阐释学没有明确的方法论意识，但却有自己鲜明的方法论特色，主要表现为经权之变和关联性特色。在对儒家经典的阐释中，阐释者或者从"下面做上去"，或者从"上面做下来"，②无论是从具体事物入手来通经明理（即从部分到整体），还是用经中之理来衡量具体事物（即从整体到一般），其目的都是为了解经。解经遇到的一个问题是本文原意、作者原意和读者领悟之间的关系问题，如果拘泥于作者原意或文本原意，当然符合"经"之要求，但阐释者解经就成了为解经而解经，解经的现实意义没有了，这样的解经固然能显示学问，但没有思想，所以解经中间出现了一个经权之变的现象，它不仅是观点差异的表征，也是一种方法论的反映。既然用作者本意或文本本意来解释经典的某个部分不

---

① 对阐释循环的梳理，详见潘德荣《诠释的循环》，《探索与争鸣》1993 年第 1 期。

② （宋）朱熹：《训门人二》，载黎靖德编《朱子语类》卷 114，岳麓书社 1997 年版，第 2488 页。

合时宜，不妨撇开该经典的本意转而用其它的解释，这其它的解释乃权变之宜，也是古人常说的"通变"，通变也是圣贤之所以为圣贤的一个原因，自古"无不通变底圣贤"①。圣贤都可以不泥古而通变，后人更应该从经典中看出现实所需之理，阐释经典是为了得理，只要得到这个有利于"修身、齐家、治国、平天下"② 的理，经也就实现了它的价值，所谓"借经以通乎理耳，理得，则无俟乎经"③。值得注意的是，对某部经典而言，阐释上的权变虽然与该经典本意不尽一致，但它仍符合其它经典的要求，否则，就背离了解经的初衷而成为随性而为的异端邪说。所以朱熹说"权固不离乎经"④，"合于权，便是经在其中"⑤，程颐说"权即是经"⑥。从方法论的角度看，经权之变普遍存在于经学阐释和文学阐释中。孔颖达《五经正义》虽然被指责为"守着一条'疏不破注'的规矩"⑦，但实际上，往往有所突破。比如说，在释《诗经·郑风·缁衣》时，援引《毛序》来加以疏解，一方面指出《缁衣》与《毛序》所说的"国人宜之，故美其德"⑧ 相对应，另一方面又指出《毛序》将诗意与"以明有国善善之功焉"联系起来，则"于经无所当也"⑨。后者显然是对《毛序》的突破。对陈子昂的《登幽州台歌》，论者大都言其"今古茫茫""胸中自有万古"之气概，清代的宋长白在《柳亭诗话》中则将该诗和阮籍的"时无英雄，遂使竖子成名"对举，将一己胸中之感慨转移到

① （宋）朱熹：《训门人五》，载黎靖德编《朱子语类》卷117，岳麓书社1997年版，第2522页。

② 参看《礼记·大学》，载李学勤主编《十三经注疏·礼记正义》，北京大学出版社1999年版，第1592页。

③ （宋）朱熹：《学五·读书法下》，载黎靖德编《朱子语类》卷11，岳麓书社1997年版，第172页。

④ （宋）朱熹：《论语十九·子罕篇下》，载黎靖德编《朱子语类》卷37，岳麓书社1997年版，第887页。

⑤ （宋）朱熹：《论语十九·子罕篇下》，黎靖德编：《朱子语类》卷37，岳麓书社1997年版，第886页。

⑥ 转引自朱熹《论语十九·子罕篇下》，载黎靖德编《朱子语类》卷37，岳麓书社1997年版，第885页。

⑦ 吴孟复：《训诂通论》，安徽教育出版社1983年版，第28页。

⑧ 李学勤主编：《十三经注疏·毛诗正义》，北京大学出版社1999年版，第276页。

⑨ 李学勤主编：《十三经注疏·毛诗正义》，北京大学出版社1999年版，第276页。

身外的世事沧桑，虽与前人对该诗的阐释不一致，也算是一家之言。①和经权之变相比，中国阐释学的关联性特色更为普遍。根据李春青教授的说法，关联性思维是中国思维方式的特色所在，具体特征包括三个方面：一是以具象的方式达成抽象的目的，二是通过认识自己来认识世界，三是寻求意义而不追问"真相"，这使得中国的阐释有自己的独特性："不涉理路""不落言筌""设身处地"，② 这些既可以看作是阐释方式，也可以看作是阐释的方法论特色。在中国语境中，"不涉理路""不落言筌""设身处地"历来被普遍被接受，几乎成为公共阐释不证自明的方法论特点。

第三个层面是深层的理解阐释的方法。从整个现代阐释学的发展来看，认知性阐释学和本体论阐释学都可以理解为是用不同方法来理解阐释，认知性阐释学认为阐释通过对作者和文本的认知来理解作者本意和文本本意，本体论阐释学认为理解过程本身就是阐释需要关注的重点，阐释本身就具有本体地位。如上文所言，认知性阐释学对认知方法的使用，让它带有鲜明的方法论色彩。对本体论阐释学而言，涉及到的就不仅是方法论问题，（如果说认知性阐释学的方法论涉及到移情、建构、体验，本体论阐释学的方法论则涉及到生成，它将理解过程视为此在的生成过程，用现象学的方法来理解阐释；同时，认知性阐释学和本体论阐释学都注意到阐释的循环问题。）更重要的是如何理解阐释本体地位的问题，这是对阐释作为方法的最深层的理解。伽达默尔的观点最具代表性。他接受海德格尔的思想，认为理解不再是主体指向理解对象的行为方式，而是"此在本身的存在方式"③，这样一来，阐释学在他看来，就不再是一种方法论，④ 而是"属于效果历史"的理解进

① 参看刘学锴《唐诗选注评鉴》上卷，中州古籍出版社 2013 年版，第 115 页。
② 李春青：《古代文论研究中阐释的有效性问题》，《文艺争鸣》2015 年第 9 期。
③ ［德］伽达默尔：《真理与方法》，洪汉鼎译，上海译文出版社 1999 年版，"第二版序言"第 6 页。
④ 图克认为，《真理与方法》给人的印象是：最没有价值的东西就是方法；布泊则将其理解为"真理与非方法"。参看潘德荣《"德行"与诠释》，《中国社会科学》2017 年第 6 期。此外，《真理与方法》在保尔·利科尔看来，"作品的名称本身包括了海德格尔的真理概念与狄尔泰的方法概念之间的对立…… 这部书在什么程度上可被正当地称作'真理与方法'，而不应被称作'真理或方法'。"见［法］利科尔《解释学的任务》，李幼蒸译，《哲学译丛》1986 年第 3 期。

程，换言之，"理解是属于被理解东西的存在。"① 如何理解这种具有本体地位的阐释？伽达默尔求助于语言，人们通过语言"在流传物和解释者之间"进行"对话"："真正的事件只有当作为流行物传到我们手中而我们又必须倾听的语词真正与我们相遇，并且就像在同我们讲话、自己向我们显露意思时才成为可能。"② 通过语言来对话，其实是将认知性阐释学的由作者和文本中心转向本体论阐释学的以读者为中心，理解既然是"此在本身的存在方式"，理解到的意义也意味着读者自身此时的存在状态，在此时的存在状态中，读者既建构自身成为理解主体，也建构理解对象将其作为理解事件中的一个阶段，还建构了理解主体和理解对象之间的一种关系。突出了此在的存在状态和主体与对象之间的关系，一方面显示出一种存在的历史感，另一方面显示出存在和理解存在之间的关系，这两方面的融合，催生了伽达默尔阐释学的核心概念"效果历史"："真正的历史对象……是自己和他者的统一体，或一种关系，在这种关系中同时存在着历史的实在以及历史理解的实在……我就把所需要的这样一种东西称之为'效果历史'。理解按其本性乃是一种效果历史事件。"③ 对效果历史的追求是伽达默尔阐释学成为公共阐释的鲜明特征。

## 三 营造氛围

诚如张江教授所言，公共阐释的公度性需要"立足于公共理性建构的公共视域"④，这意味着作者和广大读者参与的公共视域是公共阐释的前提，它为公共阐释提供讨论的空间，使公共阐释在一定的氛

---

① 〔德〕伽达默尔：《真理与方法》，洪汉鼎译，上海译文出版社 1999 年版，"第二版序言"第 8 页。

② 〔德〕伽达默尔：《真理与方法》，洪汉鼎译，上海译文出版社 1999 年版，第 589—590 页。

③ 〔德〕伽达默尔：《真理与方法》，洪汉鼎译，上海译文出版社 1999 年版，"译者序言"第 8 页。

④ 张江：《公共阐释论纲》，《学术研究》2017 年第 6 期。

围中展开。营造氛围也因此成为公共阐释形成的另一条途径。

阐释对文本意义的解读需要获得公共视域内参与者的认可，才能成为公共阐释。按照卡勒的说法，"一部作品的意义……既是一个主体的经验，同时又是一个文本的属性……它是没有定论的……如果我们一定要一个总的原则或公式的话，或许可以说，意义是由语境决定的。"① 卡勒的语境有所指，它既包括语言规则、作者和读者的背景，也包括解读文学的理论话语的变迁，但对公共阐释而言，最重要的语境是囊括这一切的阐释氛围。要营造某种阐释氛围，让阐释成为公共阐释，大致可以从三个方面展开。

其一是让某种阐释观点或方法形成自己的时代性或地域性氛围。要让某种观点或方法形成时代性氛围，除了提出观点或方法之人的权威性外，还需要该观点或方法有众多的追随者。某种观点或方法能形成时代性氛围，该种观点或方法一般也会有其时代性特征。"一代有一代之文学"② 是治中国文学史者的共识，这既得益于王国维的权威，更得益于时人对这一提法的普遍认同。新批评用"细读"法来分析文本，其鼎盛期在20世纪40年代到50年代，俄国形式主义开启的形式研究为新批评提供了学术的方向，世界性的战争让一般人难以接受专业的学院派训练，难以用高深的理论来分析作品，新批评从文本出发，不需要多少高深的理论，并创造术语来对作品加以讲解，符合一般人的需要。但随着接受美学尤其是新历史主义的崛起，新批评便逐渐失却了它的时代锋芒。至于公共阐释地域性氛围的形成，更需要具体分析。19世纪的英法，能形成唯美主义思潮，戈蒂叶1835年发表的关于《莫班小姐》的序言被公认为唯美主义宣言，王尔德在19世纪八九十年代成为唯美主义代言人；但在同时代的讲究经世致用的大清王朝，则不可能形成这种思潮。1840年的鸦片战争，让中国文学批评界所主张的张扬个性与讥切时弊结合在一起，不仅没有形成唯美主义观念，反而更加强调文学社会功用，"强调文学适应变

---

① ［美］卡勒：《文学理论入门》，李平译，译林出版社2008年版，第70页。

② 王国维：《宋元戏曲史·序》，《宋元戏曲史·人间词话》，万卷出版公司2015年版，第3页。

革的时势"①。因此，戈蒂叶在法国、王尔德在英国能领一时潮流，他们的思想多年后传入中国仍被视为异端，其原因在于法国和英国的文人对当时的政治绝望，转而将热情投入到艺术活动之中，以艺术来对抗现实；中国当时的文人对现实不满，却对政治满怀热情，传统的家国情怀高涨，关注时事压倒了寄情艺术。不同的地域性氛围形成不同的公共阐释。

　　其二是政治或文化的凝聚力形成阐释的指导性方向，指导性方向形成特定氛围，阐释在特定氛围中展开，容易形成共识，成为公共阐释。政治凝聚力形成阐释氛围，主要是通过文艺政策的形式对文学阐释产生影响，政治权威的感召力、文艺奖项形成的权力效应和激励机制以及官方文艺阐释者的话语权力②等诸多因素会自然而然地引导社会在特定历史时期形成某种公共阐释氛围。这方面，当以毛泽东《在延安文艺座谈会上的讲话》最有代表性。《讲话》在 1942 年 5 月口头演讲，1943年 10 月 19 日《解放日报》正式发表《讲话》全文，稍后，中央总学委向全国发出学习《讲话》的《通知》，到 11 月 7 日，中共中央宣传部发出《关于执行党的文艺政策的决定》，《讲话》所要求的文艺为工农兵服务成为"党对于现阶段中国文艺运动的基本方针"③。在这样的氛围中，解放区、国统区都掀起了学习《讲话》的热潮，用《讲话》指明的文艺方向不仅表现在创作上，也表现在文艺阐释上。新中国成立后，《讲话》精神"通过第一次全国文代会的统一认识，成为中国当代文艺主流意识形态，此后又在历次文艺论争、文艺运动中被强化"④，成为文艺界公共阐释的指路明灯。对文艺的阐释普遍重视其政治意义和现实主义成分。文化凝聚力形成氛围，王阳明的心学可为代表。阳明心学强调一切"都只在此心。心即理也"⑤，倡导"致良知"，认为"天

①　黄霖：《近代文学批评史》，上海古籍出版社 1993 年版，第 3 页。
②　参看任美衡：《论文艺政策对近 30 年文学批评的"影响"》，《湘潭大学学报》2014年第 3 期。
③　《解放日报》1943 年 11 月 8 日。
④　周晓风：《当代意识形态与新中国文艺政策》，《文艺研究》2003 年第 2 期。
⑤　（明）王阳明：《传习录》上，载吴光等编校《王阳明全集》卷一，上海古籍出版社 2015 年版，第 2 页。

理即是良知"①。"心学"的兴起导致了以李贽"童心说"为代表的个性解放思潮的形成，不仅文学创作上对此有强烈的反应，出现了大量的世情小说乃至色情小说，文学阐释上也普遍出现从个人心性角度来揭示文学价值的言论，和此前从历史说教维度来理解文学形成鲜明的反差。袁宏道在《叙小修诗》中认为作诗"任性而发，尚能通于人之喜怒哀乐嗜好情欲"，从而提出"独抒性灵，不拘格套"②的文学主张；徐渭提倡"真我"，认为文章的真精神就"在方寸间"③，大力抨击无真情之作；汤显祖标举一个"灵"字，指出诗文"独有灵性者自为龙耳"④"士奇则心灵，心灵则能飞动"⑤。诗、文等方面都提倡从一己之心来出发来阐释作品，说明用"心学"思想来阐释文学已成为时代风气，李贽当年被认为是"异端"的思想在个性解放思潮中已成为普遍接受的公共阐释。在这种氛围中，冯梦龙甚至喊出了"《六经》皆以情教也"⑥的口号。"心学"的凝聚力让中晚明时期出现了中国批评史上独特的阐释方向：从一己心灵出发来从事文学批评。

其三是自发群体的力量形成合力，树立了新的价值观或文艺观，在新价值观或文艺观的引导下，出现新的被普遍接受的阐释方向。当前的自媒体时代，网络终端无处不在，图像的普及、网络水军的文艺评论让传统的文学价值观受到严峻的挑战。这首先在于网络逐渐树立了一种新的多元取向的文艺价值观，过去那种追问人类灵魂的精英文学观不再是唯一的文学观，网络时代的文艺固然可以通过文字来追问

---

① （明）王阳明：《传习录》（下），载吴光等编校《王阳明全集》卷三，上海古籍出版社 2015 年版，第 96 页。

② （明）袁宏道：《叙小修诗》，载祁志祥主编《国学人文读本》下，上海文化出版社 2008 年版，第 910 页。

③ （明）徐渭：《涉江赋》，载黄桃红、刘宗彬编《徐渭小品》，江西人民出版社 2010 年版，第 6 页。

④ （明）汤显祖：《张元长嘘云轩文字序》，载徐朔方笺校《汤显祖集·诗文集卷三十二》，中华书局 1962 年版，第 1079 页。

⑤ （明）汤显祖：《序丘毛伯稿》，载徐朔方笺校《汤显祖集·诗文集卷三十二》，中华书局 1962 年版，第 1080 页。

⑥ （明）詹詹外史（冯梦龙）：《情史叙》，载黄霖、韩同文《中国历代小说论著选》上，江西人民出版社，第 237 页。

人类灵魂，但更多的是通过文字或其它媒介来表达娱乐或消费的文学价值观，"审美救世"的文学理想在"娱乐消费"的时代大潮中只能偏于一隅且难以安身。文艺价值观的变化导致新的阐释方向的出现：图像阐释和合作式阐释。先看图像阐释。在移动终端，各种图像和视频挤占了文字的空间，即使是纯文字的学术论文转换成微信格式，一般也要进行图像化处理，调整排版并配上插图。对普通大众而言，对一个问题（包括文艺问题）的阐释，图像化的说明或许比文字说明更有吸引力，印证了波兹曼在《娱乐至死》中所说的"图像对语言进行了猛烈的攻击"①。其突出表现是网络文学的影视改编。"网络文学的影视改编并不是在于网络文学本身具有多么高的文学价值"②，而是在于用图像化方式吸引观众来消费。这带来了另外一个问题：对一部文艺作品价值的评定，其娱乐性诉求往往也压倒了精神性陶冶。文艺片《百鸟朝凤》的制片人愿意用下跪来请求影院在黄金场次排自己的影片，可见文艺片如今已淡出观众的视线。观众对商业片的喜爱表面上看只是一种消费需求，实际上折射出一种阐释方向，即观众不需要精神层面的阐释，需要的是感性层面的阐释。再看合作式阐释。网络文学的兴盛对阐释提出了新的要求，学院化的个体批评可能不太适应网络文学自身的特点，甚至有人认为："有些学院批评……不是帮助文学的发展，而是阻碍文学发展、打击文学的创新。"③ 针对这一现象，有论者提出"建构学者、作者、编者、读者四方主体合作的批评形态"，将其定位于"一种具有'数字现代性'特征的新型主体范式"，该范式形成两种典型形态：金字塔形和环形。④ 批评是阐释的一种形式，"四方主体合作的批评形态"是合作式阐释的一种形式。借助互联网技术，合作式阐释获得前所未有的发展。在网络上，学院式的个人化阐释湮没在不断更新的跟帖之中，难以获得纸质

---

① ［美］尼尔·波兹曼：《娱乐至死》，章艳译，广西师范大学出版社 2004 年版，第 98 页。

② 胡友峰：《电子媒介时代文学的"消费"问题》，《文艺理论研究》2016 年第 5 期。

③ 高玉：《"学院批评"与"作家批评"——当代文学批评的两种路向及其问题》，《思想战线》2005 年第 3 期。

④ 单小曦：《合作式网络文艺批评范式的建构》，《中州学刊》2017 年第 7 期。

传媒时代的那么大的公众影响力。要想在网络上形成某种公共阐释，合作式阐释似乎必不可少，合作各方根据自己的长处，对某部作品或某种现象加以阐释，求同存异，逐渐形成对作品或现象的共识，让各方的阐释在相互磨合、相互提炼中成为公共阐释。张江教授在谈到公共阐释的公度性时说："阐释的公度性立足于公共理性建构的公共视域"①，网络时代的合作式阐释的各方正是在合作的过程中用公共理性来寻求各方可以接受的公共视域，这一点和张江教授完全相同，和张江教授不同的是，合作式阐释的重心不在于公共视域，而在于借助网络来营造公共氛围，通过这种氛围让公共视域得以呈现，最终让阐释成为公共阐释。

总之，观点的可接受度、方法的被认可性以及氛围的营造，是阐释成为公共阐释的三条路径，它们或针对阐释对象，或针对阐释策略，或针对阐释环境，让阐释从不同的路径上通往公共阐释。在公共阐释形成的过程中，有时以某一路径为主，但总体上看，三条路径往往是交织在一起的。在三条路径合力的作用下，阐释不再是私人化的批评，而是获得公度性的公共阐释。

---

① 张江：《公共阐释论纲》，《学术研究》2017 年第 6 期。

# "阐释"阐释了什么<sup>*</sup>

## ——兼论作为现象学的"深层阐释学"的可能性

张任之<sup>**</sup>

在《关于公共阐释的对话》<sup>①</sup> 一文中，哈贝马斯对于张江教授倡导的"公共阐释"理论表达了自己的看法。一方面，哈贝马斯认为，公共阐释理论深深植根于中国的文化传统，这一理论所强调的公共性和开放性也是欧洲阐释学所包含的；另一方面，在与伽达默尔阐释学的对照中，哈贝马斯也追问，理性在阐释学中究竟扮演着什么样的角色？无论是张江还是哈贝马斯，都对伽达默尔的阐释学提出了批评意见，在思考中国阐释学的建构时，进一步思考和检讨哈贝马斯的这一追问，显然不会是多余的。

通常而言，人们对于"阐释"的探究，需要关注三个维度：阐释主体、阐释活动和阐释对象。当前的中国阐释学研究，对于阐释主体和阐释活动都有着深入的思考。阐释的主体，不仅是具有自知和自省的主体，更是交互的主体，构建合理的交互主体性或主体间性，是阐释的前提。而"阐""诠"之辨，其核心即在于对阐释活动本身及其目的的检讨。<sup>②</sup> 相对来说，作为"阐释"之第三维的阐释对象受到的关注比较少。文本或语言被视为当然的阐释对象。而哈贝马斯想探究的恰恰是："为了理解一句话的意义，我们必须探寻文本背后的理性，

---

　＊　本文原刊于《探索与争鸣》2020 年第 6 期。

　＊＊　作者单位：中山大学哲学系。

　　①　张江、[德] 尤尔根·哈贝马斯：《关于公共阐释的对话》，《学术月刊》2018 年第 5 期。

　　②　张江：《"阐""诠"辨——阐释的公共性讨论之一》，《哲学研究》2017 年第 12 期。

即为何一个作者或一个人会选择某个被说出的句子。"① 换言之，我们可以追问，阐释对象是不是单单只是文本或语言？"阐释"阐释的是什么？如果我们对于阐释对象做更进一步的探究，是否有可能基于阐释对象的维度思考阐释的有限和无限？

## "阐释"阐释的仅仅是文本吗

根据帕尔默的概括，阐释学在现代有六个主要的界定，分别为圣经注释的理论、一般的语文学方法论、所有语言理解的科学、精神科学的方法论基础、存在和存在论的理解之现象学以及把握神话和象征背后意义的阐释体系。② 如果涉及阐释的对象，西方的阐释学大致可以分为两个大的脉络：一个是以圣经等宗教文本、法律文本、神话文本乃至语言本身为阐释的对象；另一个则是以生命、体验以及存在理解等作为阐释对象。这一区分在施莱尔马赫的思想中就已经存在，以至于人们可以在施莱尔马赫那里区分"语法的阐释"和"心理学的阐释"③，后世的研究者们也将这一区分规定为"语言为中心的阐释学"和"主体性为中心的阐释学"。④ 这一规定也构成了狄尔泰、海德格尔以及伽达默尔阐释学思考的出发点。

同施莱尔马赫追求一门不同于诸种特殊阐释学（如历史的、语文的、法律的阐释学等）的普遍阐释学一样，狄尔泰也发展了一门作为理解的艺术的普遍阐释学。在其《阐释学的起源》（1900年）一文的相关手稿中，狄尔泰对阐释学有一个界定："我们把对用文字书写固

---

① 张江、[德] 尤尔根·哈贝马斯：《关于公共阐释的对话》，《学术月刊》2018 年第5 期。

② [美] 理查德·E. 帕尔默：《诠释学》，潘德荣译，商务印书馆 2012 年版，第 50页。引文涉及 "Hermeneutics/Hermeneutik" 一词的翻译，均统一为 "阐释学"，特此说明。

③ [德] 施莱尔马赫：《诠释学讲演（1819—1832）》，洪汉鼎译，载《理解与解释：诠释学经典文选》，洪汉鼎主编，东方出版社 2001 年版，第 47—73 页。引文将 "诠释" "诠释学"，均统一为 "阐释" "阐释学"，特此说明。

④ [美] 理查德·E. 帕尔默：《诠释学》，潘德荣译，商务印书馆 2012 年版，第117—124 页。

定下来的生命展现的理解的技艺学称作阐释学。"① 这段话清晰地表明了狄尔泰对阐释学的阐释对象的规定。特殊阐释学针对的始终是各种各样的"文字书写",无论是历史文本、法律文本、艺术作品或文学表达等。而普遍阐释学关注的是这些"文字书写"背后的"生命展现",阐释即是对这些生命展现的理解。正是在此意义上,狄尔泰的阐释学可以被称作"生命的阐释学"(Hermeneutik desLebens)。狄尔泰还更进一步地将生命的阐释学视为精神科学(Geisteswissen-schaften)的基础。

狄尔泰最为突出的贡献在于,他不仅强调了生命体验或生命展现对于阐释学的独特意义,而且还勾勒了生命体验或生命展现之所以可以被阐释的意义关联结构。这一结构可以被简化为"体验—表达—理解"(Erlebnis-Ausdruck-Verstehen)的三联公式。所谓"体验"乃是构成精神历史世界的基本细胞,"主体在体验中发现,他与他的环境结成了一种生产性的生命关联体"。② 体验是生活中各个部分因某种共同的意义而联系成的一个统一体,可以说,体验构成了人类精神世界的知识、对他人的理解、对共同体的历史认识等一切的根本前提。③而"表达"则是对"体验"的传达,它是创造性的。表达有多种多样的形式,比如表情、姿态等身体性表达,以及艺术作品、自传、诗歌、文学等文字书写性表达。"理解"的根本,就在于借助"表达"去把握生命"体验"的意义。所谓"阐释"(Auslegung)就是"在一定规则指导下的、对持久固定的生命展现所做的理解"。④ 因此,

---

① Wilhelm Dilthey, *Die geistige Welt. Einleitung in die Philosophie des Lebens*, erste Hälfte: *Abhandlungen zur Grundlegung der Geisteswissenschaften*, Gesammelte Schriften Bd. V, Stuttgart, Göttingen, 1990, p. 332f. 中译参见〔德〕狄尔泰:《诠释学的起源》,洪汉鼎译,载《理解与解释:诠释学经典文选》,洪汉鼎主编,东方出版社2001年版,第74—92页。中译文未包括狄尔泰写作该文的相关手稿。

② 〔德〕狄尔泰:《精神科学中历史世界的建构》,安延明译,中国人民大学出版社2010年版,第142页。

③ 〔德〕狄尔泰:《精神科学中历史世界的建构》,安延明译,中国人民大学出版社2010年版,第180—181页。

④ 〔德〕狄尔泰:《精神科学中历史世界的建构》,安延明译,中国人民大学出版社2010年版,第198页。

文本或语言之所以成为阐释的对象，究其根本，是在于文本或语言是固定下来的生命展现，是生命"体验"的"表达"，阐释主体对于文本或语言的阐释，最终指向的是对文本或语言背后的生命体验的意义的阐释。

狄尔泰的这一突破被海德格尔进一步推进。海德格尔赋予"理解"以存在论的意义。"理解"被视为"此在"的存在方式，"理解"始终关涉此在的"在世界之中存在"的基本建构，此在正是在对世界的理解中一道理解了生存。[①] 跟随海德格尔的"此在阐释学"，伽达默尔发展出一门"哲学阐释学"，理解在根本上同样是"人类生命本身原始的存在特质"。[②] 只不过伽达默尔又往前走了一步，提出"能被理解的存在就是语言"，阐释学是通过语言而与存在照面。

可以看到，无论是狄尔泰的"表达"，或是伽达默尔的"语言"，它们可以成为阐释学阐释的直接对象，但它们却不是阐释学的唯一或最终的阐释对象。狄尔泰借助"表达"试图通达的是"生命体验"，伽达默尔借助"语言"试图照面的是"存在"。

回到哈贝马斯的追问，我们会发现，他同样关注了阐释对象的不同层面，即文本和文本背后的理性。对于西方的阐释学思想家来说，阐释对象始终可以是两个层面的：一个是文本或语言；一个是文本或语言所关涉的东西（生命体验或存在等）。当然，哈贝马斯与狄尔泰、伽达默尔都不相同，因为尽管他提出了理性在阐释学中究竟该扮演什么角色的问题，看上去他和狄尔泰或伽达默尔一样在追问文本背后的理性，但是哈贝马斯思想的独特之处在于，文本背后的理性成为人们理解文本的手段。后面本文还会提到，哈贝马斯对于语言本身的歪曲会有自己的批判。

---

① ［德］马丁·海德格尔：《存在与时间》，陈嘉映、王庆节译，熊伟校，商务印书馆 2015 年版，第 31、32 节。中译本将"Verstehen"译为"领会"，为保持本文的行文统一，改为"理解"。

② ［德］伽达默尔：《诠释学Ⅰ：真理与方法》，洪汉鼎译，商务印书馆 2010 年版，第 370 页。

# 对阐释对象的"阐释"

如果我们在狄尔泰的阐释学三联公式中来理解"阐释"本身，我们究竟应该如何理解阐释的有限与无限？张江教授在《论阐释的有限与无限——从 π 到正态分布的说明》一文中指出：阐释的开放与收敛、有限与无限是阐释学的基本问题。20 世纪以来，在这一问题上有两种主要看法：一是坚持阐释的绝对开放性，文本具有无限意义；二是坚持阐释的约束性，阐释的目的在于把握文本原本固有的意义。通过借鉴自然科学方法，该文强调阐释是无限的，同时又是收敛的，标准正态分布展现了阐释之"阐"的有限与无限关系。[①] 可以说，这一探究对阐释的有限与无限之间的相互包含和相互决定关系做了清楚的说明。在这一分析中，阐释对象被明确地界定为文本，文本的阐释可以是无限的，但最终阐释须约束于文本的有限之中。

如果阐释对象不单单是文本，而是文本所关涉的东西，那么阐释的有限与无限可以得到怎样的理解和展开？

## （一）阐释的有限

如果按照狄尔泰的想法，我们是借表达来理解生命体验，那么生命体验这一阐释对象对于阐释而言，是否具有约束性？施莱尔马赫的"心理学阐释"在狄尔泰这里得到了保留，但正如利科所说："与施莱尔马赫的工作相比，狄尔泰的工作更好地提出了阐释学的核心疑难，这一阐释学让文本的理解服从于对进行表述的他者的理解的法则。如果这个举动最终仍然是心理学上的，这是因为它指派给阐释的最后目标是进行表述的人，而不是文本所说的东西。同样地，阐释的对象也不断偏离文本、它的意义以及它的指涉，而走向进行表述的生命体验。"[②] 一方面，狄尔泰跟随着施莱尔马赫在追究文本背后的东西，即生命体验；另

---

① 张江、［德］尤尔根·哈贝马斯：《关于公共阐释的对话》，《学术月刊》2018 年第 5 期。

② ［法］保罗·利科：《从文本到行动》，夏小燕译，华东师范大学出版社 2015 年版，第 88 页。引文有改动。引文将"诠释""诠释学"，均统一为"阐释""阐释学"，特此说明。

一方面，这一追究使得人们对文本的理解最终要服从于对生命体验进行表达的他者的理解，而后者仍未能摆脱心理学。

换言之，如果我们把阐释的对象聚焦生命体验这样的对象之上，对其进行理解的心理学是否对阐释具有约束性？或者说，生命体验本身是否具有客观性，因为阐释对象的客观性正可以对阐释活动产生约束性。利科敏锐地指出："客观性问题在狄尔泰那里一直是一个既不可避免又不可解决的问题。"① "不可避免"是因为狄尔泰想用生命阐释学作为精神科学的基础，亦即发展一门与自然科学相对，但同样具有其独特客观性的精神科学；"不可解决"是因为狄尔泰始终把阐释学的问题归为认识他者的纯粹的心理学问题，所以客观性的根据最终并不能在阐释学自身找到。

这正是胡塞尔的现象学超出狄尔泰生命阐释学之处。胡塞尔在总结其《逻辑研究》的突破性意义之前简单勾勒了狄尔泰"解释的与描述的心理学"之得失："'内在'经验的领域，意即体验的脉络，这个体验脉络乃构成了我们内在流动的生命，或者这个脉络是对于纯然具体的人来说以及对于直接的观看来说是可触及的，不是也应该带有一个形式的法则框架，也就是一个颠扑不破的必然性或法则性的普遍形式，以便使得精神科学工作的解释性成就可以在方法上获得回溯？"② 相较狄尔泰的生命阐释学，胡塞尔的意识现象学迈出的决定性一步在于对意识生活（生命体验）的意向性分析。胡塞尔通过揭示意识生活的现象学本质发展出一门"新的心理学"，即"现象学的心理学"，先天性、本质性、直观纯粹描述、意向性等是这门新的学问的根本特质。正是通过"意识—意识对象"或"意向行为—意向相关项"之间的"相关性先天"，胡塞尔赋予了生命体验以客观性。

由此我们可以进一步补充狄尔泰阐释学的三联公式，其中作为最终阐释对象而出现的"生命体验"在根本上就是意识生活，意识则始终是意识着某物，这种具有意向性本质的"生命体验"在根本上

---

① ［法］保罗·利科：《从文本到行动》，夏小燕译，华东师范大学出版社 2015 年版，第 87 页。

② ［德］胡塞尔：《现象学的心理学》，游淙祺译，商务印书馆 2017 年版，第 33 页。

有其自身的先天性和本质性，因而对于人们对其"阐释"和"理解"的活动就具有约束性。阐释的有限性恰恰就导因于阐释对象（意向性的生命体验）自身的先天性而产生的约束性。

### （二）阐释的无限

如果阐释对象被标定为文本背后的生命体验，我们的阐释活动就意味着对他人（如文本作者）的生命体验的理解，这是如何可能的？

施莱尔马赫曾将"心理学阐释"的任务规定为"把每一所与的思想复合物看成某个确定个人的生命环节（Lebensmoment）"[①]，为了更好地进行心理学的阐释，人们可以使用"预期的"（divinatorische）方法以直接地理解作者，这种理解的核心在于"我们使自身变成另一个人"。这种"预期的"方法之使用得以可能，前提在于"每一个人除了他本身是一个有特征的人外，对其他人还具有一种敏感性"，而这最终又依赖于一个事实，即"每一个人都分享了某些普遍的特性"。[②] 施莱尔马赫这里所表达的以"预期的方法"所进行的"心理学阐释"，核心在于阐释者要借"阐释"去把握和理解他人（文本作者）的"生命环节"。这种阐释最终依赖的其实是我们共通的人性。

狄尔泰对此做了精当的概括："普遍有效阐释的可能性可以从理解的本性中推出。在这种理解中，阐释者的个性和他的作者的个性不是作为两个不可比较的事实相对而存在的：两者都是在普遍的人性基础上形成的，并且这种普遍的人性使得人们彼此间讲话和理解的共同性有可能。"[③] 在此基础上，狄尔泰更进一步，将"理解"的最高形式规定为对于"生命展现"之内容或意义的"再体验"（Nacherleben）或"再创造"（Nachbilden）。在这种"再体验"中，心理生命

---

[①] ［德］施莱尔马赫：《诠释学讲演（1819—1832）》，洪汉鼎译，载《理解与解释：诠释学经典文选》，洪汉鼎主编，东方出版社2001年版，第70页。

[②] ［德］施莱尔马赫：《诠释学讲演（1819—1832）》，洪汉鼎译，载《理解与解释：诠释学经典文选》，洪汉鼎主编，东方出版社2001年版，第68页。

[③] Wilhelm Dilthey, *Die geistige Welt. Einleitung in die Philosophie des Lebens*, erste Hälfte: *Abhandlungen zur Grundlegung der Geisteswissenschaften*, *Gesammelte Schriften* Bd. V, Stuttgart, Göttingen, 1990, p. 332f. 中译参见 ［德］狄尔泰《诠释学的起源》，洪汉鼎译，载《理解与解释：诠释学经典文选》，洪汉鼎主编，东方出版社2001年版，第90页。中译文未包括狄尔泰写作该文的相关手稿。

的总体整全地活跃于理解活动之中。"一种充分的生命参与要求理解活动与事件的线索本身同向发展。它必须一直与生活的过程本身一道前进。因此转换或转移的过程可以使理解者沿着事件的线索，再体验到一种创造活动。"① 历史学家或诗人能使我们获益，恰恰就在于这种"再体验"。狄尔泰搁置了这种"再体验"与"同情"（Mitfühlen）和"同感"（Einfühlen）的区别与联系，因而也未能对"再体验"本身做更为细致的描述分析。

同时受到狄尔泰和胡塞尔影响的现象学家埃迪·施泰因发展了对"同感"的现象学研究，并将之视为精神科学的真正基础。同感在现象学上看是一种"对异己意识之把握"的行为，它在根本上是一种"本原的"但"非本原给予性"的行为。说其"本原"，是因为这一行为作为"我"的当下的现时的行为是"本原的"；说其"非本原给予性"，是因为在这一当下的现时的行为中直接给予"我"的"异己意识"始终还是属他的。②

在现象学的意义上，我们可以说对他人生命体验的理解（"再体验""再创造""同感"等）行为本质上是一种"本原的"但"非本原给予性"的行为。正因其"非本原给予性"，阐释或理解的可能性就是无限的。

概括而言，借助现象学的展开，我们可以对狄尔泰阐释学的三联公式"体验—表达—理解"做更细致化的分梳。其中，表达是现象学阐释学的直接的阐释对象，理解则是阐释活动，而生命体验是最终的阐释对象。意向性的生命体验因其自身的先天性和本质性对阐释本身有约束，阐释的有限盖源于此；而理解或阐释本身尽管是当下的、现时的、"本原的"，但它同时是"非本原给予性"的，因此对这些本质上属他的、非本原给予的生命体验的阐释可以是无限的。最终，有限和无限的限度统合在阐释者的"主体性"（作为"交互主体性"的

---

① ［德］狄尔泰：《精神科学中历史世界的建构》，安延明译，中国人民大学出版社 2010 年版，第 196 页。

② Edith Stein, *Zum Problem der Einfühlung*, *Edith Stein Gesamtausgabe* Bd. V, Freiburg: Herder, 2010, pp. 13 – 20.

"主体性")之中。

## 作为现象学的"深层阐释学"

早在 20 世纪六七十年代，哈贝马斯和伽达默尔就围绕阐释学的普遍性问题展开了一场论辩。论辩首先导源于哈贝马斯为伽达默尔《真理与方法》撰写的书评，其后伽达默尔撰专文回应，随后哈贝马斯再次批评，论辩来回往复多次，双方的态度都表达得比较清楚。本文特别关注的是哈贝马斯通过批评伽达默尔而提出一个概念，即"深层阐释学"（Tiefenhermeneutik）。[①]

针对伽达默尔提出的阐释学的普遍性要求，哈贝马斯指出："阐释学意识，如果不包含对阐释学理解界限的考虑，那就不会完善。对某种阐释学限度的体验，涉及特别不可理解的表述。人们天生获得的交往能力的运用，无论多么娴熟，也无法克服这种特别的不可理解性。"[②]这里所说的"不可理解性"，在哈贝马斯看来主要有两种形式：一是出自巨大的文化差距和时间或社会的差距而产生的理解困难；二是出于言语本身的组织缺陷而造成的不可理解性。哈贝马斯认为，阐释学对后一种困难是无能为力的。因为按照伽达默尔的理解，阐释学对不能理解或理解错误的表达方式的说明，总是要回到一种一致的意见，这种一致的意见是通过一种趋同的传统确立的。但是哈贝马斯指出，这种看似以"合理的"方式取得的意见一致，很可能是无效交往或伪交往的结果。只有通过"深层阐释学"才能说明这种被曲解的交往的特别的不可理解性。[③]

哈贝马斯对于"深层阐释学"的提出主要是借鉴了精神分析学的成果，核心目的是要揭示阐释可能具有的界限，特别是因言语本身的

---

① ［德］尤尔根·哈贝马斯：《诠释学的普遍性要求》，高地、鲁旭东、孟庆时译，载《理解与解释：诠释学经典文选》，洪汉鼎主编，东方出版社 2001 年版，第 269—302 页。

② ［德］尤尔根·哈贝马斯：《诠释学的普遍性要求》，高地、鲁旭东、孟庆时译，载《理解与解释：诠释学经典文选》，洪汉鼎主编，东方出版社 2001 年版，第 269—302 页。

③ ［德］尤尔根·哈贝马斯：《诠释学的普遍性要求》，高地、鲁旭东、孟庆时译，载《理解与解释：诠释学经典文选》，洪汉鼎主编，东方出版社 2001 年版，第 292— 296 页。

组织缺陷造成的不可理解性。我们可以更进一步，撇开哈贝马斯对于"深层阐释学"的特殊界定，转而从一种现象学的视域来理解和拓展"深层阐释学"。

按照前文的讨论，阐释学作为一门学科需要具有普遍性的要求，如果人们对于文本或语言的阐释无可避免地会带有一种特殊的不可理解性，那么当我们把目光投向作为最终阐释对象的生命体验或意识生活，我们对于意识生活的阐释本身就是一种现象学的"深层阐释学"，因为它关注的是文本或语言背后的东西。这样的一种"深层阐释学"可以说植根于施莱尔马赫以来的阐释学传统，特别是发展了西方阐释学中宽泛意义上的"心理学阐释"一脉，进而借助现象学的方法，可以最终为狄尔泰所强调的精神科学奠基。

如果说公共阐释学是建基于中国传统文化（特别是注疏、诠证等）之上的、有别于单纯的西方阐释学的当代中国阐释学新建构，那么这一新建构的理论资源就不单单是中国传统文化中对于经典的注疏（文本阐释），而是也可以关注作为文本阐释的经典注疏背后的或另外的传统。我们在宋明儒者那里看到的借经典阐释而发展出的关注身心体验的"工夫论"传统，它实际上构成了中国传统阐释学的另一个面向，或者说更深层的面向。

一般而言，宋明儒者对于诸多经典与文本的阐释与深究，核心不在于自立学说，而是在于自家"工夫论"的实践要求。通过对经典与文本的一再阐释、体会，乃至与师友的切磋、论辩，宋明儒者不断对生命本身进行活生生的价值领会与创造。文本阐释与身心体验的工夫践履必然存在着一种辩证互动的关系，可谓"体验无经传则盲，经传无体验则空"①。在此意义上，宋明儒者阐释圣贤之言的关键在体察圣贤之心，而圣贤之心根本上又勾联着圣贤之意或天理，阐释即是体证。如果说，对于经典文本的注疏诠证构成了中国的经典阐释学，那么宋明儒者的身心体验—体证之工夫践履就是一门"深层阐释学"，它关注的是圣贤之言背后的东西。

---

① 陈立胜：《宋明儒学中的"身体"与"诠释"之维》，商务印书馆 2019 年版，第252 页。

　　哈贝马斯试图借"深层阐释学"来解决言语本身的组织缺陷所带来的不可理解性，而一门扩展意义上的现象学的"深层阐释学"何尝不能用来解决异文化、跨文化沟通中的不可理解性？

　　如果把意向性的生命体验或意识生活视为阐释的最终对象，构建中的"心性现象学"就可以是现象学的"深层阐释学"。其以现象学的思维方式重新审视或"阐释"东西方心性思想，一方面试图揭显人类共通的意识或心性本质结构（所谓"人同此心、心同此理"）；另一方面则期待借东西思想的互镜（Spiegeln）以寻求古今中西文明之"均衡"（Ausgleich）。在此意义上，可以说心性现象学或现象学的"深层阐释学"是在"西方理论的中国化"和"传统思想的当代化"这两方面进行着努力和推进。在这里，我们不仅可以触摸到这一学问的切身的当下性，更可展望其未来性。

# 阐释现象的现象学分析<sup>*</sup>

张志平<sup>**</sup>

　　阐释学从其发展历史看，有各种不同的类型，比如，局部阐释学、方法论阐释学、一般阐释学、哲学阐释学，等等；从不同阐释学家的思想看，也有施莱尔马赫的一般阐释学、狄尔泰的体验阐释学、海德格尔的此在阐释学、伽达默尔的语言阐释学、利科的文本阐释学、哈贝马斯的批判阐释学，等等①。这些不同的阐释学类型或思想表面上看各不相同，充满分歧，有些甚至针锋相对，但都与阐释现象本身有关：它们要么就应该如何阐释给出特殊的或一般的方法论原则，要么就阐释的目的作出自己的理论预设，要么就阐释现象的本质给出反思性的界定或理解。由于切入的角度和理论的旨趣与意图不同，它们所涉及的阐释现象的面相各有侧重。由于阐释现象的存在构成所有阐释学理论赖以发生和存在的基础，所以，只有对阐释现象本身作出全面而彻底的反思性分析，我们才能恰切地判断不同的阐释学理论之间可能存在的对立或互补关系，也才能就阐释学本身牵扯的一些问题或面临的困境作出反思性澄清或化解。

　　本文的目的即在于对阐释现象的本质作出根本性的分析和澄清，并在此基础上就阐释学所面临的一些问题作出尝试性说明。为此，本文拟从以下三方面展开论述：一是从词源学角度对阐释学的外文及中

---

　　* 本文系上海高校高峰高原学科建设的阶段性成果。本文原刊于《天津社会科学》2018 年第 4 期。

　　** 作者单位：上海师范大学哲学与法政学院。

　　① 潘德荣：《西方诠释学史》，北京大学出版社 2016 年版，第 9 页。在此，本文为了文中的讨论方便起见，把"诠释学"改为"阐释学"。

文词的含义做出分析；二是由词源学分析所提供的线索出发，从现象上探问并澄清阐释现象的本质及其构成要素的特征；三是在此基础上就阐释学中存在的阐释的认识性与存在性、主观性与客观性、相对性与确定性、可理解性与可说服性以及多元性与合理性等问题给出尝试性澄清，并指出公共阐释或理性阐释的可能性和必要性。

## 一　hermeneutics/Hermeneutik 的词源学分析

从词源学上讲，阐释学的德语词"Hermeneutik"来源于希腊语词"hermēneuein"，即作为动词的阐释；据说——因为有两种不同的解释——其词根是"Hermes"，而"Hermes"是指神的信使赫尔墨斯，其职责是将神的旨意传达给人类；由于神的语言与人类的语言不同，加之神的话语充满隐喻，因此，就需要赫尔墨斯不仅把神的语言翻译为人类能懂的语言，而且要把神所作隐喻的涵义向人类解释清楚。[①]

就"Hermes"是"Hermeneutik"的词根而言，如果我们把赫尔墨斯向人传递神的旨意的活动视为一种阐释活动的模型，那么，我们从中至少可以发现阐释活动具有以下特点：（1）关系性。其中既涉及到赫尔墨斯与神的关系，也涉及赫尔墨斯与人类的关系，还涉及人类与神的关系。（2）障碍性。没有赫尔墨斯的阐释，人类是听不懂神的话语的，即使人类和神拥有同样的语言，也无法理解神的话语中所包含的隐喻。就此而言，神和人的关系是一种阻隔关系，即人单向地无法理解、至少无法完全理解神的旨意。（3）中介性。没有赫尔墨斯，人类将听不懂神的旨令，因此，需要赫尔墨斯作为神与人之间的中介。（4）转换性。赫尔墨斯把神的语言翻译为人的语言、把隐喻用清楚明白的话加以解释，这就是一种转换。（5）间距性。在神的旨意与人对神的旨意的领会之间存在着间接性的间距性；在神和赫尔墨斯的共同语言与赫尔墨斯和人的共同语言之间存在着异质性的间距性；从神颁布其旨意到赫尔墨斯通过阐释把其旨意传达给人类听，

---

① 潘德荣：《西方诠释学史》，北京大学出版社 2016 年版，第 20 页。

期间也存在着滞后性的间距性。（6）可理解性。作为中介的赫尔墨斯必须既能理解神的话语，又能说被人类所理解的话语；就此而言，赫尔墨斯与神的关系以及赫尔墨斯与人的关系就是一种无障碍的可理解性关系。当然，理论上也存在赫尔墨斯不能理解或只会误解神的话语的可能性，以及人不能理解或只会误解赫尔墨斯的话语的可能性。但是，如此一来，赫尔墨斯就不成其为神和人之间的中介了，他的阐释也就是不必要的了。除非我们认可误读的不断蔓延，否则，倘若赫尔墨斯需要第三者的阐释才能理解神的话语，而赫尔墨斯的阐释同样需要第三者的阐释也才能被人类所理解，而第三者的阐释又需要第四者加以阐释才能被理解——以此类推，至于无穷，那么，理解就是不可能的。反过来说，倘若根本不存在可理解性，阐释也就失去了其赖以存在的前提，因为阐释的目的就是要让阐释的对象经过阐释而不再需要阐释就能被理解。由此可见，一方面，阐释之得以可能必须以可理解性为前提，或者说，阐释本身就蕴涵着理解，另一方面阐释存在的意义就在于消除理解障碍，并因此使阐释成为不必要，简言之，就在于取消自身。当然，以上仅仅是从这个单纯的神话故事出发所推演的结论，后面我们还要从现象上对阐释现象加以考察。

在汉语学术界，hermeneutic/Hermeneutik 的译名并不统一，被译为"解释学""诠释学""阐释学"或"释义学"等。翻译也是一种阐释，并且不论哪种翻译，也都多多少少意味着其与外文词之间在涵义上具有某种契合之处。下面我们分别从这几个字词在汉语中的意义出发，来分析 hermeneutic/Hermeneutik 在汉语语境中可能衍生出的意义。

在汉语中，从"解"的甲骨文字形看，它像两个人把牛背上的东西松开并卸下；从其楷体看，已经演变为"用刀把牛角剖开"——"庖丁解牛"中的"解"也正是这种意义上的"解"。① 张揖编纂的词典《广雅》解释说："解，散也。"许慎的《说文解字》解释说："解，判也"，而"判，分也"，也就是用刀切开。就前者而言，"解"

---

① 参见窦文宇、窦勇《汉字字源：当代新说文解字》，吉林文史出版社 2005 年版，第 351 页。

字有松绑、释放、去除、分离之义，如，解甲归田、解囊相助、解除、解散等。就后者而言，"解"字有剖开、分开、打开、敞开、让显露或展现之义，如分解、解剖等。从中也可见，"解"原初仅仅是物理意义上的"解"，如解衣、解铃、解开、土崩瓦解（字面意义上考虑）等，而后也在象征意义或类比意义上被使用，如解脱、解决、解析、化解等。由于"解"是松绑或解开"疙瘩"，所以，"解"又与障碍的扫除或矛盾的消除有关，如和解、调解、排解等。

有关"阐"，《说文解字》中说："阐，开也"，即打开门。"阐"字是"门"里面一个"单"。《汉书·枚乘传》对"单"字的注解是："单，一也"。在此，"单"是"一个"或一人，即"单介"或"单民"。由此可见，"阐"最初的含义就是一个人把门打开。门是用来封闭和阻断的，打开门也就意味着敞开和畅通，意味着让房屋里面的东西对外显现，或通过让外面的光线进入而让里面的黑暗空间变得明亮。也许正因如此，《康熙字典》里收录的《增韵》的解释是，阐乃"显也"；收录的《玉篇》的解释是，阐乃"明也"。也有解释认为，"阐"字中的"单"字表示捕兽网，整个字的意思是，扛着捕兽网出门，人们也就知道你去打猎了，由此"阐"字就具有了"表明"的含义。①

有关"诠"，有各种不同的解释。《说文解字》中说，"诠，具也"，而"具，供置也"。"具"的字形像两个人或一个人用双手捧着贝（钱币、货物）、餐具或鼎器等，在准备宴席或饭食。因此，"具"又有"准备""置办"的意思。《淮南子·诠言训注》称，"诠，就也。""就"的本义是"到高处去"，所以有"高就"一说。此外，在"就位""就寝""就绪"等词语中，"就"还有"到"并因此"准备好"或"开始进入某种状态"的意思。无论是"具"还是"就"，似乎都与我们所期望的"诠"在"诠释"中的意思联系不上。不过，"具"还有"写"的意思，如"具名""具状"等；"完备"或"详细"的意思，如"具言""具论"等。"就"还有"靠近"的意思，

---

① 参见窦文宇、窦勇《汉字字源：当代新说文解字》，吉林文史出版社 2005 年版，第 78 页。

如"避实就虚""避难就易";"依照"或"针对"的意思,如"就此而言""就事论事"等。把两方面的意思结合起来,我们可以大体引申出:"诠"就是"针对……而作出详细阐述",即"全言"。其实,在《淮南子·诠言训注》的"诠,就也"之后,还有一段话:"就万物之指(指象,即天以景象示意),以言其征。事之所谓。道之所依也。故曰诠言"。在《淮南子》中,刘安既引经据典,阐释经典的真义,又不拘泥于文本,而是指向事理或事情本身。从其方法看,它是研究与原创、文本之阐释与事理之阐明的结合之作。按照高锈对刘安的《淮南子·诠言训》中的"诠言"一词的解释,以及《淮南子》一书本身的精神实质,我们说,"诠言"就是在对经典文本、对刘安来说特别是对先秦道家文本进行阐发的基础上,对万物的存在之道、社会的人事之理进行的阐释和说教(训)。按照《康熙字典》收录的《类篇》的解释,"诠"乃"择言也""又解喻也";收录的《音义》的解释,"谓具说事理也"。这些解释把"诠"与对恰当的语言的选择联系了起来,并指出"诠"也具有把让人可能费解的比喻或隐喻解释清楚的意思,或意指对事理作出详尽解释。"诠"的"解喻"之义非常接近赫尔墨斯的职责,即要向人类把神的"隐喻"解释清楚。不过,由于汉语的"诠"不仅具有"解喻"的意思,还具有阐明万事万物存在之理的意思,所以,它比赫尔墨斯的眼界要更为宽大和深远。

在"释义学"这种译法中,还涉及到"义"。"义"字的繁体为"義",从"我",从"羊"。按照《康熙字典》收录的《释名》的解释:"義,宜也。裁制事物,使各宜也"。据此,"义"意谓着"适宜"或"恰到好处"。按照其中收录的《说卦传》的解释,"立人之道,曰仁与义"。据此,做到"仁""义",乃是做人的根本所在。有种解释认为,"义"字的原初含义是指别人把羊送给我的行为;① 由于"送羊"是一种善举,"义"可能因此也意谓合宜的行为或德性,如"正义""义德""情义""义不容情""大义凛然",等等。从字

---

① 参见窦文字、窦勇《汉字字源:当代新说文解字》,吉林文史出版社 2005 年版,第 473 页。

形看，"義"与"善""美"同"羊"，三者也都与美好的东西有关。在现代汉语的"含义""意义""词义"这样的词语中，"义"又表示词语借以被理解的内涵，以及事物或事情存在的价值或影响。

"释"是几种译法所共有的，其重要性也由此可见一斑。《说文解字》中说："释，解也。"可见，"解"和"释"乃是同义字："解"有摆脱束缚的"解脱"之义，"释"也有放下或卸下重负的"释然"之义。不过，同样是"脱离"，两者在方式和方法上仍存在区别。"解"是把外在的东西脱去、卸下，如"解衣""解铃"等，或者，通过分离其部分把封闭的整体打开，以使其内部显露，如"解剖""肢解"等。"释"也有外在地放下、放开的意思，如"爱不释手"等。不过，它还侧重于让内部的东西涌出，如"释放""缓释"等。从字源看，"释"字的繁体为"釋"。一种解释认为："釋"由"釆"和"睪"构成，其中，"釆"字有野兽脚印的含义，而"睪"字表示犯人摘掉手铐，整个"釋"字就意指犯人得到释放，可像野兽那样自由活动；此外，"睪"字还表示条件变好了，以至于人可以从"釆"即"野兽的脚印"了解到"是什么野兽留下来的脚印"，"釋"因此有"解释"之义。① 由于"睪"古也同"皋"，就此而言，又可以说，"释"是由"釆"和"睪"组成的。其中，"釆"按照《说文解字》的解释是"捋取也"，而"睪"按照《康熙字典》收录的《注》的解释，是"阴丸"的意思。在现代汉语中，"睪"也仅用于产生精液的"睪丸"，此外别无它义。"望字生义"地看，我们说，"释"原初也可能隐晦地意味着"采精"或"使精华涌现"，即通过捋取使精子从体内涌出或得到释放。精子是生命的精华和潜能，能够繁殖和创造。把此义引申开来，对文本的"释"就是实现文本之潜能，让其精髓、精华或意义绽放出来，并不断繁衍生息的过程。

通过上述分析，我们发现，"解"作为"用刀把牛角剖开"，"阐"作为"一个人把门打开"，"诠"作为"解喻"，"释"作为"使精华涌现"，从字源上讲，都是让一个对象（不论是物、文本还是什么）的某

---

① 参见窦文字、窦勇《汉字字源：当代新说文解字》，吉林文史出版社2005年版，第473页。

些方面从隐到显的解蔽过程：我们可以通过扫除障碍或层层剖析让对象的结构或意义展现出来（解），通过让光线进入使对象晦暗、幽闭的方面变得澄明或公开（阐），通过靠近对象对其作出全方位的审视，并借助恰当的语言使其蕴涵的道和理昭然于世（诠），也可以通过探究使其存在意义之精华涌现（释）；而对于对象来说，从遮蔽到无蔽的解蔽过程，就是实现其存在意义之潜能的过程，就是其存在向人的意识照面并显现的过程，这同时也是一件美好的事情，是解释者对对象立下的功德或做出的一种"合宜之举"（义）。

由此可见，无论是在外文还是汉语中，仅从词义或词源上看，阐释学（我们姑且以此译法为代表）所关涉的阐释活动都首先是一种扫除障碍、使幽闭转为敞开、使晦涩转为澄明的解蔽活动。不过如果从现象上作进一步分析，问题似乎没有这么简单，还有很多谜团有待解开，比如，解蔽是如何可能的？解蔽之后的对象之澄明就是对象自在的"面目"或"模样"吗？阐释与非阐释的区别又何在？如此等等。

## 二 作为关系的阐释现象及其本质要素

从现象上看，无论是理解、解释、诠释、阐释还是释义都是一种意识活动。[①] 按照现象学的观点，也从意识现象本身来看，意识始终是对某物的意识，因此，理解、解释、诠释、阐释或释义活动，就其作为一种意识活动而言，都有自己的意向对象。这也说明，阐释现象首先是一种关系：一种具有意识意向性的阐释者与被意识意向性所意向的阐释对象之间的意向性关系。这种关系意味着阐释者和阐释对象的直接遭遇与接触，意味着阐释者由此深入认识或理解阐释对象及其存在和意义的可能，也意味着阐释者自身的存在及其意义因此而被不

---

① 我们在此暂且忽略不同的阐释学家赋予它们的不同含义，以便于表述。追溯阐释学的历史，根据不同阐释学家的理解对这些概念做出辨识和区分，在这篇论文中也是不可能完成的任务。随着论述的展开，我们这里所谓的阐释的特定含义也会在上下文的语境中显示出来。

断塑造的可能。由于阐释者属于一个"阐释者共同体",当阐释者相互之间就他们对同一阐释对象的阐释进行讨论、沟通和交流时,或者,当一个阐释者想要了解另一个阐释者的阐释时,阐释现象还涉及到阐释者与阐释者之间的关系。职是之故,我们说,阐释对象、阐释者、阐释对象与阐释者之间的关系以及阐释者与阐释者之间的关系乃是构成阐释现象最基本的四重要素。

就阐释对象而言,阐释对象既可以是自然现象,包括与人的身体有关的生物生理现象等;也可以是人的精神心理现象和社会历史文化现象等;还可以是人类所创造的符号化的精神文化产品,如文本、艺术作品、思想理论、文物古迹等。[①] 历史地看,狭义上的阐释学主要探究阐释者对人自身的社会历史文化、特别是对其所创造的历史流传物包括艺术作品、历史文本等的阐释关系,就此而言,严格来说,就只有第二类和第三类对象是阐释对象,它们也就是狄尔泰作为精神科学研究对象的精神生命现象,包括主观的精神生命及其诸种客观的表达式。不过,由于广义上的阐释学,即存在论上的阐释学,把理解或阐释活动视为人在世存在的根本活动,如此一来,人与之打交道的任何世间对象或现象就都是需要人理解或阐释的对象,因此,通常作为科学认识对象的自然现象也可以归属于阐释对象。事实上,在谈及德国浪漫派时,伽达默尔也赞同性地承认:"德国浪漫派就已经有了这样的深刻洞见:理解和阐释不光发生在——用狄尔泰的话来说——用文字固定下来的生命表达中,而是涉及人与人和人与世界的普遍关系"。[②]

从阐释活动的性质看,阐释可以分为一阶阐释、二阶阐释和三阶阐释。具体来说,如果我们把对本源的世界人生现象的符号化认识、思考、理解、解释或表现活动称为一阶阐释活动的话,那么,对一阶

---

① 前者通常被归属于自然科学的研究范围,后者通常被归属于社会科学的研究范围。之所以是通常,是因为人类也可能对自然现象做出神话性的或宗教性的阐释,而社会科学对人类文化历史现象的研究尽管在主题上有所不同,但也曾以自然科学的方法作为自身科学性的标准,并因此在本质上把自身等同于自然科学。

② [德]伽达默尔、[法]德里达:《德法之争:伽达默尔与德里达的对话》,孙周兴、孙善春编译,商务印书馆2015年版,第3页。

阐释活动所形成的精神活动产品如思想理论、艺术作品、文献典籍等的阐释以及对相关阐释成果的再阐释就属于二阶阐释。至于三阶阐释就是在阐释学层面上对阐释活动本身的反思性阐释。根据阐释活动的不同性质，我们又可以把阐释对象分为一阶阐释对象、二阶阐释对象和三阶阐释对象。所谓一阶阐释对象就是与一阶阐释活动相应的、需要被阐释者阐释的本源现象，包括原初的自然现象、社会现象或个人主观的精神世界和情感体验等，它相当于第一种分类中的第一、二类阐释对象。所谓二阶阐释对象就是与二阶阐释活动相应的、阐释者对一阶阐释对象进行认识性阐释、表达性阐释或理解性阐释所结晶的成果，如思想理论、艺术作品、文献典籍、历史文本等，狭义上的阐释学所谓的阐释活动的阐释对象最主要就是二阶阐释对象或其中与人文精神相关的那部分作品。一阶阐释对象和二阶阐释对象的根本区别在于：二阶阐释对象是符号性的，就其本质看具有作者性，也就是说，它们都是人的创作成果，并因此从其本质看具有精神性，虽然它们的存在也离不开物质性的质料载体。二阶阐释对象，作为主观生命的客观表达、作为历史流传物，承载着人的精神历史，或者说，是人的精神历史的超时空凝固。对它们进行阐释，按照狄尔泰的观点，也就是以它们为中介去理解精神生命本身的实质及其存在意义。所谓三阶阐释对象就是在阐释学的反思意识下被对象化的阐释活动本身。不同的阐释学理论，对人的阐释活动都有相异的或至少是侧重点不同的理解或阐释，这也同时意味着阐释学理论本身即是三阶阐释活动的结晶或成果，并因此可以被再次阐释，例如，伽达默尔的阐释学理论同时也是对狄尔泰、海德格尔等人的阐释学思想的再阐释和"发展"。

　　无论哪种阐释对象，就其与阐释者的关系而言，都主要具有如下特点：（1）相对性和条件性。从现象学的角度看，阐释对象既然与阐释者处在一种意向性的内在关系中，阐释对象的存在显现和意义实现就始终是相对于阐释者而言的，以阐释者的感官、意向性、认识力或理解力为前提条件的。（2）当下性与穿越性。虽然阐释对象在与阐释者遭遇的同时与阐释者共处于当下，并因此具有当下性，但是，由于阐释对象从时空上看首先是作为他时或他处之"物"而后才"穿越"时空与阐释者照面的，它也因此具有穿越性。穿越性同时也意味着阐释对象有其历史，比如，生成性、过程性或完成性，它和阐释者正是带着各自的历史性而交汇或相逢于当下的。（3）陌生性和异己性。既然阐释对象首先是作为他时他处的存在之物而后才出场与阐释者照面的，那么，在其与阐释者首次遭遇之时，它对阐释者而言同时也是异己之物和陌生之物，并因此与阐释者保持着"距离"。（4）显—隐结构。在遭遇阐释者时，阐释对象在向阐释者敞开的同时，也自行锁闭着，阐释的必要性即在于通过阐释让阐释对象被遮蔽的存在意义进入澄明之境或绽放出来。敞开与锁闭相辅相成，这意味着任何一个阐释对象都具有其显—隐结构，也就是说，其某些方面在通过阐释呈现出来并因此在场的同时，另一些方面却因为未被注意或未得到阐释而缺席或隐匿了起来。（5）潜能性与现实性。就阐释对象能够被阐释者"阐释为……"以及其包含着被不同的阐释者作出不同的阐释的可能性而言，阐释对象具有其潜能性。不过，阐释对象的潜能不能靠自身实现，而必须通过阐释者的认识力、理解力或阐释力激活并实现。阐释的作用之一即在于让阐释对象的存在意义从潜能转化为现实。（6）同一性与差异性。任何一个阐释对象只要被阐释者的意识所意向，被语言所命名或指称，就会具有自身的同一性，但与此同时，由于它会被同一阐释者或不同阐释者从不同角度所观察、研究、认识或阐释，所以它也会呈现出存在或意义的多样性和差异性。就此而言，阐释对象同时也是同一性与差异性的辩证统一。（7）境域性与焦点性。无论是显—隐结构、潜能性与现实性还是同一性与差异性，都说明任何一个阐释对象都有其境域性。阐释对象的焦点性是通过它当下呈现给意识或被阐释者所领会或阐释的某方面而得到彰显的，其境域性则既通过阐释对象自身蕴涵着的各种潜能性和差异性而得到彰显，也通过阐释对象与其他对象或其环境的联系而得到彰显。比如，一幅油画不仅仅是眼前如此这般的一幅油画，相反，它还可能关涉到颜料、技法、构图、某个故事、时代风格、画家个人的个性气质以及有关它的各种报道、传闻或研究，甚至保存它的条件，等等。

就阐释者而言，由于我们所谓的阐释是指人类的一种基本存在活动或意识活动，所以，阐释者只能是人。作为阐释者的人，既可以是活着的人，即当下的阐释者，也可以是死去的人，即曾经的阐释者，还可以是将要出生的人，即将来的阐释者。阐释者既可以是与一阶阐释活动相应的一阶阐释者，即观察者、认识者、作者或创作者等，也可以是与二阶阐释活动相应的二阶阐释者，即理论、文本或作品的鉴赏者、学习者、研究者或评论者等，还可以是与三阶阐释活动相应的三阶阐释者，即反思阐释活动的哲学家或阐释学家。虽然阐释者就其角色而言具有多样性，但是，同样作为阐释者，其共性也显而易见。概言之，（1）身体性。阐释对象向阐释者的最初显现是通过阐释者的身体感官实现的。比如，对事物的观察、对文本的阅读、对绘画的鉴赏和阐释离不开视觉，对旋律的鉴赏和阐释离不开听觉，等等。不仅如此，钢琴演奏家要通过自己的演奏阐释一件音乐作品通常也离不开自己具有娴熟技艺的双手。就此而言，阐释者的身体性乃是阐释活动得以进行的先决条件或起点。因为身体性，阐释者与阐释对象才拥有了进入关系的可能性。（2）精神性。虽然身体性是阐释者与阐释对象进入关系的首要前提，但阐释者并不是在通过其感官进行理解和阐释，而是通过其精神性包括情感、理性或理智等在进行阐释和理解，其精神性的外在化或客观化表现就是符号，即卡西尔"人是符号的动物"这一断言中所说的符号，包括各种文学作品、理论作品、艺术作品，等等。阐释者不仅是各种符号的创作者、发明者、制作者、保存者和运用者，而且也是各种符号性作品的阐释者。当然，基于能力和分工的不同，不同的阐释者承担的角色也各不相同。（3）意向性。从现象上讲，阐释者意识的意向性乃是阐释者与阐释对象进入精神性的照面关系的直接桥梁，它不仅能将阐释对象从多样化和差异性的具象显现层面经过综合提升到同一性层面，甚至提升到更抽象的符号性或概念性层面，而且能在其物质性载体中洞察其本质或精神性蕴涵，并对其存在意义和价值做出主动的阐释性构造。（4）受限性。任何一个阐释者都必然有其自身的时空限制，不仅其生命和精力是有限的，而且也从属于特定地域、特定历史时期以及与之相关联的特定文化传统。因此之故，其视域和阐释活动也必然是受限的。（5）处境性。与受限性相比，处境性凸显的是阐释者的特殊性或个体性，它不仅意味着阐释者有其特定的知识结构、理智力、感受力，而且也意味着阐释者有其特定的阐释立场、风格、视角或问题意识。阐释者的处境性不同，阐释对象被阐释的条件就不同，阐释者的阐释方向、理念或方法也会不同。（6）复数性。任何一个阐释者就其拥有语言能力和阐释能力而言，都生活在社会中并与其他阐释者共在。就此而言，阐释者又具有复数性。职是之故，阐释、特别是研究性阐释是属于一个阐释者"共同体"的，阐释活动的成果是需要在共同体中进行分享、传递、交流和评议的，而评议的结果可能是达成共识，也可能是引起、甚至加剧分歧。（7）境域性。上述身体性、精神性、意向性、受限性、处境性、复数性等同时也构成阐释者的境域性，即每个阐释者都不是孤零零的一个点，而是由诸多因素共同构成的网状存在。作为阐释者的先天规定性，境域性同时也规定着阐释者的视域及其进行阐释活动的可能性空间。

就阐释者与阐释对象的关系而言，如果我们把非阐释性关系理解为阐释者无条件地、就对象自在的样子如其所是地认识对象，或者，理解为对象自在地、无条件地、如其所是地向阐释者自行显示自身的话，那么，阐释者与阐释对象之间的关系就不是非阐释性的，而是阐释性的。个中原因在于：当阐释对象向阐释者照面或被阐释者所经验时，这种显现或照面已经是受限的、非自在性的。以一阶阐释对象为例，（1）当我们直观感性对象时，我们的感官构造已经制约着对象对我们的如何显象。（2）当我们在感性直观的基础上对对象作出语言性的判断或理解时，对象从作为实然的显现物到作为在语言中被我们所理解、判断或表达的"语言物"，就已经被我们的语词、概念所浓缩并抽象化了，换句话说，其存在已经以我们的语言为中介了，已经因为我们的表述和谈论而寓于语言之中了。（3）从我们的在世存在看，我们并非世界的旁观者，而是世界的参与者、塑造者，会把自己的欲望、旨趣和需要投射到事物上，使事物的存在围绕着我们的生存欲望或生存需要而充满价值意味。（4）从文学艺术的角度看，当文学艺术家通过其文学艺术作品比如诗歌、绘画、音乐、雕塑或摄影等形式表达或表现自己的世界经验或人生体验时，一方面，这种表达或表现已经是中介性的了，比如，诗歌需要借助语言，绘画需要借助画笔、颜料等，音乐需要借助音符、乐器、演奏等，另一方面，这种表达或表现也浸润着创作者自己的主观精神性。因此，在现实的世界和语言的世界、在实际的风景和画中的风景、在欢快的情绪和欢快的音乐之间，已经存在着间距性或异质性。

综上观之，在我们所说的一阶阐释活动中，其实也需要细分为两种类型：一是自在物向现象物的阐释性过渡。尽管我们无法知道事物自在的样子，甚至按照现象学的"悬置"要求，要对事物自在存在与否保持沉默或存而不论，但我们反思性地认识到，我们所感知到的事物是相对于意识的现象物，而事物之为现象物已经意味着它是阐释性的了。二是从现象物到符号性的作品物的阐释性过渡。有关现象物包括各种体验的艺术性表达以及理智性认识都需要借助某种中介，并会打上认识者或创作者之精神性印记，并因此是阐释性的。就作为二阶阐释对象的符号物即狄尔泰所谓的主观生命的各种客观表达式或历史流传物而言，首先，如果它们和阐释者不处于同一时代，而是都有其各自的历史性的话，那么，当阐释者与它们遭遇时，就不得不面对伽达默尔所说的"时间间距"问题。由于这样一种时间间距，阐释者将永远无法抵达各种客观表达式或历史流传物的"自在意义"，而只能像伽达默尔所说与之"视域融合"。其次，即使它们和阐释者没有时间间距，而是共处同一时代，甚至共处同一文化环境之中，由于它们具有其自身的创作者，并因此对阐释者而言具有异己性和陌生性，所以，也需要阐释者从自身的理解力和视域出发对其进行解蔽，阐释者与它们之间的关系也因此同样是阐释性的。再次，即使同时代的创作者能就阐释者对其作品的阐释做出自己的评判，那也不意味着在世的创作者就构成阐释的正确性标准，因为一旦其作品作为生命的客观表达式得以独立存在并传播或流传，就会拥有其自主性和意义生发的境域性，而创作者对其作品的理解也只是作品存在意义的诸种可能性之一。

就阐释者与阐释者之间的关系而言，这种关系对于阐释现象来说是本质性的和不可或缺的。因为，每个人都可以是阐释者，而他的任何符号性阐释活动要得以可能，都离不开其与别的阐释者的"共在"。唯有这种"共在"，个别的阐释者才得以学会语言、接受知识和艺术教育、受历史传统影响，并在此基础上学会乃至创造性地进行符号性的阐释活动；唯有这种"共在"，不同阐释者才会拥有共同的生活世界、文化传统、风俗习惯、语言等，才能彼此沟通和相互理解。也唯有这种"共在"，符号性的阐释活动才有了存在的价值和意义，因为任何一个阐释者把其阐释客观化为对其他阐释者可感的符号时，这同时也意味着他想与其他阐释者分享其阐释经验，或向其他阐释者发出与之进行沟通和交流的邀请。就此而言，任何一个阐释性作品都同时"意向"着其他潜在的阐释者，并随时准备向其敞开存在意义的大门。不过，由于每个阐释者都是独一无二的个体，有自己独特的生活世界，其个性、欲望、利益、情感、教育背景、生活阅历、文化传统等不尽相同，所以，阐释者之间因为个体差异而导致阐释上的分歧也是可能发生的。对于阐释者与阐释者的关系，我们可以从三方面加以考虑：一是活着的阐释者与死去的作者之间的关系。① 作者通过其作品对世界人生做出阐释，当活着的阐释者对死去的作者的作品进行阐释时，死去的作者对阐释者的阐释是无法做出回应的。这时，阐释者与其作品之间的关系按照伽达默尔所说就是一种单向的辩证问答关系，也就是说，无论是作者还是其作品都不能对阐释者的阐释做出主动回应，阐释者只能通过自己的努力从作品的境域性和自身的境域性出发找寻支持其阐释合理性的依据，并由此使作品和自身的存在意义都得到更新或拓展。二是活着的阐释者与活着的作者之间的关系。阐释者可以就作者的作品做出阐释，而作者也可以基于自身对其作品的理解而对阐释者的阐释做出自己的回应。在此过程中，双方可以展开对话。不过，由于作品作为公共符号的独立性，以及其存在意义的境域性与潜能性，双方可能达成一致，也可能难以达成一致。尽管如此，仍存在作者将自己作品所要表达的"原义"阐述出来的可能。比如，阅读一首充满象征寓意的诗歌对于阐释者来说犹如行走

---

　　① 如前所言，从广义上讲，作者也是阐释者，阐释者在某种意义上也是作者。这里的作者和阐释者是从狭义上讲的，即作者主要指从事一阶阐释活动者，阐释者主要指从事二阶阐释活动者。当然，这样的划分并非泾渭分明。毕竟，作者在从事一阶阐释活动时，也可能需要阅读文本或符号性作品，通过二阶阐释活动为其一阶阐释活动提供营养和灵感，而阐释者在从事二阶阐释活动即对文本或符号作品进行阐释时，也可能会需要结合其自身对世界或人生的一阶阐释以构建其二阶阐释。

在迷宫当中，需要不断去猜谜，而对于作者来说，其原本所指——假如存在的话——可能一目了然。三是阐释者与阐释者之间的关系。类似地，其中也可分活着的阐释者与死去的阐释者之间，以及活着的阐释者与活着的阐释者之间的关系。阐释者之间要建立关系，意味着他们要具有共同的阐释对象即共同的符号作品或文本。不仅如此，他们对同一符号作品或文本的阐释之间可能有继承或借鉴，也可能有批评或否定，并因此可能一致，也可能不一致。正是他们之间这种继承、借鉴或批评、否定的关系的绵延，致使符号作品或文本的意义潜能不断得以实现、其存在价值不断得以绽放。

# 三　阐释学中的几个问题

前文我们从阐释对象、阐释者、阐释者与阐释对象之间的关系以及阐释者与阐释者之间的关系等方面对阐释现象做了分析。在这些分析中，其实还蕴含着一些潜在的问题需要澄清，比如，认识性与存在性、主观性与客观性、相对性与确定性、可理解性与可说服性以及多元性与合理性的关系问题。这些问题的存在不仅困惑着阐释学，而且也推动着阐释学的发展，虽然有些问题至今仍缺乏定论或共识。对它们做出澄清不仅有助于我们更好地理解阐释现象，也有助于我们更好地理解阐释学本身。下面，就让我们对这些问题做出尝试性的澄清或回答。

首先是阐释的认识性与存在性的关系问题。阐释的目的是认识"自在"的阐释对象并获得有关阐释对象的"自在真理"，还是通过阐释让阐释对象对阐释者显现其存在意义并因此"存在"起来的过程？施莱尔马赫与伽达默尔阐释学的分歧就集中在这一问题上。对于施莱尔马赫来说，阐释的目的是把握文本的"自在意义"，即作者本人的意图。而伽达默尔认为，阐释者要认识历史文本的自在意义即还原作者的意图是不可能的，因为两者之间存在不可逾越的时间间距，因此，阐释的目的不是认识文本的自在意义，而是通过阐释者与历史文本的视域融合让文本"存在"起来的过程。在这种分歧中，一方坚持认识就是对自在对象或文本自在意义的认识，并为此确立认识方法，另一方认为这样的认识是不可能的，并因此从认识走向存在，即不再把阐释看成是对阐释对象的认识，而是看成让阐释对象"存在"起来、阐释者也由此更新其存在的过程。从现象上看，既然阐释对象与阐释者之间是一种意向性的内在关系，企图认识外在于这种关系的自在对象显然是不合法的，但是，既然在这种内在关系中阐释对象也向意识呈现着，这种呈现并不是阐释者可以肆意改变的，因此，阐释者与阐释对象之间的关系仍可以是一种认识关系，只不过，这种认识不是认识自在的阐释对象，而是认识向阐释者显现的阐释对象。由于阐释者如何认识阐释对象，在某种意义上，阐释对象就如何向阐释者显示其存在——反过来说也一样，所以，对阐释对象的认识与阐释对象向阐释者的存在显现就是辩证统一的。

从现象上看，阐释者与阐释对象之间意向性的内在关系意味着阐释对象的存在显现以及有关阐释对象的认识同时也是相对于阐释者的或者以阐释者的意向性为前提的，由此就引出第二个问题，即这是否就意味着阐释者对阐释对象的认识或阐释就完全是主观的而缺乏任何客观性可言？在哲学史上，尼采对此问题的回答是肯定的。他一方面否定认识自在世界的可能，认为"'真理'概念是荒谬的。'真—假'的整个领域仅适用于关系，而不是'自在'——根本没有'自在的本质'，正如根本不可能有'自在的知识'那样"，[1] 另一方面认为我们所谓的真理只是解释，而"'真理的准绳'事实上只是这样一种系统性的造假体系对生物的有用性"[2]。由此，尼采就把阐释性的真理当成对人有用的造假体系，是为人的权力意志服务，并以人的权力意志为转移的。事实上，我们只要对尼采的论点稍加反思，就会发现，说阐释性真理完全是主观性的造假，这是站不住脚的，因为一个体系是否能对人有用，并不完全取决于人的主观意愿，而是有其现象上的客观强制性，就像我们不能违背浮力定律造船，也不能把古汉语中的"汝"任意阐释为意指高山或树木什么的；否则的话，语言也就是不

---

① Friedrich Nietzsche, *The Will to Power*, trans. by Walter Kaufmann and R. J. Hollingdale, edited by Walter Kaufmann, New York: Random House, Inc., 1968, p. 334.

② Friedrich Nietzsche, *The Will to Power*, p. 315.

可能的了。为了克服阐释学上的主观主义和虚无主义，伽达默尔强调阐释者在阐释的过程中既要受限于文本的视域也要受限于自身的视域，其阐释也因此不是主观任意的。在我们看来，客观性可以区分为自在的客观性和现象的客观性；试图让阐释获得自在的客观性是不可能的，但这并不意味着阐释也无法获得现象的客观性。因为，就一阶阐释对象而言，从认识的角度看，虽然阐释对象的向人显现以人的感官构造为前提，并因此具有相对性，但人的感官构造并非人可以主观随意改变的，而是有其客观制约性，比如，从广义上讲，即使感知已经是一种"阐释"，我也并不能随心所欲地把糖感知为酸的。不仅如此，现象学的本质直观所说的"本质"也恰恰意味着现象中蕴涵着客观性，因为"本质"就其含义而言就意味着独立的恒定性以及对不同阐释者的普遍有效性。就二阶阐释对象而言，阐释者对文本和作品的阐释性理解是通过语言进行的，而语言本身在不同时代的用法也具有其稳定性、主体间性或客观性；正因如此，我们才有可能根据词典去阅读理解古文，相互之间也才有可能沟通并理解。在谈及解释的必要性时，利科认为，解释的出发点就在于自然语言的词语具有多义性，一旦话语脱离语境，就需要通过解释来辨识词语究竟是在哪种意义或用法上使用的。[①] 很显然，如果"词语具有多义性"这一判断不基于与之相应的客观的语言现象事实，利科就无法做出任何判断；如果它从语义上讲不具有哪怕是某种程度上的客观性和主体间性，我们作为读者也无法理解其话语的含义。误解的可能性也是存在的，但我们只要确认误解的存在，这种确认就必然是以理解为参照系的，否则我们连是否误解了也无法辨识。所以，强调阐释对象和阐释成果的相对性和条件性，并不意味着要否定阐释可以具有客观性。阐释的客观性除了符号表达上可理解的客观性之外，更重要的是阐释的依据性和合乎逻辑性。在进行阐释时，我们一方面要为自己的阐释寻求现象上的依据支持，另一方面也要让自己的阐释合乎逻辑。缺乏依据和不合乎逻辑的阐释尽管是存在的，也可能是可以理解的，但这样的阐释对

---

① ［法］保罗·利科：《诠释学与人文科学》，J. B. 汤普森编译，孔明安、张剑、李西祥译，中国人民大学出版社 2012 年版，第 4、5 页。

其他理性的阐释者就不具有说服力，并因此无法被阐释者共同体所承认或接受。就此而言，我们说，阐释的可理解性不等于阐释的可说服性。前者是语言词义上的客观性，只要阐释者与阐释者归属于同一个语言共同体或思想共同体，他们相互之间就彼此的阐释进行交流和理解就是可能的，而后者是思想立论上的客观性，它还要求阐释者与阐释者归属于同一个理性共同体，也就是说，阐释者不仅都具有逻辑推理能力，而且也都把让自己的阐释有理有据作为阐释的基本要求。

那么，阐释的客观性是否意味着对同一现象或文本就只能有唯一正确的阐释呢？从前面我们有关阐释对象的特征分析看，阐释对象一方面具有焦点性、现实性、同一性，另一方面也具有境域性、潜能性、差异性。前者使阐释者能够就他们在阐释同一对象上达成一致，而后者却为他们各自不同的阐释提供了可能。他们各自不同的阐释一方面与他们各自的视域有关，另一方面也与阐释对象境域性地容纳各种不同的阐释可能性有关。以鸭兔图为例，有的人把它看成鸭子图，有的看成兔子图，有的看成鸭兔图，虽然三种阐释性理解或认知各不相同，但并不意味着它们彼此之间就相互冲突、难以兼容，更不意味对鸭兔图的三种理解就完全是主观任意的。由此可见，阐释的客观性与阐释的多元性是兼容的，阐释的多元性和多样性只要以阐释对象的境域性和潜能性所提供的可能性为基础，多元性、差异性和多样性就并不意味着完全的主观任意性，而同样也可以是合理性的和客观性的。

虽然我们强调阐释可以是理性的和客观的，但这并不意味着所有阐释者的阐释都是如此。事实上，由于阐释者存在个体差异，一个阐释者对某个阐释对象做出主观任意性的阐释也是有可能的。阐释学上的主观主义者和虚无主义者就有可能根据自己的立场和态度"无拘无束"地对阐释对象做出"主观任意"的阐释，但这样的阐释将得不到研究领域相同的阐释者所构成的理性共同体的承认，并因此会丧失其存在的价值和意义。当然，这并不排除它有其现象依据，只是因为理性共同体成员缺乏这样的敏锐洞察力而无法意识到它的合理性或客观性罢了。职是之故，我们认为，阐释、特别是进入公共领域的阐释就必须经受时间的考验：在历史中或者被认可、吸收、再阐释，从而生生不息，或者被拒斥、淘汰、遗忘，乃至彻底销声匿迹。在《公共阐释论纲》一文中，张江先生就提出"公共阐释"这一概念。他指出，公共阐释是一种理性阐释和可公度性阐释，并以此反对阐释学上的极端相对主义和虚无主义。[①] 从我们上述分析可见，公共阐释或理性阐释不仅是可能的，而且也是必要的，因为：一方面，阐释本身可以具有可理解性和某种程度上的客观性，并因此是可以在阐释者之间进行交流的，而阐释者将其阐释客观化为文本或作品的目的就是公共性的，即渴望与其他共在的阐释者共享；另一方面，如果阐释者要让其阐释对同时代或后来的阐释者产生影响，并参与到人类精神、文化、历史的传承和创新之中，就必须有理有据、具有说服力或让其他阐释者产生共鸣，否则就不会形成其效果历史，或者说，就不会对同时代的他者和后来者产生任何影响。当然，理解和说服本身也有一个过程，在此过程中也会出现误解或辩驳。正因如此，我们说，即使理性的阐释也需要经历时间的考验，其对人类历史的价值也只有通过其效果历史才能得到衡量。

---

① 张江：《公共阐释论纲》，《学术研究》2017 年第 6 期。

# 论《公共阐释论纲》中公共
# 阐释的基本维度<sup>*</sup>

隋晓荻<sup>**</sup>

我国学者张江发表《公共阐释论纲》（以下简称《论纲》）（《学术研究》2017 年第 6 期），提出公共阐释论，以抵制 20 世纪五六十年代至今，阐释学中削弱和否认阐释对于现代社会具有确定性和真理性的认知与实践价值的倾向。罗兰·巴特在 1953 年和 1957 年出版《零度写作》和《神话学》，开启对阐释意义的怀疑，认为文本的所指是虚无，<sup>①</sup> 意义只能作为阐释行为的结果。雅克·德里达更加坚决，他把文本的意义从所指转换为以延异为根本性质的"指称对象"，<sup>②</sup>阐释因此而成为一种无目的性游戏。美国新实用主义的唐纳德·戴维森通过解除语言的约定性，否认意义概念和真理概念之间的可化约性，<sup>③</sup> 提出"彻底的解释是常识"，<sup>④</sup> 对语言文本阐释结果是否具有真理必然性提出疑问。这些怀疑主义、虚无主义、相对主义立场，分别

＊ 本文为辽宁省社会科学基金规划重点项目"现代小说范式创建中的伍尔夫日记研究"（项目编号：L17AWW003）、辽宁省经济社会发展研究课题"马克思主义阐释的基础理论研究"（项目编号：2019lslktjd-007）、大连理工大学基本业务费重大项目"马克思主义阐释学的建构研究"（项目编号：DUT18RW302）阶段性成果。本文原刊于《求是学刊》2019 年第 4 期。

＊＊ 作者单位：大连理工大学外国语学院。

① ［法］巴特：《神话修辞术：批评与真实》，屠友祥、温晋仪译，上海人民出版社 2009 年版，第 276—277 页。

② ［法］德里达：《论文字学》，汪堂家译，上海译文出版社 2005 年版，第 8 页。

③ 洪汉鼎：《当代西方哲学两大思潮》，商务印书馆 2010 年版，第 322 页。

④ ［美］唐纳德·戴维森：《交流与约定》，载《对真理与解释的探究》第 2 版，牟博、江怡译，中国人民大学出版社 2007 年版，第 332 页。

从阐释所关涉的阐释者、文本、阐释结果的性质出发，对阐释的认知价值的确定性和真理性提出怀疑或质疑。

与怀疑主义、虚无主义、相对主义的立场相对，汉斯－格奥尔格·伽达默尔在海德格尔开辟的存在论阐释学的道路上，以新亚里士多德主义的立场，① 强调阐释作为真理中介的理论与实践价值。但他主张真理的修辞性，为此招致相对主义的质疑。新法兰克福学派的尤根·哈贝马斯，力图克服美国新实用主义语境论的共识性真理的"主体化危险"② 和相对主义问题，尝试以语言理解的范式重建主体哲学通达事物本身的真理性，阐释在他这里获得了指向现代性意义上的生活世界的实践价值。哈贝马斯需要解决的问题是，从实践理性发展到交往理性，主体间性关系因此优先于人的世界关系，那么阐释行为的世界意义或者更完整的整体性意义如何达成。

在这些阐释学立场背景下，《论纲》一方面充分考察了当代阐释学的主流主张，另一方面着力去构建公共阐释论，以解决当代阐释学的问题，维护阐释对于现代社会的认识论价值和实践价值。而为建立公共阐释论应优先解决的问题是：以阐释者、文本、阐释结果作为构成阐释行为的三个基本要素是否合理？如何合理确定阐释行为的构成要素？在阐释行为中，这些要素是否具备实现公共阐释任务的性质？

## 一　阐释的构成要素及公共阐释的任务

以阐释者、文本、阐释结果作为构成阐释行为的三个基本要素，这种三要素论有可能带来要素间的紧张甚至对峙关系，从而导致对阐释结果的合理性甚至合法性的怀疑。用阐释者和文本看待阐释行为，意味着阐释行为的出发点是作为阐释者的"我"和作为被阐释者的文本，或"它"。这种我与它的对峙关系，包含了笛卡儿式的主客二

① ［德］尤尔根·哈贝马斯：《后形而上学思想》，曹卫东、付德根译，译林出版社2001 年版，第 269 页。

② ［德］尤尔根·哈贝马斯：《后形而上学思想》，曹卫东、付德根译，译林出版社2001 年版，第 42 页。

分前提，也由此蕴含了由主客二分所带来的诸多后果，其中包括怀疑主义倾向。在语言学范围内，这种怀疑主义倾向表现为索绪尔意义上的语言的能指与所指的分离，也就是我与物的分裂关系。因为能指关涉作为主体的我，所指关涉作为客体的物，能指与所指之间的关系是任意的，意味着我与物之间不存在统一性基础，所以我无法完成认识物的任务。这种认识论主张在阐释学范围内表现为，作为阐释者的我无法认识作为物的文本，作为阐释结果的意义只是阐释者对文本的规定，甚至是任意规定，或者文本的意义由文本自身决定，阐释者无权规定。

当代阐释学努力解决由三要素论带来的阐释者的任意规定性问题和文本的意义自主性问题，其中，伽达默尔贡献突出。他把阐释看作以阐释自身为主体以使真理发生的认知活动。伽达默尔认为，阐释虽然关涉阐释者和文本，但阐释者和文本都受制于作为理解和解释活动的阐释本身。语言以思辨性而非柏拉图和黑格尔的辩证性，使阐释者的个体性和文本自身的个体性受制于语言自身的世界经验性，因此阐释是世界经验自身的现实化。[①] 阐释是关于世界的真理意义的实现。它既不是阐释者的个体行为，也不是德里达的文本世界自身。伽达默尔以语言作为阐释学本体论的视域，[②] 从而把阐释行为自身置于主体地位，有效阻止了阐释者对文本的任意性统辖和文本自身的非属人的自主性，使阐释成为关于世界的真理自身的展现。然而，伽达默尔强调效果历史意识，使阐释无法去除作为有限认知的因素，能否达及关于世界的真理的问题尚存疑问。伽达默尔以阐释行为自身作为主体所遗留的阐释作为有限认知的问题，意味着要重新确定阐释行为的构成要素。

公共阐释论试图解决伽达默尔遗留的问题，努力构建一种"具有相对确定意义，且为理解共同体所认可和接受，为深度反思和构建开

---

① ［德］伽达默尔：《诠释学Ⅰ：真理与方法——哲学诠释学的基本特征》，洪汉鼎译，商务印书馆2010年版，第662—663页。

② ［德］伽达默尔：《诠释学Ⅰ：真理与方法——哲学诠释学的基本特征》，洪汉鼎译，商务印书馆2010年版，第617页。

拓广阔空间的确当阐释"。① 可以看出,在《论纲》这里,意义作为阐释行为的结果,在公共阐释意义上,被要求具有相对确定性、社会认同性、反思合理性。公共阐释的意义结果是对伽达默尔主张阐释意义有限性的修正。

为阐释行为三要素构建统一体,是公共阐释论为自身提出的任务,《论纲》为此对伽达默尔的有限性主张进行了马克思主义式的改造。马克思主义的历史唯物主义主张社会性是存在的根基,人的意识由社会存在决定。公共阐释主张阐释行为结果的有效性取决于社会认同的广度与深度,其基础是马克思主义的主张,社会存在决定人的意识。同时,《论纲》强调"阐释者以普遍的历史前提为基点"② 来展开阐释,这意味着,一方面阐释者在阐释行为中占据主体地位,另一方面,主体性的范围边界是"历史前提"。公共阐释以历史性为阐释活动发生的边界,伽达默尔则以语言内在的游戏性为边界,二者都力图给阐释者设定有限的主体权利,目的是避免无限性阐释。二者不同之处在于,前者以人的历史性作为限制的根据,后者则以语言之于人的先在性为根据。

《论纲》力图在主体性与社会性和历史性的关系中,为阐释行为的三要素建立统一体,就此需要进一步考察的是,三个要素在此关系中的规定性内涵,以及在这种规定性下,当代阐释学存在的问题是否得到了合理解决。其中,涉及阐释者的主要问题是,是否可以赋予阐释者以主体性内涵;如果可以,又是怎样的主体性内涵;这种主体性与当代阐释学的各种主体性主张有何区别,以及是否解决了它们尚未解决的问题。

## 二 阐释者的地位问题:公共阐释论以公共理性为规定的主体性主张

《论纲》以理性为出发点规定阐释行为的主体性基础,主张公

---

① 张江:《公共阐释论纲》,《学术研究》2017 年第 6 期。
② 张江:《公共阐释论纲》,《学术研究》2017 年第 6 期。

共理性既是理性的特殊性，又保持了理性的普遍性。《论纲》提出，公共理性是"人类理性的主体要素"。① 在此，公共理性作为复合概念，既是理性的一种特殊性，同时保持着理性的普遍性。这种理性的普遍性和特殊性，在《论纲》这里来自与个体理性的区别与联系，它是"个体理性的共识重叠与规范集合"。② 如果以公共性为阐释结果有效性的内涵，那么公共理性就是达成这种有效结果的阐释者的主体性。

《论纲》所主张的公共理性，暗含对当代阐释学中主流的主体性主张所做的批判。关于阐释行为所涉及的主体性问题，经验主义阐释论和唯理性阐释论是当代阐释学中的两种基本倾向。经验主义阐释论者把文本意义看作经验性认知，阐释者对文本现象的感觉直观是文本意义的来源甚至根据。肯定阐释者在认知意义上的主体地位，认为文本现象是认知的来源，把文本意义看作感觉观念。经验主义阐释论对文本本身是否存在意义质疑，对文本意义的知识性的可靠性持有怀疑主义态度。唯理性阐释论者与经验主义阐释论者不同，强调阐释主体的知性对于文本意义的决定性地位。阐释主体运用自身的理性，以理性思维通过自洽的逻辑，获得文本的意义，把这种意义确定为真理性认知。唯理性阐释论者主张阐释主体的理性是文本意义的来源，认为理性达及文本意义，不依赖经验。《论纲》提出公共理性作为阐释行为中的主体性的内涵，主张一种包含着特殊性和普遍性的理性。《论纲》是以公共理性的普遍性内涵克服经验主义阐释学的问题，以特殊性内涵克服唯理性阐释学的问题。

《论纲》之所以用公共理性作为阐释行为关涉的主体性问题的基础，原因在于经验主义阐释论所带来的怀疑主义后果。在经验主义的阐释行为中，阐释由直观开始发生，直观的结果是各种杂多的语言表象，包括声音和文字等能指类表象和意义等所指类表象。此后，知性作用于这些表象，把表象统一成关于文本的意义。这种文本意义是经验性知识，这是经验主义阐释论的基本主张。经验主义

---

① 张江：《公共阐释论纲》，《学术研究》2017 年第 6 期。
② 张江：《公共阐释论纲》，《学术研究》2017 年第 6 期。

主张知识来源于感性材料，导致自身怀疑知识的真理是否可能，也导致对阐释结果的知识性和真理性的怀疑。《论纲》提出公共理性是阐释发生的"基本场域"，[①] 以此作为获得以公共性为有效性规定的阐释结果的前提，解决了阐释的主体性因依赖感性材料而导致的怀疑论后果。

唯理性阐释论与公共阐释论都从理性出发规定阐释行为的主体性内涵，不同之处在于，前者以理性自身的逻辑能力决定阐释结果，这会带来独断论后果。阐释主体运用自身的理性，以理性思维通过自洽的逻辑，获得关于文本的意义，也因此把这种意义确定为真理性的认知。唯理性阐释论者虽然肯定了理性的阐释主体对于文本意义的建构性地位，但由于切断经验与文本意义的关联，会带来独断论的风险和对文本意义的历史性的剥夺，导致张江教授所谓的强制阐释行为发生。[②] 这种强制阐释行为即理性自身的逻辑自洽能力成为阐释结果有效性的根据。

《论纲》力图通过重新规定主体性的内涵，克服阐释行为中的经验主义倾向和唯理性倾向，以达成阐释意义的公共性，这既是公共阐释论也是西方阐释学史上的基本问题及主要任务。施莱尔马赫用生命体验的整体性解决阐释主体性的个体性和偶性问题，使公共性阐释意义获得了达成的条件。然而，生命体验的差异性或者生命体验的此在性，仅对经验本身做出了内部区分，还是无法解决经验的决定性意义，因而无法解决经验主义对阐释主体作为公共性认知根据的怀疑。海德格尔把经验性此在化，再把此在存在化，由此使作为主体的存在者依附于存在，因而使主体性不断被存在转化，脱离自身，再在语言的引力中向公共性的真理性的本源无限趋近。海德格尔用语言与存在的关联消解主体性的经验性和个性，把阐释的确定性与语言的形式显示性关联在 起。但海德格尔存在论阐释学隐含的神性权威，或者是新康德主义者默罗阿德·韦斯特法尔所认为的，海德格尔阐释学的忏

---

① 张江：《公共阐释论纲》，《学术研究》2017 年第 6 期。

② 张江：《强制阐释的主观预设问题》，《学术研究》2015 年第 4 期。

悔和皈依性质,① 制约了作为主体的我们的人性阐释的丰富性。伽达默尔用游戏的主体性来解决阐释的个人经验问题,同时用悖论性的游戏的严肃性去替代海德格尔的神性权威。伽达默尔使阐释的认知目的的公共性要求在主体间性意义上达成,使阐释的真理性意义保持了与人的主体性的关联。

阐释的主体性内涵由阐释者的理性转向语言和文本的游戏性,虽然这一转变克服了经验主义阐释论对感性直观的决定性依赖和唯理性阐释论对文本意义的独断,但并未彻底解决阐释意义的公共性问题。海德格尔的存在论阐释学和伽达默尔的哲学阐释学分别奠定和巩固了语言在阐释行为中的主体地位,这种语言主体主义阐释论,为达成公共性的认知阐释确立了依据,能够克服经验主义和唯理性阐释论以阐释者为主体所带来的相对主义和独断论倾向。然而,阐释主体从阐释者置换为语言,并不确保认知及公共性认知的达成。德里达把阐释中的语言主体地位推向极致,彻底切断了阐释者与文本意义的关联。他以人类学为语言提供游戏性基础,使语言断裂为史前的源初性语言和人类的观念性语言,从而用文字或者延异作为看待语言的范式,否认任何试图介入文本以达成确定性意义的可能。在此意义上,阐释行为使意义发生,但公共性的阐释意义无法达成,因为后者要求包含确定性的统一性和一致性。德里达的延异阐释论带来的关于阐释意义的虚无主义风险,给语言主体主义阐释论提出了难题。

公共阐释论试图解决海德格尔和伽达默尔遗留的语言主体主义问题,为此重返阐释者,把阐释者看作理性主体,在这个意义上,新康德主义认识论可以就此提供一种帮助。《论纲》提出阐释或者理解是"构建以他人为对象而展开的理性活动",② 这与康德认识论以理性主体为基础的主张一致。新康德主义者亨利·E. 阿利森是康德知识论的维护者,把康德先验观念论理解为"曲行论"。③ 他认为在康德那

---

① [美]韦斯特法尔:《韦斯特法尔:新康德主义哲学》,吴德凯等译,中国政法大学出版社 2013 年版,第 79 页。

② 张江:《公共阐释论纲》,《学术研究》2017 年第 6 期。

③ [美]阿利森:《康德的先验观念论:一种解读与辩护》,丁三东、陈虎平译,商务印书馆 2014 年版,第 11 页。

里，概念和（感性）直观都是人类认知所必需的。① "曲行论"的康德先验观念论，因直观之于概念在认知意义上的来源性，就杜绝了唯理性的教条主义倾向。同时，因概念之于直观的规定性，就杜绝了经验主义对认知的怀疑论倾向。新康德主义对康德先验观念的理解给公共阐释提供的帮助在于理性如何作为普遍有效性知识的基础。

对公共阐释来说，阐释或者我们对作为语言现象的文本所做的认知活动，可被看作经由康德纯粹理性和判断力的运用到某种意义客体的达成。《论纲》提出，"公共理性的运行范式，由人类基本认知规范给定"，在此前提下，公共理性规范的阐释，"其推理和判断与普遍理性规则一致"。② 由此可见，在公共阐释论中，这种作为认知活动的阐释，从内部可被看作一个双维度结构，包括作为认知主体的我们和以文本为表象的语言现象。同时，这个双维度结构从外部被看作一个统一体，或者说认知意义上的意义统一体。这意味着经由某物的关联功能，使我们和语言现象之间发生关联而形成了某种意义统一体。在这种意义上，康德的纯粹理性和判断力通过自身的先验特质及其经验性的运用，能够实现把作为认知主体的我们和语言现象关联起来的任务。

康德的纯粹理性和判断力都有其适用范围、规则、条件，由此，这个任务就是我们的纯粹理性和判断力，在怎样的适用范围、规则、条件下，经由怎样的运用，所产生怎样的作为任务完成的结果，使语言现象成为怎样的意义统一体或者作为客体的意义，这些问题是要探究的。其中，怎样的意义统一体，或者有效或无效的意义统一体，意味着要是把文本阐释看作一种认知活动，乃至一种关涉真理的认知活动，那就必须要考察，这种阐释性认知活动在什么范围内才能达成有效的真理。目的是对抗相对主义阐释论和虚无主义阐释论的普遍性诉求，以便在一定限度和范围内或者说公共范围内维护真理性阐释的可能性。

---

① ［美］阿利森：《康德的先验观念论：一种解读与辩护》，丁三东、陈虎平译，商务印书馆 2014 年版，第 11 页。

② 张江：《公共阐释论纲》，《学术研究》2017 年第 6 期。

康德纯粹理性的普遍有效性及相应的规定性和条件性，为阐释者在阐释行为中运用自身的理性限定了规则和原则，以此达成的文本意义对象是普遍性和有限性意义上的公共性。刘易斯·贝克认为，康德用"纯粹理性的单纯法规"，[①] 为理性共识奠定了基础性地位。纯粹理性把自身的运用范围确定在与私人性意义的个体性之外，康德是在"并非这一个或那一个主体的私人的"意义上，"给认识主体和存在于各观察者之间关于其共同对象的潜在一致提供了标准"，[②] 或者说，共识依存于纯粹理性的单纯法规。这为共识制定了依据纯粹理性的原则基础。阐释行为中，纯粹理性运用自身的知性，以质、量、关系、模态的 12 个基本范畴，对作为语言现象的文本做出知性判断，由此而来的文本意义对象达成了公共性。这种公共性的阐释行为能够防止理性的独断论倾向。

《论纲》提出，公共理性是真理得以达成的基础，但同时强调公共理性"不保证真理，但可在理性与实践的框架下修正和推进认知的确定性"，[③] 这与康德认识论的基础主张一致。康德用规定判断力联结纯粹理性和感性直观，这意味着在阐释行为中，作为主体的阐释者对文本直观而来的各种感觉材料，经由知性原理的运用，而被理性纳入具有普遍性倾向的一般。为防止唯理性的独断论倾向，阐释行为要求阐释者的个性甚至私人性的意义生成结果与普遍性的意义目的合理关联。而作为一种判断力的规定判断力能够完成这项关联任务，因为它的功能是加工各种感觉材料，其加工结果是具有一般性的意义。在此意义上，规定判断力能为阐释行为达成公共性意义奠定基础。在阐释者这里，文本是一种语言现象，他要就此现象实施阐释活动，这种阐释活动实际是一种基于知性原理的纯粹理性认知行为。阐释者依赖纯粹理性的先验逻辑和先验法规，用意义把文本对象化。这种意义因为知性原理基础的普遍有效性而获得公共性。康德纯粹理性在阐释行

---

① ［美］贝克：《〈实践理性批判〉通释》，黄涛译，华东师范大学出版社 2011 年版，第 10 页。

② ［美］贝克：《〈实践理性批判〉通释》，黄涛译，华东师范大学出版社 2011 年版，第 11 页。

③ 张江：《公共阐释论纲》，《学术研究》2017 年第 6 期。

为中的运用，使阐释者的主体性得以在普遍性、有限性、目的性意义上实施，公共性阐释在主体性意义上获得认知条件。公共阐释论提出公共理性的功能不是保证真理，而是达成确定性，这正与康德以理性达成确定性的知识而非真理的主张一致。

公共理性可以看作一种阐释性理性，它以新康德主义的纯粹理性为基础，目的是以公共性为内涵的阐释结果。由阐释者、作为语言现象的文本、意义对象构成阐释行为，在公共阐释论以公共性为内涵的阐释意义目的下，要求阐释者把自身的主体性限定为公共理性。公共理性，包含作为个体的人的纯粹理性和感性直观及联结二者的规定判断力。包含这些内容的公共理性为阐释公共性的达成，在个体意义上确定了普遍性的认知条件。然而，这些内容并非公共理性的全部。公共理性在阐释行为中运用自身，意味着与文本的联结。在联结发生中，公共理性的个体构成被其公共理性自身要求，对文本采取既受制于任何个体又非任何个体私有的态度。受制但非私有的态度包含两个维度，一个是偶性的、殊性的感性直观维度，一个是普遍性的纯粹理性维度。偶性的、特殊性的感性直观关涉在场的经验以及先于在场的经验，公共理性是阐释主体关联在场与不在场的阐释性认知能力。

公共理性并非康德纯粹理性。新康德主义的纯粹理性，是在纯粹主观的意义上被明确为达成普遍性认知的必要条件而不是充分条件。普遍有效性知识得以达成，还需要感性直观作为条件。它自身包含对在场和不在场的联结。而纯粹理性只是康德的纯粹理性、判断力、实践理性三分式结构中可被明确界定的一个部分。韦斯特法尔认为，海德格尔和德里达是康德现代认识论的发展者，康德把纯粹理性限定在纯粹在场范围内，他们的立场则是，认识发生有其前认识条件。[1] 海德格尔用理解和解释把在场和不在场联结在一起，[2] 前者先于后者发生。德里达用不在场质疑在场，二者处于解构性的依存关系。公共理

---

① 郝长墀："序"，载［美］韦斯特法尔《韦斯特法尔：新康德主义哲学》，吴德凯等译，中国政法大学出版社 2013 年版，第 5 页。

② 郝长墀："序"，载［美］韦斯特法尔《韦斯特法尔：新康德主义哲学》，吴德凯等译，中国政法大学出版社 2013 年版，第 5 页。

性则强调纯粹理性的运用，要求阐释主体把理性置于在场与不在场的关联中。这种关联则要求一种不同于以理性的在场性为必要条件的康德先验要素时间。

## 三 阐释的时间性问题：公共阐释论的历史统一性主张

时间，不仅是康德认识论中的先验要素，也是阐释学及当代阐释学主要探究的问题，公共阐释论在《论纲》中也着重处理了该问题。在康德认识论范围内，时间是构成理性的先验要素，它决定了理性认知活动的基本特征。康德的时间观具有纯粹主观性。海德格尔阐释学的时间观，在根本上影响了当代阐释学时间与阐释的关系问题。据S. 马尔霍尔判断，海德格尔断言"此在作为'之间的存在'而生存，必定具有时间性含义"，该时间性是历史性的。[①] 自 20 世纪五六十年代以来，就阐释学范围内的时间问题，主要有两条探索路径：在一条路径上，德里达用延异消解阐释的时间性；在另外一条路径上，伽达默尔力图抵制德里达消解时间的主张，为此他继承和发展海德格尔的主张，用效果历史意识关联时间与阐释。《论纲》在时间问题上强调一种历史性，主张"阐释者以普遍的历史前提为基点"，[②] 目的是对抗德里达的时间观，补充伽达默尔的时间观。

德里达用文字学消解包含时间意义的海德格尔存在论，这意味着阐释的时间性也因此取消。海德格尔力图在语言中返回存在的家园，以此为传统形而上学确立基础，他实现的方式是阐释学与存在的关联。在这种关联中，文本的先在性使返回家园得以可能，阐释是时间性的，时间性的阐释使存在得以显现。无时间，则无存在显现的可能。文本的阐释，尤其是诗性文本阐释，是回家之路。海德格尔在对荷尔德林诗歌的阐释中恢复了被遗忘的人类本源。德里达认为在海德

---

① ［英］马尔霍尔：《海德格尔与〈存在与时间〉》，亓校盛译，广西师范大学出版社2005 年版，第 214—215 页。

② 张江：《公共阐释论纲》，《学术研究》2017 年第 6 期。

格尔那里有一个外在于文本的外部世界，① 它先在于文本，阐释使它得以显现，而存在在此。他把回家看作一种怀乡病性质的神话妄想，② 因为"不存在外在文本"。③ 德里达力图以此消解以阐释的时间性为条件的海德格尔的存在论。同时，他认为作为理解的阅读，其时间性只是阅读自身的自我描述。④ 阅读，或者说阐释，在德里达这里不具有时间性。

在伽达默尔那里，阐释是作为个体的阐释者带着自身的前见性经验与先在的文本的历史性照面，由效果历史意识限定而非决定文本的意义。伽达默尔是在海德格尔的理解的历史性⑤基础上提出效果历史意识，尽管在特里·伊格尔顿看来，海德格尔表现出一种"逃避历史的态度"。⑥ 效果历史意识是阐释发生的历史性境遇的世界经验化。在效果历史意识下，文本因自身的语言性的力量，使世界经验能够被给予，作为个体的阐释者的以境遇性为根本性质的阐释由此转化为对世界经验的中介。世界经验在个体阐释中实现，意味着效果历史意识蕴含着整体性和一致性的倾向。这同时意味着整体性和一致性自身对于历史境遇的优先性，因而带有伊曼努尔·列维纳斯所批判的海德格尔的总体性色彩。阐释发生的历史境遇处于被总体化的风险之中，有可能失去自身的超越性，因而使阐释只能作为一种循环性阐释，无法作为一种辩证否定性阐释。因此，伽达默尔阐释学的时间性是持存性而非进步性的。

《论纲》中的公共阐释论改造和发展了伽达默尔的时间观，把后者的效果历史发展为"历史普遍性"，以适应全球化形态下的21世纪

---

① ［德］恩斯特·贝勒尔：《尼采、海德格尔与德里达》，李朝晖译，社会科学文献出版社2001年版，第78页。

② ［德］恩斯特·贝勒尔：《尼采、海德格尔与德里达》，李朝晖译，社会科学文献出版社2001年版，第79页。

③ ［法］德里达：《论文字学》，汪堂家译，上海译文出版社2005年版，第232页。

④ ［法］德里达：《论文字学》，汪堂家译，上海译文出版社2005年版，第422页。

⑤ ［英］伊格尔顿：《现象学，阐释学，接受理论：当代西方文艺理论》，王逢振译，江苏教育出版社2006年版，第63页。

⑥ ［英］伊格尔顿：《现象学，阐释学，接受理论：当代西方文艺理论》，王逢振译，江苏教育出版社2006年版，第64页。

的人类社会。伽达默尔的效果历史使阐释获得历史意义，而阐释使历史得以可能。伽达默尔历史性的根本性质是传统的扩充性持存。然而，这种新亚里士多德主义的传统，针对的是 20 世纪欧洲的问题。公共阐释是在 21 世纪深度全球化的历史境遇中谋求具有统一性基础的阐释结果。这种深度全球化的历史境遇主要表现为保罗·利科已在 1955年描述的那样："由文明发展起来的文化态度的多样性和由文明交织在一起的人际关系的多样性。"① 利科提出的问题是，在这种历史境遇中统一性或者说"历史的真理"是否可能。② 公共阐释论的目标与利科的意图一致，它以"传统和认知的前见"为"阐释的起点"，③ 探索走向以人类理性的公共性为内涵的阐释结果。这是一种历史性的发展的阐释观。

公共阐释论以人类社会的公共理性的统一性能力为基础，寻求一种历史统一性，这种统一性不是单一传统的扩充性持存，而是单一传统在人类整体意义向度上的扩充性持存。海德格尔和伽达默尔的存在与传统都是欧洲中心性。公共阐释所要求的这种人类整体意义的基础必然是人类的普遍性理性，或者是基于新康德主义纯粹理性运用的关联在场与不在场的阐释性认知能力。由此，它的时间性并非任何单一传统的持存，而是作为阐释性认知能力运用结果的不同传统在当下的统一。因此，作为公共阐释的时间性意义的历史统一性，是以 21 世纪深度全球化背景下的人类整体为阐释结果的向度，是一种共时性和历时性在人类整体意义上的统一。

## 四  阐释结果的有效性问题：公共阐释论的社会接受性主张

《论纲》提出，阐释结果应"为语言共同体和更广大公众所理解

---

① ［法］保罗·利科：《历史与真理》第 1 版（1955 年）"前言"，姜志辉译，上海译文出版社 2004 年版，第 8 页。

② ［法］保罗·利科：《历史与真理》第 1 版（1955 年）"前言"，姜志辉译，上海译文出版社 2004 年版，第 8 页。

③ 张江：《公共阐释论纲》，《学术研究》2017 年第 6 期。

和接受"，① 这是对当代阐释学关于阐释结果有效性问题的回答。就该问题，阐释学从 20 世纪五六十年代以来在两种立场上展开，分别是德里达人类学性质的阐释学立场和伽达默尔与哈贝马斯的实践哲学性质的阐释学立场。公共阐释论一方面试图坚决抵制德里达的主张，另一方面则力图丰富实践哲学阐释论的主张。

德里达采用生物学人类学的方式对卢梭的《语言起源论》展开阐释实践，其后果是人类生存的去社会化、去文明化和去世界化，《论纲》批判了这种阐释结果的虚无主义性质。德里达从生物普遍具有自恋行为②出发，把语言的始源问题置于生物进化论的视域。他据此提出，书写本身的延异使现代人无法用对待"铭文"③ 的方式，复原书写的先验性的内在空间。现代人要意识到，书写的先验空间并非康德先验要素意义上的空间，而是史前和前文化的先验空间。④ 德里达的先验空间所消解的是人类文化得以可能的普遍基础。⑤ 德里达用生物性的先验空间作为人类语言的始源，使现代人以语言为媒介谋求道德自主根据的行为，被转化为人类生物性需要的社会化和历史化变体。这意味着，对由语言构成的文本的阐释，只是人类生物性需要的变体。德里达语言起源的生物性主张，可能导致的后果是一种人类生存的去社会化、去文明化和去世界化的虚无主义。鉴于此，《论纲》明确指出，德里达的阐释学以反理性为基调，使阐释及其研究走上虚无主义道路。⑥

伽达默尔的阐释学蕴含实践哲学意味，在他那里，阐释行为是一种自我改造性质的道德实践，其结果是以一致性为根本性质的人类的世界关系，《论纲》在很大程度上认同伽达默尔的主张。伽达默尔反对施莱尔马赫把阐释学看作精神科学的方法论，主张阐释能够承担理论与实践的双重任务。他在海德格尔的存在论意义上赋予语言以世界

---

① 张江：《公共阐释论纲》，《学术研究》2017 年第 6 期。
② ［法］德里达：《论文字学》，汪堂家译，上海译文出版社 2005 年版，第 240 页。
③ ［法］德里达：《论文字学》，汪堂家译，上海译文出版社 2005 年版，第 423 页。
④ ［法］德里达：《论文字学》，汪堂家译，上海译文出版社 2005 年版，第 423 页。
⑤ ［法］德里达：《论文字学》，汪堂家译，上海译文出版社 2005 年版，第 423 页。
⑥ 张江：《公共阐释论纲》，《学术研究》2017 年第 6 期。

经验中介的地位，阐释因此成为自我把自身从偏见中解放出来、向世界开放的自我改造。① 这种具有认识性和实践性的自我改造，其向度不是尼采作为生命自身根本性质的权力意志，而是全人类意义上的世界关系。② 《论纲》也批判性地指出，当代阐释学中含有"叔本华、尼采、柏格森等人生命与意志哲学"③ 色彩，这意味着对伽达默尔主张的肯定。

《论纲》强调阐释结果的可公度性，这是以社会接受性为阐释结果有效性的内涵，是对伽达默尔相关主张的发展。《论纲》从马克思主义所主张的人的社会性出发，提出："阐释的意义与价值，无论阐释者的企图如何任意与神秘，其真理性标准最终由客观的社会关系所决定。"④ 在公共阐释论这里，阐释结果是否有效，以人的社会性作为基础。作为阐释者的人，其阐释行为因此也是社会性的。虽然阐释者作为个体的人有其自身的特殊性和偶性，但社会性是阐释者存在的根本。这种根本性决定了阐释行为目的的根本性，即社会性。由此而来，阐释结果有效性的标准，应建立在社会性基础上，而不是个体性、特殊性和偶性基础上。《论纲》在此基础上提出社会接受性作为阐释结果有效性的内涵，即阐释结果的"公度性"。⑤ 伽达默尔主张阐释结果是人类的世界关系，这意味着，这种世界关系既是个人意义上的，也是人类整体意义上的。《论纲》与这种主张的不同之处在于，它以马克思主义的社会性作为整体性的基础，因此是对伽达默尔的本体论意义上的整体性的发展，更加强调了社会性对于人类整体的意义。

在 21 世纪深度全球化的历史境遇中，公共阐释论以公共理性为阐释者的主体性内涵、以历史统一性为阐释的时间性内涵、以社会接

---

① ［德］伽达默尔：《诠释学Ⅰ：真理与方法——哲学诠释学的基本特征》，洪汉鼎译，商务印书馆 2010 年版，第 668 页。
② ［德］伽达默尔：《诠释学Ⅰ：真理与方法——哲学诠释学的基本特征》，洪汉鼎译，商务印书馆 2010 年版，第 668 页。
③ 张江：《公共阐释论纲》，《学术研究》2017 年第 6 期。
④ 张江：《公共阐释论纲》，《学术研究》2017 年第 6 期。
⑤ 张江：《公共阐释论纲》，《学术研究》2017 年第 6 期。

受性为阐释结果的有效性内涵，不仅就当代阐释学的基本问题给出了基本回答，也为建构全球化的统一性基础提供了一种阐释学路径。在21世纪深度全球化的历史境遇中，如何为多元形态的人类社会构建一种统一性基础，是亟待解决的问题，它关涉到人类共同体何以可能的问题。公共阐释论，就人类的公共性或者统一性理解如何可能的问题提出了解决方案，在此意义上，它为人类共同体的构建做出了阐释学贡献。

# 论公共阐释论中的三个主要概念<sup>*</sup>

李一帅<sup>**</sup>

20 世纪诸多西方文论在阐释与解释、形式与范式、结构与解构中完成了一次次"语言的狂欢"。诚然，20 世纪主流西方阐释学文论对我们的文艺探讨起到了不可遮蔽的作用，借用西方阐释学文论，中国学界在阐释学中绽放了世纪之交前后十几年文艺争鸣的火花，但用"意志论""存在论""解释学"等 20 世纪西方文论观来解决我们中国当今文艺问题却未必再合适。为解决中国阐释学如今面临的问题和困境，张江教授提出了"公共阐释论"①，旨在反思西方阐释学中的问题，通过阐释来构建与他者的对话，通过对话和倾听，在自我与他者之间开辟出新的共享型精神场域，让阐释在理性的交流中获得新的价值。

## 一　作为"阐释"意义中的"公共"

关于"公共"一词，哈贝马斯曾经进行过系统考察。他认为在 17 世纪中叶，英国率先使用 Public 来代表"世界"或"人类"，法国用 Le Public 代表"公众"。兴起于 18 世纪德国的"公众"概念，则主要指"阅读世界"或"世界"。在一个具体空间围绕着表演家的公众和从事阅读的公众都可以进行批判，这种公断具有公共性

---

　\*　本文原刊于《学习与探索》2019 年第 5 期。

\*\*　作者单位：中国社会科学院文学研究所。

　①　张江：《公共阐释论纲》，《学术研究》2017 年第 6 期。

（Publicity），而这种批判行为本身体现为"公众舆论"（Public Opinion）。对于哈贝马斯构造的"公共"概念体系，一些学者并不认同，比如美国学者罗威廉认为："哈贝马斯孕育的'Öffentlichkeit'的概念在不同的场合被翻译成'公共性''公共''公共舆论'和'公共领域'，为对国家—社会问题的诸多方面感兴趣的欧美历史学家们提供了一套词汇。"① 西方另一个代表"公共"的词语是由古希腊语发展而来的"Common"。在古希腊社会里，公共是一种成年男子参加的政治共同体，主要的目的是建立以"最大的善"为目标的规则。以Common为根本概念衍生的 Common Good 被解释为"公共利益"，这"是一种与人的社会观念密切相关的概念"，② 它将人和社会以物质显性的形式绑定在了一起。

　　与西方十六七世纪对应的中国清朝早已实施了大规模的贸易往来，开始有了像"酒馆""茶馆"这样的公共空间，但作为与"私"对应的"公"的概念其实早就已经存在。公元前 3 世纪，《尔雅》把"公"定义为"无私"；《说文解字》也从词源学的角度解释"公"即为"背私"，因"私"被看为有"私人的"与"自私的"两层意思，所以"公"字中就带有正义性质，"不徇私"即为"公"。《礼记·礼运》中也有"大道之行也，天下为公"之句，这里的"公"也是"大同""平等"的意思，指的是一种和谐一致的个人利益的总和。而"公共"一词在《史记·张释之冯唐列传》中记载道："释之曰：'法者天子所与天下公共也。今法如此而更重之，是法不信於民也。'"这里的"公共"意为古代社会中追求以法实现公正、平等的理想核心。直到近代，梁启超提出"公共心"的概念，对中国人缺乏"公共心"进行了批判："然团体之公益，与个人之私利，时相枘凿而不可得兼也，则不可不牺牲个人之私利，以保持团体之公益。"③展现了当时的梁启超对公民享有平等权利并履行权利的理想。

---

① William T. Rowe, "The Public Sphere in Modern China", *Modern China*, Vol. 16, No. 3, Jul 1990.

② Arthur P. Monahan, *Moral Objectives, Rules, and the Forms of Social Change*, Toronto: University of Toronto Press, 1998, p. 221.

③ 吴其昌：《梁启超传》，吉林人民出版社 2014 年版，第 139 页。

　　纵观中西方对"公""公共""公共性"等概念起源的考查和释义，西方的"公共"强调的是一种共享视觉性与共享空间性；而中国对"公""公共"的理解则更强调于对"平等""公正""公平"等概念实现的理想和态度。也就是说，西方的"公共"的演变是一种带有社会学性质的"公共"，强调群体行为的自发性、自觉性；而中国的"公共"演变是一种带有法学性质的"公共"，强调个体与群体的规范和准则。今天的"公共"早已不是一种单一的概念表达，它已经从社会学、法学领域扩展到政治学、国际关系学、艺术学等领域。而"公共阐释论"是对"公共"概念领域的又一次扩充，向着文学、美学、文化哲学等领域的进一步发展。

　　公共阐释论在当下发挥着"公共"上的综合意义，以阐释的形式形成了群体的话语连接，既有"语言—认识"行为上的共享职能，又有话语中的准则和规范，所以公共阐释论的开拓性在于文本阐释行为向着公众群体的介入，它以"哲学、历史、文学、艺术学"等人文学科内容为阐释内容，又是以"社会学、政治学、法学"等社会科学学科方法为阐释方法的"语言—认识"综合行为体系。《公共阐释论纲》提出："阐释意义上的'交流'是指，通过对话和倾听，在自我与他人之间开辟可共享的精神场域，阐释由此而实现价值。"[①]"公共阐释"强调精神共享性，与以往的个人阐释不同，它更强调以群体为基准的阐释，但是阐释的主题和话题可以是个人提供的，阐释行为是群体的。阐释者与阐释者之间形成一种共享自觉，"公共阐释的内涵是，阐释者以普遍的历史前提为基点，以文本为意义对象，以公共理性生产有边界约束，且可公度的有效阐释"[②]。"公共阐释"是以文本为对象的阐释，它要求以历史为前提来分享、交流而达到公共理性的目的性，又具有人人可以参与其中平等发言与对话的权利，同时具有理性、合法性边界的约束力，为开始展开群体性阐释提供了前提。

　　"公共阐释"这种共享性阐释必然需要公众的参与，公众的审美趣味和标准决定了阐释的质量和标准，公众是否能够做到知识、观念

---

　　①　张江：《公共阐释论纲》，《学术研究》2017 年第 6 期。
　　②　张江：《公共阐释论纲》，《学术研究》2017 年第 6 期。

与理性兼备显得尤为重要。以公众为"理解主体"和"阐释者",以"艺术品"为"被理解对象"的"公共艺术"和"公共阐释"有着相似之处,"公共艺术"是现象先行,"公共阐释"是理论先行,通过对"公共艺术"的反思和探讨,可以为"公共阐释"的"理解主体""阐释者""被理解客体"三者关系提供更有力的支点。"公共艺术"作为一种艺术进入公共领域的新形式诞生于 20 世纪 60 年代的美国,公众通过对同一空间中的艺术共享,来产生自己的理解,使与他人的交流与阐释获得新的意义。公众阐释的对象为绘画、雕塑、建筑、装置艺术等艺术品,艺术品的放置也是可以供公众自由进出的空间,如广场、公园、剧院、商场等公共场域,而艺术品所体现的意义是可以供多方探讨的,"它(公共艺术)超越了物质层面的城市使用者聚居在一起,并通过价值体系和相关的表述来支撑维持他们"[①]。学术界普遍认为,从 20 世纪 90 年代开始,随着中国各大中型城市和东南沿海经济较发达地区公共建筑和公共设施的增加,公共艺术在中国也得到了发展,逐渐从城市公共领域扩大到其他公共领域。例如,深圳的城市雕塑《深圳人的一天》就是公共生活、公共艺术与公共精神结合的体现。

"公共阐释"与"公共艺术"有着诸多相似之处:第一,在理解的对象上,艺术品和文本一样是被阐释的对象,艺术品的观赏者和文本的阅读者在对对象进行审视之后进行交流和阐释,艺术品和文本为人与人寻求交流之间找到了中介物。第二,在阐释的过程中,都构成一个三角关系,即理解主体—被理解对象—阐释者三者之间的一种稳定性关系。第三,艺术品或者文本等被理解的对象都一定要具有"可议性",也正是《公共阐释论纲》提出的"可公度"或"公度性阐释",理解主体要对分析对象的潜在价值和意义有一定的预判。第四,都需要在同一空间之中才能得到阐释和发挥,"公共艺术"基本是在实体空间,"公共阐释"可以在实体空间,也可在虚体空间,且在当下以互联网、移动网络等虚拟空间为主。

---

① Annie Gérin, James S. McLean, *Public Art in Canada*: *Critical Perspectives*, Toronto: University of Toronto Press, 2009, p. 249.

虽然作为"公共"意义上的"公共阐释"与"公共艺术"有一些相似之处，但"公共阐释"需要开创的是一种元理论，在看到"公共艺术"给公众带来更多审美趣味、提高审美水平的同时，也需要正视"公共艺术"存在的问题。比如，对于艺术欣赏，知识精英群体和社会公众之间的观念容易形成断层，即"公共艺术"的标准和规则由知识精英群体建立，但是知识精英群体和社会公众的审美接受标准存在差异，而他们都必须作为公众的一部分来自觉消解这种差异性。同样，在"公共阐释"的过程中也会遇到文本的选择问题，知识精英群体和社会公众之间的理解差异问题，"公共阐释"中的话语权主导问题等等。

在 21 世纪这个以电子媒介传播为主的时代，文本的电子传播既方便又快捷，话语探讨的文字、声音、影像资料传播也十分迅速，"公共阐释"具有前所未有的优势。人与人之间、人与群体之间、群体与群体之间对理论理解充满了异质性，通过文本来平等对话沟通，寻求异质性中的同质性，这种同质性，也正是"公共阐释"中要寻找的"公共理性"。越来越多的人通过"阐释"过程获得新知和意义，但不可避免地会涉及阐释消费、阐释伦理、阐释自律等问题，也需要在过程中不断地完善"公共阐释"机制，让"公共阐释"作为一种"公共"原始意义上的共享对话发挥最大作用。

## 二 作为"主体"位置中的"文本"

伽达默尔告诉我们，"文本"这一概念进入现代语言有两种方式：一种是圣经的文本，通过布道和教义实现阐释，在这种情况下，文本就是解释的基础，同时又是信仰的真理；文本的另一种使用和音乐有关，是歌曲或者乐曲的文本，音符乐谱的纸上表达方式。这两种文本使用方式都源于古罗马时代后期法官对语言使用的定义，即根据贾斯丁尼安一世的法典来克服解释和应用的争议。伽达默尔考证的文本最初意义正是说明文本最初是一种给定物，人根据文本的内容一五一十地进行传播和呈现，不能加入自己的理解和创造。文本作为一个意义本体，和读者一对一地接触，且读者不进行解释，只进行内容上的传播，使人们以一种"知识形态"获得文本的内容。但随着"文本"意义和领域的扩大，文本不得不和人产生一种解释关系："在各种情况下，无论是说的或是写的文本，对文本的理解依靠交流的条件，这些条件超出了所说之物的仅仅编了码的意义内容。"① 通过交流使文本生成了新的意义，且在交流中我们有交流的对象或者潜在交流的对象，才能提供给文本一个重新生成意义的动因，而"诠释学的任务就是要解释这种理解之谜，理解不是心灵之间的神秘交流，而是一种对共同意义的分有（Tcilhabc）"②。

《公共阐释论纲》提出，在理解和交流过程中，"理解的主体、被理解的对象、阐释者"三者之间需要构成一个相互融合的多方共同体。一般来说，被理解的对象就是文本，公共阐释所要建立的是一种群体阐释，这种群体阐释和以往的文本与读者一对一的关系不同，它是"理解主体—文本—阐释者"之间建立的一种三角关系，他们三者之间各自形成一个三角关系，但又不是一种单一的三角关系，每一个理解主体可能与不同的阐释者构成不同的三角关系，每一个阐释者也可能和不同的理解主体构成不同的三角关系，一个理解主体可能和多个阐释者构成一个大三角关系，一个阐释者也可能和多个理解主体构成一个大三角关系："理解主体—文本—阐释者"三者的关系是以文本为中心展开的，"阐释"是连接他们所有之间彼此关系的纽带，但阐释者和理解主体之间的身份也可能发生挪移和互用。伽达默尔也曾经指出："'原始的读者'这一概念极为模糊，这一点我在别处已经强调。"③ 在遇到"口头文学""书信文学""访谈"等有明确理解主体的文学形式时，我们可以认为理解主体有明确指向。如果文本中没有特意强调是写给某个人或者某个群体，是不是可以理解为每个人既是理解主体又是阐释者？对于这种复杂情况，或者我们可以理解为最先对文本进行理解和阐释的人为理解主体，后面加入进来参与对话讨论的为阐释者，当然，每个人都可以直接对文本进行第一阐释，也就是

① 《伽达默尔集》，邓安庆等译，上海远东出版社 2003 年版，第 62 页。
② ［德］伽达默尔：《真理与方法》（上卷），洪汉鼎译，上海译文出版社 1999 年版，第 374 页。
③ 《伽达默尔集》，邓安庆等译，上海远东出版社 2003 年版，第 62 页。

可以同时存在多个理解主体，而接着某一理解主体的论点继续讨论的人，即为这一论点线上的阐释者。

但是不论理解主体还是阐释者的更替，唯一不变的是文本的主体位置。当文本作为内容的时候，它依然是一个意义本体，但当文本进入公共阐释的时候，文本则变成了阐释内容的主体。这不同于之前伽达默尔把整个语言看成一种主体，语言作为主体是针对一种人类普遍认知行为而言，认为理解本身存在于语言中，语言是我们生活于其中的世界自身的行为。"公共阐释"强调的是群体阐释行为之后生成的公共理性，语言当然是阐释的直接介质，但是对于"理解主体—文本—阐释者"三者关系而言，文本才是承载阐释者们群体阐释的舞台，文本的主体位置不移动，理解主体和阐释者循环围绕文本进行公共阐释。此时的文本就如广场上的雕塑，任来自各方的观赏者进行观摩和阐释，正是因为文本的内涵和意义是开放的，所以才会使得阐释者们不断提出新意，最终达到"公共阐释与文本对话交流，在交流中求证文本意义，达成理解与融合"①。

文本的重要性无需赘言，那么什么样的文本内容适合公共阐释呢?《公共阐释论纲》提出:"公共阐释将公众难以理解和接受的晦暗文本，尤其是区别于文学的历史文本，加以观照、解释、说明，使文本向公众敞开，渐次释放文本的自在性，即作者形诸文本、使文本得以存在的基本意图及其可能的意义。"② 区别于文学的历史文本正是一种非诗化语言，诗歌与非诗歌语言区分更在于思考与表达方式的完全不同，选择什么样的文本决定着公众阐释方式的导向。"当哲学遇上了那些伟大的作家（他们也是一些局外人，如克尔凯郭尔和尼采）时，甚至更进一步，当哲学被那些小说的伟大光环，尤其是被法国人（斯汤达尔、巴尔扎克、左拉）和俄罗斯人（果戈里、陀思妥耶夫斯基、托尔斯泰）弄得黯然失色时，哲学丧失其地位的这样一种情况便发生了。"③ 对于各具特点的诗歌语言和非诗歌语言，并不是要论出

① 张江:《公共阐释论纲》,《学术研究》2017 年第 6 期。
② 张江:《公共阐释论纲》,《学术研究》2017 年第 6 期。
③ 《伽达默尔集》,邓安庆等译,上海远东出版社 2003 年版,第 554 页。

一个高下，而是要实现公共阐释的理性化，非诗歌语言的阐释更加契合。所以，论纲提出"区别于文学的历史文本"，意为要重视中国古代文论、历史、哲学著作对公众的传播和影响，但同时我们也不能忽视了现当代的文论传播和影响，基于白话形式的现当代文论对于公众传播和海外传播更具有优势。

公共阐释中文本不可避免地会陷入一种解释循环，随着人们行为经验和意识思考的不断丰富总会产生新的认知和阐释，在文本与阐释之间进进出出。正如意大利作家卡尔维诺告诉我们的经典的意义那样："经典作品是这样一些书，它们对读过并喜爱它们的人构成一种宝贵的经验；但是对那些保留这个机会，等到享受它们的最佳状态来临时才阅读它们的人，它们也仍然是一种丰富的经验。"① 好的文本、好的书对各个阶层、各个年龄段的读者、阐释者都有一定的启发作用，所以好的文本是能引起高质量阐释的前提，而且越好的文本越容易产生更多次的解释循环。"一部经典作品是一本每次重读都像初读那样带来发现的书。一部经典作品是一本即使我们初读也好像是在重温的书……一部经典作品是一本永不会耗尽它要向读者说的一切东西的书。"② 文本的多释性、重释性反证了文本的本体价值，但好的文本并不一定是晦涩难懂的文本。宗白华先生曾说："人类第一流作家的文献或艺术，多半是所谓'雅俗共赏'的……不过它们的通俗性并不妨碍它们本身价值的伟大和风格的高尚，境界的深邃和思想的精微。所奇特的就是它们并不拒绝通俗，它们的普遍性，人间性造成它们作为人类的'典型的文艺'。"③ 文本的价值不是通俗性能定论的，同样也不是通俗性能阻碍的，不能因为公众对文本热度的强度就断定文本价值的高低，具有价值的通俗性文本反而会开辟公共阐释的新理论场。

解释循环根植于一种时间性，每一次阐释的更新都是时间位置上

① ［意］卡尔维诺：《为什么读经典》，黄灿然、李桂蜜译，译林出版社 2006 年版，第 2 页。

② ［意］卡尔维诺：《为什么读经典》，黄灿然、李桂蜜译，译林出版社 2006 年版，第 3—4 页。

③ 宗白华：《艺境》，北京大学出版社 1999 年版，第 175 页。

的又一次推进，正因为"循环"，所以解释循环时间形成的不是一个数轴，而是一个闭合的圆。正因为如此，不代表着最新的阐释就是最有价值的阐释，在圆上的任何一点都有可能成为最有价值的阐释。正如伯格森重视的"心理时间"一样，"心理时间"中的"绵延"在记忆中存在，记忆是不可分割的、不断积累的，生存的意义正是发生在"绵延"里，"同时，意识从同时和历时的两种总体性来理解世界，因而是'暂存的'。在某种情况下，一个从前发生的事件和一个现在正在发生的事件在古代意识看来是处于同一平面的事件，因为它是在同样的时间绵延中发生的"①。虽然伯格森的时间观念是唯心主义的，但也启发我们看到问题所在，公共阐释的意义不一定发生在解释循环的哪一环，"已成为过去的阐释"和"正在成为过去的阐释"都在为阐释的结论提供条件，而对一个话题公共阐释结论的显示即是达成一种公共理性，这些条件同时也为着公共理性的多元性、丰富性、融合性找到了支点。

# 三　作为"共识"目标中的"理性"

"公共理性"在近代和当代研究中多以政治学的概念呈现，它阐明一种公民在政治社会中实施行为方式的理性，它根植于自我与其他公民的理智能力和道德能力中。"公共理性规范的阐释，符合基本逻辑要义，其推理和判断与普遍理性规则一致"②，公共阐释论里的公共理性强调以逻辑、推理为主，并在语言上有道德化、规范化的要求，语言上的逻辑判断、推理原则是公共理性的绝对要素，否则语言对话就成为了雄辩。《公共阐释论纲》提出："公共理性的目标，是认知的真理性与阐释的确定性。"③ 公众的认知和阐释一定是由个体的认知和阐释发端，是个体与个体阐释理念共识的层层叠加。所以康德

---

① ［法］路易·加迪等:《文化与时间》，郑乐平、胡建平译，浙江人民出版社 1988 年版，第 315 页。

② 张江:《公共阐释论纲》，《学术研究》2017 年第 6 期。

③ 张江:《公共阐释论纲》，《学术研究》2017 年第 6 期。

理解的"公共理性"即是使个体理性得到自由化运用:"必须永远有公开运用自己理性的自由,并且唯有它才能带来人类的启蒙。私下运用自己的理性往往会被限制得很狭隘,虽则不致因此而特别妨碍启蒙运动的进步。而我所理解的对自己理性的公开运用,则是指任何人作为学者在全部听众面前所能做的那种运用。"① 康德认为,个体理性的公开化带来了人类的启蒙,个体理性的私人化没有承担传播给人类带来智慧的使命,只能是一种理性的自我启蒙,像一个学者一样在听众面前阐释理性,是个体理性最大化的价值。这也说明了个体的公开阐释对公众阐释的重要性,这是群体公共阐释的起点。

康德关于"内在于理性的公共理性"的认识,涉及的是自身与理性公共化的含义。除此之外,还有一种"外在于理性的公共理性",涉及罗尔斯提出的理性与公众基础的含义,也主要是根植于西方语境之中。《公共阐释论纲》中的公共理性,可以说是一种"理性共识",公共阐释论是以建立一种人类群体普遍阐释行为方式为目的的创新,所以有必要用世界的语境去考虑"理性"这个词的意义。英文中表达理性的用词基本有两种,一种是"Reason",主要表示逻辑和逻各斯(Logos),康德《纯粹理性批判》中理性是"Reason",是人所具备的一种思维能力,是一种区别于只服从于本能的动物的能力;另外一种"理性"表达是"Rationality",它一般被解读为"合理性",是通过推理后对具体事物做出的分析和判断。公共阐释论强调是人与人在阐释过程中意见不断合拢的公共性,这种意见是建立在具体的话题之上、具体的阐释和论证的过程之中,最终做出的是一种"合理性"判断,消解掉自己的不合理性,同时认同别人的合理性,或者消解掉别人的不合理性,同时让别人认同自己的合理性,所以公共阐释论中的公共理性是一种倾向于"Rationality"的理性,是一种"理性共识"。"理性共识"强调的是个体理性与个体理性之间的同质部分,正如论纲中也强调"在交流中不断省思和修正自身",通过公共阐释的交流,不断地增加和增强个体理性与个体理性之间的同质部分,达

---

① [德]康德:《历史理性批判文集》,何兆武译,商务印书馆 1990 年版,第 24—25 页。

成更多的"理性共识"。"共识"中有一种对个体意识的认可性，我的意识与他者的意识达成一致才是共识，且"共识"也同样强调着阐释共同的价值、观念和理想，与公共阐释论所要达成的目标一致。"理性（Rationality）的现代想象和其他意识形态的建立是一样的，打造什么样的队伍显得尤为必要。它已经把对世界控制和掌握的方向显示为理性的需求，并且已被证明利用主体的意志和动机是非常有效的。"① 在我们今天的现实社会中，分析具体的问题大部分运用的是"Rationality"的理性，这种理性和在阐释中发生的观念、态度、认知相关。

正如有"感性美"和"理性美"的区分一样，我们也可以把"理性共识"和"感性共识"区分开来。张世英先生把"感性美"看作最初级的美，柏拉图、黑格尔都讲到了"听觉和视觉"是审美感官，与非审美感官不同之处就在于听觉和视觉没有占有实体的欲望，不涉及功用和欲念，所以感性美是一种声色之美。但是"感性美"阶段仍然可以对人产生喜好或非喜好的感觉，如果两个个体对"声色"都同时产生了喜好感或非喜好感，那么在两个个体之间就形成了一种"感性共识"。而在最初级的"感性共识"之后才能走向具有知性层面和伦理层面的"理性共识"。黑格尔曾指出"知性"所认识的普遍、永恒的东西，这里没有自我，即因求知而获得的知识性的客观规律并没有主体意识在里面，所以达到知性层面的"理性共识"并不是我们最终的目的。黑格尔明确提出把道德与人的主体性和自由概念紧密连接在一起，认为道德问题是与自我及其意图相关联的问题，高级的道德意识需要有自我意识。两个个体之间在"知性"的客观认识和"道德"的自我意识中建立起共同的理念，或者在彼此理念中找到同质性，那么这到达了知性层面和伦理层面共同的"理性共识"，这也是公共阐释中的理性所要达成的目标。

公共阐释论指出通过阐释来建立一种"个体理性的共识重叠"，寻找"理性共识"的过程，正是对 20 世纪西方文论中的一些"私人

---

① Craig Browne, "Postmodernism, Ideology and Rationality", *Revue Internationale de Philosophie*, Vol. 64, No. 251 (1), 2010.

化、小众化、边缘化"话语的反思，也是对建立当代中国特色的公共阐释论的思索。正如费孝通先生在 21 世纪强调的："为了人类能够生活在一个'和而不同'的世界上，从现在起就必须提倡在审美的、人文的层次上，在人们的社会活动中树立起一个'美美与共'的文化心态，这是人们思想观念上的一场深刻的大变革。"① 这个"和"就是我们达成的理性共识，"各美其美，美人之美，美美与共，天下大同"中的"美美与共"也是我们达成的理性共识，但同时我们的文化中也强调"和"中的"不同"，强调"各美其美"，所以在公共阐释论中也强调"对话与倾听"，在彼此的相议中博采众长。公共阐释论正是在阐释学范畴中，在反思、交流、理解、共享、融合中，迈出达成"美美与共"目标的一步。

---

① 费孝通：《文化的生与死》，上海人民出版社 2009 年版，第 408 页。

# 公共阐释之三种理论走向反思*

蓝国桥**

张江指出我们应开放地建构出自主性的中国文论，要不然我们不仅将如人所说严重"失语"，而且还会在理论上"失踪"。"公共阐释论"旨在在"阐释学领域做出中国表达"①，是中国当代自主性文论建构的某种"自觉"。后来他还就该问题，与哈贝马斯、费瑟斯通、朱立元等中外名家进行对话，做出了较为深入的论证，成果见于《哲学研究》《学术月刊》等刊物，是他创建中国阐释学派的重要举措，足见该问题的重要性。目击"公共阐释"论域，至少有三个问题走向难以回避，需引起我们的关注：由"强制阐释"转向"公共阐释"的深层机制何在；"公共阐释"的居间言说特点何是；及其理论资源的"中西融合"走向何如。

## 一 从"强制阐释"转向"公共阐释"

"强制阐释"是破中有立，更多偏重于破；而"公共阐释"则立中有破，更多偏向于立。可以说从"强制阐释"到"公共阐释"，是在破立结合中由破往立的有序推进。"阐释"方向由"强制"往"公共"的改弦更张，既有我们自身文论建设的实际需要，又有理论

---

* 本文为教育部人文社科规划基金项目（项目编号：19YJA751019）的阶段性成果。本文原刊于《岭南师范学院学报》2022 年第 1 期。

** 作者单位：岭南师范学院文学与传媒学院。

① 张江：《公共阐释论纲》，《学术研究》2017 年第 6 期。

"强制阐释"本身的弊端促动。"强制阐释"因纠缠于"时间"的内感官而起，而"公共阐释"则围绕"空间"的外感官转动，因而其客观性、公共性更加显著。

首先是"强制阐释"的扭曲挤压，使得中国当代文论远离鲜活生动的文学场，进而容易把其推向险恶的异化深渊。中国当代文论实践所操持的话语，总体上带有双重"强制阐释"的特点，与具体的文学场相距甚远。当代学人群体阐释中国文学文本，大多喜好征用现成的西方理论。征用的结果是，迫使原已存在的中国文学经验，与所征用的西方理论相符合。本土文学经验只是注解西方理论观念的"正确性"，其所扮演的角色尴尬。如此"取外来之观念与固有之材料互相参证"①的"强制"做法，实是由来已久。王国维《红楼梦评论》固然有"现代性"的开创之功，但却是"强制阐释"的始作俑者，不过后来有文化担当的王国维已幡然醒悟，他在《人间词话》中便以"本体阐释"置换了"强制阐释"。当代学界未能在王国维醒悟处起步，非常不幸地使"强制"之风气愈演愈烈。之所以说不幸，是因为中国学人所喜好征用的许多西方现代文论，原本就不是生成于文学场域，而是直接从哲学等领地粗暴地挪移过来。照此一来，西方现代学人进行文学批评，阐释的其实只是哲学等观念，而在此过程中，他们只能强迫文学文本与哲学等理论相契合。而各种文学文本，注解的也只是哲学等观念的"正确性"。西方语境中的哲学等理论与文学文本之间，显而易见已有点"隔"。伊格尔顿披露了当中的秘密："女性主义、后现代主义和后殖民主义皆远不止是文学现象。在某种意义上，这也是纯粹理论的情况，因为纯粹理论中实际上极少有什么是在文学竞技场中起源的。现象学、诠释学和后结构主义是哲学潮流，精神分析是治疗实践，符号学是有关符号的一般科学，而不仅只是有关文学符号的科学。新历史主义试图抹去文学作品与非文学作品之间的

---

① 陈寅恪：《海宁王静安先生遗书序》，《王国维全集》卷20，广东教育出版社2009年版，第213页。

区别，就像结构主义在它的年代里也曾做过的那样。"① 西方各种"主义"与"学说"等的"纯粹理论"，"极少有什么是在文学竞技场中起源的"，"文学作品与非文学作品之间的区别"边界是模糊的，"强制阐释"已是昭然若揭。当我们再以西方林林总总的"强制阐释"理论，来批评中国文学文本，将会进一步加重"强制阐释"顽疾。历经双重的"强制阐释"，中国当代内敛"文学"的"理论"已渐行渐远，"理论"疏离了"文学"出现了异化。为了消除异化病痛使"理论"回归"文学"，恰当的选择只能是告别"强制阐释"。

　　其次则是由于"强制阐释"的主观论色彩，有意遮蔽了文学文本的本真面貌，致使批评沦落为呓语般的私人言说。"主观预设是强制阐释的核心因素和方法"，② 自然是"强制阐释"最突出的缺陷，因而"强制阐释"难以抹掉其主观论色彩。根据这样的理解，"阐释"之所以被定性为"强制"，主要是因为阐释者已事先生成某种先见、偏见、私见，而这些多是从文学场外有意征用的结果。阐释过程就是强制特定文学文本与某种先见、偏见、私见相一致。阐释结果于是就架空了文学文本，与文本实际没有多大联系，甚至背离了特定的文本，留下的只是批评者自己在言说，或者说是他借用的理论在言说。阐释活动的主观性、随意性、任意性就非常明显。导致的后果套用法朗士的话来说，就是"我阐释的就是我自己"，作品及其内容的完整性必招致肢解。如此这般的情形在阐释活动中较为常见。同是面对"青年马克思"，不同的"我"会看到不同的"马克思"，每个人心中都有自己对象化了的"马克思"。"就是说，熟悉黑格尔的读者在读1841 年的博士论文时，甚至在读《1844 年手稿》时，'将会想到黑格尔'。熟悉马克思的读者在读《法哲学批判》时，'将会想到马克思'"如此等等。③ "我"就容易凭借先前就拥有的"黑格尔""马克思"等人的观念，在实际文本与思想上面覆盖了一张目的性很强的厚

---

① ［英］伊格尔顿：《二十世纪西方文学理论》序言，伍晓明译，北京大学出版社2018 年版，第 5 页。

② 张江：《强制阐释论》，《文学评论》2017 年第 6 期。

③ ［法］阿尔都塞：《保卫马克思》，顾良译，商务印书馆2011 年版，第 40—41 页。

网。顺着这样的思路，伊格尔顿也指出，在批评者与作品之间横亘着现成的理论，这张厚网的存在与过滤作用，使得作品的少部分内容呈现出来，其他部分不是遭受扭曲，就是被无情掩盖，总之它不能如其所是地显现出来，批评者贵族般的傲慢与偏见，暴露无遗①。西方情况如此，中国也不例外。面对同一部《人间词话》，熟悉国学的从中看到国学，熟悉西学的从中则看到西学；了解词学的从中尽看到词学，了解佛学的则从中看到佛学；钻研叔本华的从中看到叔本华，认同柏拉图的从中则看到柏拉图，谙熟席勒的从中则看到席勒；如此等等，不一而足。同是批评《红楼梦》，喜好叔本华的王国维，从中看到了意志及其痛苦；而偏好存在主义的学者，会从中领悟到时间性焦虑；熟悉传统文化哲学的，从中则体会到儒、道、释等思想。每个人批评某个文本时，看到的只是他自己。文本的某一方面，只成为"我"的镜像倒映。批评者最需要做的就是从自我的房子里走出来。"公共阐释"已呼之欲出。

最后是由私人言说的主观主义再往前推进，容易滋长理论上的相对主义、虚无主义等弊病。相对主义的意思是指，阐释活动由于缺乏确定性，没有稳定的边界约束，因而可以做无边游动。因为怎样言说都行，阐释的主观主义往前再迈进，就容易走向相对主义。而虚无主义则是指，没有客观存在的历史，一切坚固神圣的东西也已烟消云散，历史及其所谓的"意义"，都只源于人为的主观设定。阐释的主观主义对文本与现实的架空，再往前便会导致虚无主义。相对主义与虚无主义，是一对孪生姊妹。西方20世纪形形色色的理论，相当一部分受相对主义与虚无主义牢笼的束缚。现象学突出意识的意向性，并强调其在意义产生上的主导作用。现象学虽模糊了主观与客观之间的边界，但它的"唯我论"色彩却已是相当浓厚。受现象学运动的深刻影响，有些理论家便指出，"我"（意向性、读者）存在的独特状况，便能直接赋予作品以意义。他们眼中"我"存在的流变性与作品意义的流变性之间，便跳起了和谐的双人舞，于是"我"的存在千变万化，作品的意义也千变万化。伽达默尔阐释学、读者反应批

---

① ［英］伊格尔顿：《理论之后》，商正译，商务印书馆2016年版，第90—91页。

评、存在主义的无穷体验等，都在高举着小写"我"的旗帜。分析哲学的理论言路，与现象学不甚相同，它们以语义的确定性为追求目标，但至少在后期的维特根斯坦那里，最终却以感觉与经验的变动性，取代了科学的确定性。后现代主义彻底捣毁了确定性的最后根基，它们消解一切、解构一切，虽在冲击、反抗僵化与固化方面有积极意义，但"什么都行"的价值论立场坚守，却使自身陷入相对主义泥淖。现象学与分析哲学的影响也好，后现代主义的盛行也罢，它们最终都是回归了生活之流，都企图以生活之青树对抗理论之灰色。竭力使理论决然回归生活之流，是西方马克思主义的旨趣。不过法兰克福学派的理论家们，却对卢卡奇理论的整体性与乐观性，流露出强烈的不满，阿多尔诺与本雅明尤其如此。相比之下，他们两人对历史更感悲观、绝望，他们也更愿意相信碎片、痛苦的力量。新历史主义无暇顾及历史的苦难，它们模糊了想象与历史的边界，从而将真实的历史虚无掉。为消除相对主义、虚无主义等阐释弊病，更需推行"公共阐释"。"阐释"之所以能成为"公共"活动，至少还与它的中介品格有关。

## 二 "公共阐释"的中介特质厘定

"强制阐释"以"我"为出发点，很难保证阐释的公共性。阐释成为公共活动的有效办法是，使"我"向"你""他"开放。阐释活动能在不同的主体之间，架起沟通的桥梁。中介所起到的恰是桥梁的作用，它是连接两端的功能性力量。阐释活动能连接"我"与"你""他"，其中介性便异常明显。或许是在这个意义上，张江以"居间言说"[①] 来指称这种特点。我们如果能进一步证实阐释活动的中介性，就可以指明阐释不是私人而是公共的活动。

阐释活动可划分为三个层次。其一是内层。内层指的是阐释活动的主体，直接面对特定的文本，竭力将文本有效穿越，进而揭示其中意义。阐释者要求具有主体性，如此他便在阐释活动中，处于积极能

---

① 张江:《公共阐释论纲》,《学术研究》2017 年第 6 期。

动的地位。而阐释者所面对的文本，是意义的凝固定型样态，它是客观的存在，一般不可改变。由于文本是意义的凝聚，因此阐释活动需重新激活凝聚的意义，并展现活的意义世界。阐释者与文本、意义三位一体。根据贝蒂的意思，"阐释者"是"主动的、能动的精神"，说的便是阐释者的主体性；而作为主体性的阐释者，要穿越"富有意义形式的中介"，才能进入"客观化富有意义形式里的精神"世界①。就内层而言，阐释活动是精神主体与精神主体之间，仰仗文本（形式、符号、语言）所进行的交流，朱立元说这也"是一种主体间性"②。其二则是外层。外层是指，阐释者将穿越文本之后所领会到的意义，毫无保留地传达给他者。阐释者向他者敞开自身。其三是中层。中层介于内层与外层之间。为更好地领会文本意义，阐释者尚需与作者联系起来。作者的"存在"可促进他的意义理解，他也要经受作者的拷问。另外阐释者向他者传达的文本意义，也一并将作者的"意图"传达，否则阐释将变得残缺不全。阐释活动由内层到外层扩展有中层连接着，中层在此便是中介性的"居间言说"。而每一层次本身，又都表现出中介性。

内层的基本图式是：阐释者—文本—意义。内层是阐释活动的核心，它的内容大致涵盖两个问题维度。第一是文本及意义的维度。文本及意义如何展现与如何生成，乃构成文本及意义理解的一体化格局。第二则是阐释者的维度。它要解决的问题是，阐释者如何"公正"地进入文本，然后领会文本意义。而阐释者应具备相应的"素质"，才能在文本意义的阐释上，做到"公正"不阿。阐释者"素质"的找寻与厘析，因而是要害所在。两个问题的澄清与应对，方能保证阐释的公共性。文本的存在千差万别，文本的意义各个不同。文本及意义的差异，并不是随意阐释的借口。事实上在文本及意义差异性的深处，我们还是能找到某些共通性。文本首先是言语的个性化铺

---

① ［意］贝蒂：《作为精神科学一般方法论的诠释学》，载《理解与解释—诠释学经典文选》，洪汉鼎编，东方出版社 2001 年版，第 129 页。

② 朱立元：《伽达默尔与贝蒂：两种现代阐释学理论之历史比较》下，《当代文坛》2018 年第 4 期。

排。它是指不同作家之间以及同一作家不同文本之间的文本言语差异。言语的背后是形象。形象是想象性的生成，因此带有直观性。形象并不空洞，而是连接着"生活"中的情思。文本的言语、形象与情思，往往是浑然无间，其根源于天才的创造活动。天才的创造是想象力与知性的协调转动。想象力生出"审美理想"，但知性却无法穷尽对它的说明。天才在机能的和谐运转中，将"审美理想"通过言语传达出来，文本及意义便随此生成。文本是言语、形象与情思（"审美理想"）三者的共生，文本的意义因而是三者的共振。文本意义的阐释，只能在言语、形象与情思的共振处凿开缺口。意义便可在缺口处喷涌出来。喷涌的意义隶属于特定的文本，因此意义的阐释不能漫无边际。文本意义缺口的顺利开凿，取决于阐释者的存在状况。阐释者面对文本，需做到全身心投入。全身心投入，即是各机能的谐和转动。一言以蔽之，阐释者以审美判断为契机，使感性、知性与理性高度统一起来。感性是感觉的机能，它以身体感受作为转动的轴心，① 因此情感与想象等隶属于感性。知性是概念—逻辑的能力。理性有理论与实践的双重运用，它是把握整体—原则的机能。在文本阐释的过程中，阐释者先以知性撞开言语大门，转而在言语符号编织的迷宫中穿行；之后他需在符号迷宫的穿行中激活感性能力，让想象的翅膀随言语飞翔，并以身体感受为基础构建形象序列；最后是阐释者对形象序列感同身受，还原情感体验，领会思想内容。我们此处所标识者，只是意义理解的逻辑先后顺序，实际上在具体的阐释活动中，言语大门的撞开、形象序列的构筑与情思内容的领会，常常是同时进行的，因而感性、知性与理性诸机能在深层里相互交融。相互交融的前提除了需下审美判断，还要各机能在使用中消除掉个人主义的狂妄。而个人主义狂妄避开的关键，是感性、知性与理性机能及活动，需要接受他者的"公正"检验②。文本及意义维度与阐释者的阐释活动，就因为有如此对应性的建立而使阐释变成公共活动。阐释者拥有

---

① ［美］舒斯特曼：《生活即审美：审美经验和生活艺术》，彭锋等译，北京大学出版社 2007 年版，第 38 页。

② ［德］康德：《实用人类学》，邓晓芒译，上海人民出版社 2005 年版，第 5—7 页。

的对象意识，也是保证阐释活动公共性的重要条件。中层的大致图式则是：作者—阐释者—他者。作者是文本及意义的直接创造者，他的重要性自不待言。近现代以来理论家们一个极端的做法是，都不约而同地通过剖析作者的内在世界，来透视文本的意义世界，因为他们认定在作者的内在世界与文本的意义世界之间，存在着重合性关系。两者之间是否真能建立重合性关系，倒是可以商榷的问题，但它们至少指明了作者与文本及意义联系密切，倒也是毋庸置疑的事实。问题之所以可以商榷是因为，假如是考虑到文本之间的差异，两者的重合性关系，在局部上当是可以建立。如果是写实性的抒情文本，一般情况下是可以在两者之间，建立起若干的对应性联系。如此一来，我们一方面只要通过考量作者的"存在"，就能很好地理解文本表达的"意义"；而另一方面我们仅凭穿越特定文本，也能知晓作者特定的"存在"状况，如他的性情与他的生活、他的为人境界高低等。阐释者在阐释如此抒情性文本时，就得面对作者的审问。只要是这样，阐释者就不会对文本妄加揣测。如果是虚构性的叙事文本，如小说文本与戏剧文本等，作者与文本应是有联系，作者的"存在"状况也有助于理解文本"意义"，但它们一般不会是镜子般的映射关系。作者的运思与文本的虚构，都会设置诸多理解上的障碍，因此要在虚构文本中，寻找作者的"真实意图"，大多是费力而不讨好。阐释者也就不应随虚构文本一味地虚构下去，对文本做随心所欲的阐释。其中的原因倒是不难明白，因为阐释者还需面对"他者"目光的严厉审视。这里的"他者"既指一般性的特定文本的"读者"，又指那些以文学批评为业的群体性"读者"。前者不受特定利益驱使，后者则受职业操守规约，他们都能对阐释活动"公正"与否做出裁定。中层图式的意思是，阐释者必将作者意图（文本意义），向他者真实无妄地传达出去。

外层的基本图式是：文本—阐释者—他者。外层图式中的文本是复合型所指，它指围绕文本所发生的一切，包括文本的意义世界与作者的"存在"在文本中的意义、意图折射等。该图式所表达的意思是，阐释者将文本原意，完好无缺地传达给他者。所谓完好无缺是指，阐释者不篡改文本原意，他者亦能领会文本意义。而不篡改说的则是，阐释者不改变文本原义，连带将作者"意图"一起，毫无遮蔽地传达给他者。能领会则是说，阐释者将领会的文本意义，向不同的他人传输，在不改变文本意义的前提下，因人而异地陈述其意义，让不同的他人都能明白文本意义，这也是阐释活动之所以能存在的理由。两者合起来，想表明的基本立场是，阐释活动的面貌，会因阐释者而有差异性，但始终不会扭曲文本意义。外层涵盖了中层与内层，阐释活动"居间言说"的中介功能，在这里体现得最为充分。"中介"原是西方术语，用它来言说"公共阐释"的功能与特点，已涉及一部分理论资源的汲取问题。

# 三　理论资源的"中西融合"趋向

融合中西的习惯性做法，是将西方形式（观念）与中国材料（经验）融摄。由此带来的不良后果，是用西方观念对中国材料，做出差强人意的"强制阐释"。避开尴尬最为妥当的办法，是使阐释形式（观念）从本土材料（经验）中来，达到中国形式（观念）与中国材料（经验）的亲和。国家与群体的强大，首先是观念上的强大，因而国家与群体之间的较量与竞争，归根到底是观念的较量与竞争。我们最后应提炼出中国的阐释学观念。不过目前顺着"公共阐释"的理论言路来看，建构中国的阐释学理论，完全抛弃西方合理的阐释观念似是不妥。当前最要紧的任务是，以中国经验为轴心寻找"公共"阐释观念的中西"通约"区域。

西方资本主义的兴起与发展，使其社会经历了充分的商业化，随之个体分化趋势也异常强劲。然而西方社会中的知识精英，从未忘记为消除个体分化而努力。阐释活动公共性格的找寻，只不过是他们付出如此努力的表征。原因是在他们眼中，阐释活动是信息的传递活动，而信息传递原先是神的职责；而现实中的阐释活动沐浴着神的光芒，信息传递工作也随之变得神圣而光荣。神的信息传递是现实的榜样，它有两种相同的路径。路径之一是神与神之间的信息传递，神与神之间的信使是赫尔墨斯（Hermes）。赫尔墨斯负责在众神之间传达宙斯信息，宙斯自不允许他将信息随意篡改，他也没有违背宙斯意愿，被公认是宙斯最忠诚的信使。伊索以"赫尔墨斯与樵夫"的寓言故事，向凡俗世界传颂他的忠诚。路径之二是神与俗之间的信息传输，神与俗之间的信使是麦库理（Mercury）。Mercury 是 Hermes 的罗马名字。名字的变化意味着他的功能已发生变化。麦库理负责将"土地法传给造反的佃农们"①，他信息传递工作的出色完成，靠的也还是忠诚，即他不违背土地法的原意。神的信息传达无论采用哪种路径，都不允许擅自更改信息本意。赫尔墨斯（麦库理）的行为，为阐释提供了绝佳典范，阐释者应以其为标杆进行阐释活动。西方阐释学英文 Hermeneutics 的词根刚好是 Hermes（赫尔墨斯），该事实足以挑明阐释学创建的初衷，是不可将文本原意改动。

不篡改文本原意（信息），是为了保证阐释的公正性，诚然这样非常重要，但让他者领会原意（信息），同样是阐释活动的期许所在。领会信息（原意）的基本前提是，信息发出者、信息传达者与他者之间，得存在着某种共通性，否则文本信息的传达任务，最终将无法完成。阐释活动所需的共通性，要而言之有机能与话语两方面。第一方面表现在机能上，即是说信息的发出者（作者及文本）、信息的传达者（阐释者）与他者（受众）之间，应在机能上表现出一致性。面对已经高度分化的社会现实，列维－斯特劳斯在竭力寻找重新弥合分化裂痕的力量。他在开创性的人类学研究中发现，现代人业已不能再回到原始状态拥有野性思维，但野性思维仍保留在文学艺术活动中。野性思维是作为深层结构的原始无意识而发挥作用，凭借它文化与个体之间拥有了一致性。列维－斯特劳斯不止一次地说过，康德才是他的精神恋人。列维－斯特劳斯的野性思维（原始无意识），与康德的鉴赏判断，有着家族上的类似性。康德眼中的鉴赏判断，是判断在先愉悦在后，他的意思就是说，鉴赏是种有修养的快乐。有修养的鉴赏判断虽只是单称判断，当中所获得的快乐也带有个体性，但它却有权提出普遍性必然性，实是先天共通感使之然。康德修筑的是美学的堤坝。康德之前的意大利人维科，发现人类依靠诗性智慧，可以紧密地联系在一起。维科进一步指出，诗是人类共同的母语，依他人

①　［意］维科：《新科学》，朱光潜译，人民文学出版社 1997 年版，第 379 页。

表现出对社会性的喜好。"人类本性有一个主要特点，这就是人的社会性。"① 由野性思维、先天共通感到诗性智慧，不同的个体与文化彼此相连。机能的相互贯通，保证了信息传递的通畅。

第二个方面则体现在话语上。信息的发出、传达与接收，具体在文学领域则表现为话语转换，阐释活动的顺利完成，因而还表现在话语之间的成功转换。与本雅明、阿多尔诺相比，哈贝马斯相对乐观。哈氏始终相信话语活动，能建立起一种公共性联系。正如伊格尔顿所指出的那样："哈贝马斯忠诚于语言，无论语言怎样被歪曲和操纵，始终交感或理解它的内在宗旨。我们为了得到理解而说话，即使我们的发音是傲慢的或唐突的也是如此；如果不是这样，我们就没有必要讲话了。无论怎样贬低，每一种讲话行动都含蓄地提出并且相互认识某种合理的要求：要求真理、可理解性、真挚，以及功能性的挪用"；因此"每一种说话的行动或者对话，无论怎样令人难受或者枯燥无味，都不禁产生出一种与理性、真理和价值的不言而喻的契约，建立起相互关系，无论多么恶劣的不公正，在说话的行动中它对我们开放，使我们得以瞥见人类亲密关系的可能性，以及选择性社会的朦胧轮廓。"② 阐释当然是一种话语活动，随此阐释活动使分化了的不同个体，容易建立起交互性关系，哪怕是"强制"话语，在最低限度上也无不如此。海德格尔也指出，人的"此在本质上共在"③。人靠有限体验的话语而发生密切联系。海德格尔因而说，语言是存在的家。阐释在海德格尔那里，是种归家的活动。足见话语也在最低限度上，保证了信息的顺利传达。

话语与机能密切相连，它们之间的内在联系，共同捍卫着阐释的通约性。我们建构中国特色的"公共阐释学"，可以吸收西方如此的公共性观念。我们在理论归纳中能动地融入西方观念，不算归属于"强制阐释"阵营。事实上，我们在中国文化中的大传统与小传统

---

① ［意］维科：《新科学》，朱光潜译，人民文学出版社 1997 年版，第 4 页。

② ［英］伊格尔顿：《美学意识形态》，王杰译，广西师范大学出版社 1997 年版，第 401—402 页。

③ ［德］马丁·海德格尔：《存在与时间》，陈嘉映，王庆节译，商务印书馆 2018 年版，第 171 页。

中，都能找到有关阐释的公共性言说。中国古代思想家们在解经的过程中，已经涉及阐释活动公共性的反思。孔子本人"信而好古，述而不作"，表现得很是谦虚。孔子似还相信"论可以群"，因此他对《诗经》做出了"一言以蔽之，曰：思无邪"的阐释，公共性意图昭然若揭。宋明儒是对经典儒学的创发。陆九渊对解"六经"有深刻的体会，他说要么是"六经注我"，要么是"我注六经"。其中的"我注六经"，就要求做到客观公正。朱熹说我们读书，不要执着于私见，不是以我观书，而是以书观书，正如在审美欣赏上，不是以我观物，而是以物观物。① 以我观书，容易曲解文本意义；以书观书，才能忠实于文本原意。王国维承上启下。他将"我"的显现称为"有我之境"，而将"我"的隐没称为"无我之境"，且后者价值高于前者。② 与此相应我们可以说，"有我之境"是"强制阐释"，"无我之境"则是"公共阐释"。当代学人中，王元化与余英时对阐释的公共性倡导较为自觉。王元化"以为训解前人著作，应依原本揭其底蕴，得其旨要，而不可强古人以从己意，用引申义来代替"，他平生治学服膺并自觉践行"根底无易其固，而裁断必出于己"的信条。③余英时秉承朱子意绪，坦言只要"虚心"读书，便可求得"客观的了解"，进而劝告年轻人说："你们千万不要误信有些浅人的话，以为'本意'是找不到的"④。此外刘再复立足中西倡导的"中道智慧"⑤，也有助于公共阐释信念的确立。中国大小文化传统，都可筑牢"公共阐释论"的理论地基！

---

① （宋）朱熹：《朱子语类》卷1，中华书局2015年版，第181页。
② 王国维：《人间词话》，载《王国维全集》卷1，广东教育出版社2009年版，第461页。
③ 王元化：《读书与品人》，华东师范大学出版社2017年版，第109页。
④ 余英时：《现代儒学的回顾与展望》，三联书店2012年版，第416—418页。
⑤ 刘再复：《读书十日谈》，商务印书馆2018年版，第40—44页。

# 第三编

公共阐释的理论意义

# 从哲学解释学的角度看公共阐释<sup>*</sup>

何卫平<sup>**</sup>

不久前，中国社会科学院的张江教授在《学术研究》上发文，从解释学的角度谈到了一个重要问题，"公共阐释"①。它的提出旨在超越解释或阐释的个体化或私人性，反对强制阐释、过度诠释，具有鲜明的时代特色，富于探索精神和建设性，读后很能引起笔者的共鸣。的确，将这个概念引入解释学很有必要。因为反对强制阐释、过度诠释，承认阐释的公共性也应是解释学所要面对的问题之一，甚至涉及这个领域探讨的核心，尤其是在当代，它牵涉我们如何超越相对主义和虚无主义的大问题。如果说，一个多世纪以前，尼采预言了虚无主义的到来，那么如今我们已经实实在在感觉到了它的到来，而且是全面的、无孔不入的。当今以作者原意、文本的本义为皈依的解释学的实在论早已遭到了来自多方面的批判和质疑，尤其那种见物不见人的机械唯物主义的反映论再也找不到市场了，这虽说包含着某种合理的进步，但未免又有走到另一个极端的趋势：向主观化方面发展。似乎我们仍在历史的迷雾中兜圈子——或者独断论，或者怀疑论。然而当代解释学既不能在客观主义中安身立命，也不能在相对主义中故步自封，而解决这一问题离不开对公共阐释以及与之相关的公共理性的探讨。

公共阐释之要义在于公共性而非私人性，它要解决的是理解的共

---

* 本文原刊于《江海学刊》2018 年第 2 期。

** 作者单位：华中科技大学人文学院。

① 参见张江《公共阐释论纲》，《学术研究》2017 年第 6 期。

识性、交互性、共享性，它应表现为一种理性的活动，而且是公共理性的活动，因为涉及公共领域空间，这里面有某种规范性可循。简单说来，公共阐释的问题可以归结为阐释的公共性问题，公共理性可以归结为理性的公共性的问题。我想，从这个方面入手能开拓解释学研究的空间，进而为实现解释的有效性做出贡献。

从西方解释学史来看，不少大家都间接地触及这个问题。有"解释学之父"美誉的施莱尔马赫曾谈过理解与同一性和差异性的关系：如果人与人之间只有差异性而没有同一性，那就不可能有理解，即我不可能理解你，你也不能理解我；如果人与人之间只有同一性而没有差异性，那就不需要理解，即你不需要理解我，我也不需要理解你，因为各自只要理解自己就行了。恰恰是人与人之间既存在着同一性又存在着差异性，才有相互理解的需要和可能。[①]　其实这里面隐含有解释学的阐释公共性之基础。另一位解释学大家狄尔泰则是将人和他的世界看成一个整体联系的生命有机体来为理解和解释提供根本的前提和保证。

当代的海德格尔在前期就已看到理解中包含有"共在"与"沉沦"的因素，指出了人作为此在的实际性，也就是说，他总是已经被抛入世界中的存在，所以他的领会或理解虽然包含一种先行的筹划或意义的预期，进而体现出他是一种先行于自己的存在，也不可能是随心所欲的，而是要受到自身被抛向的那个世界的制约。就这一点来看，人是"被动兼主动"的存在：总已被抛于世是被动的——对此他无法选择，而他先行于自己的存在的那种筹划和所突出的时间性的未来一维，进而体现出自身之能在也不是不受制约的，这种制约来自世内存在者，包括他与之打交道的人和物，这让笔者联想到黑格尔的那句名言：自由并不等于任性。如果说此在的"被抛"构成海德格尔前后期思想的一个连接点，那么"转向"后的他更突出作为此在的人对存在本身的"倾听"，而此在的理解只是对存在之道的"应和"。

海德格尔的学生伽达默尔继承发扬了这一点，在《真理与方法》的第 2 版序言中，他就表达过这样一个意思："理解（Verstehen）从

---

① 　洪汉鼎主编：《理解与解释——诠释学经典文选》，东方出版社 2001 年版，第 71 页。

来就不是一种对于某个被给定的'对象'的主观行为，而是属于效果历史（Wirkungsgeschichte），这就是说，理解是属于被理解东西的存在（Sein）。"① 他还说，哲学解释学关注的"问题不是我们做什么，也不是我们应当做什么，而是什么东西超越我们的愿望与行动与我们一起发生"。② 这些观点基于现象学的立场，根据它，一切理解都是"自我的理解"，同时一切理解都是"事情的理解"，二者可以并行不悖。这里的"事情"与现象学的著名口号——"面对事情本身"——中的"事情"相关。另外，伽达默尔反复强调，理解乃是相互理解。而且他的解释学总体上追求的是共识性的理解。

解释学的三个面相可以用三种"主义"来表征和描述：解释学的法西斯主义、解释学的无政府主义和解释学的民主主义。这三个主义对应三个政治学的术语。解释学的法西斯主义指的是强经就我，它与其说是解经，不如说是对经典的一种"强暴"，即一种自我意志的强加，这是典型的强制阐释；解释学的无政府主义，指的是"怎么都行"，想怎么解释就怎么解释，它最后无疑会堕入解释学的相对主义、虚无主义，这在激进的后现代主义的解释学中表现得比较突出；再就是解释学的民主主义，它强调的是，被理解对象和理解者在解释学身份上的平等，因而突出理解中的"倾听"与"对话"，力图在这个过程中去达到"视域融合"，这里的"融合"不是一方对另一方的"同化"，不是"吞并"对方。伽达默尔可视为解释学民主主义的典型代表，他的解释学实际上就是一种"对话哲学"，同时又旗帜鲜明地反对解释学的虚无主义。③ 尽管这里面的问题比较复杂，例如，人类普遍存在着的"创造性的误读"以及法学和宗教领域中的"独断型解释"算不算解释学的法西斯主义等，这些都需要进一步的研究，但总的说来，文本解读中的强制阐释、过度诠释是我们要反对的。

---

① ［德］伽达默尔：《诠释学 II：真理与方法》，洪汉鼎译，商务印书馆 2007 年版，第535 页。

② ［德］伽达默尔：《诠释学 II：真理与方法》，洪汉鼎译，商务印书馆 2007 年版，第531—532 页。

③ ［德］伽达默尔：《诠释学 I：真理与方法》，洪汉鼎译，商务印书馆 2007 年版，第134 页。

无论海德格尔，还是伽达默尔都不能简单归结为非理性主义者，认定他们走的是一条极端的相对主义和虚无主义的道路有失妥当。[①] 海德格尔在弗莱堡早期就表明他的思想与非理性主义无关，伽达默尔的解释学更是如此。他们的思想含有为公共阐释、公共理性奠基的成分，尤其是伽达默尔会更直接一些。因为海德格尔提供的是一种本源意义上的解释学，和我们通常的文本没有直接关系，《存在与时间》当中基本没有提到文本，他严格地区分了存在论的层次和存在者的层次，主要建立的是存在论（生存论）这个层次上的解释学，因为我们在实际生活的存在中本身就包含着源始的领会（理解）。至于伽达默尔精神科学的解释学，主要涉及文本的理解和解释，它是立足于海德格尔提供的本源的解释学，因而可视为一种衍生的解释学。康德早就讲过，哲学就是要回到基础上去，不断查看它的基础牢不牢。[②] 只不过不同的哲学家对基础有不同的理解。无论海德格尔还是伽达默尔都仍然是在做一种奠基的工作，尽管相对于海德格尔，伽达默尔更多关注的是人文科学或者精神科学领域里的理解和解释的问题。

我们知道，伽达默尔的解释学有一个贯彻始终的方向，那就是将海德格尔的存在哲学与亚里士多德的实践哲学融为一体。在他的身上集中反映了自新康德主义之后在德国由海德格尔引发的三个重要的"复兴"：本体论的复兴、实践哲学的复兴和亚里士多德的复兴。它们之间有着内在的联系，就这种联系来看，伽达默尔身上体现出的是自亚里士多德以来的一种社群主义而非自由主义的传统，可以说，从亚里士多德、黑格尔到伽达默尔身上都体现着这一传统。由此出发，我们可以看到，伽达默尔的解释学实际上包含非常明显的公共阐释的内涵，而公共阐释的基础是公共理性，伽达默尔的思想拥有这方面丰富的资源，可以为我们构建解释学的公共阐释理论时所用，但尚需做深入的发掘工作。

毫无疑问，伽达默尔的解释学通向实践哲学，这种实践哲学的核

---

① 参见张江《公共阐释论纲》，《学术研究》2017 年第 6 期。

② ［德］康德：《未来形而上学导论》，庞景仁译，商务印书馆 1982 年版，第 4 页。

心就是"实践智慧"。他所秉持的实践哲学和马克思没有直接关系，更多吸收的是古代亚里士多德那个意义上的实践哲学，因此，伽达默尔的解释学又可以称之为一种新亚里士多德主义——它是亚里士多德主义和解释学结合的产物。这一点同阿伦特不同，后者也是一个新亚里士多德主义者，但她是将亚里士多德主义同政治哲学相结合。不过，这种结合不是简单的拼凑，而是亚里士多德主义的升级版。如果说，在伦理学方面，有两个大走势：一个是亚里士多德主义的，另一个是康德主义的，那么伽达默尔更偏向的是前者。

不过，伽达默尔同样也受康德的影响。康德明确地指出，实践理性高于理论理性，但并不存在两个理性，而是只有一个理性，是同一种理性的两种不同的应用。伽达默尔接受这一点，不同的是"实践智慧"和"实践理性"在他那里是打通来使用的。这个可以引向解释学领域中公共理性部分。

严格来讲，在解释学上，伽达默尔秉持一种辩证的立场，那就是扬弃客观主义和相对主义，至于他是不是做得很好，是否将这个问题说清楚、讲透彻了，那是另外一回事。如果我们认真读一读《真理与方法》的第一部分，也就是谈艺术经验那个部分，便不难看到，他实际上既反对客观主义，也反对相对主义，他在这方面有着明确的表达，因此是不可能放弃理性的。在其晚年，他已表示过，我们今天比以往任何时代都更需要理性，只不过不是工具理性，而是价值理性、社会理性。[①] 他所讲的"社会理性"应当包含公共理性。

和一般知识论不同，解释学主要对应的是人文科学、人文精神和人文传统。伽达默尔的《真理与方法》一开始就提到人文主义的四个概念——教化、共通感、判断力、趣味，对此他自己并没有明确告知为什么，而且为什么就是这四个概念也没有交代。我认为，这四个概念构成了他的整个哲学解释学的基点，而且它们的顺序是不能被随便颠倒的，内中有一个逻辑关联，处于核心地位的是"教化"。对这个概念的理解不能限于通常的"教育"，它具有生存论——

①　[德]伽达默尔：《科学时代的理性》，薛华等译，国际文化出版公司 1988 年版，第 61—76 页。

存在论的意义①，和海德格尔的"共在"有关，只是伽达默尔比海德格尔更多地突出了它的积极、正面的意义。与海德格尔前期受克尔凯郭尔影响，过于强调孤独的"自我"的真实性不同，它对解释学具有重要的意义。

其他三个概念由"教化"派生出②。这四个概念实际上已经包含了构成公共理性、公共阐释的基础，伽达默尔之所以用这些概念，实际上和他谈到的解释学是一种实践哲学不无关系。解释学是一种实践哲学的论断，这并非伽达默尔晚年才提出，实际上在其早期思想，例如在他由海德格尔指导之下完成的教学资格论文《柏拉图的辩证伦理学》中就已经涉及了，只是他晚年对此更加明确化了。

在伽达默尔那里，解释学作为一种实践哲学包含有伦理学的因素（这个思想在施莱尔马赫那里就已经有了③）。这种伦理学更多是在亚里士多德那个意义上的，和社群主义的传统有关，它集中体现于这一点：个人幸福的实现只能通过城邦，也就是通过社会共同体。为达此目的人离不开交往、沟通和协调，所以在这个基础上产生了"逻各斯"（logos），它首先指语言。我们知道，海德格尔和伽达默尔都强调应该把"逻各斯"首先理解成"语言"，而不是"理性"。海德格尔在《存在论（实际性的解释学）》中已明确指出了这一点④。伽达默尔与海德格尔一致，他首先强调的是人的共同体的存在，然后是逻各斯，而逻各斯首先指语言，然后才是理性。其实这两者是不可分的，语言首先发展出一种交往的理性，然后才是纯粹的理性，反思的理性，或者如我们后来所说的理论理性。

语言与理性同教化有关，而教化与共同体分不开。对于伽达默尔来说，教化乃是共同体的教化，而个人是谈不上教化的。共通感、判

---

① 参见何卫平《理解之理解的向度——西方哲学解释学研究》，人民出版社 2016 年版，第 182—183 页。

② 参见何卫平《理解之理解的向度——西方哲学解释学研究》，人民出版社 2016 年版，第 186—189 页。

③ See Schleiermacher, *Hermeneutics and Criticism*, translated and edited by Andrew Bowie, Cambridge University Press, 1998, p. 8.

④ ［德］马丁·海德格尔：《存在论（实际性的解释学）》修订版，何卫平译，商务印书馆 2016 年版，第 28—29 页。

断力、趣味则是伴随着教化并在教化过程中发展起来的，所谓"人同此心，心同此理"。只要处于健全理智的情况下，大家对某种问题都会有一种大体相同或相近的感觉、判断、趣味，包括审美。此处的"共通感"很重要，这个"感"，让我们联想到日常语言中经常所说的是非感、历史感、民族感、音乐感、美感、崇高感之类，是长期教化的结果，它带有某种普遍性或普遍的认同，而所有这里谈到的"感"都同"共通感"相联系，它恰恰体现出人的一种社会性。

伽达默尔对教化的理解来自黑格尔的《精神现象学》，后者所谓的"教化"指的是将个体性上升到一种普遍性，[①] 而且伽达默尔还专门提到了黑格尔关于"实践教化"与"理论教化"的联系与区别，[②] 它们都与个体性上升到普遍性有关，而这种普遍性又和"精神"相联系，精神具有普遍性、共通性（否则就不能称为精神）。在这个基础上才谈得上精神科学以及相应的解释学，解释或阐释的公共性应在这里找到它的根基。吴晓明教授在谈到公共阐释理论的基础时专门提到黑格尔，我觉得非常重要。黑格尔的确对伽达默尔有很大的影响，以至有西方学者称，伽达默尔就是一个没有绝对精神的黑格尔主义者。他的整个解释学理论强调黑格尔的客观精神，而非绝对精神（这显然也有狄尔泰的启发），这些都构成伽达默尔解释学理论中深层次的东西，它隶属于一种本体论的理解理论，而非认识论和方法论的。公共阐释理论可以从伽达默尔上述思想中获得丰富的资源，而这也从另一方面反映出，伽达默尔的哲学解释学本身就包含有公共理性和公共阐释的诸多因素。

众所周知，接受美学与哲学解释学之间存在着渊源关系，它的两个代表人物尧斯和伊瑟尔都是伽达默尔的学生。然而，接受美学并未能真正把握到哲学解释学的要旨，那就是超越客观主义与相对主义。接受美学从一个特有的角度很好地做到了前者，却未能很好地做到后

---

① ［德］伽达默尔：《诠释学 I：真理与方法》，洪汉鼎译，商务印书馆 2007 年版，第 22—23 页。

② ［德］伽达默尔：《诠释学 I：真理与方法》，洪汉鼎译，商务印书馆 2007 年版，第 24—25 页。

者，所以它遭到伽达默尔批评是不足为奇的。按照伽达默尔的理论，接受美学所谓的"一千个读者就有一千个哈姆雷特"的著名说法若不加限定，完全有可能朝主观主义、相对主义乃至虚无主义方向去延伸，不能与过度诠释、强制阐释划清界限，对此伽达默尔深不以为然。总的来看，接受美学是不成功的，因为它的理论本身有问题。

理解当然离不开主体的参与，正是在这个意义上，无论海德格尔还是伽达默尔都说，一切理解都是"自我的理解"。海德格尔很早就揭示了理解的先结构，海德格尔所说的理解的"先结构"、解释的"作为结构"以及"解释学处境"（包括"先有""先见"和"先把握"）属于同义词或者近义词，而伽达默尔更多用到的是"前判断"或"前见"，它们在理解中发挥作用。然而，理解离不开主体的参与——主要指先理解的参与——并不意味着理解可以由主体来决定。正是在这个意义上，伽达默尔又说，一切理解都是"事情的理解"①。

这样，在面对文本或传承物（流传物）时，就有一个理解和解释的标准或公度性的问题。前面提到，伽达默尔强调理解和解释追求的目标是达到共识，达到意见的一致。虽然讲得有点绝对，但不可否认，人类交往、沟通在大多数情况下都是为了理解对方并取得共识或意见的一致。另外，人文科学跟自然科学不同，自然科学的标准往往是刚性的，而人文科学的标准往往是柔性的，但绝非没有。深入研究伽达默尔的解释学，你会发现，它并不是没有标准的，只是这种标准不是绝对的，它具有更大的开放性、不确定性，这个不确定性并不意味着你可以随意解释。而且他区分了前理解中合理的先见与非合理的先见，合理与非合理的先见最终要由"事情本身"来决定。这个"事情本身"是必须要承认的，尽管它并不是我们能够明确达到的。每个人都有自己的解释，但解释和那个事情本身的关系，有点类似于经济学中的价格与价值的关系，价格始终围绕着价值上下波动，这个波动不可能偏离得过远，它最终还是要被这个事情本身拉回来，它们之间保持着一种张力，受制于一种辩证法的力量，或内在的规范，也

---

① ［德］伽达默尔：《诠释学Ⅱ：真理与方法》，洪汉鼎译，商务印书馆2007年版，第74、79、383页。

许人文科学中解释的有效性、合法性更多体现在这里。

这就不奇怪为什么伽达默尔在步他的老师海德格尔的后尘，在将解释学与现象学统一起来的同时，又将辩证法纳入进来，从而超越了海德格尔在这个方面的暧昧性和排斥性。伽达默尔在《真理与方法》中暗示了这一点：辩证法有生存论的根据。人作为有死的存在者不同于神，他受自身时间性—历史性的限制，因而对世界的理解只能是在过程中实现的，① 而不能像神那样一蹴而就，只能不断地从片面到全面、从个别到整体的发展过程中去接近事情本身，这是人不同于神的根本之处，辩证法是人的宿命。而人的理解活动不是孤立的，它是在共同体中进行、在对话中实现的，这本身就是一个辩证的过程。公共理性和公共阐释也是在这个过程得到发展的，其中包括理解的公度性。辩证法体现为一种理性，而且是一种公共的理性，它是可以被传达的。

19 世纪西方人开始从认识论这个角度去探讨精神科学和自然科学的区别，然后慢慢地由精神科学的认识论发展出精神科学的解释学，狄尔泰一生的学术发展就是这一过程的缩影。他最初是一个地地道道的新康德主义者，他追问精神科学何以可能是个认识论的问题，但这个问题逐渐地演变成作为精神科学方法论的解释学的问题，在他最后一部未完成的著作《精神科学中历史世界的建构》里，这一点就被明显地体现出来了。与前期的《精神科学导论》不同，在这里精神科学的认识论不仅最后让位于精神科学的解释学，而且他的一个重要突破在于立足于人的生命和历史性来谈论这个问题，从而形成了向海德格尔、伽达默尔的本体论解释学的过渡。这就使得狄尔泰晚年这部最重要的著作具有了某种双重性：不仅仅是认识论—方法论的，也是生命本体论的。②

然而，到了海德格尔那里，理解和解释不再被看作是人的认识活

---

① ［德］伽达默尔：《诠释学 I：真理与方法》，洪汉鼎译，商务印书馆 2007 年版，第 564—578 页。

② 参见何卫平《理解之理解的向度——西方哲学解释学研究》，人民出版社 2016 年版，第 68—101 页。

动，而是一种生存在世的方式或样式，相应地，解释学不再被看作是认识论和方法论，而是本体论。海德格尔关注的重心不是文本，而是存在，这样在后来的法国的保罗·利科眼里，他的存在之路走了一条"捷径"，而不是通过文本和语义学的反思的迂回道路，① 人文科学或精神科学没有成为他探讨的对象。伽达默尔与海德格尔多少有些不同，他的《真理与方法》注意到人文科学或精神科学，甚至在某种意义上可以说已经开始走向这条"迂回之路"了，② 然而由于他过于受海德格尔本体论思想的影响，在"真理"与"方法"之间划了一条鸿沟，以至于半途而废，所以在他那里，解释学的本体论、认识论和方法论没有真正统一起来。哈贝马斯和利科不满于这一点，并开始予以突破。主要在利科那里已显示出这一点：如果在解释学领域中忽视认识论和方法论，我们就不可能真正在认识的规范性和反对强制阐释、过度诠释方面走很远。另外，伽达默尔的思想本身并不都是周延的，例如，他一方面强调理解的效果历史原则，另一方面又说，理解没有更好，只是不同。③ 这二者之间缺乏一种协调，以致给人留下他反相对主义不够彻底的印象。所有这一切给予我们这样的启发：需要将解释学置于本体论、认识论和方法论三者统一基础上才能有效地去探讨公共阐释和与之相关的公共理性。

综上所述，我们大致从五个方面围绕公共阐释（包括公共理性）的基础问题进行了讨论，它们分别是：伽达默尔对实践哲学和实践智慧的强调；作为哲学解释学开端的人文主义四个概念；"自我的理解"和"事情的理解"的统一；解释学向辩证法的靠拢以及要在解释学的本体论、认识论和方法论的统一的基础上去探讨公共阐释。这五个方面表明，为了解决解释的强制性和过度性，公共阐释以及公共理性是解释学所需要的内容，而这些可以从伽达默尔那里找到思想的资源，后者已涉及公共理性和公共阐释的因素，它超越于纯个人的阐

---

① ［法］保罗·利科：《解释的冲突》，莫伟民译，商务印书馆 2008 年版，第 5—6、9 页。

② ［法］保罗·利科：《诠释学与人文科学》，孔明安等译，中国人民大学出版社 2012 年版，第 20—21 页。

③ ［德］伽达默尔：《诠释学 I：真理与方法》，洪汉鼎译，商务印书馆 2007 年版，第 403 页。

释，甚至可以说，强调共识性理解的哲学解释学包含有为公共理性、公共阐释奠基的内容。值得注意的是，海德格尔的存在哲学与亚里士多德的实践哲学在伽达默尔那里被融为一体，构成了其整个哲学解释学的基础，在相当大的程度上，它抵制了理解的强制性和随意性，避免了解释学堕入相对主义、虚无主义的泥潭，尽管在论述上有不够完善、不够周全甚至矛盾的地方，但瑕不掩瑜，它仍对我们探讨公共阐释有着重要的启示。

# 论阐释的四种模式<sup>*</sup>

陆 扬<sup>**</sup>

阐释是"阐释学"（hermeneutics）的实践过程，后者得名于希腊神话中传达大神宙斯意旨的神行太保赫尔墨斯（Hermes）。今天它从狭义上说是文学作品的意义解读；从广义上说则可视为一切文本，包括文学文本与非文学文本、语言文本与非语言文本的主题、架构、意指和审美乃至言外之意、象外之意的解析。美国先辈人文主义批评家、当年《镜与灯》的作者 M. H. 艾伯拉姆斯，在他一版再版的《文学术语汇释》中，曾就"阐释学"的来龙去脉有过如下一个简要说明：

> "阐释学"这个术语最初是指专用于圣经的阐释原理的形成。这些原理既融合了指导圣经文本合法阅读的规则，也汇合了文本所表达意义的各种注释和诠释。但是从 19 世纪起，"阐释学"渐而用来指普遍性的阐释理论，即是说，涉及所有文本，包括法律、历史、文学以及圣经文本意义生成的原理和方法建构。<sup>①</sup>

艾伯拉姆斯对阐释之学的这个概括，在今天看来也不无启示。阐

---

\* 本文系国家社科基金重大项目"新马克思主义文论与空间理论重要文献翻译与研究"（项目批准号15ZDB084）的阶段性研究成果。本文原刊于《文学评论》2021 年第 5 期。

\*\* 作者单位：复旦大学中文系。

① M. H. Abrams, *A Glossary of Literary Terms*, Fort Worth: Harcourt Brace College Publishers, 1993, p. 91.

释不光涉及意义的解读，而且事关解读原则，即阐释模式和阐释理论的有意识或无意识建树。唯其如此，本文将以艾柯、罗蒂、卡勒与张江四人为例，分析阐释的四种模式，且将之分别命名为小说家的阐释、哲学家的阐释、批评家的阐释和理论家的阐释。这个命名诚然是权宜之计。如艾柯的身份首先是符号学家，小说家是他的副业。卡勒言必谈理论，要说他是理论家，也名副其实。名与实的关系历来众说纷纭。在索绪尔看来，意义是为约定俗成；在本文中，命名的意义则是出自语境。

# 一　阐释的边界

1990 年，安贝托·艾柯出版了一部文集，取名为《阐释的界限》。仅就书名来看，它同艾柯当年一夜成名的《开放的作品》，已是迥异其趣。当年艾柯提倡作品开放论，被认为是将阐释的权力一股脑儿交给读者。随着时过境迁，艾柯在功成名就，特别假《玫瑰之名》畅销天下之后，发现读者异想天开、天马行空的过度阐释，不免叫人啼笑皆非，乃有心重申作者的权力，或者至少，作品的权利。是以在该书导言中，艾柯开篇便引述了 17 世纪英国自然哲学家，同时兼任剑桥和牛津两家学院院长的切斯特主教约翰·威尔金斯《墨丘利，或神行秘使》中一则掌故。是书 1641 年出版，墨丘利的希腊名字是赫尔墨斯，专门传达宙斯旨意的神行秘使。阐释学一语，就得名于这位奥林匹斯山上的神使。故事说的是：从前有个印第安奴隶，主人让他去送一篮无花果外加一封书信。半道上，这奴隶偷吃无花果，饱食一顿之后，方将剩下的果子交付收信人。对方主人读过信札，发现收到的果子跟信上数量不符，责备奴隶偷吃，将他骂了一通。这奴隶置事实不顾，赌咒发誓果子就是这些，信上写得不对。后来奴隶再一次送果子并书信一封，信上照例清楚写明果子的数量，奴隶照例又来偷嘴。不过这回在开吃之前，为防止再次被骂，他取出信来，压在一块大石头底下，心想书信看不到他偷吃，便不会再来泄密。没料想这回挨骂比上回更甚，他不得不承认错误，衷心钦佩这书信真是神力无限。于是他死心塌地，从此老老实实，恪尽职守，再不敢来耍心眼。①

威尔金斯讲的这个故事显示了文字确凿无疑的符号功能。在艾柯看来，它在当代阐释家中启示其实各不相同。事实是今天批评家们大都反对威尔金斯的言必有所行的立场，认为文本一旦同作者和作者的意图分离开来，同它当时的发生语境分离开来，便是漂浮在真空之中，而具有无限的阐释潜质。是以没有哪个文本拥有确凿无疑的本原意义和终极意义。文本在它发生之初，它的本原意义和终极意义，就遗失不见了。

那么，威尔金斯又会怎样回答这些当代批评家？他的答复又能不能让当代批评家信服呢？艾柯说，我们假定印第安奴隶的主人估计会如此修书："亲爱的朋友，我奴隶带来的这个篮子里有 30 个无花果，那是我送您的礼物，期盼如何如何……"收信的主人则确信书信提到的篮子，必是印第安奴隶手提的篮子；提篮子的奴隶，必是他朋友给了他篮子的奴隶；信上提到的 30 个无花果，指的必也是篮子里的果子。但是威尔金斯的这个寓言绝非无懈可击，比如说，假设的确是有人给了一个奴隶一个篮子，可是半道上这奴隶给人杀了，换了另外一个主人的奴隶，甚至 30 个无花果，也给调包换上了 12 个其他来路的果子，那又当何论？不仅如此，假设这新奴隶将这篮子送到另外一个收件人手里呢？假设这个新的收件人压根就不知道哪位朋友如此惦记着他，要送他果子呢？如此这般推演下来，意义的确证确实就是没有边际了。

但是文学的想象确实就是无际无涯。艾柯带领他的读者继续设想道，倘若不光是最初的信使给人杀了，杀手还吃光了果子，踩扁了篮子，将书信装入一个小瓶，扔进了大海，直到 70 年后，给鲁滨孙发现，那又怎样呢？没有篮子，没有奴隶，没有果子，唯有书信一封。艾柯接着说：

即便如此，我打赌鲁滨孙的第一个反应会是：果子在哪里？只有在这个第一反应之后，鲁滨孙才会梦想到究竟有无果子，有无奴隶，有无发件人，以及可能是压根就没有果子，没有奴隶，

---

① John Wilkins, *Mercury：or，The Secret and Swift Messenger*, London：Nicholson, 1707, pp. 3－4.

没有发件人；梦想到说谎的机器，以及他成为何其不幸的收件人，同一切"超验意义"断然分离了开来。①

艾柯这里的意思是清楚的。那就是文本的阐释语境可以无穷无尽延伸下去，哪怕是多年之后成为笛福小说《鲁滨孙漂流记》里的又一段情节。但是有一点同样不容忽视，那就是任何一个文本，必有一个最初的字面意义。唯有在这个字面意义之上，任何阐释的延伸才有可能。诚如艾柯所言，假若鲁滨孙懂英语的话，他必定明白这信里讲的是无花果，不是苹果，也不是犀牛。

还可以进一步想象。艾柯这回假定捡到瓶子的是一位天资过人的语言学、阐释学、符号学的学生。这位学霸推断下来，又有新的高见：其一：信件是密码，"篮子"是指军队，"无花果"指1000个士兵，"礼物"则指救援。故这封信的意义就是，发件人派出一支30000兵士的大军，来救援收件人。然而即便如此，士兵的人数也还是限定的，那是30000，而不是其他人数，比如说180，除非一个无花果代表60人。其二，无花果可以是修辞意义上的用法，就像今天我们所说的，某人竞技状态良好（in good fig）、身穿盛装（in full fig）、身体不佳（in poor fig）等，无花果在这里是比喻，同某人饱餐了顿无花果，或者像个好果子、坏果子之类没有关系。但是艾柯提醒读者，即便是比喻用法，也得明白喻体是无花果，而不是苹果，不是小猫。

最后，艾柯假定这一回收件人是一位熟通中世纪文本阐释的批评家。有鉴于艾柯本人对中世纪美学和艺术情有独钟，且建树丰厚，其博士论文《托马斯·阿奎那的美学》堪称中世纪美学的一部百科全书，这让人怀疑他是不是夫子自道，或者，以身说法。艾柯说，这位擅长中世纪寓意解经的批评家，会假定瓶子里的信息，是出于一位诗人手笔，他会从字面上充满诗意的私人代码里，嗅出隐藏其后的第二层意义。如是"无花果"提喻"水果"，"水果"隐喻"正面的星体

---

① Umberto Eco, *The Limits of Interpretation*, Bloomington：Indiana University Press, 1994，p. 4.

影响"，"正面的星体影响"又寓指"圣恩"。如此环环延伸下去，亦是无穷无尽。但是艾柯强调说，在这个中世纪阐释模式的例子里，批评家虽然可以海阔天空大胆假设，但是他坚决相信，这许多形形色色、互相冲突的假设当中，究竟也会有某种可行的标准，而使某一些假设较之另一些假设更见情理。这当中无关信札作者的意图，但是必关涉着最初信息的历史和文化语境。

在艾柯看来，正是文本发生之初的文化和历史语境，构成了日后一切阐释的发生点。是以阐释终究是有边界，后代的阐释家和批评家，没有权力声称威尔金斯掌故中的这封书信，可以无所不指：

> 它可以意指许多东西，但是有一些意义，假设起来就是荒诞不经的。我并不认为它可以意指有人急于表明，它指的是拿破仑死于 1821 年 5 月；但是挑战这类天马行空的阅读，也可以成为一个符合情理的起点，以推定那条信息至少有什么东西是不能信誓旦旦胡作结论的。它说的是，从前有一篮子无花果。①

从前有一篮子无花果。包括奴隶、果子的数量，这都是以上书信的"字面义"。艾柯指出，虽然文本究竟有没有"字面义"的说法学界多有争论，但是他始终认为，语词在词典中的首要释义，以及每一位读者对于语词的本能反应，便是一个特定语言单元的字面义。

《阐释的界限》发表的同一年，艾柯在剑桥大学"丹诺讲座"上作了题为《阐释与历史》《过度阐释文本》《作者与文本之间》的三个讲演，理查德·罗蒂、乔纳森·卡勒、克里斯蒂娜·罗斯分别给予回应。讲座统共七篇文献由东道主剑桥大学文学教授斯特凡·科里尼编为文集，取名《阐释与过度阐释》，面世之后广为传布，引人瞩目。第一篇讲演中，艾柯一开始就宣布他 1962 年出版的阐释理论成名作《开放的作品》，是给人误读并误解了：

---

① Umberto Eco, *The Limits of Interpretation*, Bloomington: Indiana University Press, 1994, p. 5.

在那本书里我倡导做主动的阐释者，来阅读那些富有美学价值的文本。那些文字写成之际，我的读者们注意力主要集中在整个作品的开放性方面，而低估了这个事实，那就是我所支持的开放性阅读，是作品引出的活动，目的在于进行阐释。换言之，我是在研究文本的权利和阐释者的权利之间的辩证关系。①

艾柯重申了他1989年在哈佛大学皮尔斯国际会议上的发言立场：符号指意过程没有边界，并不导致得出结论阐释没有标准；阐释具有无尽的潜能，并不意味随心所欲跑野马，也不意味每一种阐释行为，都能有个幸福结局。即是说，读者光注意到是书鼓吹作品的开放阅读，却忽略了他其实提倡开放性必须从文本出发，因此会受到文本的制约。

艾柯明确反对"过度阐释"。一如无花果的故事所示，他指责当代有些批评理论断定文本唯一可靠的阅读就是误读，文本唯一的存在方式是由它所引出的一系列反应所给定，就像托多洛夫所说的那样，文本不过是一次野餐，作者带语词，读者带意义。他反驳说，即便真是这样，作者带来的语词，也是一大堆叫人犯难的物质证据，读者是不能躲避过去的，无论他保持沉默也好，吵吵闹闹也好。艾柯说：

要是我没有记错，就是在英国这个地方，多年以前，有人提示言辞可以用来行事。阐释文本，就是去解释这些语词为什么通过它们被阐释的方式，能够来做各种各样的事情（而不是其他事情）。②

艾柯这里指的应是分析哲学剑桥学派的约翰·奥斯丁。奥斯丁出版的一本小书《论言有所为》（*How to Do Things with Words*）后来成

① Umberto Eco with Richard Rorty, Jonathan Culler, Christine Brooke-Rose, *Interpretation and Overinterpretaion*, Stefan Collini ed. , New York：Cambridge University Press, 1992, p. 23.

② Umberto Eco with Richard Rorty, Jonathan Culler, Christine Brooke-Rose, *Interpretation and Overinterpretaion*, Stefan Collini ed. , New York：Cambridge University Press, 1992, p. 24.

为言语行为理论的第一经典。该书的宗旨，是言语行为的目的，是诚恳交流，不可以无的放矢、信口开河。言语如此，文本亦然。美国当年同希利斯·米勒围绕解构批评展开过论争的批评家艾伯拉姆斯1989年出版过一部文集，便是借鉴奥斯丁，取名为《文有所为》（*Doing Things with Texts*）。换言之，文本必须有所作为，以使能够"以文行事"，而不是一味夸夸其谈、不知所云、任由能指堕落为鬼符幽灵般与世隔绝的白纸黑字。

艾柯显而易见不满当时如日中天的解构主义阐释模式。第三篇讲演《作者与文本之间》开门见山批评德里达长文《有限公司abc》，认为德里达围绕约翰·奥斯丁言语行为理论对美国分析哲学家约翰·塞尔展开的反击，是断章取义，对塞尔文本作游戏式的任意切割。更称这样一种令人眼花缭乱的哲学游戏，好比当年芝诺"飞矢不动"的相对主义。所以不奇怪，回顾过去数十年间文学批评的发展进程，艾柯感慨道，阐释者即读者的权利，是被强调得有点过火了。是以殊有必要限制阐释，回归文本，从鼓吹作品无限开放的神秘主义路线，或者说当代的"文本诺斯替主义"，回到长久被弃之如敝屣的作者意图和写作的具体语境上来。

## 二 实用主义者的进途

罗蒂的报告题名为《实用主义者的进途》。这位美国实用主义哲学的已故代表人物，对艾柯的呼应首先是从小说《傅科摆》谈起的。罗蒂说，他读艾柯的《傅科摆》，感觉艾柯显然是在讽刺科学家、学者、批评家和哲学家，讥嘲他们认定自己是在破解密码、去芜存菁、剥开表象、揭示真实。所以《傅科摆》是一部反本质主义小说，它戏弄了这样一种观点：所谓平庸的表面之下掩盖着深刻的意义，只有幸运的人，才能破解复杂代码，得见真理面貌。在他看来，后者是指向17世纪占星术家罗伯特·弗拉德（Robert Fludd）与亚里士多德之间的相似点，或者说，将神秘主义与哲学联系起来的交通渠道。

进一步看，罗蒂认为《傅科摆》是结构主义的升级版。结构对于文本来说，好比骨骼之于肉体、程序之于电脑、钥匙之于锁链。艾柯本人早年的《符号学理论》，有时候读起来，就像在努力破解代码的代码，揭示隐藏在千头万绪各种结构背后的普遍结构。是以《傅科摆》跟《符号学理论》的关系，就是维特根斯坦晚年著作《哲学研究》跟早期著作《逻辑实证论》之间的关系。诚如晚年维特根斯坦终而摆脱了搁置不可言说之物的早年幻想，艾柯的《傅科摆》也是在努力摆脱充斥在他昔年著作中的各式各样图标学究主义。

那么，实用主义者的进步路线又当何论？罗蒂描述的这个进程，其实一半也是在夫子自道。他说，在起初，追求启蒙之余，人会觉得西方哲学中所有的二元对立，诸如真实和外观、纯粹光照和弥漫反射、心灵和身体、理性的精确和感性的凌乱、秩序有定的符号学和漫无边际的符号学等，都可以搁置一边。不是将它们综合为更高的实体，也不是加以扬弃，而是干脆就忘却它们。你只消读尼采，就到达了这一启蒙的初级阶段，会明白所有这些二元对立，不过是隐喻了他们对于极权、控制的想象，与他们自己微不足道的现实地位之间存在多么大的反差罢了。

再进一步，罗蒂说，人再读尼采的《查拉图斯特拉如是说》，不禁哑然失笑，加上一点弗洛伊德的知识，马上就会开始醒悟，那不过是改头换面揭示男人不可一世、恃强欺弱，逼迫女人就范，抑或是孩子不愿长大，期望回到父母怀里重当婴儿。而到最后一步，罗蒂的说法是，实用主义者会开始明白在先的那么多反转，不是盘旋上升走向启蒙，而不过是偶然遭际落到手里的书籍，意蕴各各不同而自相牴牾的缘故。这个境界很难达到，因为实用主义者总是会做白日梦，幻想自己就是世界历史的救世主。但是实用主义者一旦摆脱白日梦，他或她就最终能够将所有的描述，包括他们作为实用主义者的自我描述，根据它们作为目的工具有没有用来进行评价，而不再顾及它们对被描述对象的忠实程度了。

根据这个实用主义者的进途来读艾柯，罗蒂发现他同自己其实也曾志同道合来着，那就是两人早年都是野心勃勃的代码破解者。罗蒂说，他 27 岁左右的时候，对查尔斯·皮尔斯的符号三分法迷得不行，想必艾柯年轻时候也钻研过这位形而上学符号学家。要之，他愿意将艾柯引为一个同道实用主义者。不过，一旦他阅读艾柯的文章《读者意图》，这种意气相投的感觉就荡然无存了。因为在这篇跟《傅科摆》大体是在同一时期写作的文章里，艾柯提出坚持在"阐释"文本和"使用"文本之间做出区别。这个区分，实用主义者是不能接受的。罗蒂说：

> 根据我们的观点，任何人用任何东西做任何事情，都也是使用它。阐释某样东西，了解它，切入它的本质，如此等等都不过是描述的不同方式，描述使它得以运作的某个过程。因此想到我读艾柯的小说，有可能被艾柯视为在使用，而不是在阐释他的小说，我甚感不安。同样不安的还有艾柯没有考虑到文本的许多非阐释性使用。①

很显然，罗蒂反对艾柯主张文本的阐释和使用可以分别论证的立场，反之认为它们是为一途。他认为艾柯的"阐释"和"使用"两分法，就像批评家赫希（E. D. Hirsch）要把意义（meaning）和意味（significance）区分开来，以前者为进入文本本身，后者为将文本与其他事物联系起来。似这般将内与外、事物的非理性与理性特征区分开来，罗蒂说，举凡像他这样的反本质主义者，都是不能接受的。

对艾柯为什么要将文本和读者判然分立开来，为什么津津乐道来区分"文本意图"和"读者意图"，罗蒂表示不解。艾柯这样做，目的何在呢？这是不是有助于区分艾柯本人所说的"内在的文本一致性"（internal textual coherence）和"无法控制的读者冲动"（the uncontrollable drives of the reader）？罗蒂指出，艾柯说过后者"控制"前者，所以检查什么是"文本意图"，最好的方法便是将文本视为一个一致的整体。要之，这个区分就成为一个个壁垒，让我们肆无忌惮、随心所欲将万事万物纳入罟中。罗蒂表示欣赏艾柯提出的循环阐释模式，指出这是一个古老然而依然行之有效的循环阐释论，即是说，以文本阐释的结论，为同一文本新一轮阐释的起点，而所谓文本

---

① Richard Rorty, "The Pragmatist's Progress", Umberto Eco with Richard Rorty, Jonathan Culler, Christine Brooke-Rose, *Interpretation and Overinterpretaion*, Stefan Collini ed. , p. 93.

正是由这样一轮又一轮的循环阐释积累而成。艾柯的这一循环阐释观点，实际上也使他本人耿耿于怀的文本内部/外部的区分顿时变得含混模糊起来。

那么，文本的内在一致性即意义，又该如何理解？罗蒂认为，文本的一致性不是在被描述之前就事先存在的东西，一如斑斑点点，只有将它们连接起来，才能见出意义。所以意义不过在于这样一个事实：我们对某一系列符号或者声音感兴趣，将它们串联起来进行描述，换言之，把它们跟我们与感兴趣的外部事物联系起来。比如说，我们描述的可以是一系列非常晦涩的英语词汇，是乔伊斯值一百万美元的手稿，是《尤利西斯》的早年版本等。由是观之，文本的一致性既不内在，也不外在于任何事物，它不过是关于这个事物迄今已有相关言说的一种功能。这一点在哲学上固然不言而喻，即便转向争议更多的文学史和文学批评，亦是如此。对此，罗蒂说：

> 我们当下说的东西，必然跟先前我们或他们已经说过的东西，即对于这些符号的先期描述，有着合理的系统的推论联系。但是在我们讲述（talking）某物和言说（saying）某物之间划一道界限，除非是因为某个特定目的、事出彼时我们正好具有的某种特定意图，那是没有道理的。①

罗蒂的"反本质主义"立场至此清晰无疑：文本的意义产生在文本进途不断的阐释过程之中，而阐释本身是一个完整的、不可分裂的过程。是以罗蒂骄傲地声称，对于他们实用主义者来说，主张事物原本就存在，可由特定的文本"真正"解说出来，或者严格运用某一种方法揭示出来，那是荒诞不经的。其荒诞一如古老的亚里士多德概念，那就是认定天下事物有一个内在的不朽的本质，同其偶然的、相对的外观适成对照。

---

① Richard Rorty, "The Pragmatist's Progress", Umberto Eco with Richard Rorty, Jonathan Culler, Christine Brooke-Rose, *Interpretation and Overinterpretaion*, Stefan Collini ed. , p. 98.

## 三　阐释与过度阐释辩

乔纳森·卡勒的文章旗帜鲜明题为《为过度阐释辩》，对罗蒂的观点进行了全面反驳。卡勒指出，罗蒂的报告主要是回应艾柯以前的文章《文本意图》，那篇文章和"丹诺讲座"上艾柯的系列讲演，题旨是有所不同的。他本人则希望来谈艾柯现在三个讲演的话题："阐释与过度阐释"。对于罗蒂的立场，卡勒明确表示不敢苟同，认为罗蒂坚信一切老问题、老差异，在他那幸福的一元论面前，都可以迎刃而解，烟消云散。他用罗蒂自己的话讽刺罗蒂说，只消认定任何人做任何事情，都是在使用它，一切问题便都不成问题，何其简单！但这样做实际上于事无补，对于安贝托·艾柯和其他批评家提出的问题，包括文本如何挑战我们的阐释框架等，都没有做出实际回答。这些问题依然存在，并不因为实用主义者罗蒂让我们放宽心投身于阐释，就化解不见。

卡勒指出，阐释本身是不需要阐释的，它总是相伴着我们。但是就像大多数知识活动，阐释一旦走向极端，就需要阐释了。不温不火的阐释呼应共识，它虽然在一些场合中也有价值，但是没有多大意思。而他所要强调的是"极端阐释"。换言之，阐释语必惊人，与其不温不火、四平八稳，不如走极端路线。卡勒并引20世纪初素有"悖论王子"之称的英国作家G. K. 切斯特顿的名言：批评要么什么也别说，要么使作者暴跳如雷。这似乎是在鼓吹走极端，究其一点，不及其余。但这类解构批评态势，充其量不过是一种姿态，真要诉诸实践，谈何容易。或许德里达以"药"解构柏拉图，以"文字"解构卢梭，以"不许写诗"解构奥斯丁，可以算是样板。虽然后人很难效法，但是这些样板本身，毋宁说也已经进入了批评和阐释的经典案例。关于阐释，卡勒表明立场说：

> 我认为文学作品的阐释生产，既不应被视为文学研究的至高目的，更不应该是唯一目的。但倘若批评家有志于解决问题，提出阐释，那么他们就应当尽其所能，运用阐释压力，思路能走多

远，就走多远。许多"极端"阐释，就像许多平凡阐释一样，无疑都难以有什么结果，因为它们被认为是信口开河、冗长累赘、漫无目的、令人生厌。但是倘若它们偏执极端，在我看来，比较那些力求"完美"或四平八稳的阐释，就有更多的机会来揭示以往未能注意或未及反思的关系和内涵。①

卡勒这里是坚持了他一以贯之的批评立场：阐释不是文学研究的最高目的，更不能视其为唯一的目的；但是批评家有意尝试，那么好的阐释必出惊人之言，言以往所不言。这样虽然未必名垂青史，就像平庸的批评和阐释大都是默默无闻一样，但是当有更多希望脱颖而出。唯其如此，卡勒认为，大量被误以为是"过度阐释"，或者说轻一点，过度理解的东西，究其目的正是力图将作品文本与叙事、修辞、意识形态等机制联系起来，而且艾柯本人就是这方面的杰出代表。所以我们是在社会生活的不同领域去发现意义得以生成的系统和机制。这个系统和机制，毋宁说也就是一种语境。

针对罗蒂对艾柯的指责，卡勒为艾柯做了辩护。他指出，在罗蒂看来，解构主义是错误的，因为它不愿意接受读者有使用文本的不同方式，其中没有哪种方式对文本的见解"更为基础"。他反问说，解构批评说过文本的意思就是读者要它表达的意思吗，说过文本有着有待发现的各种结构吗？在这一点上罗蒂并不比他批评的艾柯更高明。艾柯至少有助于解释解构批评何以主张文本可以颠覆既定范畴，让人希望落空。故而艾柯对边界的关注，这样来看是被人误解了。艾柯其实是要说文本为读者提供了极其宽阔的视野，然而这个视野终究是有边界的。那么，解构对于阐释又意味着什么？卡勒重申道：

> 恰恰相反，解构主义强调意义是被语境束缚的——这是文本内部或文本之间的一种关系功能——但是语境本身是无际无涯

① Jonathan Culler, "In Defence of Overinterpretation", Umberto Eco with Richard Rorty, Jonathan Culler, Christine Brooke-Rose, *Interpretation and Overinterpretaion*, Stefan Collini ed., p. 110.

的：永远存在引出新语境的可能性，所以我们唯一不能做的事情，就是设立界限。维特根斯坦问，"我可以说'布布布'，来指如果天不下雨我要出去散步吗？"他回答道，"只有在一种能用某样东西意指某样东西的语言中，才有可能"。[①]

这还是在重申他1982年的《论解构》中文本的意义取决于语境，然语境无际无涯的解构主义阐释观，包括维特根斯坦例子的再一次运用。卡勒指出，维特根斯坦的自问自答似乎是设立限制，表明"布布布"永远不可能意指"如果天不下雨我要出去散步"，除非语言有所不同，是在另一种完全不同的语言里面。但是语言运行的方式，特别是文学语言，却是预防了此类坚固边界的设定。诚如当年《论解构》中卡勒本人所言，一切将语境代码化的企图，总是能被植入它意欲描绘的语境之内，产生一个跳出原初模式的新语境来。是以维特根斯坦说人们不能说"布布布"来意指"如果天不下雨我要出去散步"，反倒似非而是地使这样做成了可能，至少引诱人往这方面去想，特别是对了解上述语境的读者而言。

卡勒始终在反复重申他的过度阐释辩护立场。他最后指出，艾柯的第二个讲演《过度阐释文本》里，将"过度阐释"比作"无节制奇迹"，指责它过高估计了鸡毛蒜皮细节的重要性，从而导致批评家对文本大惑不解。但是对于他本人，卡勒说，恰恰相反他觉得这是深入语言和文学资源的最好契机，与其说避之不及，不如说求之不得。换句话说，过度阐释需要不凡天资，这天资不但无需避免，而且需要加以培养。假如因噎废食，对文本和阐释中自由游戏的奇迹状态视而不见，那会是非常遗憾的事情。因为在今天过度阐释也好，过度想象也好，个中的奇迹状态其实是稀有之物，虽然艾柯本人的小说和符号学探索，作了许多可敬的示范。

多年之后，卡勒将他这篇讲稿改写后，编为《理论中的文学性》

---

① Jonathan Culler, "In Defence of Overinterpretation", Umberto Eco with Richard Rorty, Jonathan Culler, Christine Brooke-Rose, *Interpretation and Overinterpretaion*, Stefan Collini ed., p. 121.

第七章，最后并增加罗兰·巴特《S/Z》的例子，作为过度阐释的例子。巴特步步为营，逐字分析巴尔扎克小说《萨拉辛》，可不就是"过高估计了鸡毛蒜皮细节的重要性"！

## 四  阐释的公共性

多年以后，张江发表文章，质疑艾柯在丹诺讲座上的阐释边界论，认为它言不由衷、口是心非，忘记了他当年《开放的作品》如何鼓吹文本的开放性、模糊性和阐释的无限功能，从而为读者中心论的形成和发展推波助澜。然而，张江说，在丹纳讲坛上，艾柯又努力来对阐释范围进行科学限定，坚决反对"过度诠释"，并且从揭示云里雾里近似诺斯替主义的阐释神秘主义入手，批评阐释可以无限延伸的说法，进而提出一定存在着某种对阐释进行限定的标准。对于艾柯的这一迷途知返的阐释界限论，张江在给予充分认可的同时，注意到也突出强调了艾柯的小说家身份："我们必须注意，并且要突出强调，作为符号学的创始者，艾柯不仅是一位文艺理论家，同时也是蜚声世界的小说家，是真正的创作实践中人。"[①]

同年张江刊出《公共阐释论纲》，从建构共通理性的角度入手，提倡文本解读的一种"公共阐释"。作者开篇便言明他写作此文的宗旨，从海德格尔、伽达默尔到德里达、罗蒂这一脉的当代西方主流阐释学，是张扬叔本华、尼采和柏格森等人的传统，以非理性、非实证、非确定性为总目标，走上一条极端相对主义和虚无主义的道路。反之曾经长期流行的哲学本体论阐释学，则江河日下、漏洞与裂痕百出。所以殊有必要需要重新讨论阐释，包括阐释是公共行为还是私人行为？文本是否可以任意阐释而无须公共认证？公共阐释的历史谱系和理论依据何在？张江言简意赅给他的公共阐释下了一个定义："公共阐释的内涵是，阐释者以普遍的历史前提为基点，以文本为意义对象，以公共理性生产有边界约束，且可公度的有效阐释。"[②] 这个定

---

①  张江：《开放与封闭：阐释的边界讨论之一》，《文艺争鸣》2017 年第 1 期。
②  张江：《公共阐释论纲》，《学术研究》2017 年第 6 期。

义高屋建瓴，具有舍我其谁的理论气派，但是它与前面艾柯《阐释的界限》开篇引述的无花果故事，多多少少似有所勾连。这个勾连的环节不是别的，就是文本。两人同样不满意当代文学与理论奉解构主义为圭臬的"过度阐释"，同样在踌躇不决文本的"本真意义"究竟有无可能。诚如张江自己的解释，他说"以文本为意义对象"，是指读者须得承认文本的自在意义，文本及其意义是阐释的确定标的。这个作为意义对象的文本，毋宁说，便是艾柯念念不忘的"从前有一篮子无花果"。

张江提纲挈领，指出他的以上公共阐释定义具有六个特征。其一，公共阐释是理性阐释。即是说，阐释的生成、接受、流传均需以理性为主导；非理性的精神和行为可以参与阐释过程，但必须经由理性逻辑的筛选。其二，公共阐释是澄明性阐释。它将晦涩难解的文学和历史文本细细澄清，以使大众读者也能够领略它们的艰深含义。其三，公共阐释是公度性阐释。所谓公度性，是说立足公共理性建构公共视域，强调阐释与对象、对象与接受、接受与接受之间，是可以共通的。其四，公共阐释是建构性阐释。它反过来在最大公度性中提升公共理性，扩大公共视域。其五，公共阐释是超越性阐释。它超越于个体阐释，将之最大限度地融合于公共理性和公共视域，升华为公共阐释。其六，公共阐释是反思性阐释。它与文本对话交流，在交流中求证文本意义，达成理解与融合。所以公共阐释不是强加于文本的强制阐释，而是在交流中不断省思和修正自身，构成新的阐释共同体。

公共阐释上述六个特征，如果跟上面罗蒂等人的三种阐释思路作一比较的话，我们发现它可以沟通艾柯阐释应有适当界限的观点，也可以呼应罗蒂将阐释视为一个完整的、不可分裂的过程的说法，但是它肯定大不同于事实上是针锋相对于卡勒的过度阐释论。阐释究竟是属于私人性质，还是公共性质，还是私人话语和公共话语兼而有之？当然最好是二者兼而有之。但是即便兼而有之，游刃有余是一种境界，左支右绌又是一种境界。

但是公共阐释说到底也是一个权力问题。在与英国社会学家约翰·汤普森（John Thompson）的一次访谈中，张江明言他的公共阐释思想可以得出如下结论：高张想象的私人性个体阐释不是说不可以存在，但是它必须接受公共理性约束，唯其如此，阐释的私人理解可望升华为公共理解。张江强调他所标举的这个"公共阐释"，尚未见先例，是一个新的复合概念。但是这个概念并非空穴来风，而是有着丰厚的理论积淀。马克思关于人的本质的理论、海德格尔关于存在与时间的学说、伽达默尔关于世界和言说的观点以及费什关于阐释群体的设计等，在张江看来，都是从正反两方面为公共阐释的形成与贯彻，提供了文献基础。总而言之：

> 第一，阐释首先是一种权力，谁要掌握这个世界、掌握共同体、掌握群众，就必须拥有这个权力。第二，有了这个权力还不等于实现了这个权力，而是必须让越来越多的人接受自己的阐释，而且要在这个过程中认真听取共同体的意见，在相互对话交流中不断修正自己的阐释，让自己的个体阐释变成公共阐释，即一种有理性、有倾向、目标大致一致的阐释，如此才能够实现自己的政治目的。①

当年马修·阿诺德鼎力鼓吹文化如何光明灿烂又赏心悦目，寄希望于它在 19 世纪工业革命的动荡时代中力挽狂澜，引领社会进步，是以被葛兰西称为资产阶级杰出的有机知识分子。张江不遗余力倡导公共阐释，伸张阐释权力，在这个背景上看，当可视为以政治和权力为标尺，为无产阶级的文化领导权张目。从更广泛意义上看，指责荷马情感泛滥，以颂神和歌颂当代政要为好诗标准的柏拉图诗学，一定程度上可视为公共阐释的滥觞。

# 结　　语

综上，本文陈述了以艾柯、罗蒂、卡勒和张江为代表的四种阐释

---

① 张江、[英] 约翰·汤普森：《公共阐释还是社会阐释》，《学术研究》2017 年第 11 期。

模式，假若以阐释家不做苛求的某一主导身份为标识，或者我们可以分别名之为小说家、哲学家、批评家和理论家的阐释模式。在小说家如艾柯，阐释的语境可以无穷无尽，然文本必有其字面的意义。文本发生之初的文化和历史语境，构成日后一切阐释的发生点，是以阐释应有边界。在哲学家如罗蒂，阐释就是使用，要看它是不是实用，而不是取决它是不是名副其实，构成所谓的真理。故阐释是一个不断进取的、不可分裂的完整过程，不存在所谓的原初的、本真的意义。在批评家如卡勒，阐释语必惊人，与其不温不火、四平八稳，不如走极端路线。所以"过度阐释"情有可原，因为它说到底是力图将作品文本与叙事、修辞、意识形态等勾连起来，而且艾柯本人在这方面，其实就是身体力行的代表。在理论家如张江，阐释必须具有公共性，私人性质的个体阐释可以存在，但是必须接受公共理性的约束，以升华为公共理解，舍此不足以言阐释。故阐释也是一个权力问题，是实现文化领导权的关键组成部分，不应回避它的政治目的。

很难说这四种阐释模式孰优孰劣。就它们无一例外都成了当代阐释思考的主流理路来看，可以显示以阐释本身为阐释对象的"元阐释"正方兴未艾。很显然这四种阐释立场都不是孤立的，而是你中有我，我中有你，彼此纠葛难分。艾柯重申阐释当有边界，貌似公允合理，但是挑剔下来的话，很使人怀疑他在小说家和符号学界双重身份功成名就之际，是在改头换面重弹"意图谬误"（intentional fallacy），或者说，含蓄伸张作者的权利。就罗蒂的阐释不在于有理无理，而在于好用不好用的话，往好处说是强调实践是评价阐释的唯一标准，往糟处说便是在为读者中心主义作实用主义哲学的辩解，或者说，转弯抹角地重拾"感受谬误"（affective fallacy）。卡勒的立场是阐释非有见人所不见的惊人之言，不是好的阐释。诚如他的标题所示，这明显是在为"过度阐释"辩护，似不足为道。但卡勒没有说错，阐释同理论一样，凡言阐释，必跨学科。张江的公共阐释模式，则是毋庸置疑地重申了柏拉图以降的文学政治学传统。19 世纪弗雷德里希·施莱尔马赫提出"普遍阐释学"的概念，以为破解形形色色一切文本的理解之道。之后狄尔泰更以阐释学为解释人文科学所有学科的基础所在，认为自然科学的目标系通过统计和归纳数据的"解释"达成，人文科学的目标则是建立一种普遍的"理解"理论。这如前面艾伯拉姆斯所言,"阐释学"终而用来指普遍性的阐释理论建构,对象所指不仅有文学文本,同样包括法律、历史、神学以及一应人文科学的文本。

就本人而言,我比较支持乔纳森·卡勒的立场。阐释和一切话语的意义传播,当然追求普遍性,但这并不意味抹杀阐释的个性。阐释固然反对信口开河、漫无目的,但如卡勒所言,深入语言和文学资源的最好契机,或许就潜藏在批评家不知所措的迷乱状态之中。只是凡是往事,皆为序章,诚如罗兰·巴特《S/Z》开篇"题记"所示,百分之一机遇的灵感契机,是建立在百分之九十九的汗水之上。巴特的"题记"本来是讽刺结构主义殚精竭虑破解代码的雄心,跟罗蒂所见同为一路。但是期望出奇制胜,一鸣惊人,又谈何容易。那果真就是百分之九十九的汗水!

# "用中国的理论解决中国的问题"<sup>*</sup>

## ——评张江的"中国当代阐释学"理论建构

李春青<sup>**</sup>

20 世纪 80 年代以来，一些学者对中国阐释学的研究做出了卓越贡献，诸如金元浦《文学解释学》（1998 年）、李清良《中国阐释学》（2001 年）、李建盛《理解事件与文本意义：文学诠释学》（2002 年）、周裕锴《中国古代阐释学研究》（2003 年）、潘德荣《文字·诠释·传统：中国诠释传统的现代转化》（2003 年）等著作，以及罗志野、邓新华等为代表的一批相关论文都从不同角度对中国阐释学的建设提出了有益的观点，对于中国当代阐释学的理论建构具有重要意义。但总体来看，这些著作和论文或者以介绍西方阐释学为主，或者以研究、梳理中国古代阐释学思想为主，尚未从原理层面提出自己的核心概念与理论框架。相比之下，张江带有原理性的研究就显得难能可贵了。

近年来张江致力于"中国当代阐释学"的理论建构，相继发表了《强制阐释论》《公共阐释学论纲》《"阐""诠"辨》《"理""性"辨》《"解""释"辨》等一系列重要论文，并与多位国际著名学者展开面对面的对话，在中国学界第一次在原理层面提出了建构"中国当代阐释学"的理论构想，在学界引起普遍关注，成为近年来文学理论界少见的热点话题。那么，这一理论构想是否具有合理性呢？其学术意义究竟何在？这一论题能否成为一个新的学术增长点？这都是需

* 本文原刊于《天津社会科学》2019 年第 6 期。
** 作者单位：华南师范大学文学院。

要认真讨论的问题。本文根据张江先生系列论文与对话中呈现的观点与逻辑对一些重要问题进行分析与阐发，目的在于考察其"中国当代阐释学"构想之学理逻辑的自洽性与理论意义。

## 一　哈贝马斯之问：建构"公共阐释学"或"中国当代阐释学"的"缘由"与"动机"何在？

2017年11月6日，张江应邀到慕尼黑哈贝马斯家中讨论"公共阐释"问题。在对话过程中，哈贝马斯提出："我想再次表达的是，读过您的文章，我非常赞同您提出的一系列精妙的观点……但是，从阐释学的角度说，我还不太理解您尝试构建公共阐释学到底出于何种缘由。如果可以的话，我想请您谈谈您坚持这样做的动机是什么。我很想理解，在当代中国的语境下，您构建公共阐释学有着什么样的追求。"我们从哈贝马斯这段话中可以读出这样的意思：阐释学在西方有着悠久的历史，发展到现在已经是一门比较成熟的学问，而且形成了诸多流派，为什么一定要建设"中国的"阐释学呢？其必要性何在？学理依据何在？对哈贝马斯的这一问题，张江从两个层面上给予了回答：一是"经过改革开放40年理论和实践的双重探索，我们走出了中国道路，创造了中国经验，贡献了中国智慧。但是，从总体上说，我们在学术上还没有真正确立起与悠久深厚的文化传统和举足轻重的国际地位相称的中国理论、中国话语、中国学派、中国观点、中国概念、中国议题、中国声音"。二是"在中国传统文化中，有许多值得重新认识和挖掘的学术资源，比如我刚才讲的阐释的'阐'这个象形字，其本意就表达了西方20世纪阐释学的几乎全部的思想……我们这一代中国学者非常希望立足中国传统、中国实践、中国经验，直面当下我们所面临的重大问题，吸收借鉴西方优秀理论成果，构建当代中国阐释学，或者说创建当代阐释学的中国学派"。[①]

这样的回答可以说是强有力的，难以辩驳的。既然我们的国家在

---

① 张江、[德]尤尔根·哈贝马斯：《关于公共阐释的对话》，《学术月刊》2018年第5期。

许多方面走出了自己的道路，在现代化的进程中取得的成就世界瞩目，我们为什么不能在学术上建立与这些成就相匹配的学派与概念呢？既然我们有着几千年的优秀文化传统，在阐释学的理论与实践上有着极为丰富的古代资源，我们为什么不应该充分利用这些资源建构起中国当代阐释学呢？但由于这是一个极为重要的问题，是关涉到中国学者应否与能否建构中国当代阐释学的前提性问题，甚至关涉到中国学术是否应该走出自己的道路的问题，因此在这里我们有必要对张江的观点予以细化与展开。

哈贝马斯的疑问似乎包含着这样的潜台词：既然西方是先进的，是现代社会的开创者、引领者，其思想文化也必然是先进的，因此在学术研究上，西方学者可以开宗立派，后发国家学习并实践就可以了，何必标新立异呢？我们必须承认，与现代科技一样，在现代人文学科领域，西方发达国家同样是开创者、引领者，对于西方学界在这些领域所取得的成就我们是必须要学习的。但是问题在于：学习并不等于照搬，并不等于鹦鹉学舌。真正的学习都是出于创造性的追求。这就意味着，我们"构建当代中国阐释学，或者说创建当代阐释学的中国学派"有着完全正当的理由。对此可以从三个角度加以申说：

首先，西方的人文研究在许多方面确实走在了我们前面，具有开创性。但是具体来看，他们的任何一种理论或方法都是面对具体问题提出的，因而其合理性总是有限的。即如阐释学理论的发展而言，施莱尔马赫的"一般阐释学"所要解决的问题是如何把在《圣经》解释中积累起来的阐释学思想与经验从宗教神学束缚中解放出来而使之获得普遍的方法论意义。对于狄尔泰的"体验阐释学"而言，如何建构起适用于人文科学的独特的研究方法，从而有效抵御自然科学方法的泛滥是其首要任务。"体验"之所以在狄尔泰的阐释学中居于核心地位，正在于作为方法的体验是自然科学中所不能有而人文科学中所不可无的。对于海德格尔来说，阐释学不过是其存在论哲学的组成部分而已，阐释是使存在者存在，或者使真理澄明的主要方式，换言之，阐释既是此在之存在本身，又是世界之为世界的前提。至于伽达默尔的哲学阐释学所要解决的问题乃是借助于海德格尔的存在本体论视角，对人类"阐释"行为的普遍性，即本体意义与特性进行哲学反思。海德格尔和伽达默尔所做的都是要摆脱传统认识论哲学对阐释学的影响，从而在本体论层面上给出全新的理解。哈贝马斯本人在阐释学方面所要做的是在阐释学中引进马克思主义的社会批判或意识形态批判维度，把阐释行为从语言学视域中提升到社会关系之中，进而把阐释问题纳入其交往行为理论体系之中。如此看来，西方阐释学的代表者们各有各的任务，都是为了解决具体问题而产生出来的，具有很强的针对性，正因为如此，他们也就各有各的局限，都不是放之四海而皆准的真理。

在世界格局中，无论古今，中国的方方面面都有着鲜明的独特性。中国文化传统和当下文化状态都有别于西方文化，因此中国学者面临的问题也不同于西方学者，可以说世界上任何一种理论和方法都不能不加改造地直接用于阐释中国的文化现象。这就意味着，研究中国的问题应该有中国的理论与方法。建构中国当代阐释学是必要的，也是可能的。

其次，在人文学科领域中的一切学问，就其主体依据而言，无非是理解与自我理解两大类，理解是指向主体本人之外的一切他人的，自我理解则是指向人自身的。作为个体人人都有他自己的自我理解，作为人类也同样有着其整体上的自我理解。哲学、美学以及文学理论这类学问本质上乃是人类自我理解之表征，而人类自我理解总是处于不断深化的过程之中。所以在这些研究领域，一种理论或者方法也就总是处于不断的变化之中，否则很快就会失去活力。西方阐释学的发展演变也是如此。从中世纪的《圣经》阐释学到施莱尔马赫的一般阐释学，从狄尔泰的体验阐释学到海德格尔和伽达默尔的哲学阐释学，每一个阶段都与人类自我理解的一个深度相对应，而前一个阶段总是后一个阶段的基础。这就意味着，对于张江构想的"中国当代阐释学"来说，已有的西方阐释学不是作为拒斥的对象而是作为理论资源存在的，也可以说，"中国当代阐释学"是中国学界面对中国独特的文化传统与现实文化现象而对西方阐释学理论的创造性发展，标志着中国学人在不断深化的人类自我理解过程中的独特贡献。

最后，也是最重要的，中国古代有着极为丰富的阐释学思想可资利用，是建构"中国当代阐释学"的重要资源，也是"中国当代阐释学"能够获得独特理论意义的重要依据。西方现代阐释学的建立有赖于延绵上千年的《圣经》解释传统，《圣经》中记载的上帝或者耶稣的话需要解释，否则一般信众就难以理解。无独有偶，中国古代解经传统也有两千多年历史，积累了丰富的经验，中国历代学人关于古代经典，特别是儒家经典的注疏、诠释、衍义极为丰富，丝毫不亚于欧洲传统的《圣经》阐释。但极为可惜的是，由于种种历史的与文化的原因，我们未能在传统经学阐释学的基础上发展出现代阐释学来。也正是因为这个原因，我们现在整理并吸收中国古代阐释学思想才显得更为重要。从孔、孟、荀等代表的原始儒学开始，为了建构起儒学思想体系并使之成为占统治地位的意识形态，如何充分利用周代贵族社会留下的文献典籍就成了重要的理论与实践问题，因此他们都有各自的很丰富的阐释学思想和实践。两汉经学，包括谶纬之学，也都包含着丰富的阐释学思想，董仲舒的"《诗》无达诂，《易》无达占，《春秋》无达辞"① 观点影响深远，而今文经学与古文经学各自开出的阐释路向更形成了中国古代阐释学的两大传统。此外，六朝士族文人对《老子》《庄子》《易传》以及佛理的探赜索隐，唐宋以降高僧大德对释典的阐发，宋明时期程朱陆王诸家及其后学对心性义理的叩问，直至清代的考辨真伪及音韵训诂之学也都有各自极具特色的阐释学思想，这些对于今天的阐释学建构而言，无疑是一座座有待开发的宝藏。

在笔者看来，上述诸点正是张江能够理直气壮地与哈贝马斯"理论"，并提出建构"中国当代阐释学"设想的"底气"之所在，也是"中国当代阐释学"主要理论依据之所在。我们确实应当有"中国当代阐释学"这样一门学问。

## 二 汤普森之辩：是"公共阐释" 还是"社会阐释"？

2017 年 7 月 6 日，张江先生与英国社会学家约翰·汤普森在剑桥

---

① 苏舆撰，钟哲点校：《春秋繁露义证》，中华书局 1992 年版，第 94—95 页。

大学就"公共阐释"问题展开了一场极有意味的对话。二人有许多共识，也有着明显的分歧。汤普森观点的核心之处在于：公共阐释就是社会阐释，社会阐释就是公共阐释。其逻辑如下：阐释和阐释学是社会生活及政治生活的组成部分，与"资源、权力、利益相关联"，因此它总是处于"冲突、冲撞"之中。阐释之所以会以"冲突、冲撞"为常态，是因为社会不是由"公众"，而是由"公众们"组成的，即不是整齐划一的，而是多元的，彼此独立的，因而是众声喧哗的。社会就是如此，分歧是社会的基本特征，真正的"共识"是不可能的，也是危险的，对"共识"应该保持警惕，因此阐释学必须接受分歧。他是这样来表述自己的观点的："我是这样理解阐释学的，它有点像社会和政治生活中的微风，因为我们都通过对世界的阐释生活在社会政治生活之中。我们通过阐释来生活，我们通过阐释来理解世界，而其他人通过提供他们的观点来塑造我们的理解，我们倾听，我们适应。阐释学是关于理解世界的日常空间的学问，这就是我的立足点。这就是为什么我强调权力和冲突的阐释等问题，因为这是我们所生活的世界的现实。"①

在汤普森看来，阐释既是人的日常生活的基本方式，也是社会生活与政治生活的基本方式，一种阐释的提出总是难免受到各种不同立场不同见解的人们的质疑和挑战，因此阐释总是存在于权力和冲突之中，处于不断修正、调整过程中。阐释者既是言说者，更是倾听者和适应者。换言之，阐释总是多元的。显而易见，汤普森关于阐释的理解是建立在西方近代以来根深蒂固的人文主义传统之中的，是基于西方知识界普遍奉行的价值观与意识形态的。因此汤普森认为"社会阐释""社会阐释学"的提法要比"公共阐释""公共阐释学"更恰当。汤普森所警惕的是那种强求一律的阐释学。在汤普森这里，社会阐释似乎并不呈现出一种由多元走向一致的趋势，多元就是阐释之常态。在汤普森心目中，"现实世界中阐释的冲突"甚至可以说是民主社会的基石，而阐释学的意义就在于"向权力提出挑战"，这也正是阐释

---

① 张江、[英]汤普森：《公共阐释还是社会阐释——张江与约翰·汤普森的对话》，《学术研究》2017 年第 12 期。文中涉及二人对话部分，皆出于本文献，不再一一标注。

学之所以重要的主要原因。

汤普森的观点是明确的，逻辑是严密的，但这并不意味着它是完美的、无懈可击的。换言之，汤普森的论证并不能证明张江观点是不合理的或者无意义的。张江的逻辑是这样的：一切的阐释行为本质上都是公共性的，公共性是阐释成为阐释的基本条件，寻求公共性的实现是一切阐释的出发点与最终目标，因此从个人阐释到社会阐释再到公共阐释是阐释所应呈现出的一个递进的过程。张江指出：

> 也许有人认为，您和我对阐释的理解可能有所不同，即您强调的是"社会阐释"，而我强调的是"公共阐释"。我们能否这样来理解，即社会阐释和公共阐释有着密切的联系，但它们分别是两种领域的存在，是两种领域各自对阐释的理解。用您的话来说，社会阐释的基础是"公众"，而我理解的"公众"就是民众，而不是"公共"的意思。民众之间的话语、观点、诉求、利益和阐释是多元的、冲突的、无序的，相对于整体社会结构而言，它并不代表公共性。或者说，它包含公共性，但并非更高层面的总体的公共性。那么，这两种阐释之间的桥梁是什么呢？我认为，所有的阐释都可能走这样一条道路，即从多元的、碎片化的、矛盾的、冲突的、无序的阐释，逐渐形成或上升为相对统一的、相对稳定的、可分享的、可达成共识哪怕是妥协性共识的那种社会整体的阐释，如此，阐释才具有了公共性。所以说，从无序到有序，从社会阐释到公共阐释，这既是一个逻辑过程，也是一个现实路径。

这段话的含义很丰富，逻辑同样清晰，但确实也很容易被误解，例如汤普森就因此而怀疑"公共阐释"的真正含义是借助于政治权力来强行统一民众的思想，使之成为单数的"民众"。国内学者很可能也有人会产生这样的误解。实际上，张江是在纯学术的意义上讨论阐释的公共性的，他的逻辑很实在：任何阐释行为都是想说服别人，都希望有更多的人接受其见解。说话就是想让人相信，不然干嘛要说话呢！那些有理有据的阐释总是会被越来越多的人接受的。这就是"公共阐释"实现的过程。

　　显而易见，张江并不否认"社会阐释"是以"公众们"为基础，并因而呈现出"多元、冲突、无序"状态，与汤普森不同的是，张江认为这种"社会阐释"并非阐释的理想状态或完成状态，而只是一个过程的初级环节。"公共阐释"，即具有"总体的公共性"的阐释才是理想状态。因此，真正的"公共阐释"也就是充分实现其有效性的阐释，即得到阐释共同体中大多数人认同的阐释，在这里，公共性也就意味着有效性。而在汤普森看来，阐释虽然具有公共性，但却不可能形成这种理想状态的公共阐释。在他的心目中作为主要参照的是英国社会和政坛的多元化格局，是英国首相特丽莎·梅不断遭受来自多方面的质疑与批评的政治现状，因此"冲突性"始终是他对于阐释的基本理解。汤普森认为过于强调"公共阐释"或者"阐释的公共性"，有强求一律之嫌，而这正是他不能接受的。在这一点上汤普森确实严重误解了张江的观点。实际上，张江的"公共阐释"比较接近哈贝马斯通过交往行为，即对话与沟通，进而达成"共识真理"的主张，所谓"总体的公共性"只是一个目标，本质上乃是可能性而非现实性。说"一切阐释都是公共性的，没有公共性就没有阐释"是就阐释的开放性、对话性而言的。张江认为，任何阐释都是向着听者的言说，是开放性的，因而也是中介性的，所谓"中介性"是指一切阐释在根本上都是把阐释对象介绍给自己的听者的行为，是所谓"居间言说"，没有阐释对象或者没有听者，阐释便无从谈起。阐释者的"介绍"是否能够准确传达阐释对象的含义与意义需要听者自己判断，是无法强迫其认同的。因此作为"介绍"或"居间言说"行为的阐释必然是对话性的。张江所强调的是：所有的阐释者都希望自己对某文本或某现象的阐释获得更多人的认同，也就是尽力使阐释的公共性最大限度地获得实现。这是符合实际的，因为没有哪位阐释者不希望更多的听者理解并接受自己的阐释。

　　这里需要说明的是，阐释的公共性是有范围的，阐释总是在某个共同体中进行的，这个共同体便是阐释的范围。所以，笔者理解，张江所说的"总体的公共性"也是指一定的阐释共同体中的公共性，并非漫无边际。然而即便如此，这种"总体的公共性"也还是很难实现，它是每位阐释者心中挥之不去的追求目标。在一个阐释共同体中，人们都是在追求这种"总体的公共性"的动机驱动下努力使自己的阐释行为不断深化、合理化，从而征服更多的接受者的。所谓大师、权威、学术大家、著名学者等等称号，都是在这一过程中获得的来自接受者的评价，分别代表着这些阐释者说服其接受者的广泛性程度。相比之下，汤普森更像一个现实主义者，他主张的"社会阐释"是现实性的，多元、无序、众声喧哗是其基本状态。如果说张江追求阐释"总体的公共性"是"知其不可为而为"者，那么汤普森坚持"社会阐释"则是"知其不可奈何而安之若命"者。二者各有各的理由，也各有各的意义，根本上是无法强求一律的。但平心而论，追求阐释的有效性，努力实现阐释之"公度性"的最大化毕竟是阐释的根本动力之所在，因此张江的"公共阐释"较之汤普森的"社会阐释"更富有积极的意义。而且这里可以肯定的是：张江追求"总体的公共性"完全是在阐释学本身的意义上立论的，其言说方式是对话性的，其思维方式是主体间性的，在这里并没有强制性。两位对话者之所以出现明显差异主要是由于对话的立场不同：张江是从纯粹的学理逻辑角度展开对话的，而汤普森则有明显的政治倾向，时时警惕阐释被权力所利用。另外，如果从更深层上看，二人的差异也的确反映了两种文化传统的差异，在根本的思维方式上是有所不同的。

尽管双方并没有达成完全一致的意见，但确实把相关的阐释学问题深化了。笔者认为汤普森对张江的建议是很有意义的："阐释不仅是社会的、公共的，还与冲突、利益等相交织。"在追求"总体的公共性"过程中，要充分认识到冲突、对立、多元、权力、利益等，要充分意识到所有的人无不是带有鲜明独特性的生命个体，只有在充分尊重每个人独特性的基础上，阐释才会获得真正的有效性。张江的"总体的公共性"和哈贝马斯的"共识真理"都与马克思的"完整的人"一样，带有明显的理想色彩。

## 三　"公共性"是否等于"共同性"<br>或"一致性"？

在张江的理论框架中，"公共阐释"或阐释的"公共性"可称为

"中国当代阐释学"的基本规定性。但是这里或许会存在着这样的逻辑问题：如果说一切阐释都必然是"公共阐释"，那么"公共性"就是阐释的当然之理，是不言而喻的，既然如此，还有必要论证其合理性吗？换言之，如果"阐释"一词中已经包含着"公共"义项，那么"公共阐释"的提法不是同义反复吗？譬如"争吵"这个词中已然包含了两个人或多个人的意思，如果还说"他们在相互争吵"，这个"相互"二字就是同义反复了。对这一疑问可以通过分析"公共性"本身的具体意义维度来解答。下面的论述是笔者个人关于"阐释的公共性"或"公共阐释"的理解，并不一定完全符合张江的意思，可以说是作为一种商榷提出的。

首先，"阐释的公共性"是阐释的基本规定性，它包含着许多具体的意义维度，关涉到哲学、语言学、社会学、心理学许多方面的问题，诸如公共理性、对话性、主体间性等等，因此对"阐释的公共性"必须进行系统研究。从词义上说，"公共"这个词究竟是什么意思？在汉语中，"公共"有"共有的""公用的"等含义；在英语中，"publis"一词包含"公众的""公用的""公立的"等义项，这就意味着，"公共性"并不等于"同一性"或"一致性"。作为阐释之根本规定性的"公共性"，其真正意义并不是指接受者对阐释的结果完全认同，而是指对这一阐释的行为是公众或共同体成员所认可的。换言之，一种阐释被大家认为是真实的、正当的、真诚的，即符合了哈贝马斯所说的"有效宣称"的三大标准，它就是公共阐释。对于作为一种对话方式的阐释行为而言，"真实"意味着阐释行为所指涉的对象被阐释的共同体成员认为是确有其事，或者被认为是个值得谈论的话题。例如对孔子及其弟子提出尧舜不过是传说中的人物，不一定存在过这样的话题肯定会被认为是荒诞不经，而现代"古史辨派"却认为这是个真实的话题。"正当"意味着阐释者的身份与其所阐释的对象相符合，在阐释的共同体中被认为有权对这一对象进行阐释。例如一位研究文学理论的学者忽然去谈论古代文学的话题，十有八九不会被古代文学研究领域的学者所认可，因为他们会觉得这位学者的阐释缺乏正当性。所谓"真诚"是指阐释活动不是为了阐释之外的什么目的，而完全是出于阐释的冲动。具备了真实、正当、真诚这三大条件，阐释在某个阐释共同体中就能够被接受，从而获得公共性了。所谓"获得了公共性"并不意味着这一阐释行为的结论为每一位阐释共同体成员所接受、所认同，而是说，这一阐释行为可以作为一个话题被接受，成为共同体中诸多论题中的一种。在这个意义上说，获得了公共性也就等于获得了对话的资格。不被任何阐释共同体所接受的阐释不是公共阐释，也就是"不入流"。

张江的"公共阐释"具有理性、澄明性、公度性、建构性、超越性、反思性六大特征，他认为其中最重要的是"公度性"，因为这一特征与"公共性"这一阐释的基本规定性联系最为紧密。因此，我们通过对"公度性"的理解，庶几可明了"阐释的公共性"之真正意涵。所谓"公度性"又称"可公度性""可通约性"，原本是说如果两个量是可合并计算的，即它们可以被同一个单位来衡量，那么这两个量之间就具有可公度性。美国后现代主义哲学家理查德·罗蒂曾用"可公度性""不可公度性"以及"普遍公度性"等来区分"系统的哲学家"与"教化的哲学家"。① 在张江这里，"阐释的公度性是指，阐释与对象、对象与接受、接受与接受之间，是可共通的。阐释的公度性立足于公共理性建构的公共视域。认证公共视域的存在，及其对阐释传播的作用和意义，是阐释得以公度的基础。"这就是说，阐释的"公度性"不是指此阐释被人人所认同，而是说这一阐释在某个"公共视域"或共同体中是可以被理解的，是一个值得谈论的话题。一种阐释具有"公度性"也就意味着它可以被同一种评价系统所评价，至于评价结果如何则不属于"公度性"的意义范围了。正是在这个意义上，张江才会认为"阐释的公度性是有效阐释的前提"②。与此相关，"公共性"也不等于"一致性"，而是指一种阐释被某个共同体所接受。阐释作为一种理解并传达理解的行为本质上是对话性的，不是认知与被认知、揭示与被揭示的主客体关系，而是一种主体间性关系。因此阐释行为就必然呈现一个双向动态过程：一方面是阐

---

① ［美］理查德·罗蒂：《哲学和自然之镜》，李幼蒸译，生活·读书·新知三联书店2002年版，第321—322页。

② 张江：《公共阐释论纲》，《学术研究》2017年第6期。

释者对阐释对象的探寻与叩问,目的在于对其所包含的含义与意义形成理解,另一方面则是阐释对象对阐释者的提问与引导,结果是在一定程度上改变其原有知识结构或价值取向。这种双向运动的结果便是形成一种非此非彼、亦此亦彼的新文本。这个新文本是阐释者的主观介入与阐释对象的固有之义的重新组合,是前所未有的新东西。这就是说,阐释不是一言堂,不是单方面的强行灌输,阐释的本质是对话,无论是伽达默尔还是哈贝马斯都认同这一观点,张江也多次强调这一点。因此,"公共阐释"也就是可以进入对话之中的阐释;"阐释的公共性"则是指阐释必然存在于对话中而不是个人的心中这一特性。

其次,"公共性"是个"变量"而非"定量"。毫无疑问,一切阐释都必然是"公共阐释",个人的喃喃私语不是阐释。但是,"公共性"之"性"虽然是阐释的基本规定性,是不变的,但"公共性"之"量"却是变动不居的。故而对阐释的"公共性"是如何变化的、变化的条件是什么、变化的阈域限度是什么等必须进行深入研究。伽达默尔认为理解就是阐释,张江则认为理解是一种个人行为,阐释才是公共性行为。阐释就是要把自己对某物的理解传达给别人,求得别人认同的过程。张江的这一观点倒是与狄尔泰比较接近,后者认为"理解只有面对语言记录才成为一种达到普遍有效性的阐释"[1]。这也就意味着,阐释的公共性也必然呈现出一个逐渐展开的过程。一种理解已然具备了潜在的公共性,一旦这一理解被用语言传达出来,就开始了阐释的过程,那种潜在的公共性也就得到渐次的实现。阐释进入一个共同体之中被接受为对话的一方,这就意味着这一阐释在一定程度上实现了其公共性。如果这一阐释得到共同体成员广泛认同,那么这就意味着其公共性的充分实现,这一阐释也就成为有效阐释。没有进入共同体成为对话 方的阐释或者没有得到任何认同的阐释也就是无效阐释。阐释的公度性是阐释的有效性的前提,没有公度性的阐释就无法获得有效性,而公度性又是公共性最基本的特性,如此则可以

---

① [德] 狄尔泰:《诠释学的起源》,载洪汉鼎编《理解与解释:诠释学经典文选》,东方出版社 2001 年版,第 91 页。

说，有效性也就是公共性的充分实现。

另外，阐释的"公共性"总是与阐释行为所依赖的"共同体"紧密关联。因此讨论"公共性"问题从某种意义上说也就是讨论"共同体"问题。阐释是一种"居间言说"，必然有三个基本因素：说者（阐释对象）、听者、阐释者（传播者）。这三种因素就构成一个阐释的共同体。这里存在着双重的对话关系：一是阐释者与阐释对象的对话关系，二是听者或接受者与阐释者的对话关系。通过这双重的对话关系，阐释使传统的意义转换为当下的意义，或者说是使以往某个共同体的意义转换为当下共同体的意义。在这个意义上，任何阐释都既是一种转换，也是一种建构。阐释共同体的作用就在于使这种意义的转换或者建构成为可能并获得合法性。离开了特定的共同体，任何阐释都是无效的。对张江来说，阐释的共同体是公共阐释或阐释的公共性赖以存在的基本条件，同时也是这种公共性得以展开自身、实现自身的具体空间。

综上所述，我们有理由认为："公共阐释"或"阐释的公共性"的提法是成立的，而且确实是"中国当代阐释学"的核心概念，"公共性"并不等于"共同性"或"一致性"，其实质乃是"可对话性"。

## 四　阐释与语言之关系：关于"诠""阐""解""释"的文字训释问题

阅读张江的《"阐""诠"辨》《"解""释"辨》等论文或许会产生这样的疑问：阐释学（hermeneutics）这个词乃西来语，源自希腊神话。汉语的"阐释""解释"或"诠释"都只是译文而已，中国古代并没有"阐释学"这门学问，有必要对这些汉字进行探源式的文字训释吗？对这个问题同样可以从不同角度来分析。

首先，张江的"中国当代阐释学"构想并非西方阐释学的移植，而是一种新的、原理层面的理论建构，是植根于中国文化传统的，他的目的乃在于建构一种中国本土的阐释学理论，主要话语资源，除了西方阐释学之外，还包括中国传统文化中无比丰富的阐释学思想与实践。任何阐释行为，无论是西方的还是中国的，根本上都是一种语言行为。语言不仅是阐释的基本手段，而且是阐释的根本依据。甚至可以说，语言本身就具有阐释性。语言天然地指向阐释，阐释是语言的基本功能之一。如果说阐释是人的一种存在方式，那么它是以语言的方式存在的。因此要建构一种具有独创性的理论必然需要一套具有独特含义的话语。换言之，一种独特的阐释学思想必然是以一套独特的语言为前提的，而语言的独特性也必然导致阐释方式的独特性。中国的语言文字与西方有着很大的不同，这既表征着也决定着中国古人在思维方式上与西方人的差异，自然也构成了中西阐释学思想之不同的主要原因。因此对核心概念作字义词义的训释正是建构"中国当代阐释学"的入手处。这方面张江所做的工作毫无疑问是开创性的。他对"阐""诠"的字义生成与演变轨迹的细致梳理确实揭示了中国古代阐释学思想与实践的基本特点；他对"阐""诠"所标志的两种阐释路向的区分符合中国古代今文经学与古文经学、汉学与宋学所代表的不同的阐释学趋势。

面对经典这样一种特殊的"历史流传物"，中国古人选择了两种不同的阐释路径：一是以文字的考订训释为手段来寻找经典文本的原意、本义，即"训诂"；二是通过阐发义理来弘扬古代圣贤的思想，即"衍义"。然而这里的复杂性在于：章句训诂之学固然以求本义、原意为指归，但在具体的因形求义或因声求义的文字释义过程中，也自觉不自觉地融进了个人的主观倾向，并非全然隐没了主体的"我注六经"，否则也就不会出现对同一个文本迥然不同的解读了。反之，以阐发微言大义为目的的衍义之学虽然不恪守章句，但对于经典基本含义也是充分尊重的，并非漫无边际的"六经注我"。这就是说，在中国古代两大阐释路径上，"阐"之中包含"诠"的因素，"诠"之中包含"阐"的因素，二者并非截然分开的。它们都是在经典阐释过程中形成的，其共同目的都在于弘扬儒家精神，有着鲜明的意识形态色彩，只是在不同历史语境中二者会此消彼长而已。

对这个问题我们可以举个例子来说明。《左传》是古文经，以记载史实为主旨，所谓"属辞比事"是也。但是在《左传》的历史叙事中同样蕴含着大量褒贬取舍，有着极为明确的价值倾向。相比于《左传》，《公羊》《谷梁》二传作为今文经，确实叙事少而议论多，明确表达对善恶是非之褒贬，但是对《春秋》记载的基本事实还是尊重的，而且也有大量史实的填充与文字的训释。这就意味着，对于"春秋三传"来说，"阐"与"诠"两种阐释路径都是存在的，不同之处在于，对于《左传》来说是"诠"重于"阐"，对于《公羊》《谷梁》二传来说则是"阐"重于"诠"。其实依违于"阐"与"诠"之间正是儒家阐释学的基本特征，从孔子开始就已经是以这样的方式对待古代典籍了。孔子自称是"述而不作"，所谓"祖述尧舜，宪章文武"，似乎是重"诠"而轻"阐"，但实际上儒学却是他创立的一门新的思想体系。前人遗留下来的典籍不过是他建构自己新学说的话语资源而已。所以孔子的"述"，在其创造性方面，并不逊于周公的"作"，都是开宗立派的伟大创举。后世陋儒，不明孔子本意，恪守章句，皓首穷经，务心于恒钉支离之学。只有在特殊的历史语境中才会出现一些敢于标新立异的人物。王安石、张载、二程、苏轼、朱熹、陆象山、陈白沙、王阳明、李卓吾都是这样的人物，给陈陈相因的儒学传统开出一个新的局面。毫无疑问，从阐释学的角度看，这些人都是"阐"大于"诠"的。

其次，值得注意的是，语言文字除了对阐释者的思维方式构成重要影响，还在很大程度上决定着阐释者价值判断的指向，这是因为，语言文字中原本就蕴含着价值因素。汉字尤其如此。在造字、用字、解字的过程中，古人将自己的价值取向、趣味灌注于文字之中，使之成为一种价值的载体。古代许多字书辞书，诸如《尔雅》《说文解字》《广雅》《经典释文》等等，都是为了解读儒家经典而作的，它们在解释词语的时候往往带有某种倾向性。这就使得文字训诂往往并不能保持客观性，时时可以见到价值判断融入其中。在这样的情况下，我们要吸取中国古代阐释学话语资源来建构当代阐释学，理所当然需要从语言文字入手。

从追溯文字本义、原义入手，通过分析"阐""诠""解""释"等相关语词之间的联系来寻绎出古代阐释学思想的内在理路，从而为建构当代阐释学提供思想资源，这是张江重视文字考释的原因所在。他说：

从古代文字发生学入手，以原始字形之追索为方法，厘清中国古代阐释学之构建路径，可为当代中国阐释学总体构建提供可靠的文字学根据。阐释是过程。此过程，由解起始，经由诠后而再阐，实现阐之最高目的……易言之，释起于解，依分而立；诠由解始，依诂而正；诠必生阐，尚意大开。解为分，诠为正，阐乃衍。由解而诠，由诠而阐，实现阐之完整过程，达及最高目的。①

在张江看来，中国古代阐释学的基本精神就蕴含在"解""释""诠""阐""衍"等字义及其关联之中。"解"与"释"乃分解、分析之义，是阐释过程之起点；"诠"乃整体把握，即综合之义，乃是阐释的进一步展开；"阐"与"衍"有阐发、衍义之义，乃是阐释的终点。这就是说，阐释作为一个过程，始于分析现象，继之于整体综合把握，完成于产生新的意义。可见阐释的过程既有准确把握对象固有之义的阶段，更有在此基础上产生新的认识的阶段，是一个不断深化的过程。对此笔者深以为然！西方阐释学有的着眼于新意义之建构，如伽达默尔与尧斯，有的侧重于文本原义之揭示，如贝蒂与赫施，张江所阐发的中国阐释学可谓二者兼而有之。这是一种更全面，更合理的阐释学思想。我们可以古代文论为例说明之。

古代文论话语作为阐释对象并非一个整体，而是由多维度、多层面的不同部分构成的，即使是以最笼统的标准，也可以分为知识、意义、价值三个层次。"知识"是客观的，可以由实证方法检验的部分，例如《文心雕龙·原道》，其大体上讲什么，"天文""地文""人文"的提法由何而来，用了哪些修辞手法等，都可以通过对字词的考释训诂而得之，这些基本上属于知识层面的内容，有着很强的客观性。"意义"则是阐释者对阐释对象所表达的意思的理解与阐释，由于"前见"与立场的差异，不同阐释者之间会产生较大差异，因而是主观因素与客观因素相结合的产物。例如《原道》中的"道"究竟是儒家之道还是老庄之道，抑或是兼而有之，则仁者见仁，智者见智。

---

① 张江：《"解""释"辨》，《社会科学战线》2019 年第 1 期。

"价值"则是阐释者对阐释对象的主观评价、判断。如《原道》在《文心雕龙》一书乃至中国古代文论史上究竟居于何种地位？其意义如何？对这些问题就可能有着迥然不同的看法。注重文艺思想或者文论中蕴含的哲学思想的阐释者，例如主张文化诗学或文学文化学的人，可能会评价很高，而那些只关注文体，把《文心雕龙》视为一部文体学著作的阐释者甚至可能会忽略其存在。由于作为阐释对象的文本至少包含着这三个层面的内容，所以一种完整的阐释过程也应包含相应的三个阶段。仅仅强调阐释的客观知识论意义或者只注重阐释的主体之维都难免失之褊狭。在这个意义上说，伽达默尔与贝蒂、赫施分别代表的阐释学路向是存在着整合的可能性的。

## 五　公共性之生成：从理解到阐释

对于"理解"和"阐释"（或解释）在西方学者那里一般是不做严格区分的，尽管他们并不都认为二者完全等同，他们习惯于把阐释学称为"理解和解释的科学或艺术"。洪汉鼎概括说：

> 我们要注意的是理解与解释的关系，这种关系并不总是理解是解释的基础，理解处于解释之前。在诠释学的发展史上，这种理解先于解释的看法只是早期阶段的看法。近代，特别自施莱尔马赫以来，推翻了这种看法，因为理解本身就是解释，理解必须通过解释才能实现。按照施莱尔马赫的看法，理解与解释不是两回事，而是一回事。伽达默尔曾这样写道："正如我们所看到的，诠释学问题是因为浪漫派认识到理解和解释的内在统一才具有其重要意义的。解释不是一种在理解之后的偶尔附加的行为，正相反，理解总是解释，因而解释是理解的表现形式。按照这种观点，进行解释的语言和概念同样也要被认为是理解的一种内在构成要素。因而语言的问题一般就从它的偶然边缘位置进入到了哲学的中心"。①

---

① 洪汉鼎编：《理解与解释：诠释学经典文选》"编者引言"，东方出版社 2001 年版，第 3 页。

对于海德格尔和伽达默尔来说，理解和解释都是此在的存在方式，二者原本就无根本性差异，解释不过是理解对自身的筹划而已。而对于施莱尔马赫等的传统阐释学理论而言，理解与解释之不可分主要是由于语言是二者的共同载体。语言是公共性的，既然理解已经是一种语言行为，那么它就不可能是纯粹的个人化行为，所以也就是一种向着公众的言说，即阐释。狄尔泰把理解视为一种生命表现形式，分为基本形式、高级形式和最高形式，分别对应着日常生活中基于利益关系的理解、理论思维中的整体性理解以及以"重新体验"为手段的最高方式的理解，亦即审美理解。至于阐释则是"有关持续稳定的生命表现的技术性的理解"，也就是经过语言整理与传达之后的理解①。在这个问题上张江的观点十分明确：理解不是阐释，它是一种纯粹的个人化行为。显然，张江是从阐释的"公共性"角度立论的。如何看待这种分歧呢？

首先，理解和阐释（解释）的确存在着相通性，任何阐释都是以理解为基础的。我们如果把理解定义为主体对某文本或某物的判断、体验等心理反应，把阐释定义为主体把自己所理解的东西公之于众，那么二者显然是相通的：阐释的内容来源于理解。这样一来，理解就成为阐释过程的起点。而且正如有些西方阐释学家所认为的，理解尽管是内在的心理活动，但其运思所使用也是那些在其阐释过程中必然使用的基本概念与逻辑，从这个意义上说，理解与解释一样，都是人意识中的世界之构成方式，因此理解也就是一种阐释了。事实确实如此，没有理解的阐释是不可思议的。然而这只是问题的一个方面，从张江的角度来看，理解与阐释的差异也正在这里。按照施莱尔马赫、狄尔泰等人的意思，理解是没有表达出来的阐释，阐释是已经表达出来的理解，二者并无根本差异。实际上差异正出在这"内外之别"上。作为一种纯粹的个人心理活动，理解对于某物的反应是直接的，毫无隐晦的，一是一，二是二。但作为一种公共交往行为，阐释的结

---

① ［德］狄尔泰：《诠释学的起源》，载洪汉鼎编《理解与解释：诠释学经典文选》，东方出版社 2001 年版，第 106 页。

果与作为其基础的理解肯定会有着诸多不同。其一，即使你确实想把自己对文本的理解忠实地表达出来，你也是很难做到的。"手中之竹"与"胸中之竹"总会存在着很大距离。这是因为，作为心理活动的理解总会带有一些难于言说的因素，譬如某种复杂微妙的感觉或体验，一旦形之于外在的语言文字，这些因素就被过滤掉了。作为语言形态的阐释是纯然理性的，而作为心理状态的理解则是理性与感性、意识与无意识相混杂的，相比之下，理解的内涵要丰富得多。宋儒尝有"未发""已发"之辨，以为"未发者性也""已发者情也"，目的在于说明人之性的纯善无恶。但最终还是得出"未发之前，不可寻觅"①的结论，这是因为"未发"确实说不清楚。禅家的"不立文字，教外别传"法门也同样是因为心中所悟所感难以用文字传达出来。相对于阐释，尚未传达出来的理解就近于这种"未发"状态。其二，作为向着公众言说的阐释除了遵从一般的语言规则、逻辑规则之外，还要遵循阐释共同体中特有的各种规则与潜规则。当阅读一部小说时你就开始了对它的理解过程，这时你是无所顾忌的，可能一边阅读，一边击节赞叹其精妙；或者一边阅读，一边蹙眉咒骂其拙劣。但是当你拿起笔来要把自己的理解宣之笔墨时，情况就大不同了，你时时会考虑到你的阐释在读者，包括小说作者和其他批评家那里的反应，会考虑到在文学批评圈里通行的批评范式与习惯，这些考虑必然会使你表达于文字的阐释与心中对小说的理解大相径庭。

其次，理解与阐释确实是时时伴随的，没有离开理解的阐释，在具体阐释过程中，二者并无先后之分。在这个意义上说，阐释就是理解，理解就是阐释。但是同样不可否认的是，理解总是变动不居的，是处于不断的生成与改变之中的。一个念头或感觉常常是稍纵即逝的。相比之下阐释就稳定得多了，从某种意义上说，阐释就是对理解的固定化。或者说，阐释是理解的完成时。在这一固定化过程中，改造取舍是必不可少的。

从理解到阐释的过程也就是阐释的公共性逐渐显现出来的过程。

---

① （宋）朱熹：《与湖南诸公论中和书》第一书，载朱杰人、严佐之、刘永翔主编《朱子全书》第23册，上海古籍出版社2010年版，第3130页。

作为一种心理活动的理解有没有公共性？理解是需要运用概念和逻辑的，而概念和逻辑本身就具有公共性，从这个意义上说，任何理解都具有公共性。但是，由于理解是个体性行为，还没有进入到任何公共空间，没有构成实际上的对话与交流，因此理解的公共性只是一种潜在的公共性，是作为可能性的而非现实性的公共性。作为一种心理行为，理解实际上是不断的尝试、修正、调整的过程，由于没有外在监督，理解就时时处于内在的自我监督之下。对于某种认识或判断是否合理，是否可以进入到特定公共空间之中，理解的主体需要不断进行自我审查与调整。最初的理解总是不确定的，肤浅的，甚至是荒谬的，经过不断修正与调整之后，这一理解就渐渐获得可能的对话性与可公度性了，换言之，获得潜在的公共性了。在这种情况下，理解的主体才会将理解通过写作、发言、对话等方式传达出来。于是理解成为阐释。阐释的公共性是基于理解所具有的潜在公共性的，是其实现与完成。只有在一个特定公共空间或阐释的共同体之中阐释的公共性才会实现，也才会有意义。如前所述，所谓阐释的公共性实际上也就是在一个特定的公共空间中此一阐释被接受为可以谈论的话题，换言之，这一阐释行为成了具有对话性与可公度性的阐释对象。只有成为阐释对象的阐释才具有公共性，或者说才"入流"。在这里，所谓"入流"是指阐释行为符合了共同体中通行的话语规则和阐释规范，从而成为此一共同体中的一个组成部分。

从理解的过程进入阐释的过程是阐释的公共性实现的开始，阐释行为成为阐释对象而进入被阐释过程才是其公共性实现过程的真正展开。一种阐释被共同体所接纳，或云"入流"之后，并不是这一阐释之公共性的完成，毋宁说只是刚刚开始。其公共性能否充分实现，完全看它成为话题之后的命运。大多数的阐释，由于各种各样的原因，都很难成为阐释共同体中的核心话题，即所谓"热点"，因此关注度总是有限的，其观点也就不可能获得大多数人的认同。这一阐释的公共性之实现就是很有限的。只有极少数阐释会成为共同体核心话题被反复谈论，渐渐固化为所属学术史上的基本知识或论域，这样的阐释之公共性就可以说是得到了比较充分的实现。用一句通行的话来说，这样的阐释就成为"标识性概念"。

阐释的公共性并不等于阐释的有效性。公共性是阐释的基本规定性，凡是阐释就必定是公共性的，没有个人的或私人性的阐释。有效性是指阐释的功能与效果，即它在多大程度上在阐释共同体中形成了影响。但是公共性与有效性并非毫无关联。有效性可以说是公共性实现程度的标尺。一种阐释是否有效取决于阐释本身与阐释共同体之间的融洽程度。越是符合了共同体规则的阐释就越是有效。例如在东晋的玄学语境中，在建康瓦官寺士族名士们构成的清谈共同体中，刘惔、殷浩、孙绰、支遁、谢安、许询等人关于才性、名理、言意以及佛理等话题的谈论被公认为是精妙的，听者无不叹服，这样的阐释在那个特定的共同体中就是有效阐释；同样的阐释，如果放在热衷于章句训诂的经学家群体中就会被认为毫无意义，也就成为无效阐释。因此阐释的有效性是有赖于阐释共同体的话语规则与价值取向的。

这就涉及阐释的公共性与真理性的关系问题。张江曾反复强调，阐释的公共性并不等于真理性。同样的道理，阐释的有效性也不等于阐释的真理性。严格说来，"真理"或"真理性"本质上是认识论范畴，只有在主客体二元关系中才存在，在人文学科领域应该用正确与错误或者善与恶来置换之。存在论哲学和建基于其上的哲学阐释学所使用的"真理"概念不是传统意义上的，是指存在之澄明，是存在者的无蔽状态，因此"真理"在这里实际上是比喻性的。在人文领域，阐释的客观标准是美丑、善恶、对错的问题而不是真假问题。那么评判美丑、善恶、对错的标准何在？这就涉及张江专门讨论过的"公共理性"问题了。

## 六　理性与公共理性

在张江看来，阐释是一种理性行为，这是一个前提。因此阐释学也应该以理性为基础。那么作为一种不同于西方任何一种阐释学的"中国当代阐释学"，其学理依据何在？其理性基础何在？对此张江做出如下回答：

在中国古代，"理"与"性"作为确定的单音字是各自独立使用的，在文字与语义学的意义上，其能指与所指，与作为整体概念的"理性"语用差异甚大。中国之理，是实践理性之理，乃实践智慧的直观表达；西方之理性，是理论理性之理，乃理论智慧的逻辑表达。中国的性观念，严格区分了人性与生物性之界线，性观念中所包含的理与德，更重要的是它所容纳的伦理及价值意义，彰显了人类自觉的道德追求。中国古代之性，当为伦理之性。中国古代"理"与"性"的辨析，中国古代理与当代理性的辨析，为阐释学理论与体系构建提供一条新的线索。重东方理之本义，阐释由性而起，据理而顺，彰显性之本原；重西方理之本义，阐释由理而始，从分析而上手，呈综合之气象。东方实践智慧与西方理论理性之互补，相鉴相融之中，集合起阐释的全部价值与意义，在无限反思之长河中，趋向真理性认识。基于中国古代文化与哲学传统，借鉴西方哲学及理性方法，可为当代阐释学基本规则的重要根据。[①]

"阐释由性而起，据理而顺"，阐释是一种理性行为，必然具有理性基础。尽管中国传统文化中的"理"与"性"与西方的"理性"含义差异极大，但有一点是相同的，二者都是关于人之所以为人的根本属性。如果说语言决定着阐释的路径与方式，那么理性则决定着阐释的目的。因此探讨一种文化关于理性的理解是研究这种文化之阐释思想与阐释行为的前提性工作，而确立一种理性基础，也必然是建构某种阐释学理论的前提性工作。

西方的"理性"概念是近代哲学乃至包括科学在内的整个近代思想文化的基础。从文艺复兴始，西方思想界开启了摆脱神学蒙昧主义束缚的历史进程，"理性"便是西方思想家们建构世俗化思想体系的逻辑起点与理论支点。特别是18世纪的启蒙运动更是把"理性"的地位推到了至高无上的高度。19世纪上半期是自然科学飞跃性发展的时代，在巨大的科学成就的激励下，人们对理性的推崇到了无以复加的程度，与此同时，理性也越来越带上科学主义的色彩。然而到了

---

① 张江：《"理""性"辨》，《中国社会科学》2018年第9期。

19世纪与20世纪之交，人们开始怀疑以自然科学为主要实绩的理性是否放之四海而皆准，是否可以涵盖一切学科领域。于是狄尔泰开始致力于人文科学方法论的探讨，马克斯·韦伯则有了"工具理性"与"价值理性"的区分。而到了20世纪，伴随着两次世界大战的梦魇，人们开始怀疑理性本身的可靠性。法兰克福学派的早期代表人物霍克海默、阿多诺等明确指出启蒙理性已经走向了自己的反面，成为压制、束缚人的精神的新桎梏。到了哈贝马斯这里，则建设性地提出"交往理性"的概念，试图为现代社会寻找新的思想基础。整个后现代主义思潮的主要内容之一，正是颠覆数百年来已然根深蒂固的理性中心主义。总之，一个多世纪以来，西方传统的理性精神确实受到诸多质疑与反思，然而不可否认的是，即使是当下，在西方人文社会科学领域，传统理性精神似乎并未消失，在许多方面它依然占据着统治地位。其最突出的表现便是对"真相"的热衷。追求真相依然是许多人做学问的最根本目的。即使是后结构主义、解构主义对传统二元对立模式、逻各斯中心主义、语音中心主义等思维方式进行了彻底的颠覆，但它的目的何在？归根到底不过还是在追问真相而已！只是在后现代主义理论家们看来，在传统理性基础上建立起来的一个个理论大厦、思想模型都是虚幻的，是不符合实际的"宏大叙事"，只有碎片化的、断裂的、无深度的芜杂现象才是真相本身。这说明，我们在后现代主义颠覆传统理性中心主义的谈论中依然可以见到传统理性的影子。相比之下，只有哈贝马斯的"交往理性""共识真理"之论真正突破了以追问真相为根本特征的西方传统理性主义思维模式。

与西方不同，在中国主流思想文化中，"追问真相"从来就没有占据过主导地位。张江通过文字训诂发现了中国传统理性精神的特点，"中国之理，是实践理性之理，乃实践智慧的直观表达""中国古代之性，当为伦理之性"。这是完全符合实际的，是对中国传统文化精神之理性基础的准确把握。中国古代文化是不是一种理性的文化？如果我们把"理性"理解为人运用概念、判断、推理以及分析、综合等思维方式认识世界和人自身，并从而确定行为路线的能力，那么中国传统理性精神至少有三千年的历史了。西周贵族深刻认识到人之"德"对于"天命"的决定性影响，建立起一套以"德"为核心的礼乐文化系统，将王朝的命运把握在自己的手中，从而确立了一种道德理性精神。后来孔子等人在周代贵族文化基础上建立起儒学思想系统，其思想基础依然是以"德"为基本特征的理性精神，只不过儒家把"德"的涵义加以扩充与改造，形成了以"仁"为核心的道德范畴系统，大大强化了对生命个体的重视。经过几百年的磨合，从西汉中叶开始，在两千多年的历史长河中，中国主流文化的核心就是以内在道德自律与外在伦理秩序为主要表现形式的儒家理性主义。因此要在汲取中国传统话语资源的基础上建构中国当代阐释学，首要的任务就是要厘清中国传统理性精神与西方理性精神的差异之所在，如此方能准确把握中国传统阐释学思想与实践的独特价值。所以张江的《"理""性"辨》一文的价值是毋庸置疑的。

需要特别强调的是，在张江的理论构想中，"中国当代阐释学"并不是中国传统阐释学的现代延伸，而是建基于中西文化会通基础上的重新建构，这就需要分别汲取作为中西阐释学思想之前提的理性内涵，使二者融会贯通，从而建构起符合现代社会需求的新的理性精神，以此作为富有创新性的"中国当代阐释学"的逻辑起点。对此，张江有着极具诱惑力的理论构想："东方实践智慧与西方理论理性之互补，相鉴相融之中，集合起阐释的全部价值与意义，在无限反思之长河中，趋向真理性认识。基于中国古代文化与哲学传统，借鉴西方哲学及理性方法，可为当代阐释学基本规则的重要根据。"这就是说，中西阐释学传统各有其价值与局限，二者结合乃是今日我们建构中国当代阐释学的不二法门。在这个过程中，对中西传统不分轩轾的批判性反思是基本方式，既不仰视洋人，也不轻视古人，把二者同视为我们建构中国当代阐释学的话语资源。至于如何将两种文化传统各自之根基的两种不同的理性精神融会贯通，形成一种新的、适合于当下社会需求的新理性精神，则是需要进一步探讨的重要话题了。

# 对公共阐释与社会阐释不同
# 论述及意义的探讨[*]

杜寒风[**]

中国社会科学院著名学者张江教授在 2017 年第 6 期《学术研究》发表了《公共阐释论纲》及 2017 年第 11 期同刊发表《作为一种公共行为的阐释——张江与迈克·费瑟斯通的对话》《公共阐释还是社会阐释——张江与约翰·汤普森的对话》等，引起了国内外学者的强烈关注与踊跃研讨。该刊第 11 期"公共阐释论对话"编者按言："公共阐释是一个新的概念，是在反思和批判强制阐释过程中提炼和标识的。提出这一命题，旨在为建构当代中国阐释学基本框架确立一个核心范畴。"公共阐释论是重要的原创理论，是富有建设性的理论成果，有助于我们对于阐释学的基本概念、基本问题进行新的解释、新的思考。拙文将张江关于公共阐释与社会阐释的不同的观点做些归纳，并指明其意义体现的方面。

一

英国剑桥大学社会学系汤普森教授认为阐释与资源、权力、利益相关联，与社会生活相交织，阐释也是冲突的、彼此冲撞的，他所关心的是与每人相关的日常的社会生活、政治生活，社会生活、政治生活之间的冲突就是阐释之间的冲突。他更多地关注社会生活，关注作

———————————
　*　本文原刊于《文艺论坛》2021 年第 3 期。
　**　作者单位：中国传媒大学人文学院。

为日常生活实践的阐释学，专注于社会生活中混乱现象的研究。他坚持以为公共阐释学就是社会阐释学，社会阐释学就是公共阐释学，二者没有区别。他对张江以为有某些因素使阐释变得更加理性，或者说有更为理性的阐释，持怀疑态度。张江并不完全同意汤普森的观点，张江坚持公共阐释不同于社会阐释，坚持承认公共阐释有公共利益、公共理性的存在。到底能否把公共阐释与社会阐释等同呢？有无公共理性、公共阐释存在的天地呢？在张江看来：所谓阐释，首先是一种公共行为或社会行为，从一定意义上说，离开了阐释，社会便不会存在；离开了阐释，亦无公共体或共同体可言。阐释学也可以说是一种社会理论。但不能把公共阐释理论简单地理解为社会阐释理论。张江没有否认两者之间的一定的关联，也讲出了两者不同的理由。

"公共阐释是从个体阐释上升起来的，任何阐释都是从个体阐释开始的，然后由个体阐释上升为社会阐释，再由社会阐释上升为公共阐释。"[1]"由个人阐释变为社会阐释，由社会阐释上升为公共阐释，是一个不可超越的过程。"[2]"让自己的个体阐释变成公共阐释，即一种有理性、有倾向、目标大致一致的阐释"[3]，公共阐释有其产生的过程，有其产生的机制。基点是从个人阐释、个体阐释来的，最终落实点不是个人阐释、个体阐释而是公共阐释，光是到社会阐释，还是没有完成更高的公共阐释，只有进行公共阐释，才算进到更高的一层。要谈公共阐释与社会阐释的区别，离不开谈它们之间的关系。

张江以德国哲学家尼采在其生前和在其去世后的阐释不同，说明个人阐释与公共阐释的性质不同。尼采生前他的观点没有什么影响，他的阐释是个人的阐释、个人的理解或私人的话语，去世之后他的一些观点被学界和社会慢慢地了解，甚至成为思想潮流，变成了公共阐释。英国伦敦大学迈克·费瑟斯通教授提出的"日常生活审美化"从

---

① 张江、[英]约翰·汤普森：《公共阐释还是社会阐释——张江与约翰·汤普森的对话》，《学术研究》2017年第11期。

② 张江、[英]约翰·汤普森：《公共阐释还是社会阐释——张江与约翰·汤普森的对话》，《学术研究》2017年第11期。

③ 张江、[英]约翰·汤普森：《公共阐释还是社会阐释——张江与约翰·汤普森的对话》，《学术研究》2017年第11期。

最初的个人阐释、个体阐释也逐步进入到广为关注的话题，得到了世界上许多人的认可，成为了公共阐释。张江看到了有了个人阐释、个体阐释，还远远不够，还是需要靠群体的力量扩大影响。个人阐释首先号召他们所代表的某个群体的觉醒，赢得他们的支持，然后逐步扩大拥护和支持自己的群体，从而扩大自己在整个社会的影响力。张江提醒我们要在构建共同体、扩大共同体这个立脚点上谈论阐释和公共阐释问题，是有道理的。

汤普森把权力分为经济权力、军事权力、政治权力和象征性权力四种形式，阐释就是象征性权力之空间。它与政治权力相关。西方社会想要实现政治权力，就必须实现象征性权力。张江以马丁·路德的例子讲到了要把阐释权抓在自己的手里，让对基督教、对《圣经》的解释，从教皇或其他神职人员的阐释中分离出来，阐释权的分离，有助于形成一个新的更为强大、更为广泛的共同体，实现宗教改革的目的，促进新教伦理的建立与资本主义的发展，使两者能够结合起来。张江所讲近现代以来的许多革命领袖的阐释权也有获取的问题，有从个人阐释、个体阐释向公共阐释转换的问题。毛泽东提出革命的正确思想，并不是照搬马克思、恩格斯、列宁的思想和共产国际的思想，革命初期并不是党内的人都能够接受其思想，这里是有一个逐渐接受的过程，少数派终成多数派。毛泽东创造性地把马克思主义的普遍真理同中国革命实际相结合，运用理论，创造理论，取得了新民主主义革命的胜利。这就是毛泽东的个人阐释、个体阐释成为社会阐释，社会阐释成为公共阐释。"要使拥护自己的群体越来越大，或者说尽可能地最大化"①，可见利益诉求相同的群体，能使个人阐释、个体阐释升华为公共阐释，群体起到了助推作用，公共阐释的空间加以拓展了。

汤普森把代表保守党的特蕾莎·梅参加竞选的例子，作为由其象征性权力向夺得政治权力过渡的例子。张江为了说服汤普森，就以对方所举事例来进行自己理论的阐释，好让对方接受自己的观点，重在

---

① 张江、〔英〕约翰·汤普森：《公共阐释还是社会阐释——张江与约翰·汤普森的对话》，《学术研究》2017 年第 11 期。

说明自己的公共阐释理论的特征与本质。凡是参加竞选的人，都是有竞争对手的。在选战中，要把自己的主张推送出去让选民接受。"特蕾莎·梅要把自己的观点阐释好，要让公众接受其观点，如果公众不接受，她把自己的观点阐释得再好也没有意义。所以，无论哪个领域，只有把个人阐释变成一种公共阐释，才能实现和达到目的。那么，如何实现公共阐释？就要努力了解公共阐释有些什么特征，公共阐释的本质是什么，掌握了公共阐释的本质和特征，才能使个人想要阐释的东西为别人所接受。如果不被别人所接受，只不过是自说自话，那么就不能获得什么权力。我想，这就是公共阐释的锋芒所在。"① 汤普森看到了我们今天所生活的空间，是阐释相互冲突的真实生活空间，即使依靠权力，也不一定能够让弱者接受强者一方的观点，公共阐释的空间存在着冲突，人们似乎除了承认差异、冲突外束手无策，而张江并不因为现实生活空间存在这些问题而灰心丧气，而是主动地进行理论的言说。竞选是在公共空间进行的，特蕾莎·梅必须与他人进行沟通，其观点跟人要有好的交流，共享才能登上更大的舞台。"特蕾莎·梅之所以失败，就是因为她没有将她的阐释更好地为广大公众，特别是公共理性、公共认知所接受。需要强调的是，任何冲突的阐释、对立的阐释，总是要寻求一个最终的结果，即形成一个公共阐释，或者说为公众所接受，这样你的阐释就会脱颖而出。如果其他的阐释退出了舞台、退出了空间，要想再成为公共阐释，就要重新做很多工作。"② 张江认为，这一过程非常深刻而生动地说明，如果说特蕾莎·梅在选举过程中犯了什么错误的话，那就是她在阐释的过程中，在阐释自己的政策和立场的时候，放弃了阐释的反思和构建。她没有真正认识到，在和公众交流的过程中要不断地反省自己政策、理想和目标的不足。"不去确切地了解英国公众到底关注什么，不去深入了解别人的所思所想，及时纠正自己在阐释的目标和方式上存在的失误或

---

① 张江、[英]约翰·汤普森：《公共阐释还是社会阐释——张江与约翰·汤普森的对话》，《学术研究》2017 年第 11 期。

② 张江、[英]约翰·汤普森：《公共阐释还是社会阐释——张江与约翰·汤普森的对话》，《学术研究》2017 年第 11 期。

错误，是导致她失败的原因所在。而且，她自己的阐释不是一种建构性的阐释，总是损害或破坏公众形成的共识，失去了共享的基础。而她的对立面工党恰恰抓住了这一点。工党更了解公众的想法，以公众的利益为基础构建出自己的一套竞选政策，从而打败了特蕾莎·梅。因此，公共阐释一定是反思性的、建构性的——这是公共阐释的核心问题、要害问题。"① 特蕾莎·梅的民调支持率曾遥遥领先，她个人在竞选活动中处事不妥，使她没有像预料到的那样压倒性地获胜。而代表工党的科尔宾却在冲突中反对紧缩政策，抓住了选民关心的问题，出人意料地获得支持。一个以"脱欧"谈判中为英国争取更好的效果为主打牌，她以为这样能得到人们的支持，而另一个以紧缩政策为主，获得了大家较为广泛的支持。特蕾莎·梅还不了解英国社区、英国社会基层群体的所思所想，与其利益诉求脱节，就不能充分反映民意，赢得民心。科尔宾了解英国社区、英国社会基层群体所关心的问题，和民众发生了共鸣，投票的天平就偏向了他。竞选人的意见并不都一致，这是正常的，因为代表的政党利益、集团利益等不同，在获取政治权力前，象征性权力必须能够掌握和运用好。关键看竞选人能否随着竞选的具体情况，拉近跟选民的距离，了解他们的需要，明确自己的方向，运用好竞选策略，反思自己的不足之处，能够提出如何改进选举工作的意见，逐步更好地让大家接受自己，才能够巩固自己的支持票仓，并能不断扩大自己的竞选战果，有可能夺取最后的胜利。

## 二

　　张江从个人阐释、个体阐释到社会阐释生成的机制上，得出社会阐释是一个中介的判断。我们可以这样讲，之所以说社会阐释是中介，是把个人阐释、个体阐释与公共阐释联通的桥梁，是因为阐释都在社会中进行的。各种阐释都不能离开一定的社会环境与一定的社会

---

① 张江、[英] 约翰·汤普森：《公共阐释还是社会阐释——张江与约翰·汤普森的对话》，《学术研究》2017 年第 11 期。

制度，人是处在社会关系中的人，公共阐释活动是离不开社会的一种阐释活动，要在社会活动中完成。但不能简单地讲，公共阐释就等同于社会阐释，因为社会阐释是矛盾的、冲突的、斗争的，没有达成多少共识的，每个群体都在为自己的群体说话。不经过公共阐释，就无法达到一个新的高度，无法进行新的合作，无法往前再走一步。虽然社会阐释与公共阐释有关联，但社会阐释不是最终的结果，是与公共阐释不同的。"如果个人关于社会的阐释要能够说服人，就必须有公共的承认，提升为公共阐释。实际上，阐释本身就是一种公共行为，因为阐释的目的就在于把对象的真相或事物的本来面目告诉别人。"①"阐释的公共性一定是从个人阐释、个体阐释开始的。从根本上说，个体阐释本身的目的，就是要说服公众，也就是使自己的阐释具有公共性，而不是自说自话、自娱自乐。当然，大多数人可能很难达到这样一种目的。但是，如果其阐释能够逐步被公众所接受，那么个体阐释就上升为公共阐释。如果个人阐释、个体阐释本身不具备公共性，那么它就将沦为私人阐释、私人理解、私人话语而被湮灭。"②公共阐释已经不是原来的个人阐释、个体阐释了，性质发生了变化。私人阐释不是公共阐释。张江就费瑟斯通所讲西方故事《皇帝的新装》指出至少达成了几点共识，以为这个故事深刻、形象、生动地说明了个体阐释与公共阐释之间的关系及其表现。这个例子肯定了公共阐释的怀疑、批判精神，也证明了人们的理性最终都会戳穿谎言，谎言重复一万遍也不是真理。汤普森把私人与公共进行了区分，私人是隐蔽的、秘密的，公共是共享的，公共阐释本质上是社会的，是公共的就是社会的，是社会的就是公共的。其实私人也有社会共享的一面，并不都是隐蔽的、秘密的。私人的秘密，只要私人愿意拿出来，也可以向社会公开，与社会分享。汤普森从英国政治、西方社会政治选举来说，不需要达成所有人的共识，而是取得一定的选票，按"简单多数

---

① 张江、［英］迈克·费瑟斯通：《作为一种公共行为的阐释——张江与迈克·费瑟斯通的对话》，《学术研究》2017 年第 11 期。

② 张江、［英］迈克·费瑟斯通：《作为一种公共行为的阐释——张江与迈克·费瑟斯通的对话》，《学术研究》2017 年第 11 期。

选举制"达到一定的百分比，就可赢得选举，实行组阁。这是制度制定的选票门槛。他以为有时共识是让他感到不安的一个术语，对于这个概念颇为紧张。他并不是完全拒绝共识。应该承认，能够让人们在一个联合政府合作，终究还是有共识存在的。这个共识是以往的政治制度决定的，与人们的政治实践获得的学习、训练有关，倘若不存在基本的共识，谁都不让步，谁都不妥协，联合政府就不能够正常进行工作。

"所有的阐释都可能走这样一条道路，即从多元的、碎片化的、矛盾的、冲突的、无序的阐释，逐渐形成或上升为相对统一的、相对稳定的、可分享的、可达成共识哪怕是妥协性共识的那种社会整体的阐释，如此，阐释才具有了公共性。所以说，从无序到有序，从社会阐释到公共阐释，这既是一个逻辑过程，也是一个现实路径。"① 在张江看来：社会阐释是多元的、碎片的、对立的、冲突的，但是社会阐释绝对不是更高水平的阐释。更高水平的阐释是公共阐释，即经过过滤的、理性的、有序的阐释。社会阐释是非常复杂混乱的，社会阐释的空间有很多权力，有很多层次，而公共阐释则是理性的、澄明的，或者说是经过淘洗过滤的。社会阐释未经过淘洗过滤，显得复杂斑驳，社会阐释的基础是"公众"，而他理解的"公众"就是民众，而不是"公共"的意思。公众是由许许多多的群体组成的，群体的目标、需求、期待不同，反映在利益上就有很大的不同，甚至会发生群体与群体之间的冲突。就利益相同点来说，就有了共同沟通的基础，这是大家能够交流的公共空间，这个公共空间不是成分、利益存在着多样性的公众所能够替代的。社会阐释不是更高水平的阐释，也就是体现了无序性不确定性，而公共阐释则体现了有序性确定性。这是它们之间的明显不同。在社会阐释中，由于充满了偶然、不定的因素，仅以一个个体来说，他的游移不定，他的情绪、心理、精神、脾气的变化，都可能对他的判断与选择产生影响，社会上的众多不同个体，各自对事物的进程发生着这样或那样的影响，在这里非理性因素

---

① 张江、[英] 约翰·汤普森：《公共阐释还是社会阐释——张江与约翰·汤普森的对话》，《学术研究》2017 年第 11 期。

所起的作用非常大，偶然决定一切，细节决定一切，尤其是不同利益博弈间，很难取得共识，这正是汤普森焦虑的地方，不安的地方，也就是他担忧共识难以达成的地方。所以张江说出的话很有道理："民众之间的话语、观点、诉求、利益和阐释是多元的、冲突的、无序的，相对于整体社会结构而言，它并不代表公共性。或者说，它包含公共性，但并非更高层面的总体的公共性。"① 姑且硬要说它有公共性也行，但它是局部的，在层面上不属于最高的层面。这一点，应是我们头脑所要搞清楚的。

汤普森以为最好不说什么是理性什么是非理性二者哪一个更为理性，它们只是运行的方式不同，采取不同的方式解决冲突而已。其实一个观点与另一个观点比较，哪个更为理性是完全可以比较的，看哪个更为符合实际的，哪个更能够满足多数人的利益诉求。选举可以表达不同观点，但不等于每个观点都符合理性，而不符合理性、经不起理性检验的观点终究不会被人们认可。运行的方式、采取不同的方式解决冲突都需要理性，任何方案、计划，都不能避开理性而得以在现实中实现。非理性容易导致冲动，改变选举的预期效果，一个不能胜任或者不适合胜任的人可能借由人们非理性的选择而胜选，而适合担任领导有能力的人可能会败选。所以西方选举中非理性因素影响选举是难以消除的弊端。社会阐释有非理性因素作用，可能造成不稳定、不可控的后果，而公共阐释有理性因素作用，有助于形成稳定、可控的局面，对非理性起到纠偏的作用。若出现问题，可以协商解决，不是采取对抗的方式，对社会的稳定、经济的发展都是有利的。

张江指出了中国协商民主与西方投票民主的区别，或许有助于我们对有关阐释问题的理解。"民主党派、无党派人士与执政党一起协商国家大事。这个协商的过程是一个理性的过程，而不是非理性的过程。作为一个党派的代表或领袖，你要代表你的群体跟执政党讨论国家大事，非理性地提出意见和建议是不可以的。所以，我们是在理性的协商过程中达到基本的一致。这种阐释，已经是执政党对于各民主

---

① 张江、〔英〕约翰·汤普森：《公共阐释还是社会阐释——张江与约翰·汤普森的对话》，《学术研究》2017 年第 11 期。

党派、对于公众的一种公共的阐释。而那些民主党派分别代表自己所在社会群体的利益诉求，这种阐释也是一种群体阐释。我们进行充分协商的目的，就是要在这种群体阐释之中，努力找到最大的共享点。"① 反复征求民主党派的意见，是执政党对民主党派的尊重，也是实现民主党派在政治生活中施展才能的途径。民主党派与执政党在实现利益上有其共同性，献计献策，治国理政，不仅是实现了民主党派的利益诉求，也是实现了执政党的利益诉求。如果是非理性的提案，不能够实现的想法，都应该是摒弃掉的。理性因素占据了重要的位置，比起西方投票民主的非理性具有显著的优势。随着中国民主协商制度的发展，可以不断使制度得到完善。民主协商这种优势是节约了行政成本，提高了办事效率，防止了人为的掣肘、分裂以至破坏。执政党与无党派、民主党派是协商合作的关系，不是你死我活的对立关系。中国协商民主，是中国为世界提供的创造性成果。

汤普森是以批判立场来理解阐释的，他的阐释学是激进的，"破坏"为主，批判的是权力，向权力发起挑战；而张江则是以建设为主，重在呼唤公共理性，达成社会共识，张江的阐释学是稳当的。张江不同意汤普森把阐释理解为政党阐释、权力阐释，张江的公共阐释涉及领域广泛，关乎哲学、历史、文学等领域，不能因为他运用到政治领域，举了政党领袖的例子就得出是政治阐释、权力阐释的判断。之所以有汤普森、张江在讨论公共阐释是否是社会阐释理解不同的情形，应有中西传统思想崇尚的价值规范不同等因由。西方所崇尚的自由、民主等价值，突出了个人主义，社会阐释似偏于个人为上，参选人以个人身份参选，汤普森尤为关心的是个人的胜负，对于其所参选代表的政党政纲未提及、对其竞选团队的竞选策略提及也不多。虽然提及了社区的选民，重点放在个人的获胜。对于选民的需求未有深究。而中国历来就是集体主义为上，个人必须服从于群体，群体服从于国家，集体主义的价值使人们考虑问题往往不是先考虑个人利益，

---

① 张江、[英] 约翰·汤普森：《公共阐释还是社会阐释——张江与约翰·汤普森的对话》，《学术研究》2017 年第 11 期。

而是先考虑群体的利益，该舍弃自己就舍弃自己，该压抑小我就压抑小我，需要对自己在群体里的位置有所考量，如果自己的诉求与群体严重冲突，就有可能被群体排斥，自己没有了归属感。如果每个人都执着于自己，不顾群体的利益，则争乱难息，天下难平，理想和谐的社会难以实现。因此，在我们传统思想中，家国一体的意识较强的长处应该予以延续，同时也需要兼顾个人的利益，这样我们的思想、价值，对外国的思想、价值的影响就会更大。个人阐释、个体阐释与社会阐释有个先后，除了强调个人阐释、个体阐释是需要的外，必须更要强调公共阐释的合法性与合理性，公共阐释不外更高的阐释，不过这种阐释的范围远远超过了个人阐释、个体阐释所及的范围。公共阐释不仅是强调个人阐释、个体阐释目标的实现，个人利益的获取，而是更为看重强调个人阐释、个体阐释上升到公共阐释的必要性，这应是个规律，这应是个定理，个人阐释、个体阐释与群体阐释要达成一致，由社会阐释向公共阐释转换，求得最大的公约数。公共阐释需要理性的介入，在交往中理性具有潜在的普遍性，当个人阐释、个体阐释上升到公共阐释，这种潜在的普遍性就成了实在的普遍性，当然，还有阐释需要个人与他人交往中必备的知识、经验、规则，缺乏一定的知识、一定的经验、一定的规则，交际双方就不能真正进行沟通，就不能真正进行交流，也难使理性能够发挥自己的尺度职能出来。议题的设立与话语的通行，都是有理性在起支配作用的。"一定要把自己的阐释变成公共阐释，而且只有变成公共阐释，实现由个人阐释、个体阐释向公共阐释的转换，才能推动社会历史的发展与进步。"①张江以为，对于从个体阐释到公共阐释的跃升，以及公共阐释在社会历史发展过程中的推动作用，我们一定要提到一个很高的水平上来认识。我们要充分看到公共阐释在推动社会历史的发展与进步中的作用，充分肯定它与社会阐释的不同，才能自觉意识到作为中国当代阐释学的原创成果对世界阐释学理论所做出的学术贡献及它应具有的国际学术地位。

---

① 张江、[英]迈克·费瑟斯通：《作为一种公共行为的阐释——张江与迈克·费瑟斯通的对话》，《学术研究》2017 年第 11 期。

# 三

我以为，张江区别公共阐释与社会阐释不同的意义体现在三个方面。

第一，就理论探索与创新来说，对社会阐释还缺乏细致的研究，没有提升出基本的关键词，还没有提升出强有力的理论术语、核心术语，只是泛泛而论的现象描述，而张江的公共阐释论是在强制阐释论的理论研究中提出的原创理论，显示了高度的思辨性和创新性，是中国崭新的阐释学成果。提出公共阐释、个人阐释等术语，就公共阐释的本质、特征等都有表述，这一点绝非泛泛而论的表述。不能简单地把公共阐释等同于社会阐释，因为如果等同，公共阐释自身的理论价值与学术地位就凸显不出来，理论特色就可能消弭在其合并或归并之间，因为如果被社会网络或社会词汇的"声音"所淹没掉了，理论的亮色反而被遮挡了。你说我是社会阐释论，那我就是社会阐释论，就把自己精心研究之成果遮蔽掉了。故而，我们的"耳根子"不能软，你说得对，我就听，你说得不对，那我就不听。你说什么，我听什么，不分对错，不分具体的情况，就意味着主体性的丧失。只向外求而不向内省，不自信，捡了芝麻丢了西瓜，是不值得做的。中国当代学术中的"邯郸学步"不可不警惕。

第二，就研究者始终坚持自己的学术观点、学术立场说，并没有人云亦云，被西方学者转过去，带过去。自己有意识或无意识地跟着人家走，就站不稳脚跟，站不稳脚跟，自己的学术成果就不能立起来。站住自己的理论创新的坚实阵地，才能扩大战果。不然阵地即使占领了，自己没有定力，就会丢失阵地，阵地还可能被别人占领。这种被占领，不一定是人家的强攻而致，而是自己站不稳所致，有可能是不经意间丢失的。张江并没在国际著名学者面前"客随主便"，仰人鼻息。中国学者坚持独立地思考与回应问题是多么可贵。张江追求真理、探讨真理，坚持了自己的学术主张，绝没有迎合别人的观点，就这一点就很了不起，是有文化自信的有力表现，也是以自己的学术实力向世界学术界不卑不亢的展示。如果在学术上都以西方学者的意见为准，都看西方学者的脸色行事，我们永远也没有自己的学术创新，主人公没有发扬踔厉的精神面貌，想与西方学者在学术高堂平起平坐就不可能，学术的独立就难实现，那么长此以往，中国学术就难免是西方学术的"跟声虫"，而不是"领唱者"。我们的学术不能是西方学术的"复制"版，把人家的东西照搬过来，介绍过来而完事，我们的批判立场要有，我们的建设策略要有，我们要在中国的土地上不断出现影响世界的学术成果。我们的理论话语权不应是西方学者所给予的，我们自己要主动设立学术议题，产生新的学术概念、范畴、命题、理论，这也可以印证我们国家作为世界大国在学术上在文化上舍我其谁的担当。缺乏中国原创的理论建树，我们的学术貌似繁荣，但若都是以西方的学术成果为主，我们的学术界的领军人物就不能真正在世界学术界站立起来，或者说即使能够以译学站立起来，也不是以原创理论站立起来。我们不否定学术翻译的重要性，没有学术翻译，中外学术就无法实现交流，但翻译再多外国学术著作，也不是中国人的原创学术著作，而且翻译著作还有翻译的遗憾，不一定都翻译得准确无误，况且还有我们对翻译成果的消化问题。撇开翻译来说，西方学者在概念、命题的理解上，与我们并不能完全对等吻合。中国学者的表述自有中国的学术传统、学术精神作为支撑，不能忽视中国的语境、中国的文化。我们自身的学术建构，可以做强做大，对西方学者的意见发生影响，西方学者可以围绕中国学者的议题来研讨。改变西方学者设置议题，中国学者随从讨论的格局，牢牢抓住理论的主导权。中国学者独立的学术成果可以进入世界学术殿堂，为世界学术界所共享。

第三，就中国国情产生的理论背景来说，张江对公共阐释与社会阐释不同的论述紧密地结合中国经验进行，充分地吸取了中国智慧，这是有中国学者身份上的独特优势的。没有在中国学习、生活、工作过的西方学者无法切身体验出中国经验。即使是在中国学习、生活、工作过的西方学者，其中国经验也多少与中国学者的中国经验有隔。张江所举中国协商民主就是我们中国经验中国话语的理论实证。就西方资本主义的制度而言，乃为制度设计，选举达到了一定的票数，就可以通过程序组成联合政府，跟共识的达成有一定的距离，而中国社会主义制度的设计，与共识的广泛达成就发生了更多的联系，可以说缩短了距离，制度的设计和社会的进步，使得个人阐释、个体阐释成为社会阐释，社会阐释成为公共阐释。这也是两位教授立论国情与身份的不同所致。先进的制度与先进社会的理论，也就表现出中国经验与中国道路的先进性。这样的先进性理论，也可以为外国社会政治制度与思想的调整乃至变革做参考。就此一点来说，这就不是那种西方学者以西方社会、西方制度来建立理论、验证理论的模式，不同的论述启示着人们需要西方珍视中国经验、中国智慧的创造，让世界听到中国学者的真实声音，了解中外学者的差异，求同存异，逐步达成更多的学术共识，引领世界学术繁荣与发展。

# 公共阐释论的合法性辨析<sup>*</sup>

傅其林<sup>**</sup>

在人类个体生存体悟与历史文化语境中，理解的丰富性和歧义性交相萌生，因而如何建构具有可公度的公共阐释一直纠缠着众多理论家。本人从中西文学理论视野探讨张江教授提出的公共阐释论，通过从强制阐释论到公共阐释论的梳理，辨析公共阐释论的学理基础及其限度，并进一步追寻公共阐释论拓展的可能空间。

## 一 从强制阐释论到公共阐释论

《文学评论》2014 年第 6 期发表张江的《强制阐释论》，对当代西方文学理论进行批判性分析，并试图重建中国当代文学理论，提出一种符合文学实践的新理论系统："强制阐释是当代西方文论的基本特征和根本缺陷之一。各种生发于文学场外的理论或科学原理纷纷被调入文学阐释话语中，或以前置的立场裁定文本意义和价值，或以非逻辑论证和反序认识的方式强行阐释经典文本，或以词语贴附和硬性镶嵌的方式重构文本，它们从根本上抹杀了文学理论及批评的本体特征，导引文论偏离了文学。其理论缺陷表现为实践与理论的颠倒、具体与抽象的错位，以及局部与全局的分裂。当代文学理论话语的建构必须坚持系统发育的原则，在吸纳进步因素的基础上，融合理论内部

---

\* 本文原刊于《求是学刊》2019 年第 1 期。

\*\* 作者单位：四川大学文学与新闻学院。

各个方向和各个层面，建构出符合文学实践的新理论系统。"①

近年来，张江通过深度批判与对话西方当代文学理论，不断推进中国本土理论建构，在批判中建构，公共阐释论可以说是标志性的展示与理论涌动的突围。"公共阐释"这个新概念的提出与系统的中国资源的发掘与阐释，旨在为建构当代中国阐释学基本框架确立核心的范畴与理论原点，"在阐释学领域做出中国表达"。②

公共阐释论是从中西话语博弈中确立中国理论话语的原创性过程，这是文学的理论自觉与话语自觉，对于推进中国文学理论的合法性命题无疑颇为重要。张江的理论选取的立足点是阐释，通过对阐释的元语言分析，剖析当代西方文论的阐释机制及其根本问题，实现中国学界对西方文学理论价值判断的转型，从西方话语中心主义转向批判性审视西方文论话语。在批判中包含着张江自身的理论意识与理论话语创造生产机制，因此在批判西方话语伊始就包含了新理论系统的考量。但是，如何建构中国文学的新理论系统？此新理论系统具有怎样的合法性？这需要理论家的理论洞见与历史的积淀，需要理论家切入中国社会现实土壤，深入中国的民族文化传统，领会当代中国人的精神文化特征及其需求。在此意义上说，公共阐释论纲则是"新理论系统"的具体化表达。张江所提出的公共阐释论通过公共理性的奠基，确定阐释的真理性与交往公度性，从而彰显阐释的社会功能与精神文化的共享，试图超越西方文学理论的强制阐释的困惑。

## 二　公共阐释论的理论根据与规范美学

公共阐释论试图超越当代西方文学理论的阐释形态，以阐释者为中介建构作者、文本与公众的交往关系，这不同于作家中心、作品中心、读者中心的文学阐释，事实上是以公共阐释来确立规范美学形态。在后现代多元主义热潮之余提出公共阐释论具有学术价值，也具有学理根据。

---

① 张江：《强制阐释论》，《文学评论》2014 年第 6 期。
② 张江：《公共阐释论纲》，《学术研究》2017 年第 6 期。

理论根据在于公共阐释论以公共理性为核心，重新确立了理性在阐释中的规范性基础，主要包括三种维度：一是真理性与确定性的目标界定，这是规范价值的同一性设定，是最为核心的学理根据。人类历史中存在的确定的真理，成为公共阐释的可能性基础。二是立足于语言交往的普遍规则，这是阐释的形式规则与逻辑机制，因为语言建立了主体间性的可能性，形成了意义与精神交往的媒介形式与逻辑框架。三是依据大数定律与可重复性，共识、公度性、社会性、集体经验与之相联系，构成了阐释共识的可能性基础。因此，通过理性、语言与共识建构了人类阐释的公共性，公共阐释也就得以建立，从而为规范性美学确定了理论基础。

应该说，在中西理论史上，对规范美学的建构有着丰富的资源。在中国古代文学批评中，孟子提出"以意逆志""知人论世"的批评形态，事实蕴含着对阐释的共通性的追索。《吕氏春秋》所载伯牙鼓琴与其友钟子期的经典佳话成为中国阐释的理想基础。寻求阐释认同的知音一直是中国文学批评的重要问题。曹丕在《典论》中提出的观点是在寻求文学大业的价值规范："盖君子审己以度人，故能免于斯累，而作《论文》。"超越个人之己见，以超越时空，获得公共性。刘勰的《文心雕龙》则是详尽论及文学阐释的公性以避免文人相轻与良莠不辨，他的公共性是来自实践经验的积淀，"凡操千曲而后晓声，观千剑而后识器；故圆照之象，务先博观"。① 刘勰提出六观以沿波讨源，彰显隐含的真情意图，虽然"未为时流所称"，但经沈约首肯"深得文理"之后，成为中国文学批评的公共知识。② 虽然理论资源丰富复杂，但是中国传统的文论阐释并没有形成较为系统的公共阐释论。

就西方学术界而言，公共阐释论的探讨则是系统而深入的，这是因为西方有着古老的理性传统，通过理性建立阐释的合法性根据。哈贝马斯认为："如果说过去的哲学学说有什么共同的地方，那就是他

---

① （南朝梁）刘勰：《文心雕龙》，范文澜注，人民文学出版社1958年版，第714页。

② 《梁书·刘勰传》，载刘勰《文心雕龙》，范文澜注，人民文学出版社1958年版，第1页。

们都试图解释自身理性经验的途径，来思考世界的存在或世界的统一性。"① 在现代哲学中，康德的探索具有重要的启发意义，他提出的三大批判建构了科学阐释、伦理阐释与美学阐释的规范性基础。但是他从人的主体性角度来思考美学合法性带来了诸多困惑。青年卢卡奇以"艺术作品存在，它是如何可能的?"追问作者、作品与读者的交往可能性，以规范性范畴建立起中介。哈贝马斯则进一步从普通语用学出发确立交往理性的可能性，直接成为交往共同体建构的重要根基，为审美领域的规范性建构确立了基础。笔者曾指出："在审美的公共领域中，文艺作品获得承认或者批评，通过言语论断从而获得价值的合法性或者权威性。如此看来，哈贝马斯关于审美领域的规范性基础可以成为文艺学学科的规范基础。"② 但是不论中西学界，公共阐释论没有得到明确的理论建构，尤其是在文学理论界没有很好地展开研究。

公共阐释论是在诊断当今中西人文学界尤其文学理论界之时弊基础上提出来的，是中国马克思主义文论的进一步发展，是钱中文提出的以人文精神为基础、以交往为机制的新理性精神文艺观的进一步开拓，这对中国规范美学的建构起着重要推动作用。

## 三 公共阐释论的限度

公共阐释论仍然存在一些限度，主要有以下五个方面：

一是关于阐释的真理设定。公共阐释的重要理论基地之一是确定性的真理设定。就文学阐释而言，真理或者意义是以作者的意图来界定还是以阐释者的公共理性来确定，还是以公众的公度性来界定? 张江的公共阐释论涉及三种路径，但是这三种路径如何得到统一，需要进一步思考。公共阐释论的真理观存在两种意义的混淆：一是传统认

① ［德］尤尔根·哈贝马斯：《交往行动理论》第 1 卷，洪佩郁、蔺青译，重庆出版社 1994 年版，第 14 页。

② 傅其林：《论哈贝马斯关于审美领域规范性基础的阐释——兼及文艺学规范性之反思》，《四川大学学报》（哲学社会科学版）2010 年第 1 期。

识论或实在论意义的真理观，强调确定的同一逻辑的客观真理；二是以语言交往为基础的具有社会学意义的共识观。前者指自然科学意义的真理观，后者指社会科学意义的真理观。前者指向确定性、本真性，后者意味着大数定律与公度性。康德清晰地认识到科学的真理性与伦理道德理性的相同及其差异性，甚至悖论性，因此两者的混淆导致公共阐释的理据还不够稳固，学理意义还不够明确。

二是公共理性概念的阐释效力问题，公共理性的哲学基础仍然不够澄明。张江把公共理性立足于人类理性，立足于理性本身，理性本身又体现为语言表达与语言规则，事实上重新回到传统哲学的理性、思维、逻辑、语言的统一命题。这需要回应语言话语的多种差异性，譬如亚里士多德话语类型、卡西尔的两种话语、雅各布森的普通语言与诗性语言区分、塞尔言语行为类型中的虚构话语与非虚构话语等。

三是阐释的政治意识形态性带来了公共阐释的限度。如果阐释是一种理性，归属一种话语，那么话语本身就是意识形态的生产。话语的意识形态性意味着话语内在价值的矛盾、分歧、对抗，这就存在中国传统文学阐释的主流意识形态、西方现代文学阐释的资产阶级意识形态和马克思主义阐释的意识形态之间的复杂关系。这就必然导致公共阐释的有限性，导致人类理性统一性的瓦解，或者可以说只具有理性的形式符号框架，而具体意识形态与价值取向存在多元互动。

四是时空差异性导致公共阐释必然是历史性的，必然是空间化、区域化的。人类历史意识的流转形成阐释的不同范式。跨文化与全球性的交往、中西文化差异导致人类阐释的误解蔓延，语言规则、逻辑规则无疑具有文化的差异性，不同文化族群如何找到公共理性和公共阐释的纽带？

五是公共阐释的实践机制问题。公共阐释试图从个体阐释走向公共性，从私人领域升华为公共视域，如本雅明所提出的从评注走向批判，从客体内容走向真理性内容，这无疑是一条有效的阐释路径。但是公共理性如何在文学公共阐释中发挥作用，个体阐释如何建构个性与公共性的统一，仍然缺乏实践性机制。因而，主体如何开展公共阐释工作？公共阐释的经典个案有哪些？

因此，公共阐释论虽然对规范阐释和规范美学的建构有助益，但是在理论限度上也是明显的，一种更为合理的且能推进阐释本身的公共阐释论还需要深入思考与论证。

# 四　公共阐释论的辩证建构

公共阐释论打开了当代文学理论新的哲学基础与理论空间，有助于推进中西精神交往共同体的建构，对于人类命运共同体的建设是有促进意义的。此理论拥有广泛的意义生长点。在笔者看来，公共阐释论仍需要在五个方面进行理论论证。

一是区分理性概念的多种意义。人类理性作为一个宏观范畴，是世界不同文化所内含的，虽然各自以不同的概念名称加以命名，如中文中的"理""理性"、英文中的"reason"、德语中的"Grund"、俄语中的"причина"等，即使在同一语言文学系统之中理性概念也具有多元的意义。公共阐释作为当代公共空间与阐释的整合，以公共理性作为基础，应该在人类普遍理性的理论论证基础上充分论析理性内在的分化，处理理性分化之间的异同。因此需要在学理上批判地审视康德认识工具合理性、道德实践合理性与审美合理性三种理性概念，韦伯关于现代科学、伦理、艺术领域的合理性分化的理性概念，尤其充分讨论哈贝马斯的交往合理性概念与赫勒的两种理性概念。对已有理性概念的批判性辨析，辩证处理自然科学阐释与人文科学阐释的关系，重新提出解决趣味无争辩的论题，无疑会深化公共阐释与公共理性的学理基础。

二是探讨公共阐释的同一性与差异性的辩证关系。目前公共阐释论考虑了阐释的确定性与真理性，颇有洞见地提出阐释的多元与宽容，提出了"公共理性认证确定语境下多元语义的确定性，宽容同一语义的多元理解"，这种多元是有限的多元、"有边界约束"的多元，"文本阐释意义为确当阈域内的有限多元"。[①] 赫勒曾通过阐释韦伯的理论提出了这一现代性理论问题，韦伯提出现代社会不是一个神而是多元的有限的神，各自共同体通过趣味判断延伸到共同体群体，形成

---

① 张江：《公共阐释论纲》，《学术研究》2017 年第 6 期。

所谓的普遍规范与审美规则：

"每个趣味判断在审美上成为一个赋予规范（即被扩展为一个规范，在自我解释的过程中成为某种概念的东西），它表达了许多现存社会阶层或群体之一的现有趣味共同体。这是它的普遍性即成为共通感的界限。不过，它作为既定的趣味共同体，它是它的存在的充分根据。"① 这些理论资源可以为同一性与差异性思考提供理论参照。

三是处理公共阐释、个体阐释与私人阐释之间的辩证关系。这是思考公共阐释的意义与真理目标如何得以有限生成的问题。实施公共阐释的阐释者如何形成公共阐释？这是公共阐释的实践基础与运行机制。虽然公共阐释论考虑了公共阐释与个体阐释、私人阐释的复杂关系，但是仍然不够清晰。一方面认为"集体经验构造个体阐释的原初形态"，另一方面认为"在公共阐释被承认及流行以前，有创造性意义的个体阐释是公共阐释的原生动力"，② 这存在着明显的矛盾。这需要从阐释者的个体存在的历史经验与个体经验的复杂机制，从神经意识系统、心灵系统、交往系统、社会系统等的关系与传递中探讨公共阐释的发生机制及其可能性问题。

四是把握公共阐释的共时性与历史性的辩证关系。公共阐释试图建构共识性的意义交往关系，在阐释学层面实现托尔斯泰提出的艺术论，从作者到媒介到读者的共通性，确立康德意义上的共通感基础。但是如托尔斯泰与康德一样，公共阐释没有深入考量共时性的空间元素与历史性的积淀。尤其是在跨文化语境下，在全球化空间中，世界与民族、全球与本土、现代与传统等都在撞击当代人类存在与阐释者的价值立场。如果公共阐释论内含着这两个维度，其合法性与阐释力必然增强。

五是整合公共阐释与审美经验的辩证关系。公共阐释论虽然立足于普遍的哲学基础，关乎所有阐释文本及其实践文本，具有相对的普遍适应性，但是在笔者看来，这是试图确立人文科学尤其是文艺阐释

---

① Agnes Heller, Ferenc Feher, *Reconstructing Aesthetics*, UK：Basil Blackwell Ltd. , 1986, p. 16.

② 张江：《公共阐释论纲》，《学术研究》2017 年第 6 期。

的规范性基础。这就涉及辩证处理公共阐释与文艺审美经验的内在性问题，也是处理理性与感性的古老问题。如果文学文本是审美经验的凝聚与符号化，是作者微妙意旨的对象化，那么阐释者就是建立这种文本化的公共阐释。这种文学阐释的复杂而矛盾的机制需要进一步清理，需要把公共阐释超越个体阐释的"超越""升华"与"融合"加以具体化与合法化。

综上所述，公共阐释论是对强制阐释的超越，是在后现代主义的差异性、多元主义文化的泥潭中重建人类阐释的公共性，确立人类真理与意义共享的阐释范式，体现了理论话语的中国本土性与话语本身的原创性、现实性、阐释力。同时，其内在悖论的超越与理论困惑的进一步解决，无疑能够为过分西化的文学理论带来一股清新的思想力量。

# 公共阐释：作为一种
# 阐释理论的合法性[*]

李　健[**]

人类的阐释自始至终都在追求真理性和澄明性，那是人类向往的阐释目标，也是阐释的理想境界。真理和澄明虽然昭示的是阐释的两个不同的层级，但都指向一个事实：阐释是面向公众的。这意味着阐释是一种公共性的行为，只有坚守公共性，才能圆人类的阐释之梦。离开公共性，阐释不可能，更遑论真理性和澄明性！阐释本身有它的内在规则，这个规则总体来说极为复杂，不可一概而论，更不好随意确定。它可能是整个人类的规则，也可能是生活在特定区域或国家、操持不同语言、从事不同专业研究者的规则；它遵循的是人性的共同性，或者是沟通、交流之后业已达成的共同性，其终极目的只有一个，那就是实现意义的澄明。然而，要真正实现这一目的，还应依赖人类理性和感性的公共性，这是一切阐释发生的根基。离开人类理性和感性的公共性，阐释不可能，理解更不可能。我们承认，不同国家、不同民族、不同地域、不同专业领域乃至相同专业领域的人，其理性和感性的公共性存在着差异，但是，由于人性的共同性，在差异中总是能够发现一些相同或相通的认识与情感，达成一定的理解或共识。这就说明，公共阐释的存在是合法的，也是必然的。纵观人类阐释的历史，可以说，公共阐释早已成为人们心照不宣的法度和准则。任何阐释都离不开公共阐释这一基础，离开公共阐释，人类的阐释与

---

　　*　本文原刊于《求是学刊》2018 年第 3 期。
　　**　作者单位：深圳大学。

理解都会成为乌托邦。在这个意义上，提出和研究公共阐释理论，构建公共阐释的理论话语系统，非常必要。最近，我们欣喜地看到中国学者为构建公共阐释理论所做出的努力。2009 年，王一川首次提出了"艺术公赏力"的问题，他从艺术"心赏"中的从众分化和艺术分赏角度切入，探讨了艺术的公共性问题，涉及了艺术欣赏（阐释）中的公共性。[①] 2017 年，张江面对整个阐释现象，第一次提出了"公共阐释"这一概念，发表了《公共阐释论纲》（《学术研究》2017 年第 6 期），这是继他在批判、反思强制阐释，系统论析阐释学的一个误区，试图重建文学阐释学之后的又一理论发明。从这里，我们能够明确感受到中国学者对阐释的焦虑，看到了他们试图在阐释学领域发出自己独特声音所做出的努力。

## 一　公共性：公共阐释开展的基础

公共性是一个意涵极为丰富的概念。虽然人人都能意会这一概念，但是，想给它一个完整、准确的定义，彻底说清楚它并非易事。公共性普遍存在于人类的社会生活和自然界的各个领域，涉及政治、经济、文化、伦理、道德、法律、文学、艺术等诸多方面。可以说，凡是与人打交道的事物，都关乎公共性。人与社会交往，人与人交往，离开公共性是无法想象的。我们今天所谈论的社会公理、社会公德，是人人都认可的基本道理，是社会对人的约束，说到底，都是公共性的具体表现。自古及今，人们对公共性的思考一直持续不断。早在战国时期，孟子就曾经说过："口之于味也，有同嗜焉；耳之于声也，有同听焉；目之于色也，有同美焉。"[②] 孟子说这话的真实意图是强调圣人与我同类，意谓圣人的教诲人人都能领会，但却不经意地触及公共性问题。公共性无所不在，不仅人的味觉、听觉、视觉存在

---

① 王一川：《论艺术公赏力——艺术学与美学的一个新关键词》，《当代文坛》2009 年第 4 期。后来王一川将他的理论系统阐发在他的《艺术公赏力：艺术公共性研究》（北京大学出版社 2016 年版）中。

② 《孟子·告子上》，载（宋）朱熹《四书章句集注》，中华书局 1983 年版，第 330 页。

着公共性，人的整个感觉都存在着公共性；不仅社会的政治、伦理、道德存在着公共性，文学、艺术审美也存在着公共性。如此一来，人才有共同的味觉、共同的听觉、共同的理性、共同的美感。孟子的话言说的是存在的真实，具有真理性，涵盖了公共性的内在意涵和外在呈现。

当今世界，公共性问题依然是人们关注的焦点。学人们对公共性的聚焦立足于现实，将公共性当作政治问题、伦理问题乃至哲学问题，力求深入发掘它对人类社会发展和人的生存的意义。由于公共性背后蕴含的一些问题在当下现实中显现出来的冲突态势比较激烈，因此，现代学者不可能再像孟子那样虽不乏理性但实质却是平面、直观地去言说这一问题，更多的是采取批判的态度，忧时、愤世的情绪充斥于学理的分析之中。在现代学者眼里，公共性（或曰公共领域）是公正、公开、民主的象征，它本身蕴含着极强的政治性，属于核心的政治话语。公共性的彰显是时代进步的标识，是社会文明的标志。然而，当今时代，随着科学技术的发展和人的观念的演变，公共性正逐渐向私人性萎缩，这引起人们的忧虑。公共性的萎缩意味着公平、正义的萎缩，意味着公开、民主的萎缩。这对社会发展来说是极其可怕的事件。公共性之于人类的重要性，就像食物、水之于人类，必须对这一问题予以高度关注。在西方，关注这一问题的学者很多。汉娜·阿伦特、哈贝马斯、理查德·桑内特等都是基于这样的社会关怀展开对公共性（公共领域）的讨论的，虽然他们各自秉持的立场有很大的差异，但是目的一致，都是为了追求社会的公平、正义，追求人格的完善。阿伦特从公共领域和私人领域介入，思考公共性的特征。她认为"公共"一词"表示两个内在紧密联系但并不完全一致的现象"，一是公开，二是共同。公开意味着"任何在公共场合出现的东西能被所有人看到和听到"，它是去私人化和个人化的手段，是公共领域耀眼的光芒；共同意味着"世界对我们所有人来说是共同的，并且不同于我们在它里面拥有的一个私人处所"。① 社会的发展需要公开、共同，

———————

① ［德］汉娜·阿伦特：《人的境况》，王寅丽译，上海人民出版社2009年版，第32、34页。

它们都与政治有关，由此，她得出结论：整个公共领域都是政治的。阿伦特说："没有这种潜在的向尘世不朽的超越，就没有政治，严格来说也就没有共同世界和公共领域。""正是公共领域的公开性，能历经几百年的时间，把那些人们想从时间的自然侵蚀下挽救出来的东西，包容下来，并使其熠熠生辉。"① 虽然人类需要私人领域，但是，人类更需要公共领域，公共性之于人类的生存与社会发展意义重大。哈贝马斯从法律和民主的角度讨论了政治公共领域，之所以在公共领域之前冠以"政治"二字，是因为公共领域必然关联着政治，在公共领域背后蕴含着无限的社会政治问题。基于公共性的特征，哈贝马斯把公共领域看作是一种交往结构。他说："公共领域最好被描述为一个关于内容、观点，也就是意见的交往网络；在那里，交往之流被以一种特定方式加以过滤和综合，从而成为根据特定议题集束而成的公共意见或舆论。像整个生活世界一样，公共领域也是通过交往行动——对于这些行动来说，掌握自然语言就足够了——而得到再生产的；它是适合于日常交往语言所具有的普遍可理解性的。"② 正是因为公共领域的交往性，它才具有普遍的可理解性。换一种思路来说，相比于私人领域，公共领域能够被阐释，能够被澄明，皆取决于交往。由此，我们不禁会反思：公共领域的"普遍可理解性"背后一定存在着一个根本性的阐释问题，不然，无法达到"普遍可理解"的境界，这个阐释究竟是什么？不管是什么，它一定关系着公共性的问题，可以理解为公共阐释。在论述对公共领域特征的理解时，哈贝马斯说："公共领域的特征毋宁是在于一种交往结构，它同取向于理解的行动的第三个方面有关：既不是日常交往的功能，也不是日常交往的内容，而是在交往行动中所产生的社会空间。"③ 这种"社会空间"指涉面很大，都是公共领域所显现的一些现象。面对这些公共现象，人们有舆论，有批判，有沟通，都离不开阐释。舆论是阐释的舆

① ［德］汉娜·阿伦特：《人的境况》，王寅丽译，上海人民出版社2009年版，第36页。
② ［德］尤尔根·哈贝马斯：《在事实与规范之间》（修订译本），童世骏译，生活·读书·新知三联书店2011年版，第445页。
③ ［德］尤尔根·哈贝马斯：《在事实与规范之间》（修订译本），童世骏译，生活·读书·新知三联书店2011年版，第445页。

论，批判是阐释的批判，沟通是阐释的沟通。在哈贝马斯看来，公共领域是开放的，是由各种公民之间的对话构成的。公共意见和舆论推动社会改革，进而推动社会进步。之所以如此，是因为这些舆论和意见带有一定的真理性或澄明性。这些舆论、意见可能持赞同的态度，也可能持反对的态度；可能是正确的，也可能是错误的，但都是公共所赋予的，代表了公共（并非所有的公民）的意志。理查德·桑内特忧虑的是公共人的衰落："如今，公共生活也变成了形式的义务。多数公民对国家事务漠然处之固不待言，而且他们的冷漠不仅体现在对待政治事件上。在人们看来，对待陌生人的礼节以及和陌生人的仪式性交往，往好处说是形式乏味，往坏处说是虚情假意。陌生人本身是危险的人物，在大都会这种陌生人的世界中，很少人会感到非常快乐。总得来说，非亲非故的人之间存在的纽带和法律关系可以被当成一种公共秩序，它是人群的纽带，是'人民'的纽带，是政治的纽带，却并非家人和朋友的纽带。和罗马时代一样，今天对公共秩序的参与通常被当作是随大流的事情，而这种公共生活开展的场所也跟罗马城一样，正处于衰落的状态中。"① 基于此，他立足于历史，"试图创造一种关于公共领域的表达的理论"，② 来解释公共人衰落的原因。理查德·桑内特考察了公共领域中的各种非人格因素，认为公共领域的人格呈现出矛盾的状态，在共同体内部是亲密的、亲和的，而在共同体之外则是排他的、疏离的。他说："人格是不经意间流露出来的，人们事先很难控制这种流露，恰恰是因为缺乏清晰的解读这些细枝末节的规则。这些规则只有对新来者来说才是清晰的，所以人们缺乏一套稳定的系统可以用来让自己的举动显得像个绅士或者将自己打扮成一个正经的良家妇女。"③ 人格是内在于公共领域的外表的，它和人的衣着打扮没有直接的关系。人们对外表所象征的东西的焦虑，催生

---

① ［美］理查德·桑内特：《公共人的衰落》，李继宏译，上海译文出版社 2014 年版，第 3—4 页。

② ［美］理查德·桑内特：《公共人的衰落》，李继宏译，上海译文出版社 2014 年版，第 7 页。

③ ［美］理查德·桑内特：《公共人的衰落》，李继宏译，上海译文出版社 2014 年版，第 232 页。

了对细节强迫性的关注，这说明了公共性对认识一个人的人格非常重要。

上述几位西方学者关于公共性的讨论，涉及了公共领域的方方面面。公共性之于人类确实重要，任何人都无法回避。虽然几位著名学者均没有正面直接触及公共阐释的问题，但是，从中我们也能够看到，他们对理解的追求与渴望。这说明，在公共领域，阐释是不能缺席的。"阐释本身是一种公共行为。"① 公共性不能缺少阐释学的在场，当然，研究阐释学同样不能忽视公共性问题。

不管学者们对公共性的学理认识持有什么样的态度，公共性的指向都非常明确，它是人人都承认的存在——不管存在合理还是不合理、正当还是不正当。我们言说政治，政治就是一个公共性问题；我们言说历史，历史就是一个公共性问题；我们言说道德、伦理，道德、伦理就是一个公共性问题；我们谈论文学、艺术，文学、艺术就是一个公共性问题。公共性本身不是一种价值判断，但它又蕴含着价值判断。也就是说，公共性包含着真理和谬误。真理不可能对任何人、任何事、任何族群都是真理，更不可能放之四海而皆准。谬误也是如此。当然，这种公共性是受时间和地域限制的，没有永远的真理和谬误，而公共性却是永远的。公共性的存在需要公共阐释去解惑释疑，需要公共阐释去彰显真理。在一定程度上，公共阐释维持着时代的公开、透明，维持着社会的公平、公正，维持着政治的民主、正义，维持着人类的审美判断。

## 二　公共感性和公共理性：公共阐释存在的依据

在《1844 年经济学哲学手稿》中，马克思的一段话人们耳熟能详："个人是社会存在物。因此，他的生命表现，即使不采取共同的、同其他人一起完成的生命表现这种直接形式，也是社会生活的表现和确证。人的个人生活和类生活并不是各不相同的，尽管个人

---

① 张江：《公共阐释论纲》，《学术研究》2017 年第 6 期。

生活的存在方式必然是类生活的较为特殊的或者较为普遍的方式，而类生活必然是较为特殊的或者较为普遍的个人生活。"① 在这里，马克思所说的个人生活和类生活都是基于公共领域的生活，并非个人的私密生活，类生活是"较为特殊"或"较为普遍"的个人生活，个人生活是类生活的"较为特殊"或"较为普遍"的方式。普遍即公共，是人人都摆脱不了的公共性。公共性是在人类社会历史中生成的，密切关联着人的观念与认识。人是感性的动物，同时也是理性的动物，感性和理性共同作用才塑造了人，才使人成为人。感性和理性都是人的社会实践的产物，其中聚合着人的感觉、知觉、意识，人就是凭着感性和理性去认识社会与自然的。人生活在一定的环境与族群之中，这环境和族群都是公共领域。人在这公共领域中交流、交往、生存、发展，任何人都不能脱离公共领域，都必须遵循公共领域的法则。

就一个个鲜活的个体来说，不同的人生活环境不一样，生活经历不一样，学识修养有差别，因此，感性和理性存在着差异。个体感性与理性的差异是否意味着人类的感性与理性没有共同性？其实不然。不管是人类的感性还是理性都存在着共同性。这种共同的感性和理性就是公共性，我们可以称之为公共感性和公共理性。思考公共阐释的合法性必须追溯人类的感性与理性。

人类理性的公共性是人类对人、社会、自然等问题所达成的一致或大致一致的认识，那是被确立为法则的东西，或者是可以称为真理的内容。政治、哲学、伦理、道德、法律等都存在着公共性，这种公共性就是公共理性，因为它们本身只能是理性的创造。正是由于这些公共性的存在，国家与国家之间、民族与民族之间、人与人之间才能交流；也正是由于这些公共性的存在，古代和当下才能交流。张江提出公共阐释的理论构想，在进行学理论证的时候，其理论基础就是公共理性。他认为，公共阐释是一种理性阐释。这是因为，阐释本身是一种理性行为："无论何种阐释都以理性为依据。阐释的生成、接受、流传，均以理性为主导。非理性精神行为可以参与阐释过程，精神性

---

① 杨炳：《马克思恩格斯论文艺和美学》上，文化艺术出版社 1982 年版，第 33 页。

体验与情感体验是阐释生成的必要因素，但必须经由理性逻辑的选择、提纯、建构、表达而进入阐释。公共阐释无论出自何人，无论以何人为代表，其生成、接受和流传，均为理性行为，是人类共通性认知的逻辑呈现。"① 公共阐释之所以可能，是因为人类具有公共理性。张江初步发掘了人类理性的公共性特征，在他看来，人类公共理性的基本意蕴呈现在以下四个方面：第一，它"呈现为人类理性的主体要素，是个体理性的共识重叠与规范集合，是阐释及接受群体展开理解和表达的基本场域"；第二，它的目标"是认知的真理性与阐释的确定性"；第三，它的运行范式"由人类基本认知规范给定"；第四，它的"同一性理解，符合随机过程的大多数定律，是可重复并被检验的"。② 毋庸置疑，既然是公共理性，就说明这种理性必定是人类共同认定的东西。既然是人类共同认定的东西，必然具有规范性、真理性、确定性，是能够被检验的。人类社会不能缺少公共理性，缺少公共理性，人们将无法阐释、理解人与社会、与自然的许多问题，因此，公共理性成为人们理解与阐释的前提。

我们尝试以具体问题言说之。比如，对于美丑与善恶，古今中外的一些具体区分可能会有不同，但在一些总体的认识上是大致相同的，这就是公共性的认识。互相爱护、互相帮助作为一种善，是一种美德，古今中外都认同；杀人放火作为一种恶，古今中外均鄙弃。人们之所以认定互爱互帮是善的、杀人放火是恶的，就是因为人类在长期的生活实践中达成了共识，从而形成了公共理性。在这种公共理性的作用下，无论是中国、美国、英国、加拿大等文化截然不同的国度还是南美、非洲等的落后部落，也不管是古代还是现代，都有大致相同的认识。这就是公共理性。由于公共理性的存在，人们在分析、理解、阐释社会政治、伦理、道德、法律、制度时，在理解、阐释所有的社会现象、自然现象、文化现象、艺术作品时，才会有一个共同的标准，才能进行真正的交流与对话。当然，这其中的问题极为复杂，不能一概而论，需要逐一系统讨论。我们说公共理性具有公共性，并

---

① 张江：《公共阐释论纲》，《学术研究》2017 年第 6 期。
② 张江：《公共阐释论纲》，《学术研究》2017 年第 6 期。

不意味着不同国度、不同民族、不同个人、不同时代完全同一、毫无差别，其实，它们之间的差别也是不可忽视的。我们接着上面所说的杀人讲，对待这种社会现象，尽管古今中外都认定它是一种丑恶、野蛮的行为，但是，在具体认识、评价这一行为时，古今中外却表现出了截然不同的理性认识。在中国古代，人们大都认为，杀坏人是一种正当的行为，不应该承担任何法律、道德责任；在杀坏人的同时，杀坏人亲近的人也是合理的，因为坏人亲近的人往往会助纣为虐，肯定是坏人。这是古人的逻辑。因此，《水浒传》就渲染李逵杀人、武松杀人、杨雄杀人等，把他们的杀人看作是一种好汉行为，乃至炫耀他们的杀人技艺。其实，无论李逵、武松还是杨雄，都杀了很多不该杀的人。我们以李逵为例说之。《水浒传》第七十三回描写李逵四柳村捉鬼的情节，最能说明古人对待杀人观念所存在的问题。在捉鬼的过程中，李逵明明发现要捉的不是鬼而是人，是主人狄太公的女儿和她的情人王小二，他们在偷偷幽会，但是，李逵仍然故意杀害了他们，而且杀得极其残忍，理直气壮。这是因为，在他的眼里，没经过父母之命、媒妁之言谈情说爱的男女，比鬼还可恶，当然该杀。这种杀人行为本应受到谴责，可是，《水浒传》的作者对这种行为采取的则是一种欣赏的态度，从作品那酣畅淋漓的描写中我们看不出任何同情。而这种态度却在从古至今的读者中产生了一定程度的共鸣，不守礼，宁可死，不值得同情。执持道学的人会无理性地为李逵捉鬼击节叫好，为李逵的杀人大唱赞歌，这说明，中国古代的公共理性出现了问题。这种观念在现代中国还有残余。当然，在现代中国，李逵式的杀人在法律层面上不会被允许存在，必然会被视为违法，这是当下的公共理性。这说明公共理性是发展、进化的。但是，单就杀人这件事本身来说，中国人当下的认识仍存在一些问题。在普通百姓的观念中，杀人偿命是必须的，即使杀人者受到惩处，受害者亲属的心头仍然会充满愤恨，恨不得将这个杀人犯杀一百次，即便如此也无法解恨。然而，美国人对待杀人行为和杀人者则有不一样的理性认识。2007年弗吉尼亚发生了一场枪击事件，凶手杀了33人之后自杀，美国人谴责这种暴力行为，反思这种暴力行为。事后，美国人追悼的遇难者也包括那个杀人者。他们在向无辜死难者献花的同时也向自杀的杀人者献花。在美国人的眼里，杀人者也是受害者，也应该有人的尊严，值得悼念。这就说明，中国和美国对杀人这种现象的认识是有差异的。虽然，都认为杀人是一种恶行，但是，对待杀人者苛刻或者宽容的态度就是差异。这说明，即便是公共理性，不同国家、不同地域的认识是不同的、有差异的。诸如此类的细节性问题林林总总，发掘不尽。这就意味着公共阐释任重道远，应该承担起更多的责任。

人类的理性存在着公共性，而人类的感性同样也存在着公共性，这是建构公共阐释不能忽视的问题。对于这种感性的公共性，我们仿效张江"公共理性"的提法就叫作公共感性（上文已经如此称谓）。在人类认识的发展上，感性最终要上升为理性，但是，不是所有的感性都会上升为理性，很多感性无法上升为理性，比如直觉。直觉是人的生理本能，是完全个体化的，它可能与经验有关，但是有时是非经验的。美学的原本出发点是研究感性的，这说明感性并不是一种低级认识，也是高级认识。理性不能取代感性。因此，公共感性的存在不容忽视。公共感性包括公共情感、公共体验等理论内容。公共情感容易理解，如喜、怒、哀、乐，以及与喜怒哀乐相伴的爱情、亲情、友情等，古今中外的理解相通。我们在与其他国家、民族的交往中，能够准确把握他们的情感变化。我们阅读外国的文学作品，欣赏他们的绘画、音乐，能够理解其中的情感。这并不是理性问题，理性解决不了情感和直觉问题。公共体验包括公共直觉、公共通感等。由于体验是私密的，它非常神秘，有很多体验人们无法言说，在这个意义上说体验具有公共性好像逻辑上存在问题，其实，它也符合人类的感觉逻辑。比如，任何一个人的爱情体验都是私密的，在古今中外，存在着大量描写爱情的文学艺术作品，这些作品为什么能够引起人们的共鸣，使人们为之悲伤，为之感动，就是因为人类的情感相通，就是因为人类存在公共感性。即使有很多文学艺术作品人们无法理解其中所表达的真实情感，如李商隐的《锦瑟》《无题》、西方现代派的文学艺术作品等，但是，都能够领悟那种真挚、美好的情感。这就是公共感性在发挥作用。公共感性不可能像公共理性那样呈现为真理性与确定性，不会存在任何规则——因为无法重复、复制，也不能还原，人们还是能理解它、阐释它，就是因为人类的感觉相通、情感相通，即便无法高度吻合，也起码相似。公共感性与公共理性的作用机理完全不同，我们思考公共阐释必须正视这一问题。正是因为公共感性非常独特，才使公共阐释有更大的研究空间，值得人们从社会学、伦理学、生理学、心理学以及文学艺术的角度进行深入发掘。

## 三　公共阐释与一般阐释学、门类阐释学

现在，我们可以回到阐释学本身来思考公共阐释的合法性，探讨公共阐释与一般阐释学、门类阐释学之间的关系。

顾名思义，一般阐释学是面对所有的阐释对象的，它的范围极其广大，无所不包，既包括公共领域，也包括私人领域；既包括政治、哲学、历史、宗教、文学、艺术、经济、法律等精神意识领域，也包括风俗、礼仪、传播、旅行等社会实践领域；既包括人文社会科学，也包括自然科学。社会现实生活和自然界的任何一个领域都存在需要阐释的问题。这些问题的存在，正说明人们对对象的理解有困难，对此，美国学者林格这样说过："解释学（"解释"即"阐释"之意——引者注）起源于主体性的断裂。它的应用领域包括我们在其中遇到意义问题的所有情境，这些意义对于我们来说并不是立刻就能理解的，因而要求做出解释的努力。"[1] 执行政府的政策，如何把握好政策的尺度，必须要阐释。行使法律的权力，如何将法律条例进行量化，做到公平、公正，也存在着合理性的阐释问题。到世界各地旅行，要了解目的地的风俗文化、宗教信仰、制度礼仪，其中阐释的内容就更加丰富，不了解这些，在旅行的过程中可能会出现意想不到的麻烦。在任何一种风俗文化、宗教信仰、制度礼仪背后，都有缘起、有叙事，都需要阐释。但是，在人文社会科学与自然科学领域，至今仍存在很多不能阐释的现象，比如人的大脑的奥秘、当今量子科学研究提出的量子纠缠问题，前沿的科学家大都表示，还无法细致、准确解释。阐释学的广大无边决定了一般阐释学非常艰难。按照常理来

---

[1] ［德］伽达默尔：《哲学解释学》，夏镇平、宋建平译，上海译文出版社 2004 年版，"导言"第 1—2 页。

说，一般阐释学是阐释学的基本理论。这种基本理论是否可以以哲学阐释学来代替？恐怕还要三思。哲学能解决的问题领域虽然广大，但是，哲学阐释学是否能涵盖阐释学的所有问题？因此，我们可以断言，在当下，一般阐释学的理论架构还没有完全成型，这有待于门类阐释学的深拓。

门类阐释学是关于社会科学、人文科学、自然科学等相关门类相关问题的阐释，诸门类之间有些问题虽然相通，但是，每个门类毕竟有自己的领域、有自己的问题需要阐释，诸如政治、哲学、历史、宗教、文学、艺术、经济、法律、数学、物理、化学、生物等学科都有自己的阐释领域，都应该有自己的阐释学。门类阐释学是对门类所涉及的问题进行阐释，相对具体，容易操作。但是，由于涉及一些专门知识，很多领域是除该领域专家之外的学者无法阐释的，比如自然科学领域。哲学家可以阐释文学、历史等门类中的问题，不一定能阐释化学、生物、天文中的问题。从阐释学发展的历史来看，阐释的兴起正是从门类开始的。19 世纪初，施莱尔马赫在研究《圣经》的基础上建立了神学阐释学，这是门类阐释学的自觉。此后，狄尔泰将这种神学阐释学推向普遍化和理论化，推动了阐释学的发展。到 20 世纪，伽达默尔等人创立了哲学阐释学，姚斯等人构建了文学阐释学。一时间，阐释学风生水起，几成显学，在人文社会科学等学科研究中起着极大的推动作用。20 世纪以来的人文社会科学的前沿性学科都与阐释学有关联。阐释关联着语言、符号，因此，20 世纪的语言学、符号学研究极其兴盛，语言已经成为人们生存的一种重要方式。海德格尔有一句经典名言，"语言说话（DieSprachespricht）"，① 说话的意思也包括阐释。所有的阐释都离不开语言。这是阐释学关注语言的一个非常重要的原因。

一般阐释学和门类阐释学都会涉及公共领域和私人领域，其涉及的私人领域不在我们讨论的范围内，我们的着眼点是公共阐释。无论一般阐释学还是门类阐释学必然会有公共阐释的内容。伽达默尔说："哲学解释学把以下事情列为自己的任务：充分揭示解释学的所有领

---

① ［德］马丁·海德格尔：《在通向语言的途中》，孙周兴译，商务印书馆 2004 年版，第 2—3 页。

域，指出它对我们关于世界的整个理解的根本意义以及它对这种理解展示其自身的各种形式的重要意义。这些形式包括：从人与人之间的交际到对社会的控制；从社会个体的个人经验到他同社会打交道的方法；从宗教、法律、艺术和哲学等构成的传统到通过解放的反思使传统动摇的革命意识。"① 显然，伽达默尔把哲学阐释学当作一般阐释学，认为它能够解决所有领域的阐释问题。在我们看来，这是伽达默尔的理想。当下，我们在无法完成一般阐释学理论建构的情况下，只能服从伽达默尔，只能依附于哲学阐释学。哲学阐释学实际充当了一般阐释学的角色。

不管是哲学阐释学还是门类阐释学都必须面对公共领域，它们面对公共领域所进行的阐释行为都属于公共阐释。也就是说，公共阐释是存在于各种门类阐释学之中的。但是，公共阐释面对的不是门类阐释学的对象，而是一般阐释学的对象，它像一般阐释学一样涵盖门类阐释学。也就是说，一般阐释学有公共阐释问题，门类阐释学也有公共阐释问题，公共阐释要解决的是它们之中的公共性问题。如此看来，公共阐释确实是既普遍又特殊的，它只能是一般阐释学的一个组成部分。

如此看来，我们不禁要反思，既然公共阐释是一般阐释学的一个组成部分，那么，它有没有独立存在的必要？倘若按照逻辑来推演，一般阐释学已经承担了公共阐释的任务，它就没有存在的必要了。其实，不能这么简单武断！上文我们说过，一般阐释学的理论并没有成型。由于阐释学的领域极其广阔，想完整建立起一般阐释学并非易事。而今，哲学阐释学实际充当着一般阐释学的角色。当下社会，随着科学技术的发展，劳动与交往发生了根本性的变化，往时必须通过亲临现场或者见面才能解决的问题，现在则通过先进的技术设备无须亲临现场、不打照面就可以解决。私人性在不断增强，公共性在极度萎缩，这是严峻的社会现实问题。它涉及人类生活的各个方面，事关人类的生存与发展。因此，有必要加强对公共性的研究，重建公共性

---

① ［德］伽达默尔：《哲学解释学》，夏镇平、宋建平译，上海译文出版社 2004 年版，第 18 页。

的本质。正是在这个意义上，张江提出公共阐释的理论建构。在讨论公共阐释的特征时，他特别强调公共阐释是公度性阐释、建构性阐释、超越性阐释、反思性阐释。公度性阐释是指"阐释与对象、对象与接受、接受与接受之间，是可共通的"，它"立足于公共理性建构的公共视域"；建构性阐释是修正、统合、引申公众理解与公共视域；超越性阐释是指超越个体，"在公共理性和公共视域的规约中，实现对自身的扬弃与超越"；反思性阐释是"在交流中不断省思和修正自身，构成新的阐释共同体"。① 这其中社会担当的忧思是极其强烈的。公共阐释的建构是适应当下对公共领域审视与研究的热度的，自然有其合理性的诉求。

无论如何，公共阐释都是一个有意义的研究领域。对这一领域的开拓是完善阐释学的一个重要举措。不管是一般阐释学还是门类阐释学，都以公共性为基点，这是因为，公共性是人与人对话与交往的前提。从当下中西方阐释学的发展中可以看出，虽然西方的阐释学理论有不少涉及这一问题，但是，明确把公共阐释作为一种阐释学理论进行专门研究的似乎很少见。因此，我们说，这是一个熟悉的陌生领域。进入这一领域当然要有一定的知识、文献和理论储备，而这些储备并不是短时间可以见效的。张江率先提出这一问题，说明他对这一问题的思考已经达到一定的深度。

---

① 张江：《公共阐释论纲》，《学术研究》2017 年第 6 期。

# 公共阐释与人文社科话语体系建构<sup>*</sup>

## 韩振江<sup>**</sup>

狄尔泰、海德格尔和伽达默尔的解释学是影响西方众多人文学科的话语体系之一，其后德里达、米勒等人的解构主义也渗透进了解释学，现象学文论、解释学文论、读者接受文论、交往理论等逐渐发展成为西方文艺理论的强劲力量。虽然阐释学理论路径拓展了文学活动的多维向度，高度重视读者的自主性，深化了文本与读者的交流和对话，但也带来了不少缺憾和偏颇。张江在《公共阐释论纲》一文中指出："20世纪30年代以来……当代阐释学理论……引导了20世纪西方主流阐释学，建构起以反理性、反基础、反逻各斯中心主义为总基调，以非理性、非实证、非确定性为总目标的理论话语，使作为精神和人文科学基本呈现方式的阐释及其研究，走上了一条极端相对主义和虚无主义的道路。"① 要改变这种现状，张江认为人文社会科学研究应该回归理性精神和科学规范，而基础的工作就是探索以公共理性建设为目的、主张进行有效对话和达成统一共识的公共阐释论。

"公共阐释论"是中国文艺理论界与西方阐释学、西方文论界进行学术对话和话语交流的有效尝试。从"强制阐释论"到"公共阐释论"，张江已经从反思西方文论的系统缺陷、批判西方文论的话语霸权，到了从西方哲学中吸取有益成分与中国优秀传统文化相互结

———————

　* 本文为国家社科基金重大项目"东欧马克思主义美学文献整理与研究（项目编号：15ZDB002）的阶段性成果。

　** 作者单位：大连理工大学人文学部。

① 张江：《公共阐释论纲》，《学术研究》2017年第6期。

合，对中国哲学社会科学话语体系建构进行初步探索。如果说"强制阐释论"打破了西方话语体系长期以来对中国文论、中国文学界的"垄断"神话，对西方话语体系进行了一次强有力的祛魅，那么"公共阐释论"就是"破中有立"，重点在于讨论如何有效建立中国特色的为世界所共享的话语体系。我理解，欲建立社会科学的话语体系，必先有一个可以为学术共同体接受的基本共识。

# 一　理性精神是建构话语体系的哲学基础

进入全球化资本主义时代的欧美社会，其理性精神和求真务实的作风反而被各种后现代主义哲学给消解掉了。人文社会领域也被各种标举多元化的自由主义思潮所占据，美学和文艺理论也变成了各种后现代文论演绎的场所。漫天的理论话语和能指符号在漂浮，不见作者意图，也不见文本的真实性。文学解读演变成了理论符号的游戏。在后现代时代里，人类、社会、共同体这些"大词汇"被当作"宏大叙事"扔进了解构主义的粉碎机里，他们纷纷宣布人的死亡、主体的死亡、理性的死亡和人类社会的死亡。换言之，西方人文社会科学已经走向了终结之后的迷茫和空洞。在后现代之后如何发展，这是欧美人文精神的再次沉沦后的发声。在此之际，公共阐释论尝试回答"后现代之后"重建理性精神和现代性社会的可能性。在与英国学者迈克·费瑟斯通的一次对话中，张江强调，阐释是一种理性活动或理性行为，这是讨论全部问题的出发点。因此，理性精神，即追求公共理性和人文社科的普遍公理，是建构中国特色的人文话语体系的哲学基础。

显然，"理性论"是公共阐释论的哲学基础，理性精神应该是人文社科话语建设活动的自觉追求。张江在该文中，还说："阐释的公共性决定于人类理性的公共性。"人类的阐释活动应该以理性为对话的基础，同时以建构公共理性为目的。换言之，人文社科话语活动是一种公共阐释行为，其首要条件就是一切学术概念、范畴、体系的创新和学术对话都应该以理性交流为基础，以理性共识为目的。人类必须理性对话，从而形成共识理性。人类作为主体而言，指人是有意识地自觉追求普遍真理的。如果每个人都是理性的，以思想观念与社会存在符合为言行基础，那么人与人组成的共同体就形成了共识的理性或理性的共识。各种社会团体、组织或阶层在形成各自的话语系统里，相互找出共识、共通和共享的东西，那么这就成为可以为全社会所共通的社会理性。可见，理性人是公共阐释论的先验的逻辑设定，同时也是社会存在的现实。

不可否认，社会存在着矛盾斗争，也存在和谐和共识。这两个维度划分了解释学和对话哲学的不同路径。一种认为社会现实永远是无法和解的分散的碎片，充满了矛盾、斗争，和谐是暂时的，斗争是永恒的，其中理解和对话是保持社会最低统一性的方式。这一理论源自于后现代哲学，譬如利奥塔、德里达、拉康、拉克劳等，姑且称之为"异质对话"的公共阐释论。另一种观点认为，社会具有统一性、共识性和共通性，矛盾和斗争是暂时的，稳定和统一是长期的。这是西方理性传统下的"同质对话"的公共阐释论，譬如哈贝马斯的公共领域、海德格尔的共在和伽达默尔的效果历史等。"同质对话"的阐释理论来自于西方哲学家对理性内涵的孜孜不倦的探索。张江指出，理性的本来目的是于不确定性中追索和把握确定性。公共理性的构成及放大必须以确定性认知为核心。在我看来，客观确定性和主观确定性是西方理性的发端。凡标举理性精神的，无不首先推崇确定性。近代哲学家笛卡尔在怀疑论和不可知论的阴影下找到了"我思"之主观确定性。康德《纯粹理性批判》在分散的先验想象力的威胁中找到了先验综合想象力，在此基础上形成先验统觉，这种先验统觉就是为纷繁复杂的碎片化世界找到了一个支点，即知性确定性。黑格尔更是在《精神现象学》中以感性确定性为客观精神和主观精神诞生的基础。可见，人文科学虽然无法追求像物理学、化学、数学等自然科学那样的客观真理，但客观和主观的确定性是一切理性理解和理性对话的基础。

我认为，人文科学的话语体系有效性在于最大的普遍性。康德在《判断力批判》中所论述的，人类社会无法找到像自然界那样的客观真理，不过在美学和人文领域里，我们可以实现理性的普遍性——绝大多数人的认同和接受。正如张江所言，"在公共理性的共同体之中及相同语境下，体现公共理性规则的阐释，可视为确定性阐释，并可最大限度地为多种公共体所理解和接受"。更确切地说，公共理性的普遍性有三个特征：第一，绝大多数人的认同和共享。当个体的意见进入公共空间之后，由于其具有的公共性和理性而获得公共领域的绝大多数人的认同，这种观念或思想就成为社会的主流意识，也就获得了最大的普遍性。第二，公共理性可以被重复和检验。也就是说，一旦成为社会所认可的理性观念的话，也就意味着这种理性观念可以被重复验证，不仅在思想观念领域被普遍认同，在社会现实和历史层面也应该被反复验证，这也就是人文社会科学的基本特性：成为社会历史发展的普遍性规律。第三，公共理性成为共时和历时的社会接受的"真理"。"阐释的公共性体现为共享性。此共享性不仅是共时的，即为同语境下的阐释和接受者所共有，并且是历时的，即为不同语境下的阐释和接受者所共有"。能够被共时的社会所共享和共通，也就是成为普遍性的社会共识；能够被历时的社会所接受和验证，也就是成为社会历史发展的基本规律，这样的公共理性观念就是社会科学的"真理"。比如，马克思发现了经济基础决定上层建筑、社会存在决定社会意识的基本规律，这一理性思考所得的"个人阐释"由于其客观性、可重复和可验证，很快成为社会共同接受的基本观念，进而在历史长河中接受检验，成为社会发展的普遍规律。

"公共阐释论"自觉遵从理性精神，以公共理性建设为己任，不仅是对西方某些相对主义和虚无主义的阐释学理论的针对性批判，也是重新回归笛卡尔和康德以来的理性哲学传统。相对主义的解释学和后现代哲学认为现代性社会已经终结，进入了碎片化、虚无化、主观化的后现代主义社会了，不需要统一、理性和主体了。但公共理性观依然在追求着现代性社会的基本规则，重铸着理性、主体、统一社会的基本骨骼。我们作为最大的发展中国家，经济实力和科技力量不断增长，但我们依然处于社会主义初级阶段，处于现代性社会之中，因此在人文社科领域重申现代性的基本观念具有非常重要的意义。就像哈贝马斯所坚持的那样，现代性社会并没有完成，全球化资本主义的现代性已经走到弊端丛生、难以为继的地步，我们发展社会主义现代化就不能步资本主义现代化的后尘，必然走属于自己的现代性之路。

而中国特色的社会主义现代化之路就必须强调现代性的基本概念、基本特征，这就是自觉的理性精神和追求公共理性的实现。

## 二 科学范式的方法论是建构话语体系的突破口

阐释是理解和交流。理解是以他人为对象的解释和说明的理性活动，交流是通过对话建立的人与人共享和共通的共同体。由此我理解"公共阐释论"的关键就在于"公共"二字，即非个体化的交流、非感性和体验的交流，而是为了理解和阐发、建构某种理论、话语、领域而展开的人文社会话语活动。换言之，"公共阐释论"不以个人的情感交流和沟通为目的，而是以人文社科话语体系建构为目的，是一次建构人文社会科学话语体系的方法论探索。

西方阐释学注重个人之见的理解和阐发，公共阐释学则着重于公共主体之间的交流和对话。张江在《公共阐释论纲》一文中认为："阐释是一种公共行为。阐释的公共性决定于人类理性的公共性，公共理性的目标是认知的真理性与阐释的确定性……公共阐释的内涵是：阐释者以普遍的历史前提为基点，以文本为意义对象，以公共理性生产有边界约束，且可公度的有效阐释。"我理解公共阐释论的具体内涵如下：阐释要在既有的历史传统和话语体系中进行，阐释要承认各种文本的客观性、真实性，承认意义在文本中生产以及尊重作者的意图。阐释是为了理性建设而进行的理性对话活动，是公共领域的共识重叠，是具有透明性的意义确切的阐释。基于公共阐释论的具体内涵，张江进一步阐发了公共阐释论的六大特征：理性、澄明性、公度性、建构性、超越性和反思性。综上所述，公共阐释论已经不是某种解释学的观点阐释了，而是要探索一套为人文社科共同体所遵循的科学的解释学方法论。

我认为，对照库恩意义上的范式革命思想，公共阐释论的基本内涵及其六大规定性体现了科学范式的方法论的建构特征。托马斯·库恩（Thomas Kuhn）在《科学革命的结构》一书中提出了科学共同体所共同遵循的基本原则、科学体系，即范式（Paradigm）理论。范式是任何常规科学中由科学共同体所共同掌握和遵循的一般原理、模型和范例。范式包括了四个方面：一定历史时期科学共同体看待问题和解决问题的方式（或前见、前理解）；科学共同体一直接受的基本理论和价值观；拥有自己解决问题的途径和方式；拥有某种范式下解决问题、取得重大突破的范例。① 当然库恩的科学范式与革命有着本质的联系。在他看来，范式是某个常规科学领域中取得主流地位的规范体系，新出现的困难或问题就必须在这一科学体系下进行"解难题"活动，而该科学—话语体系也就预设了何种问题会进入范式之中，何种问题则被规避掉了。当"难题"积累日多的时候，也就逐渐迎来了范式的革命，新的科学范式与旧有范式的矛盾爆发，经过斗争，新科学—话语范式成为新历史时期的科学规范和新话语体系。

无论是德里达、利奥塔、拉康的后现代解释学，还是各种后现代文论，都侧重于人与人、人与文本、人与社会交流的多样性、多元性、多义性。理解和阐释本来存在多义现象，但是人与社会共同体之间的交流更多地需要获得一致性、统一性和共识性。公共阐释论在批判各种相对主义的阐释模式基础上，重点探究了作为文本对象、社会主体、社会共同体之间的话语交流和对话的可能性和可行性。

这种科学范式的方法论探索表现在下面几个方面：第一，阐释的目的不是个人意见的交流，而是在公共领域形成公共理性，因此无论阐释的生成、接受和流传都必须以理性为主导，表述以理性逻辑为要求。也就是说，公共阐释是一个开放话语的理性建构过程。第二，公共阐释是明晰地意义传递，而不是多义的相互矛盾和质疑。换言之，公共阐释特别针对的是政治、历史、法律、文学等意义文本，要求解读者全面理解作者意图，系统把握文本内涵，从而把具有确定性的意义传递给其他读者（个体），进而该意义进入公共空间。由此可见，阐释活动中，客观、完整、真实地把握被阐释对象的意图和意义就成为阐释活动的先决条件。

第三，阐释活动要取得的目的是公共领域（人文社科领域）可以沟通的、共通的话语成果。库恩在范式理论中提到，不同范式之间存

---

① ［美］托马斯·库恩：《科学革命的结构》，金吾伦、胡新和译，北京大学出版社2012年版，第19页。

在着一种不可通约性，这就是说很多哲学社会科学话语之间不能兼容，只存在无休止的不对称的矛盾。张江在这里指出了，公共阐释应避免这种不对称的无效沟通，而要求在同一话语规范下进行有效沟通，该对话的目的是形成理性共识。

第四，阐释活动是肯定性的话语建构活动，而不是否定性的解构活动。哈贝马斯认为，资本主义公共领域形成于 17—18 世纪英法资产阶级的咖啡馆自由发言、报纸等媒介的流通和文艺活动的繁荣。也就是说，公共领域的基本共识需要个人意见参与，个人意见逐步被他人认同，形成对共识具有建构性的话语。因此，作为公共阐释者的人文社科工作者有责任引领社会话语，应有担当地阐释主流话语，使得公众理解并认同主流话语，从而获得社会普遍接受的公共理性，扩大共识，促进社会统一性。

第五，公共阐释也是具有反思性和创新性的体系建构。任何话语体系都不可能封闭，一旦故步自封、自言自语，那么就会失去其魅力，丧失阐释世界、凝聚社会力量的意识形态功能。在人文社科领域，公共阐释是开放的、不断创新的，需要新的观念、新的方法、新的体系逐渐融入公共阐释，在最广泛意义上促进人与人、人与社会、人与历史的有效交流，形成新的阐释共同体。

公共阐释论所针对的正是人文社科话语体系的建设问题。习近平总书记反复强调，人文社会科学要有中国特色的社会主义话语体系，要有理论自信，要用自己的话来讲好中国故事、中国精神，自觉创新概念、范畴和体系。要完成这一任务，话语体系建构的首要基础就是提出话语体系建构的规范性，而公共阐释论的科学范式的方法论探索正是对话语规范性的初步研究。

## 三　社科共同体是建构话语体系的关键

张江教授把公共阐释看作是全世界形成人类命运共同体的可能途径之一。他在与迈克·费瑟斯通的对话中指出："近年来，我们提出建构人类命运共同体。那什么是人类命运共同体？在环境、气候、反恐、经济、政治等领域面临的严峻挑战和重大问题，让世界各国必须组成共同体，因为单靠某一国家或某几个国家，是不可能应对这些挑战和解决这些问题的。而建构这种共同体的基础是相互之间的沟通、理解和交流，用我们的语言概括，就是世界各国在人类所面临的严峻挑战和重大问题上，必须形成公共阐释"。建构人类命运共同体，其中一个重要维度就是建构中外学术界的社会科学共同体。人文社会科学研究者组成的社会科学共同体则为人类命运共同体理论贡献自己的理论力量。

　　公共阐释是命运相联的人们所构成的社会共同体的基础。换言之，公共阐释的美好愿景在于维系、维护、促进更好的人类命运共同体的建设和发展。在张江看来，人类社会维系共同存在的方式之一就是阐释，也就是人与人之间的理解、阐释和对话。张江在与迈克·费瑟斯通的对话中指出："从一定意义上说，离开了阐释，社会便不存在；离开了阐释，亦无公共体和共同体可言"。公共阐释是人类存在的一种基本方式，或者说人类的共在性构成了公共阐释的哲学基础。正如俄国哲学家、美学家巴赫金所说，孤单的一个人在世界上什么都做不了，人类的存在始终是与他人的共在。海德格尔认为，此在的存在就是与他人在世界中共同存在。伽达默尔认为，人类的文明教化就是人与历史文本的有效话语交流和流传的效果历史。因此，既然人的存在离不开他人，人是一切社会关系的总和，那么在此在的共同体中个体就需要受到社会的束缚，个体的诉求和理解应与社会共同体的诉求保持基本一致。也就是说，个体与社会保持一致性是共同体对于个体性的基本要求。因此，张江在《公共阐释论纲》一文中指出："人类的共在决定私人阐释的公共基础。人类共在于世界而存在。私人的此在相对于共在、依靠于共在，离开共在，此在不在。由此在构成的共在，不仅建立于确定的物质和经济关系基础上，而且集合于确定的心理、文化与精神关系之上"。社会科学共同体具有公共经验、集体记忆和共同的语言规范。每个社会共同体无不以种族、民族和地域的形式存在和出现，这样共同体的成员就有着相同或相似的公共经验和集体记忆。正如精神分析学家荣格所说，远古民族的文化传统的积淀构成了人类的集体无意识，而这种无意识的原型才成为不同民族最深层的文明基因和文化记忆。张江指出"公共经验与记忆，是阐释的必要准备。各民族为生存和繁衍而奋斗的历程，决定其文化心理与态度，在民族意识的形成与发展中，发挥不为意识所把握的起始性作用，决定阐释的原初形态和基调"。因此，对于一个民族而言，记住什么，忘却什么，传承什么，才是共同体形成的重要因素，这就是作为集体经验的历史和文化传统。不过，每个民族、国家等共同体的集体记忆都是用自己独特的语言来表述和记录的。所以，张江在此进一步指出语言共同体是共同体的话语规则和规范，"语言是公共思维活动的存在方式。生活共同体就是语言共同体"。无规矩不成方圆，同样无语言则没有人类社会。一个民族的成熟的标志之一就是拥有其独特的语言体系。汉语就是中华民族维系存在和发展的语言规则和规范。在此意义上，某共同体要形成共识和理性，就必须运用清晰、逻辑的规范语言，以词语和规则的确定性为前提。共同的语言规范、共同的确定语境、共同的话语体系才带来有效的公共阐释和交流。

社会科学共同体需要反思性和建构性的公共阐释。张江与迈克·费瑟斯通、约翰·汤普森对于"公共"的定义和理解是不同的。国外学者认为，公共的概念是哈贝马斯的"公共领域"中社会话语的多元化的自由竞争和斗争。迈克·费瑟斯通认为，公共性需要考虑公共生活的竞争性，公众平等参与公共辩论，新媒体技术进一步扩大公共阐释的开放性等因素。约翰·汤普森认为，公共阐释与社会利益、权力话语、意识形态等有着本质的联系，特别指出社会阐释本质上是一种象征性权力。不过，国外学者强调的是某共同体中思想、观念和话语的矛盾、不一致、斗争。而张江强调的公共阐释是为了说明真相、阐释意义、建立统一思想的理性共同体。

例如，汤普森认为英国大选特蕾莎·梅的竞选失利是因为她的观点遭遇了来自工党以及其他社会话语势力的竞争和冲突。张江认为特蕾莎·梅的失利恰好在于她没能很好地阐释她的观点并说服大多数民众，而这一根本原因在于她的观点没有更好地调研和接受大多数民众的看法。也就是，特蕾莎·梅的个人阐释在上升为公共阐释的时候，忽略了共同体的公共性及其不断吸收民众的公共理性从而使得自己的阐释更具有公共性、有效性。

　　我理解，获取共同体中大多数民众的支持，获得公共性，是个人阐释上升为公共阐释的关键，也是建构社会共同体的关键。张江在《公共阐释论纲》一文中指出："公共阐释是建构性阐释。公共阐释是阐释者对公众理解及视域展开修正、统合与引申的阐释。其要义不仅重在寻求阐释的最大公度，而且更重在于最大公度中提升公共理性，扩大公共视域"。张江在此文中进一步指出"公共阐释是反思性阐释。公共阐释不是纯粹的自我伸张，不强制对象为己意，而是在交流中不断省思和修正自身，构成新的阐释共同体"。也就是说，公共阐释促成共同体的形成，在于公共阐释代表了大多数公众的利益和观点，具有最大的公共性和理性共识，唯其如此才能不断修正自己的观点和视域从而得到理论发展。

　　公共阐释与共同体的理论探索在当代具有重要的启发意义。习近平总书记提出了共建人类命运共同体的理论，人类命运共同体的建构要求我们自觉地探索共同体理论的基本特征和理论内涵。公共阐释论从个体与社会的对话、个体阐释与共同体理性建构方面探讨了人类命运共同体和社会科学共同体所具有的特性。

# 公共阐释：理性基础、生成路径、内在隐忧及展望*

## 李君亮**

2017 年 6 月，中国社会科学院副院长张江教授在《学术研究》上发表《公共阐释论纲》一文，标志着具有当代中国阐释话语权的公共阐释理论作为哲学诠释学的一个中国分支诞生了。这是一次世界（西方）话语体系背景下中国学者构建具有中国话语主权的哲学学说的重大尝试，是一次现象级意义上的学术事件。公共阐释这一基本概念提出之后，得到了诸多著名学者的积极响应，在学术界产生了重大的反响，包括哈贝马斯、约翰·汤普森、迈克·费瑟斯通等当代国际上著名的思想家都密切关注着公共阐释理论研究的最新进展，并对公共阐释理论的提出给予了积极肯定的评价。目前，学界已经就公共阐释理论的一些相关问题展开了深入的讨论，并做出了许多有益的研究。本文将对这些研究取得的成果做一扼要评述，希望在此基础上进一步推进公共阐释理论的发展和完善。

## 一　公共阐释的概念生成及内涵

"阐释"还是"诠释"？

在"阐""诠"之辨中，张江教授认为，"阐"与"诠"各有极

＊ 本文为教育部人文社会科学研究基金项目（19JD710028）；海南大学 2019 年度人文社科类重点项目（项目编号：XZG70ZN3）的阶段性成果。

＊＊ 作者单位：海南大学马克思主义学院。

为深厚的哲学和历史渊源，在他看来，"'阐'之公开性、公共性，其向外、向显、向明，以及坚持对话、协商之基本诉求，闪耀着当代阐释学前沿之光。"而"'诠'之实、之细、之全与证，其面向事物本身，坚守由训而义与意，散发着民族求实精神之光。"他认为，"中国古代的阐释路线，一条重训诂之'诠'，一条重意旨之'阐'。"这样，"阐"和"诠""各有其长，互容互合"。我们"以中国话语为主干，以古典阐释学为资源，以当代西方阐释学为借鉴，假以对照、选择、确义，由概念起，而范畴、而命题、而图式，以至体系，最终实现传统阐释学观点、学说之现代转义，可建立彰显中国概念、中国思维、中国理论的当代中国阐释学。"[①] 因此，虽然张江教授倾向于使用"阐"字命名他倡立的公共阐释理论，但是根据其"阐""诠"辨义，实际上公共阐释之"阐"兼具"阐""诠"二者之义。

在提出公共阐释这一基本概念之前，张江教授首先对西方文艺理论进行了深入系统的研究，并在此基础上指出，从 20 世纪初开始，当代西方文艺理论表现出场外征用、主观预设、非逻辑证明、混乱的认识路径等四大特征。场外征用即"借助于其他学科的理论和方法建构自己的体系，模仿、移植、挪用，成为当代文论生成发展的基本动力，改变了当代文论的基本走向"。[②] 主观预设即"批评者的主观意向在前，预定明确立场，强制裁定文本的意义和价值"。非逻辑证明即"在具体批评过程中，一些论证和推理违背基本逻辑规则，有的甚至是逻辑谬误，所得结论失去依据"。混乱的认识路径即"理论构建和批评不是从实践出发，从文本的具体分析出发，而是从既定理论出发，从主观结论出发，颠倒了认识和实践的关系"。这就使得当代西方文艺理论从总体上倾向于"背离文本话语，消解文学指征，以前在立场和模式，对文本和文学作符合论者主观意图和结论的阐释"[③] 这样一种强制阐释。

---

① 张江：《"阐""诠"辨：阐释的公共性讨论之一》，《哲学研究》2017 年第 12 期。
② 张江：《关于场外征用的概念解释：致王宁、周宪、朱立元先生》，《清华大学学报》（哲学社会科学版）2015 年第 2 期。
③ 张江：《强制阐释论》，《文学评论》2014 年第 6 期。

通过对 20 世纪西方文艺理论强制阐释传统的深刻反思与系统批判，张江教授提出建构以人类公共理性为基础的公共阐释这一彰显中国概念、中国思维、中国理论的当代中国阐释学。由此，阐释学由解构经由中国阐释进路发展到了建构的阶段，并正在实现阐释学由强制阐释到公共阐释的理论转向。

与反理性、反基础、反逻各斯中心主义的强制阐释不同，公共阐释中，"阐释者以普遍的历史前提为基点，以文本为意义对象，以公共理性生产有边界约束，且可公度的有效阐释"①。在对强制阐释展开反思与批判基础上建构的公共阐释具有整体性②、理性、澄明性、公度性、建构性、超越性、反思性等基本特征③。张江教授认为，公共阐释理论的建构之所以可能，就在于阐释活动的主体不是单独的人，而是社会的人，是处在特定的社会关系中的人，是此在之共同存在，因此是"集体意义上的人"，其言说也是借助公共语言向他人和同他人的共享之言说。由此之故，个体阐释绝非私人的，其理解与接受为公共理性所约束，人类的共在决定个体阐述的公共基础、集体经验构造个体阐释的原初形态、语言的公共性确立个体阐释的开放意义、阐释生成的确定语境要求个体阐释是可共享的阐释。④

## 二　公共理性：公共阐释的基础何以可能？

张江教授提出，公共阐释是"有效阐释"。公共阐释之所以可能，也即是说，公共阐释的有效性基础——在张江教授看来——在于阐释的公共理性：阐释是一种公共行为，阐释是一种理性活动。公共性和理性，这就是公共阐释之所以可能的根基。那么，公共性和理性何以能成为根基造就公共阐释？

---

① 张江：《公共阐释论纲》，《学术研究》2017 年第 6 期。
② 张江、[英] 迈克·费瑟斯通：《作为一种公共行为的阐释：张江与迈克·费瑟斯通的对话》，《学术研究》2017 年第 11 期。
③ 张江：《公共阐释论纲》，《学术研究》2017 年第 6 期。
④ 张江：《公共阐释论纲》，《学术研究》2017 年第 6 期。

公共阐释之所以可能，根基在于"阐释本身是一种公共行为"①。通过对"阐"字的文字考古学释义，张江教授指出，"阐"字有诸多可从语源上证明其公共性之义项。②正是基于"阐"字本身在语源上的公共性之义，有学者认为，"公共性在公共阐释论中是元理论问题"③。从"公共阐释"这一概念看来，该概念由"公共"和"阐释"这两个基本词语组成。在与哈贝马斯的对话中，张江教授指出，正是由于"阐释"之"阐"本身就能够从中国传统文化中绽放出"公共性"，因此，阐释本身就蕴含着公共性的理解，故张江教授将本就有悠久传统的中国阐释学在现代化的生成中释义为"公共阐释"，并提出植根于中国传统文化的当代中国公共阐释理论。④这样，公共阐释就其自身语源而言就已具备了公共性这一根基，故此笔者认为，"公共"并不是对"阐释"的限定，而是对阐释之公共性的强调。

公共阐释的公共性根基不仅从语源上就植根于悠久的中国传统文化，即使站在西方文化的历史长河之中，从西方人类理解与解释的思想历程来看，张政文认为，自古希腊肇始的认识的普遍性在20世纪遵从理性原则的哲人坚守下，也为公共阐释的构建提供了理性之维和公共性之基，并造就了公共阐释的理性原则、共享性原则与知识性原则。⑤并且，站在西方思想传统的视角看，公共阐释的公共性正是源于自古希腊以来就追求认识的普遍性与确定性这一西方传统。

公共性根植于阐释的语源内蕴和人类认识的确定性与普遍性追求之中，与此同时，公共性也为公共阐释的生成提供空间和场域。张江教授说："阐释的公共性一定是从个人阐释、个体阐释开始的。"⑥那

---

① 张江：《公共阐释论纲》，《学术研究》2017年第6期。

② 张江：《"阐""诠"辨：阐释的公共性讨论之一》，《哲学研究》2017年第12期。

③ 卓今：《公共阐释的公共性基础》，《求索》2017年第12期。

④ 张江、[德]尤尔根·哈贝马斯：《关于公共阐释的对话》，《学术月刊》2018年第5期。

⑤ 张政文：《认识的普遍性与阐释的公共性：从认识论到阐释学的思想史解构与重建》，《复旦学报》（社会科学版）2018年第2期。

⑥ 张江、[英]迈克·费瑟斯通：《作为一种公共行为的阐释》，《学术研究》2017年第11期。

么，从个人阐释、个体阐释开始的阐释公共性如何孕生并最终造成个体阐释上升为公共阐释？张伟认为，公共空间孕育与接纳个体阐释，并且正是在公共空间中，个体生成的阐释行为衍化为阐释活动的一般体例，进而为公共阐释的生成提供场域。而理性则对阐释行为具备着决定性意义，正是经由理性逻辑的启迪、遴选、整合与表达，使得对文本意义的体悟能生成到阐释这一阶段，进而使公共阐释成为可能。① 这也就是说，公共性为公共阐释的生成提供了空间场域，理性则是公共阐释生成的逻辑路径。

阐释总是阐释者的阐释，因此，只有从阐释主体本身进一步考察其阐释活动，才能更好地揭示阐释的公共性，进而辩护公共阐释的有效性基础。基于对阐释主体的考察，张冰从人的心理结构、人的社会存在和阐释的语言系统三个维度探讨了阐释公共性的生成。从人的心理结构看，理性和观念的共享性以及人的感受甚至非理性层面的可分享性都可以表征阐释的公共性；从人的社会存在看，阐释者作为社会存在的先在传统和个体自我的历史性为阐释的公共性提供了历时性和共时性的双重维度；从语言系统看，阐释者阐释的语言系统由于其自身的公共规则和蕴含的传统维度确保了阐释的公共性并为阐释的公共性带来新的生机。② 实际上，我们也可以把张冰对阐释公共性生成的三个维度理解为：从阐释主体来看，人的社会性生成了阐释的公共性；从阐释工具来看，语言的公共性、普遍性生成了阐释的公共性；从阐释过程来看，理性活动的公共性生成了阐释的公共性。

张江教授批评强制阐释是一种背离文本而从既定理论出发、从主观结论出发所做的符合阐释者主观意图的任意阐释与主观阐释，③ 这样的阐释当然缺乏客观性。公共阐释则是基于文本而对文本所做的具有"普遍的历史前提"的客观阐释，因此，公共阐释具有客观性。张盾认为，真正具有说服力的阐释都是自由的、即携带着创造性理解

---

① 张伟：《公共阐释论的"公共"空间与"理性"维度：兼及视觉阐释的公共表达与现代表征》，《文艺争鸣》2018 年第 1 期。
② 张冰：《阐释公共性的生成要素探究》，《学习与探索》2018 年第 5 期。
③ 张江：《强制阐释论》，《文学评论》2014 年第 6 期。

的阐释，但这种"自由的创造"必须是"正确的"，其正确性就来自阐释的公共性与客观性。而阐释的客观性就在于阐释的公共性，[①] 因此，公共性保证的客观性也就为公共阐释自由创造的正确性和说服力提供了基础。傅永军、杨东东基于程序主义的视角补充提出了公共阐释有效性建立的充分性要求，他们认为，只有将有效性基础建立在充分性和理性这两个基本要求之上，公共阐释才能成为具有合理的可公度性、反思性和建构性的阐释模式。[②]

无论是张江教授提出的公共性、理性，还是其他学者补充的客观性、充分性，这都为公共阐释提供了公共理性这一有效性基础的合理辩护。但是，公共性也好，理性也罢，只有上升为公共理性，它们才能成为公共阐释的有效性基础。那么，公共性和理性是如何上升为公共理性而成为公共阐释的根基？

张文喜认为，只有根据奠基于唯物史观的阐释学原则，深入理解社会生活的实践本质，将公共性置于与人民性的联系中，[③] 公共阐释才成为可能。李潇潇从公共理性的存在证成视角肯定了张文喜的这一观点，并且进一步指出，只有将公共性置于与人民性的联系中，公共性才能在存在中证成理性的公共性，并进而上升为公共理性，从而为公共阐释奠定根基。[④] 这样，基于唯物史观的人民性阐释学原则，我们就有可能为公共阐释找到一条从公共性到理性的公共性再到公共理性的牢固根基。

我们又如何从理性上升到公共理性从而为公共阐释的有效性基础辩护？陈海在《阐释的"公共性"何以可能？》一文中指出，理性是有限的，个体理性可能是混沌的，个体理性要达到清晰的公共理性更要经历无数艰难，与此同时，公共理性还必须面对当代资本、阶层和

---

① 张盾：《阐释的公共性与客观性：兼论对马克思的先验阐释》，《天津社会科学》2018 年第 1 期。

② 傅永军、杨东东：《公共理性与公共阐释的有效性》，《江海学刊》2018 年第 2 期。

③ 张文喜：《西方阐释学"阐释"的张力与"阐释"的唯物史观奠基》，《中国社会科学评价》2018 年第 2 期。

④ 李潇潇：《阐释的公共性及其探讨方式：哲学、政治学、公共管理学科对话》，《中国社会科学评价》2018 年第 2 期。

新媒介技术的巨大挑战，这样，阐释的"公共性"似乎是不可能的；但是，如果超越认知，进入审美以及超越个人现实世界，进入公共虚拟场，我们还是可以期望它的实现。①

## 三　公共阐释的生成路径

公共理性为公共阐释提供了有效性基础，那么，公共阐释如何在公共理性这一根基上生成与绽放？

路径一：从"理""性"之义的历史溯源中构建公共阐释的基本构架。

既然公共阐释的有效性根基在于公共理性，那么厘清"理性"之义的词源涵义，当有助于历史地建构起公共阐释的"理性"之基。基于此，张江教授在《"理""性"辨》一文中分别就"理"和"性"从东西方两条路径做了词（字）源考古。从文字学的视角看，张江认为，"理"在中国古代表现为实践理性，是实践智慧的直观表达，"性"在中国古代重在伦理之性，彰显的是人类自觉的道德追求；在西方，理性表达的是理论理性，"理"乃是理论智慧的逻辑表达。"东方实践智慧与西方理论理性之互补，相鉴相融之中，集合起阐释的全部价值与意义，在无限反思之长河中，趋向真理性认识。"②这样，当代中国公共阐释学的基本理论框架就可以在弘扬中国古代文化与哲学传统、借鉴西方哲学及理性方法中构建起来。

路径二：从个体阐释经由社会阐释通达公共阐释。

任何阐释首先是阐释者的个体活动，是作为阐释者的个体阐释。但是，人的实践活动从根本上说又总是社会性的，是在纷繁勾连的社会关系中展开的活动，因此，也正是在人的社会性活动中，阐释者的阐释活动在纷繁勾连的社会关系中获得他者的阅读、理解、接受、传播，并沿此路径最终上升为公共阐释。范玉刚教授就认为："阐释之

①　陈海：《阐释的"公共性"何以可能?》，《西北大学学报》（哲学社会科学版）2018年第2期。

②　张江：《"理""性"辨》，《中国社会科学》2018年第9期。

发生乃源自主体的阐释愿望，更确切地说是主体间的互阐互释。因而，从个体性阐释走向公共阐释，是一种学术研究的必然。"① 范教授只是认为在学理上主体间的互阐互释使得个体阐释最后走向公共阐释，其实，主体间性正如哈贝马斯所认为的那样，也是在人的交往实践中形成的，因此，也正是在主体间的交往实践中的互阐互释，个体阐释走向了公共阐释，这样，通过主体间的互阐互释，个体阐释走向公共阐释就不仅是学术研究的必然，而且也是阐释实践活动发展的必然进路。

阐释从阐释者的个体阐释活动开始，因此，张江教授认为，个体阐释是公共阐释的源头和基础②。但是，个体阐释本身无法直接通达公共阐释，从个体阐释到公共阐释之间有一个中介，那就是社会阐释。③ 在约翰·汤普森看来，由于西方社会阐释的公共领域这个阐释活动生成与展开的空间是由不同形式的权力所塑造的，是结构化的空间，因此，在这样一种由不同形式的权力所塑造的结构化空间中生成与展开的阐释活动就是社会阐释。④ 社会阐释作为个体阐释通达公共阐释的中介是多元的、碎片的、对立的、冲突的，只要再次经过过滤的、理性的、有序的阐释，社会阐释就会最终过渡到公共阐释。因此，张江教授提出："在个体阐释当中有一种社会阐释，社会阐释以后有一种公共阐释。"⑤ 从个体阐释经由社会阐释通达公共阐释，这就是公共阐释生成的一条基本路径。

路径三：从观点、方法、氛围出发通向公共阐释。

江守义认为，在公共阐释活动中："阐释者总要针对阐释对象的某一问题提出自己的观点和看法，而且总是要从某个角度用某种方法提出自己的观点和看法，同时，这些观点和看法要经过同行的评议和

---

① 范玉刚：《强制阐释的歧途与公共阐释的正道：对张江教授〈公共阐释论纲〉的一点思考》，《学习与探索》2018 年第 5 期。

② 张江、陈勋武、丁子江等：《阐释的世界视野："公共阐释的对话"》，《社会科学战线》2018 年第 6 期。

③ 张江、[英] 约翰·汤普森：《公共阐释还是社会阐释》，《学术研究》2017 年第 11 期。

④ 张江、[英] 约翰·汤普森：《公共阐释还是社会阐释》，《学术研究》2017 年第 11 期。

⑤ 张江、[英] 约翰·汤普森：《公共阐释还是社会阐释》，《学术研究》2017 年第 11 期。

时间的检验，才有可能被学界接受，成为公共阐释。"① 基于此，他提出从观点、方法、氛围出发形成公共阐释提供观点、提炼方法、营造氛围的路径。首先，阐释活动总是阐释者针对阐释对象展开的一种社会实践活动，在这种活动的展开过程中，阐释者首先必须提供自己的私人观点，并通过在"阐释与对象、对象与接受、接受与接受之间"形成共通性，阐释者的私人观点在公共视域中成为可理解被接受的观点，并由此通向公共阐释。其次，阐释活动中阐释者不仅提供自己的观点，也需要提炼方法，当阐释者在阐释活动中提炼的阐释方法被证明为可行的方法并在阐释活动中得到广泛的使用时，这样的方法也就是具有了公共性的阐释方法，这样的阐释方法运用下的阐释活动也就会成为一种公共阐释活动。再次，通过让某种阐释观点或方法形成自己的时代性或地域性、凝聚阐释的指导性方向、树立新的价值观或文艺观，从而营造公共阐释生成所需的公共视域氛围，为公共阐释提供讨论的空间，形成通向公共阐释的生成路径。②

路径四：构建共在的阐释共同体生成与实现公共阐释。

张江教授指出，人类的共在决定了个体阐释的公共基础。在这一论断基础上，李永新提出了构建共在的阐释共同体以生成与实现公共阐释这一途径③。在李永新看来，阐释共同体是公共阐释形成与实施的基本要件，对于公共阐释的生成以及在公共阐释论中都具有极其重要的作用、地位和意义。阐释共同体是一个具体的共在，是充满生命力的有机体，其内部既存在着权威，也能够相互默认一致。由于共在的阐释共同体其成员共同参与阐释活动从而形成一个共享的阐释空间，阐释共同体自身的历史演进使得其构成和成员能够与发展着的世界形成共契关系，并且阐释共同体通过创造平等交流的环境而使其成员通过合理交往达成共识，这样，通过构建共在的阐释共同体就能够

---

① 江守义：《公共阐释形成的三条路径》，《当代文坛》2018 年第 2 期。

② 江守义：《公共阐释形成的三条路径》，《当代文坛》2018 年第 2 期。

③ 李永新：《建构共在的阐释共同体：简论公共阐释的生成与实现》，《当代文坛》2018 年第 2 期。

生成与实现具有共享、共契、共识特点的公共阐释。①

## 四 公共阐释的内在隐忧

公共阐释理论为陷入极端相对主义和虚无主义泥沼的西方阐释学找到了一条希望之路，也为中国古代阐释学的继承和发展提供了可行的现实路径。但是，建立在公共理性根基之上的公共阐释也存在着一些内在的隐忧。

公共阐释的有效基础之一在于阐释是一种理性活动。但是，正如韩东晖所担忧的，阐释学面临的难题，就是既要限制纯粹理性的过度膨胀，同时又不陷入相对主义的沼泽。② 相对主义和虚无主义反理性的主张固然与人类历史发展的潮流相悖逆，也搅乱了人类的认识与思想走向，但是它们对于理性弱点的反思和对理性僭越的批判却不能不引起我们对于纯粹理性过度膨胀的警惕。按照张江教授的公共阐释理论假设，公共阐释可以有效防止相对主义，但如何保证其能够有效避免纯粹理性的过度膨胀？虽然韩东晖指出，公共性与规范性的实质性结合可以使公共阐释将公共性讲道理、讲真话的精神和力量充分展示出来，但是，公共性与规范性的实质性结合本身却是建立在公共阐释的公共理性活动这一根基之上的。可是，在公共空间这一场域中，理性如何保证对自身的约束而不至于使阐释成为一种强权意志的理性工具？

谭安奎则在《公共理性与阐释的公共性问题》一文中表达了对公共阐释以客观性自居从而走向专断阐释的担忧。尤其是对于历史、政治文本这样的文本对象的阐释，阐释活动鲜明地表现为约翰·汤普森所说的象征性权力，它是对公共权力、政治法律制度运作与实施的判断、理解、解释与宣传，而公共权力、法律等本身的强制性特征极有可能导致我们在基于公共理性的阐释活动中"以认知客观性的名义，

①　李永新：《建构共在的阐释共同体：简论公共阐释的生成与实现》，《当代文坛》2018 年第 2 期。

②　韩东晖：《公共理性与阐释活动的规范性本质》，《中国社会科学》2018 年第 3 期。

或者以公共性的可接受的名义，强行达到某种一致性或确定性"。这样，"相对于公共阐释论所批判的那种强制阐释，这有可能是导向了另一种形式的强制阐释"①。李潇潇也提出，要谨防公共阐释在对公共性的普遍性与客观性的理解基础之上以真理自居，从而造成公共阐释在批评西方强制阐释之际自身却沦为专断的阐释。为此，李潇潇认为，公共阐释就必须从认识论层面继续展开探索与研究，找到与自己相融的真理观，避免自己在以真理自居之际沦为本是自身批判对象的专断阐释。②

在与张江教授的对话中，约翰·汤普森指出，阐释是一种象征性权力，这样，阐释活动就不仅仅是社会的和公共的，而且是与冲突、利益等交织在一起的。③ 当以公共权力和政治法律制度为文本对象的公共阐释在社会生活中与冲突、利益等交织在一起，我们就确实非常有必要警惕公共阐释的权力寻租了。或许正是出于对公共阐释寻租权力的担忧，约翰·汤普森说，"阐释学不是用来将权力或者权力结构合法化的，而是要更为激进，向权力提出挑战"④。汤普森的这一主张或许真的如其所言过于激进，但是，即使是对公共权力和政治法律制度做出辩护性阐释，公共阐释也需要做到在置人民性于公共性和客观性的阐释语境中展开反思性的辩护阐释。

哈贝马斯则在与张江的对话中以德国历史上的宗教势力和纳粹政府为例异常隐晦地表达了公共阐释可能会毒害国家的政治文化的担忧。在哈贝马斯看来，以公共权力和政治法律制度为文本对象展开的公共阐释，或许会导致"只要一种文化占统治地位"，同时还有可能会造成"集体否认重要事实"的事件发生，若如此，则"可能毒化政治文化"，对于公共阐释理论的框架构建和未来发展，"这个问题

---

① 谭安奎：《公共理性与阐释的公共性问题》，《江海学刊》2018 年第 2 期。
② 李潇潇：《阐释的公共性及其探讨方式：哲学、政治学、公共管理学科对话》，《中国社会科学评价》2018 年第 2 期。
③ 张江、〔英〕约翰·汤普森：《公共阐释还是社会阐释》，《学术研究》2017 年第 11 期。
④ 张江、〔英〕约翰·汤普森：《公共阐释还是社会阐释》，《学术研究》2017 年第 11 期。

是非常值得重视和关注的"①。

如果公共阐释是以公共权力和政治法律制度为文本对象的辩护性阐释活动，这样的阐释活动则就既是一种公共行为，也同时是一种意识形态行为，基于此，沈江平、孟桢提出了公共阐释过度意识形态化的担忧②。在沈、孟二人看来，阐释活动的展开总是以一定的平台、空间为依托，公共阐释活动得以展开的公共平台、公共空间等场域都是在社会中酝酿和构建的，这样，公共阐释活动依靠的公共平台、公共空间就必然带有所属社会的意识形态属性。与此同时，作为公共阐释对象的文本本身和文本表达依托的语言也都具有意识形态的属性，这样，公共阐释活动也就必然是一种意识形态活动。在公共阐释这样一种意识形态活动中，不排除异于公共理性的阐释行为存在，从而造成公共阐释的过度意识形态化。沈、孟二人提出，要避免公共阐释的过度意识形态化，就"要协调文本和阐释之间价值的最大公约数，建立个体阐释的公共约束机制，尊重文本的'相对独立性'，保持文本与阐释者之间的有效对话"。③

# 五　展望

反理性、反基础、反逻各斯中心主义的强制阐释导致了真理的放逐、价值的失落和历史的碎裂，④ 当代人类精神无依的浮萍状态呼唤新的文艺理论范式。在这样的背景下，张江教授提出了公共阐释理论。在新时代语境下，公共阐释论的提出也深度契合了习近平总书记提出的"提高中国在国际上的话语权，迫切需要哲学社会科学更好发挥作用"⑤ 的深切要求与殷切期望。李潇潇认为，新时代中国特色社会主义发展为公共阐释的发展和完善提供了难得的机遇与条件，将公

---

① 张江、〔德〕尤尔根·哈贝马斯：《关于公共阐释的对话》，《学术月刊》2018年第5期。

② 沈江平、孟桢：《阐释：一种意识形态的视角》，《世界哲学》2018年第4期。

③ 沈江平、孟桢：《阐释：一种意识形态的视角》，《世界哲学》2018年第4期。

④ 张敏：《当代西方反理性主义思潮评析》，《理论探索》2007年第4期。

⑤ 习近平：《在哲学社会科学工作座谈会上的讲话》，人民出版社2016年版，第7页。

共性与人民性紧密相契，人类命运共同体的构建本身就是公共阐释。[①]可见，无论从理论研究上，还是在社会实践中，公共阐释理论的生成与发展都有深厚的土壤。

目前，公共阐释理论只是具备了一个粗略的理论框架和雏形，我们对这一理论的理解有待深入、阐释有待拓展、传播有待扩张、接受有待普及。要成为一个深刻且有广泛影响的理论体系，公共阐释论仍有许多理论难题需要解决，诸如：

第一，"阐释"还是"诠释"？在江怡看来，张江教授对于"阐"之植根于深厚中国传统哲学和历史渊源的阐发是以"字本位"为特征的中国文字诠释学，与西方诠释学传统讨论的主要内容一样，"阐释"对意义的解释也需要遵守解释主体介入和解释文本独立这两大基本原则。张江教授的"阐释"语境生成于对文本展开的文学诠释，而西方诠释学在由神学解释学向哲学诠释学演进的过程中则已经从文本诠释突破和上升到思想阐释。如果说对于文本的文学诠释聚焦于文本的心理意义，那么哲学阐释就必须超越语言去把握文本之外的意义。文本诠释也好，思想阐释也罢，在江怡看来，这不过是通向真理的不同道路。[②]但是，作为有别于"强制阐释"的"公共阐释"，其"阐释"之公共性的获得不仅在于"阐"之"字本位"的哲学传统和历史渊源，还需要更进一步地从阐释对象、阐释方法、阐释过程、阐释意义等方面去夯实其公共性之基础。因此，就概念而言，"公共阐释"的"阐释"之内涵有待进一步明晰和阐发。

第二，与西方诠释学一样，公共阐释也必须是一个理解、解释和应用的过程。虽然理解、解释和应用三者相互作用，但解释和应用实际上也是建立在理解基础之上的理解过程。理解的标准是达到真、善、美这三者的和谐统一。[③]那么，在真善美统一的理解标准规范下，公共阐释如何才能有别于并超越于强制阐释？公共阐释如何实现真善

① 李潇潇：《阐释的公共性及其探讨方式：哲学、政治学、公共管理学科对话》，《中国社会科学评价》2018 年第 2 期。
② 江怡：《"诠释"还是"阐释"：通向真理的不同道路》，《哲学研究》2018 年第 3 期。
③ 吴国林：《量子诠释学论纲：兼论公共阐释》，《学术研究》2018 年第 3 期。

美统一的理解标准规范下之"非强制"的自我辩护？

第三，公共性指谓的是阐述的空间场域，理性指谓的是主体阐释的思维状态，二者如何契合成就公共理性？或者如何保证在公共空间的表达为理性的表达进而上升为公共理性？又或者如何使得理性在公共空间中得以表达并上升为公共理性？

第四，公共理性到底是如何消解个体理性或个人非理性或公共非理性而成为公共阐释的有效性根基的？或者说，公共理性是如何生成为公共阐释的有效性根基的？

第五，个体理性如何在公共空间的表达中经社会理性上升为公共理性？上升路径是怎样的或者说有哪些？非理性在这种上升路径中有什么样的作用或者是如何被消解的？

第六，公共阐释的本体论基础是什么？如果是作为共在的人类或人类的共在，那么，人首先是作为个体的人，然后才是社会共在的人，人的个体性如何在公共阐释的本体奠基中不被歼灭？

第七，公共阐释的认识论基础是什么？也即李潇潇所说的，与公共阐释相融的真理观如何生成？只有诸如此类问题的解决都取得了突破性的进展，概念上明晰、逻辑上自洽、理论上完备的公共阐释理论体系才可能真正构建起来。

# "公共阐释"的理论价值与有效性[*]

王银辉[**]

继 2014 年的"强制阐释论"公诸学界之后，中国社会科学院副院长张江教授为中国文艺界的学术研究与发展，再次贡献了"公共阐释"这一理论命题。该命题继承了马克思主义文艺理论与美学思想，针对当下中国学界批评的现实和问题——历史虚无主义、极端相对主义、过度化的个体阐释等不良现象，着力倡导构建中国当代"公共阐释"理论，这一主张有助于摆脱西方解释学、解构主义等流派研究的窠臼与弊病，亦利于推进具有中国本土化特色的文艺理论建设和发展。

"公共阐释"这一理论命题继承了马克思主义思想。马克思从哲学与社会学等层面对人的个体性与社会性的关系加以阐释，充分肯定了二者关系的辩证统一，不可分割。马克思明确指出："人的本质不是单个人所固有的抽象物，在其现实性上，它是一切社会关系的总和。"[①] 马克思强调人的社会性、群体性与公共性，个体不可能是一种孤立的存在，个体的显现离不开人对"社会性"或类本质的确认，个体要得到发展，需要将其个人的力量视为社会或群体的力量，须认识到个体的力量只有置于人类共同体中才能发挥价值和效能。因为在

* 基金项目：教育部人文社会科学研究青年项目（15YJC751045）；河南省教育厅人文社会科学研究一般项目（2018—ZZJH—063）；河南大学 2017 年度基本科研业务费科研专项种子基金项目。
** 作者单位：河南大学文艺学研究中心。
① 《马克思恩格斯文集》第 1 卷，人民出版社 2009 年版，第 501 页。

马克思看来，"人就是人的世界，就是国家，就是社会"①。正是在具有社会性的公共集合体中，人自身才得以存在、发展。恩格斯继承马克思关于人的本质"是一切社会关系的总和"的思想，并将其在文学实践中的表现加以分析、论证。他从自己的文学批评实践出发，对文学阐释或批评的公共性与社会性，展开了不同程度的具体而不失精准的阐释。在分析、对比巴尔扎克、左拉等作家作品之后，恩格斯以"真实"和"典型"等创作原则对当时的文学实践进行总结，概括出了现实主义的基本内涵——"除细节的真实外，还要真实地再现典型环境中的典型人物"②，为现实主义文学文论中的"真实性""典型性"等"公共阐释"话语建构奠定了基础，有力地推动了之后各国现实主义文学和文学理论的发展。而后，列宁运用辩证唯物主义的能动反映论来阐释车尔尼雪夫斯基、托尔斯泰等作家及其作品，提出"整个社会民主主义的文学应当成为党的文学"③"列夫·托尔斯泰是俄国革命的镜子"④ 等文艺主张，主张文学要反映革命的某些本质，服务于广大群众，服务于党的路线与意识形态。尽管存在着将文学归结为意识形态的政治革命倾向，然而从某种意义上讲，列宁恰恰提出了一种对文学批评的"公共阐释"要求——"把文学艺术的价值同推动历史前进的革命连接起来，特别是要求现代文学反映无产阶级革命的某些本质方面"⑤。

　　立于马克思、恩格斯和列宁的文艺思想的坚实根基之上，通过统览并精析巴尔扎克、左拉、歌德、海涅、普希金、托尔斯泰等伟大作家作品，卢卡奇指出文学的任务应该是"肩负其伟大的社会使命，并易于为社会找到正确的道路，在这里揭示出新问题的人与社会、心灵与道德的基础"⑥。在卢卡奇看来，伟大的现实主义者实现了这一任

---

① 《马克思恩格斯文集》第 1 卷，人民出版社 2009 年版，第 3 页。
② 《马克思恩格斯选集》第 4 卷，人民出版社 1972 年版，第 462 页。
③ 列宁：《列宁选集》第 1 卷，人民出版社 1972 年版，第 651 页。
④ 列宁：《列宁选集》第 2 卷，人民出版社 1972 年版，第 369 页。
⑤ 冯宪光：《新编马克思主义文论》，中国人民大学出版社 2011 年版，第 15 页。
⑥ 《卢卡契文学论文集》（一），中国社会科学出版社 1980 年版，第 320 页。

务，而自然主义、表现主义等现代派文学则不利于、甚至会阻碍这一任务的实现。鉴于此，卢卡奇要求作家在创作实践中应有自己鲜明的价值观、世界观和人民立场，要写真实，进而主张文学批评的任务是"通过在文学领域中运用唯物辩证法，帮助揭示出和解释清楚那些最符合阶级斗争问题的……创作方法，并使它们的文学效果得以实现。在这里，文学批评绝不应该满足于专注批评我们的作家实际创作出来的作品，它更要努力借助开拓我们的全部遗产，如果必要的话，还应为实现这些发展倾向去同作家已有的实践进行斗争"①。卢卡奇的这些理论思想，从"社会使命"、人与社会的关系、"文学的任务""文学批评的任务"等层面思考，要求运用唯物辩证法进行文学阐释与创作实践，揭示出作家与批评家文艺实践的复杂性、现实性和社会性，丰富并发展了以"真实性、典型性、人民性和倾向性"② 为特征的现实主义理论。无论是马克思、恩格斯，还是列宁、卢卡奇等理论家，尽管均未直接提出"公共阐释"概念、特征及相关系列问题，然而他们无一例外地要求文学批评与阐释必须立足于人类实践，从人类发展的历史必然性出发，探索人类认知的真理性，研究文学发展的基本规律与方向，客观上强化了人类对理性的公共性与普遍性的认知，使人类的认知范式得到不断的提升与发展。

在继承马克思主义文艺学与美学思想的基础上，张江教授提出"公共阐释"这一理论命题，立足于中国文论发展中的现实和实际问题，着眼于中国当代文论的重构。他认为："中国文论建设的基点，一是抛弃对外来理论的过分倚重，重归中国文学实践；二是坚持民族化方向，回到中国语境，充分吸纳中国传统文论遗产；三是认识、处理好外部研究与内部研究的关系问题，建构二者辩证统一的研究范式。"③ 19 世纪中叶以前，中国古典文学之封建士大夫特征以及儒道释互为补充的基本结构尚未发生质的变化。"到了近代，中国传统文

---

① 《卢卡契文学论文选（第一卷）：论德语文学》，范大灿编选，人民文学出版社1986年版，第 668 页。

② 程代熙：《卢卡契和布莱希特的现实主义》，《文艺理论与批评》1990 年第 4 期。

③ 张江：《当代西方文论若干问题辨识——兼及中国文论重建》，《中国社会科学》2014 年第 5 期。

学的结构开始发生新的变化，呈现复杂的景象。"① 19 世纪 40 年代以后，随着西方列强用资本主义枪炮和商品打开闭关锁国的清王朝大门，国外资本开始不断输入，外国商品大量涌入，中国自给自足的封建经济出现解体，传统家庭手工业经济遭到巨大冲击。至 19 世纪六七十年代中国民族资本主义产生，传统自然经济的解体逐渐由沿海波及内陆地区。直至 19 世纪末 20 世纪初，伴随中国民族资本主义的发展，封建经济解体进一步加剧，中国完全沦为半殖民地半封建社会。资本主义经济不断涌入中国，对中国农村自然经济造成了毁灭性冲击的同时，亦为资本主义经济在中国的发展带来了某些有利条件。社会政治经济的剧变必然激发思想文化观念的转变，面对西方发达的科技与先进的政治制度，一些有识之士先后提出"睁眼看世界""以夷攻夷""师夷之长技以制夷"等观点，主张学习西方，改革中国，革除弊病，实现中国富裕强大之梦。思想文化观念的巨变作用于文学领域，继而引发诗歌、散文、小说、戏剧等文学样式及其创作观念和理论的变化。正是在这种背景下，各种新的思想意识与文化观念应运而生，出现了以龚自珍、魏源、冯桂芬、王韬等为代表的早期改良主义思潮。这些先知先觉者们开始意识到封建制度存在的某些缺陷，并提出一些经济文化方面的改良主张，将传统的"经世致用"观点进一步社会化，形成了鲜明的"今文派"经学思想。表现在文学方面：主张挣脱以往文学观念的羁绊，反对文学创作中的无病呻吟，提倡作实际有用之文。由于所处历史阶段和生活环境不同，早期改良主义者各自的思想存在着诸多差异，然而，他们无不力主突破陈旧文风，强调文学创作与现实政治生活的密切联系。无论是龚自珍、魏源的诗文还是冯桂芬、王韬的散文，明显带有这方面的创作印记和时代色彩。

这种具有民主色彩和较为开阔眼界的思想，为之后迅速形成更大范围的政治、思想文化运动奠定了坚实的基础。在此大环境之下，以康有为、梁启超、谭嗣同、黄遵宪、夏曾佑等人为代表的资产阶级改良派思想，既"继承了龚自珍、魏源的'今文派'经学的思想传统，

---

① 傅莹：《中国现代文学理论发生史》，上海文艺出版社 2008 年版，第 1 页。

又接受了西方资产阶级政治和文化的影响"①。他们企图通过建立君主立宪制,实现自上而下的改良,以延续封建帝制。尽管带有浓厚的封建色彩且改良最终失败,但其在中国所掀起的思想文化解放运动却意义深远。出于改良的需要,改良派将西方资产阶级的人文与社会科学的思潮及观念形态引入中国。"他们普遍从事文艺活动,把它作为宣传武器,扩大影响,争取群众,因而注意到了文学的样式与形式的问题。"② 他们在文艺领域的倡导与努力,最终促进了现代文学观念的萌生——主要体现在散文、诗歌、小说、戏剧等文学领域。为了加大政治宣传的力度与范围,资产阶级改良派借用西方文学的样式与体例,极为重视文体改革。他们反对文言,认为文言是"祸亡中国"之源,白话为维新改良之本,主张废文言崇白话。之后便形成了以直捷明快为特征的"新民体"。改良派不仅致力于文体方面的改良与探索,而且力图在诗歌、小说、戏剧方面有所突破。他们举起"诗界革命""小说界革命""戏剧改良"的旗帜,倡导"以旧风格含新意境"等创作追求,提出"熔铸新理想以入旧风格""新小说"等理论主张,以更好宣传西方的新思想、新理念,从而开启民智。梁启超、谭嗣同等人率先在新诗、小说理论与创作实践等方面获得可喜功绩,其理论对新诗、小说创作起到积极的指导作用。他们秉持对中国当时落后的社会制度、思想文化进行反思和批判的精神追求,开启民智、变革社会已经成为其思想的主旋律,西方民主、自由与科学的思想观念亦对其有所渗透。

不难发现,当时文学观念的变革,与"诗界革命""小说界改良""戏剧改良"有着紧密联系,二者可谓是相辅相成、相互促进,但究其根源,现代文学观念的萌生是当时中国资本主义商品经济兴起、近代商业都市勃兴的产物。社会的剧变催生了文学观念的演变。不论"文界革命"与"诗界革命",还是"小说界革命"和"戏剧改良",无不已经成为中国近代文学观念变革的重要组成部分。改良者们力求通过借鉴西方文学的"概念"、语言范式和思想内容等,以西

---

① 傅莹:《中国现代文学理论发生史》,上海文艺出版社2008年版,第2页。
② 周勋初:《中国文学批评小史》,复旦大学出版社2007年版,第164页。

方的现代性取替落后的封建文化，从而促进新的知识与文化产生，最终实现新国新民、强国富民的梦想。回望中国近代历史，自 19 世纪中叶始，"西学东渐"对中国文化的影响已显得甚为突出。在学习西方的政治、经济、文化、教育等内容的进程中，西方俨然成为楷模，而中国文化则逐渐被西方"文明"所遮蔽。自己本土文化的主体性地位、优越性渐趋丧失，在西方的各种先进技术与"文明"遮掩之下，甚至显现出遭遇消弭的颓势。在此大势所趋之下，中国的文论也在通过不断移植西方话语的建构中阔步奔赴"现代化"。久而久之，中国传统文论逐渐丧失了自己的声音，为强大的西方文论话语所"同化"。进入新时期以后，这种局面仍未得到根本性的扭转，西方各种文艺思想与理论流派不断涌入中国，俄国形式主义、新批评、结构主义、解构主义、女性主义、新历史主义、后殖民主义等各种理论话语弥漫于中国文艺理论界，为中国文艺实践带来新鲜血液的同时，某种程度上也阻碍了中国文论话语的构建。一些学者将西方文艺理论研究的概念、范畴或方法机械性地套用于文学与艺术研究领域，如审视女性形象，往往倾向运用女性主义批评方法研究；涉及东西双方问题，便时常拿后殖民主义理论展开探讨；一看到自然环境描写，不加区分地运用生态批评理论加以分析。这些不良现象不仅易导致文学研究的模式化与僵硬化，无益于文学与艺术理论的系统建设，而且更难谈得上推动中国文论的本土话语构建。因此，在短暂地沉浸于西方各色文艺思想和流派为中国学界注入的新鲜与活力的同时，不少学者开始反思，意识到实现中国文论的重建，离不开富有中国自身特色的理论话语。无论是张江教授首度提出的"强制阐释论"，还是其时隔两年后倡导的"公共阐释"，均是为实现中国文论重建这一目标所做出的更进一步努力和尝试。

　　张江教授的"公共阐释"命题，既是针对中国文论重建提出宏观构想和发展方向，又是具体针对当下文艺理论研究"个体阐释"中存在的不良倾向而提出的。"公共阐释"与"个体阐释"相对应，针对当下文艺理论界出现"个体阐释"极端私人化，仅停留于个人化的情感与想象，难以为他人所理解或接受，忽视阐释的公共性问题，最终沦为纯粹私人阐释的现象，对"个体阐释"提出公共约束——因为脱离社会和群体的个体是不可能存在，个体应承担起社会和群体所赋予的责任与使命。从这个意义上讲，"公共阐释"是对文学批评工作者提出的研究准则与学术要求。"公共阐释"要求批评者们要摆脱西方根深蒂固的非理性主义思潮、极端个人主义的不良阐释倾向，绝不能"走上一条极端相对主义和虚无主义的道路"①，必须坚持理性与非理性并重的科学阐释与研究方法。因此，对于"公共阐释"张江教授较为明确地给出了一个方向性的定义——"阐释者以普遍的历史前提为基点，以文本为意义对象，以公共理性生产有边界约束，且可公度的有效阐释"②。为了实现其阐释的有效性和科学性，张江教授进一步提出并分析了"公共阐释"的六大特征——"理性""澄明性""公度性""建构性""超越性"和"反思性"，这六个特征亦可视为阐释者在文艺研究中应遵循的基本原则和学术要求。

一是公共阐释的"理性"原则，要求阐释者必须以"理性"为根据和主导，将阐释对象经由最初的精神性体验与情感意志作用之后，通过理性予以筛选、提纯、建构，最终形成人类共通性认知的逻辑呈现，实现研究的逻辑性与科学性。理性是人类的本质特征之一，"理性思维领域是思想领域"③。文艺理论研究是以文本及与之相关的要素为对象，进行关于文艺及其发展的基本规律、研究方法或概念等方面的研究，从文本中获取人类发展过程中产生的宝贵思想财富，并为未来的发展提供参考和借鉴。对柏拉图而言，现实本质上是理性的，缺乏理性，人将无法获得知识；在亚里士多德看来，通过理性，人可以占有真理，获取知识；到了笛卡尔那里，理性的地位得到进一步巩固和提升，它不仅是人所具有的普遍性工具，为人类提供最牢靠的方法和标准来裁判知识的内容，而且被视为人的主观性和意识的核心。自古以来，许多理论家强调理性的地位与作用，对知识与真理的获取，通过理性才可能实现，唯有经过被理性予以筛选、加工之后的

① 张江：《公共阐释论纲》，《学术研究》2017 年第 6 期。
② 张江：《公共阐释论纲》，《学术研究》2017 年第 6 期。
③ ［英］安德鲁·埃德加、［英］彼得·赛奇维克：《文化理论：关键概念》，张喜华、祝晶译，河南大学出版社 2016 年版，第 263 页。

具有了逻辑性与科学性知识，才可能为他人所理解、接受，进而才会成为人类共通性的认知。

二是公共阐释的"澄明性"原则，是针对人文学科研究出现的令公众难以理解和接受的文本晦涩现象而提出的。它要求阐释者在学术研究过程中，不仅仅将阐释的语言作为个人表达的工具，更应实现交流的开放与澄明，从而有助于公众的理解与接受。将西方文艺理论译介至中国，其目的之一是要为中国文艺界在研究方法、概念及范式、理念等方面带来新鲜的活力，革新中国的文艺研究。然而，在现实的学习与借鉴过程中，学界有部分学者身上出现了纯粹为概念而进行概念的剖析，为纯粹理论而进行理论研究的不良倾向，其研究甚至陷入文字或理论的游戏之中，缺乏问题意识与时代精神，致使本该清晰易懂的理论变得深奥艰涩，使理论无法回到生活层面，难以为大众所理解、认知。"澄明性"原则就是针对这些问题，强调研究者应将理论通俗化，深入浅出，以清晰易懂的语言揭示文艺的道理、真理，促进文艺的学术研究回归生活，便于学者之间的沟通交流，促进理论在大众之间的理解、接受与传播。

三是公共阐释的"公度性"原则，是针对阐释者的阐释内容而言。要求阐释内容必须"具有广泛共识的公共理解"。"公度性"中的"公"指的是公共的、共同的、大众认可之意，"度"意为准则。阐释的"公度性"即指理论阐释的内容应达到能为公共大众理解和接受的准则所应具备的特性。阐释的目的之一是为了解释对象本身，揭示真理，获取知识。欲实现该目的，离不开阐释的内容获得社会认可这一先决条件，而要获得社会认可就不能不经受公共大众的检验，不能获取公共广泛认可的阐释，其价值与意义是难以实现的。因此，阐释者应遵守阐释的"公度性"原则，围绕研究内容进行客观的、多维度的且具有广泛共识性的有效阐释。

四是公共阐释的"建构性"原则，要求阐释者的阐释内容、观点不仅要富有创新性，而且能提升并建构公众理解，具有教化与实践意义。学术研究是科学研究的一种，科学研究的一大内容是要求发现新的问题，寻找解决的方法，在研究过程中建立一系列本专业领域的工具、原理、规则、技巧、方法、概念……进而确立自己的理论体系。

缺乏创新，没有新发现的研究称不上真正意义上的科学研究。文艺研究亦是如此。学术研究者面对研究对象不可故步自封，须善于提出新问题，获得新的认知，始终保持创新活力，方能真正推动本专业领域的科研发展。与此同时，致力于促进公共大众对相关专业知识的理解、认知，亦可对公共文化素养提升的实践价值及现实意义的彰显有所贡献。

五是公共阐释的"超越性"原则，要求阐释属于阐释者个体的同时，更要实现阐释者个体自身的扬弃和超越，成为公共性的；既属于特定时代的，又能够超越特定的时代，显现出永恒性和普遍意义。"超越性"原则是建立在公共阐释的"理性""澄明性""公度性""建构性"基础之上的，相当于传统意义上的"形而上学"原则。它要求阐释本身必须以文本为意义对象，在兼顾阐释的科学性与逻辑性（"理性"）"澄明性""公度性""建构性"的同时，能够超越纯粹的研究对象，进行生发和提升，思考并探索世界的本真、世界存在的原因及人在世界中的价值与意义等哲理。其中诸多问题仅靠自然科学是无法回答的，出色的阐释研究应既立足于问题本身，又超越问题的局限，其阐释必须具有哲思特性。

六是公共阐释的"反思性"原则，要求阐释者自身的个体阐释与公共阐释展开对话交流，在此过程中不断反思甚至质疑、批判，提升个体阐释，进而丰富公共阐释。"反思性是自我指涉功能。因此，一种反思性的文化理论会将理论自身的立场和构建当成文化制品来考虑。"①《论语·学而》中言道"吾日三省吾身"，强调一个人要时常反省自己，对于一个从事学术研究的工作者更应如此。他不仅要反省自己，反省自己研究的个体阐释本身，观照其相应的学科体系并延展至相关学科领域，不断寻求理论上的突破与创新，更要立足于本民族文化的现实与问题，反思已有研究成果的贡献及弊端，着力于民族文化的未来建设与长远发展，从而为实现本民族乃至世界文化发展的科学性、多样化提供科学的理论阐释与策略参考。

---

① ［英］安德鲁·埃德加、［英］彼得·赛奇维克：《文化理论：关键概念》，张喜华、祝晶译，河南大学出版社 2016 年版，第 269 页。

面对张江教授提出的"公共阐释"这一新命题，首先应该肯定它为助力中国文论重构，解决当下文论中存在的一些问题开拓了新的研究领域和实践方向，同时亦不可忽视阐释的多维度、复杂性与现实性。

张江教授对"公共阐释"所作的界定为学界理解这一概念指明了方向，其中部分内涵的指向亦不妨进一步展开深入探讨，比如何谓"普遍的历史前提"问题。"普遍的历史前提"，在张江教授看来，指的是"阐释的规范先于阐释而养成，阐释的起点由传统和认知的前见所决定"①，其中，"阐释的规范"是什么，"传统和认知的前见"指涉的内容具体为何，可渐进探讨从而明确丰富。就"阐释的规范"而言，对"阐释"的内涵，不同理论家的理解不尽相同。弗里德里希·施莱尔马赫将"阐释"视为一个循环过程，因为文本中每个部分的意义都取决于整体，反之亦然；在海德格尔看来，"阐释"关乎的是"此在"及其自身存在的问题，阐释性理解是一个短暂结构，忙于解释性活动，意义与解释对于此在的"在"是异乎寻常的重要；伽达默尔则认为，阐释建立在"先有""先见""先概念"的基础之上，并非依据自由与理性的标准展开，而是以"偏见"的形成为前提，通过阐释来改变以往对文本的"偏见"，产生新的"偏见"，无限发展下去，因此，阐释是一个无限的过程，等等。同样，"规范"的概念及其内涵与外延也是非常繁杂的，既包含法律、道德、审美、习俗、礼仪等方面的规则，亦指涉理想层面的人生观、价值观、世界观和目标等，涵盖社会内部的惯常行为以及理想的或规定的行为方式等诸多内容。

除了对"阐释"理解的不确定性外，"阐释者以普遍的历史前提为基点"中的"阐释者"与"历史前提"及其之间关系的问题也有待进一步厘清、明确。人类社会发展的历史是客观的，然而每个阐释者自身成长发展的历史却不尽相同，携带着个体独特经历的印记，经历的差异往往会导致不同个体间情感、思想与观念差异的形成，而不同个体从自身情感倾向、人生观、价值观与世界观出发，审视文本并

---

① 张江：《公共阐释论纲》，《学术研究》2017年第6期。

进行阐释，得到的阐释结果时常会存在较大差别，如周树人、周作人兄弟的文学创作及其对文学的阐释。不可否认，"阐释本身是一种公共行为"①，却不仅仅是一种公共行为，亦具有个体行为的属性，首先是作为个体行为而存在的。阐释个体的差异不可避免地会产生个体阐释的差异，这种差异与多样化，在丰富"公共阐释"的同时，也会不同程度地影响甚至阻碍"公共阐释"的形成或提升，因此，学界应该注意到并允许个体阐释的差异与多样化的存在，这是各国文艺批评中普遍存在且业已认可的事实。当然，阐释者的任务是将这种个体行为努力提升为"一种公共行为"，以"公共行为"为目标来要求、鞭策自己。当代中国，文艺批评家或阐释者的具体任务离不开重建中国文论这一核心目标，构建具有自己民族特色的系统的文论话语，形成富有中国特色的"公共阐释"。此外，正如特里·伊格尔顿所主张的——"社会主义批评家的首要任务是要参加大众的文化解放这项事业"，同时，"我们需要牢记我们的这个任务"，如牢记"公共阐释"对阐释者本身所提出的任务一样，"思考批评家的任务是批评家们在面临任务到来时不会缴械投降的一种方法"②。这些主张和见解或许对于全面深入理解"公共阐释"，重建中国文论话语不无裨益。

再者，公共阐释的阐释对象是文本及其意义。首先，阐释是一种阐明并解释的行为，具有个体的主观性和情感色彩，并且由阐释所产生的批评是"一种思想和知识的结构，这种结构本身有权利存在，而且不依附于它所讨论的艺术，具有一定程度的独立性"③。批判和阐释有一套自身的逻辑及科学话语系统，这一话语系统虽为公共性社会群体所创造、运用，但其一旦产生，便具有自身的独立性。因此，

"批评家拥有自身的活动领域，并在该领域中享有自主权……批

① 张江：《公共阐释论纲》，《学术研究》2017 年第 6 期。
② ［英］特里·伊格尔顿、马修·博蒙特：《批评家的任务——与特里·伊格尔顿的对话》，王杰、贾杰译，北京大学出版社 2014 年版，第 289 页。
③ ［加］诺斯罗普·弗莱：《批评的解剖》，陈慧、袁宪军、吴伟仁译，百花文艺出版社 2006 年版，第 6 页。

评是按照一定特定的观念框架来论述文学的"①，若丧失自主性和独立性，文艺批评和阐释则有可能会背离甚至迷失其自身的价值和属性。因此，阐释或批评本身具有自身的独立性和自主权，若以公共的外部批评视角予以约束或干预，某种程度上会削弱人文学科阐释的科学性、独立性、自主性和多样性。其次，阐释应该从阐释文本的客观出发。文本由作家个体创造，在特定的社会与时代语境中产生，其一旦产生便具有自身的独立性，其语言、结构、文化特色与思想意蕴等内在因素便不依赖于创造它的作家和社会时代，这样看来，文本是含有不同标准的若干层面的体系。②"公共阐释"既是一个描述性概念，同时又是一个规范性概念。若阐释单纯从"公共"的视角加以限制（这也仅是外部视角的一个维度），以公共理性予以要求，便会影响甚至有损文本自身的审美想象、情感内容、价值倾向、伦理取向、思想价值与艺术魅力等。

张江教授的《公共阐释论纲》对阐释是公共行为还是私人行为，阐释内容的公共认证等层面作了深入论证，更多地从阐释的外部对阐释者（文艺研究工作者）以及人文学科的建设与发展提出了进一步的要求，无疑有助于推动中国文论的丰富发展，为中国文论话语重建这一功在当代利泽后世的工程又添柱石。此外，对于阐释本身的主观性、多元化与科学性，阐释者的主体个性、能动性以及阐释文本及意义的论述诸层面的问题，仍可渐进展开深入探讨，予以充实和丰富，立足于"公共阐释"业已铺就的理论高阶，并为其坚实宽广继续添砖加瓦，从而将学界的理论瞭望与理论建构引向更为辽阔而崭新的空间。

---

① ［加］诺斯罗普·弗莱：《批评的解剖》，陈慧、袁宪军、吴伟仁译，百花文艺出版社 2006 年版，第 8 页。

② ［美］勒内·韦勒克、奥斯汀·沃伦：《文学理论》，刘象愚、邢培明、陈圣生译，江苏教育出版社 2005 年版，第 170 页。

# 量子诠释学论纲[*]

## ——兼论公共阐释

吴国林　叶汉钧[**]

# 一　引言

诠释学的希腊文 Hermeneutike、拉丁文 hermeneutica、德文 Hermeneutik、英文 hermenentics，它们来源于赫尔默斯（Hermes）。在希腊神话中，赫尔默斯是一位信使，他来往于诸神与凡人之间，给人翻译和解释诸神的消息和指示。诠释学的基本意思是：关于传达、翻译、解释和阐释的学问或技艺。hermenentics 一词有多种翻译。洪汉鼎认为，hermenentics 译为诠释学，更符合学理一些。从语言学来看，interpretation（解释）更接近 hermeneuein 的翻译。[①] 将 hermenentics 译为解释学也是适当的。中国港台地区用"诠释学"翻译。洪汉鼎说，按照德文学家的观点，interpretation 至少有两个涵义：用德文表示为 Erklräung 和 Auslrgung。Erklräung 侧重于从原则或整体上进行说明性、描述性的解释；Auslrgung 偏重于从事物本身出发进行阐发性、揭示

＊ 本文系 2015 年度国家社科基金重大项目（第二批）"基于信息技术哲学的当代认识论研究"之子课题"量子信息技术的认识论研究"（15ZDB019）、华南理工大学基本科研业务费团队建设项目"当代技术的认识论研究"（x2sx/C2170110）的阶段性成果。

＊＊ 作者单位：吴国林，华南理工大学哲学与科技高等研究所、科学技术哲学研究中心；叶汉钧，华南理工大学马克思主义学院。

① 在量子力学中，interpretation 原来多译为"解释"，即量子力学解释。近年来，多译为"诠释"，即有后面将要讨论的量子力学诠释，这也是本文将 hermenentics 译为"诠释学"的一个重要理由。

性的解释，我们可译为"阐释"。①可见，interpretation 既有从原则或整体上进行的说明性的外在解释的涵义，又有从事物自身内在阐发性的内在解释的涵义。简言之，既有外在解释，又有内在的自身的解释。

从中文来看，"诠"，形声字。从言，全声。基本涵义为详细解释和阐明事理。而"全"，为完全、完备、完整、完美之意。"诠"字还有道理、事物的规律等涵义。笔者赞同将 hermenentics 译为"诠释学"，这就是说，诠释学不仅是对文本（对象）的理解和解释，还必须获得文本（对象）所揭示的道理和规律。

简言之，在笔者看来，诠释学就是对文本进行内在的、外在的说明、解释和理解的学问，还包括探索文本（对象）的内在规律。只有获得了文本（对象）的规律，我们才能更好地理解文本。

在中世纪，诠释学主要是《圣经》诠释学。近代科学革命以来，自然科学的实证性和有效性对人文学科提出了严重的挑战，人文科学是否具有自然科学那样的科学性和有效性呢？在德文中，精神科学是自然科学的对应词。为了给精神科学奠基，并与自然科学相区别，狄尔泰认为，自然科学与精神科学的方法的差别是说明（Erklärung）与理解（Verstehen）。"说明"是将观察和实验等个别事例纳入一般规律之中，采用因果解释方法。而"理解"是通过自身的内在的体验进入他人内在的生命，进入人类精神世界。即是说，精神科学是对世界的内在"理解"，不同于自然科学的因果说明。

自然科学能否用诠释学方法，是存在争论的。著名科学哲学家波普尔不同意狄尔泰仅仅把诠释学局限于人文学科领域。他认为，人对事物的认识就是一种解释或注释，也是可能出错的，而且观察渗透着理论。理解既是人文学科的目的，也是自然科学的目的。

经过海德格尔和伽达默尔的改造，诠释学不仅关注文本，更重要的是关注存在。诠释学不仅是方法论的，而且从根本上就是存在论的（ontological）。在海德格尔此在诠释学中，这里的理解不是与"说明"相并列的一种认识方式，也不是要进入他人内心的精神世界，理解本

---

①　洪汉鼎：《当代西方哲学两大思潮》下，商务印书馆 2010 年版，第 441 页。

身已经成为此在"在世"的一种基本方式，从而成为狄尔泰式"理解"和"说明"之共同基础的东西。理解就是与事物打交道。理解的最本真的方式就是在事物自身的运作中让自身被揭示出来。换言之，理解事物就是理解者（此在）以自己的存在方式让事物显现出来。如对锤子的锤性的理解，就是在锤子的使用中显现出来。理解就是解释，也就是把理解中筹划的各种可能性整理出来。或者说，理解既面向过去与现在，还面向将来，显现将来事物的可能性有什么。让现在的存在拥有未来的意义，就是一种理解。海德格尔的存在论就是诠释学。在海德格尔看来，存在是一种发生、展现的状态，也就是将存在自身通报出来，将信息释放出来，只不过这里用的不是语言，这就是存在论意义上的解释。存在自身展现出来，相当于用一种"存在式的语言"把存在的情形显示出来。理解与解释活动本身就是"此在"结构的展开，即人存在的一种历史过程。人的理解与解释活动并非某种纯粹的智力活动，而是人的整个生存活动的一个部分。比如，人学习打羽毛球，就是一个从头到身体的理解，它是人的生存的一种状态。人的生存活动内在地规定着人的理解活动，而人的理解活动则是人的生存活动的历史性展开。

既然诠释是存在自身状态的显示，那么，自然科学的对象（如微观客体）的存在状态展示出来，就是一种诠释。正如从事量子力学现象学研究的美国著名学者希兰（P. A. Heelan）所言，诠释学已成为指向存在的"强诠释学（strong hermeneutics）"，而不是仅指向狭义文本的"弱诠释学（weak hermeneutics）"。后现象学创始人伊德（Don Ihde）认为："一方面，自然科学同样也与诠释学有密切关系，现在是解构'狄尔泰分界线'的时候了；另一方面，在自然科学中所发展起来的独特的诠释学技巧，对于人文和社会科学来说，也有深层含意。"[①]一般来说，文字文本被认为是诠释学的标准文本，图像、雕塑等被视为"准文本"。但在伊德看来，由于技术的作用，自然科学中广泛应用的物质性诠释学在客观知识的制造，推动人类学、历史学、

---

[①] ［美］唐·伊德：《让事物"说话"：后现象学与技术科学》，韩连庆译，北京大学出版社 2008 年版，第 97 页。

考古学等学科的发展优于文字诠释学。

目前，诠释学主要是对经典的、宏观的文本（事物）进行诠释。对于量子世界（量子文本）的诠释还不多，仅有国外几位学者在研究，而国内较少有学者进行此项研究，其中厦门大学曹志平对国外科学诠释学进行了较为全面的梳理，但对于量子世界的诠释学研究还没有展开。① 诠释学应当是具有普遍意义的方法，它既能对宏观的人文现象进行诠释，也能对自然现象（自然科学现象）进行诠释；它既要对经典现象进行诠释，也要对量子现象进行诠释，以让人们更好地理解和利用量子现象和量子世界。

事实上，量子力学是可以被诠释的（interpreted）。量子力学中有一个非常重要的量子力学诠释（interpretation）问题。量子力学的诠释，既是对量子世界的外在解释，又是对量子世界自身的内在解释，也包括因果解释。希兰认为，量子力学可以被诠释为在物理科学和社会科学之间的一座桥梁。他说，基于玻尔和海森堡精神，量子力学被诠释为物理对象。这些物理对象被揭示为定域的、社会的和历史的测量过程之内。量子力学测量的诠释学特点揭示出与诠释学的社会/历史科学的紧密的相似性。科学的诠释学分析要求从认识论态度转向本体论（ontological）态度。② 本文将在更宽的意义上对量子现象和量子世界进行诠释，这里包括对量子力学和量子信息理论的诠释，笔者称为"量子诠释学"。

量子诠释的根本目的在于认识量子世界、改造量子世界，并使人与量子世界和谐共处。

张江教授面对走上一条极端相对主义和虚无主义道路的西方的哲学和本体论诠释学，提出了积极的公共阐释论。他说："公共阐释的内涵是：阐释者以普遍的历史前提为基点，以文本为意义对象，以公共理性生产有边界约束，且可公度的有效阐释。公共阐释具有以下六个特征：第一，公共阐释是理性阐释；第二，公共阐释是澄明性阐

① 曹志平等：《科学诠释学的现象学》，厦门大学出版社 2016 年版。

② P. A. Heelan, "Quantum Mechanics and the Social Sciences：After Hermeneutics", *Science and Education*, No. 4, 1995.

释；第三，公共阐释是公度性阐释；第四，公共阐释是建构性阐释；第五，公共阐释是超越性阐释；第六，公共阐释是反思性阐释。"① 笔者将研究量子诠释的基本特点与规律，进而审查西方的哲学与本体论的诠释学。本文的量子诠释研究将否证主流诠释学的非理性、非实证、非确定性等观点，支持公共阐释的基本观点。

## 二　诠释具有确定性

20 世纪中后期，随着后现代主义的兴起，一些人文理论，否定认识能够追求真理，否定对历史、文学等的确定性诠释，片面强调理解和诠释的无限开放与任意。在这些学者看来，这种观点有一个重要的自然科学依据，那就是量子力学中的海森堡不确定原理，这一原理可以为否定人类理性找到借口。美国后现代诗人奥尔森提出："作家或诗人需要采取一种创造性的立场，这就是物理学的立场，他们必须要对事物做出测量，然而他们只能获得近似值，或者测知事物的速度，或者测知事物的位置，二者不可同时兼得，这也正是海森堡的'测不准原理所阐明了的'。"② 意大利符号学创始人之一安伯托·艾柯就提出："作品的开放性和能动性要求确立不确定性和非连续性这样的概念，这也正是量子物理学的一些概念，与此同时，这些现象又显出爱因斯坦物理学的某些情况所具有的启示性形象。"③

事实上，海森堡不确定原理真是这样吗？我们有必要进行一下文献考证。最早的不确定原理是由海森堡于 1927 年提出的。海森堡是用德文写出来的，他使用了 Ungenauigkeit（indeterminacy）一词，用来描述基本的理论原则，只是到了论文最后的尾注中才使用了 Unsicherheit（uncertainty）。④ 在海森堡 1930 年的德文著作 *Physikalische Prinzipien der*

---

① 张江：《公共阐释论纲》，《学术研究》2017 年第 6 期。

② 转引自刘象愚《奥尔森的后现代主义诗论、诗作与量子力学》，《山东师范大学学报》（人文社会科学版）2002 年第 5 期。

③ ［意］安伯托·艾柯：《开放的作品》，刘儒庭译，中信出版社 2015 年版，第 21 页。

④ W. Heisenberg, "Über den anschaulichen Inhalt der quantentheoretischen Kinematik und Mechanik", *Zeitschrift für Physik*, 1927, vol. 43 (3 – 4): pp. 172 – 198.

*Quantentheorie* 中，他使用了另外一个词 Unbestimmtheits。① Unbestim-mtheits 被英译为 uncertainty，于是，译文 "uncertainty" 开始被使用了，后来就变得流行起来。Unbestimmtheit 被英译为 uncertainty 是正确的，但是，中文将 Unbestimmtheit 译为 "测不准" 就是有问题的。海森堡的这部德文著作 *Physikalische Prinzipien der Quantentheorie*，英文译为 *The Physical Principles of the Quantum Theory*，② 中文译为《量子论的物理原理》，③ 由王正行等翻译。

海森堡是通过经验对原有概念的改变来展开讨论的，即经验是形成概念的基础。他讨论了狭义相对论和广义相对论对时间和空间的限制。比如，他说："狭义相对论的特征就是按照实验对'标尺'和'时钟'等概念进行了批判。这个批判是从这样一点开始的，即在我们平常的概念中，始终隐含着这样一个假设：在原则上存在具有无限大传播速度的信号。但是后来经验证实，在自然界中并不存在任何比光速更快的速度，于是我们便把这个对速度的限制设想为一条自然定律。"可见，海森堡是从经验到概念的转变角度来讨论量子力学中的不确定性原理，以此表明，他提出的不确定原理是从经验到概念或理论的路向。他说："在原子物理学中却不允许我们做这种假定，因为原子过程的特征不是连续变化的，'观测者'与'客体'之间的相互作用会对被观测体系引起不可控制的大的变化。""类似地，我们可以把同时测量两个不同的物理量有一个精度下限，即所谓测不准关系（德文为 Unbestimmtheitsrelationen，英文为 uncertainty relations，下同）假设为一条自然定律，并以此作为量子论对经典概念进行批判的出发点。这个'测不准关系（德文为 Unbestimmtheitsrelationen，英文为 uncertainty relations)'告诉我们，要对原子过程作出一致描述，必须在多大程度上摆脱经典概念的限制。"④ 因此，海森堡在这里已使用

①　W. Heisenberg, *Physikalische Prinzipien der Quantentheorie*, Leipzig: Hirzel, 1930.

②　W. Heisenberg, *The Physical Principles of Quantum Theory*, Trans. C. Eckart and F. C. Hoyt, Chicago: University of Chicago Press, 1930.

③　［德］海森堡：《量子论的物理原理》，王正行等译，科学出版社 1983 年版。

④　［德］海森堡：《量子论的物理原理》，王正行等译，科学出版社 1983 年版，第 2—3 页。

Unbestimmtheits，表示不确定的、不一定的、不肯定的。英文使用"uncertainty"，而中文使用"测不准"的译法是有问题的。因为即使在仪器的测量中，两个物理量存在一个测量下限，这就一定是测量仪器的原因吗？在第二章第一节专门讨论"不确定关系"，其德文是 Unbestimmtheitsrelationen，英文是 uncertainty relations。在第二章的第二节、第三章的第一节，都含有德文 Unbestimmtheitsrelationen，英文是 uncertainty relations。可见，德文与英文都没有包含测不准的意思。

现在的问题是，不确定原理能否从更一般的原理推导出来，它的精确含义是什么？它与测量有关吗？

20 世纪 20 年代，德国物理学家海森堡利用微观粒子的波动图像，从波包出发，根据光学规律和微观粒子所满足的基本规律，可以近似推导出不确定关系，$\Delta q \Delta p \geq h$。这里 q 表示位置，p 表示动量。海森堡不直接使用波动图像，借助于量子论的数学公式及其物理解释，推导出了更严格的不确定关系，$\overline{\Delta p^2 \Delta q^2} \geq \left(\dfrac{h}{4\pi}\right)^2$。[①] 通常的得到普遍证明的不确定关系，是 1929 年罗伯逊（Robertson）获得的不确定关系（下称罗伯逊不确定关系）：[②] $\Delta A \Delta B \geq \dfrac{1}{2}|<[A,B]>|$。换言之，任意态下的力学量 A 与 B 的均方差都满足这一不等式。在文中，罗伯逊将定义为 A 的"不确定"（uncertainty）。将上式应用于坐标 x 与动量 $p_x$，而 $[x, p_x] = i\eta$，[③] 就一定可以得到常见的坐标与动量之间具有的不确定关系：$\Delta x \Delta p_x \geq \eta/2$。[④] 通常的涵义是：坐标与位置的不确定的积不小于 $\eta/2$。或者说，不论微观粒子处在何种状态，它的坐标与动量不能同时具有确定值，它不能超过普朗克常数的限制。这里的坐标与动量的确定的数值的大小，与测量没有任何关系，而是量子世

---

[①] ［德］海森堡：《量子论的物理原理》，王正行等译，科学出版社 1983 年版，第 12、15 页。

[②] H. P. Robertson, "The Uncertainty Principle", *Phys. Rev*, vol. 34, 1929, pp. 163 – 164.

[③] 这里的普朗克常数 $\eta = h/2\pi$，h 也是另一个普朗克常数。

[④] 这里 $\Delta x$ 表示 $\sqrt{<(\Delta x)^2>}$，$\Delta p_x$ 表示 $\sqrt{<(\Delta p_x)^2>}$。

界的本性使然。

不确定关系有许多方法进行推导。1929 年的罗伯逊方法，已为大家所公认，并且为各种教科书所引用。对于不确定关系，为什么在数学的推导上没有"同时"的涵义，而在物理的表述上加上了"同时"的限制呢？算符 A 与 B 之间的罗伯逊不确定关系，仅仅是数学上的一个结论吗？从量子力学来看，能够表示一个物理观测量的算子，在数学上必须满足的条件是：线性，自伴性，在态矢量空间内作用，本征态组有完备性。从数学上看，确定一个算子的关键是确定它与其他算子的乘法对易规则。[①] 可见，坐标算子与动量算子满足海森堡对易关系。真正的物理学的新内容是海森堡对易关系 $[x, p_x] = i\eta$，为什么有这样的关系呢？

罗伯逊不确定关系给我们一个启示：如果 $[A, B] = 0$，[②] 即 A、B 是对易的，那么，A 与 B 就可以同时确定，就如同在经典物理中，坐标与动量是可以同时确定的。然而，因为 $[A, B] \neq 0$，A、B 是不对易的，那么，A 与 B 就不可能同时确定。只要不同时，A 与 B 就都可以得到准确的确定或测定。正如海森堡明确指出：不确定关系"所讨论的，是在量子理论中同时测量几个不同量的精确度问题，这一关系对单独测量位置或速度的精确性并无限制。"[③] 除了空间位置与其动量之间有不确定关系，能量 E 与其时间 t 之间也有这样的不确定关系，于是，不确定关系就上升为不确定原理，这是量子世界的一个基本原理，具有奠基性的重要意义。

现在的问题是，不确定原理是否意味着，知识具有不确定性？对知识的诠释是不确定的？笔者前述已经阐明，不确定原理对于大量微观粒子或单个粒子都是适用的。这就是说，我们获得了它的确定的位置，都不能同时获得其确定的动量，反之亦然。这是否意味着不能获得位置与动量的确定性知识呢？

---

① 王正行：《为什么不确定原理是量子力学的基本原理》，《大学物理》1996 年第 1 期。

② $[A, B] = AB - BA$。在经典世界中，$3 \times 2 - 2 \times 3 = 0$，这表明经典世界是对易的世界。而在量子世界中，$[x, p_x] = xp_x - p_x x = i\eta \neq 0$，就是坐标与动量是不对易的，因而导致坐标与动量之间有不确定关系。

③ ［德］海森堡：《量子论的物理原理》，王正行等译，科学出版社 1983 年版，第 16 页。

下面我们需要考察一下不确定性原理的前提是什么？中国科技大学张永德教授指出："在这个广义不确定关系（包括 Heisenberg 不确定关系）的推导中，只用到了前三个公设，并未用到 Schrödinger（薛定谔）方程公设。"① 不确定原理所用的量子力学的前三个公设是：量子力学的第一公设——波函数公设，第二公设——算符公设，以及第三公设——测量公设，还没有用第四公设——微观体系动力学演化公设（或薛定谔方程公设）。

第一公设认为，量子力学中一个微观粒子的状态可以用一个波函数 $\psi(r, t)$ 来完全描述。该公设表明，微观粒子的状态是由波函数来表示的，而且它完全描述了微观粒子的状态。波函数是粒子坐标和时间的复函数，它的绝对值的平方表示微观粒子出现在时空中的概率密度。当我们说同时测量不对易的两个力学量（如坐标与动量）时，我们不能同时确定它们。但是，这并不是说，我们不能获得不对易的两个力学量（如坐标与动量）的确定的知识。事实上，我们可以通过波函数来完全描述微观粒子的状态。波函数本身也表明了一种关于微观粒子的知识的确定性，因为微观粒子的状态可以用波函数严格地表达出来，而且量子力学以来的实验都支持了波函数公设。在笔者看来，波函数不仅是描述微观粒子的复值函数，而且它本身具有物理的实在性。②

第四公设给出了微观粒子满足的根本方程，即波函数满足的薛定谔方程。在薛定谔方程中，描述微观粒子的波函数，粒子要么是在坐标空间中的分布函数，要么是在动量空间中的分布函数，而不可能坐标与动量同时出现在波函数的公布函数中。但是，波函数的坐标分布函数与动量分布函数是等价的，更严格来说，这两种表象是等价的。这就是说，人们既可以通过测量坐标来确定微观粒子所处的状态，也可以通过测量动量来确定微观粒子所处的状态。但是不能同时对坐标和动量这两个物理量进行测量。

退一步讲，不确定关系本身也给出了坐标与动量之间的关系，这

---

① 张永德：《量子力学》，科学出版社 2002 年版，第 30 页。
② 吴国林：《波函数的实在性分析》，《哲学研究》2012 年第 7 期。

样的知识又是确定的。下面笔者将要谈到新的海森堡不确定关系，通过利用量子纠缠，直接使两个不对易的力学量同时准确确定，而且还可以调整它们之间的确定程度。

事实上，爱因斯坦、波多尔斯基和罗森早在 1935 年的 EPR 论文中就提出：如果 AB 两个微观粒子是纠缠的，可以同时准确测量粒子 A 的位置和粒子 B 的动量（这并不违反不确定原理），然而根据两个动量之间的量子纠缠，从粒子 B 的动量又可以推出粒子 A 的动量，于是，等价地讲，可以同时确定 A 粒子的位置和动量。爱因斯坦等人由此质疑量子力学的完备性。[①]

新近由贝塔（M. Berta）等人对不确定原理做出了开拓性研究，给出了定量描述，[②] 在观测者拥有被测粒子"量子信息"的情况下，被测粒子测量结果的不确定度，依赖于被测粒子与观测者所拥有的另一个粒子（存储有量子信息）的纠缠度的大小。原来经典的海森堡不确定原理将不再成立，当两个粒子处于最大纠缠态时，两个不对易的力学量可以同时被准确确定，由此得到基于熵的不确定原理，此理论被称为新的海森堡不确定原理。[③] 熵的不确定原理最近首次在光学系统中验证。[④] 可见，原有的不确定原理与量子信息没有联系，而量子信息的引入，特别是量子纠缠的引入，就可以同时确定一个粒子的位置和动量。当两个粒子处于最大纠缠态时，被测粒子的两个力学量可以同时被准确确定。

旧的不确定原理告诉我们，量子世界是不确定的，不可对易的力学量不可能同时具有确定值。但是基于熵的不确定原理则表明，利用

---

① A. Einstein, B. Podolsky and N. Rosen, "Can Quantum-Mechanical Description of Physical Reality Be Considered Complete?" *Phys. Rev.*, vol. 47, 1935, pp. 777 – 780.

② M. Berta, M. Christandl, R. Colbeck, et al., "The Uncertainty Principle in the Presence of Quantum Memory", *Nat. Phys.*, vol. 6, 2010, pp. 659 – 662.

③ 具体表达式为：$H(R \setminus B) + H(S \setminus B) \geqslant \log_2 \frac{1}{c} + H(A \setminus B)$，其中 $H(R \setminus B)$ 和 $H(S \setminus B)$ 是条件冯·诺依曼熵，表示在 B 所存储的信息辅助下，分别测量两个力学量 R 和 S 所得到的结果的不确定度。$H(A \setminus B)$ 是 A 与 B 之间的条件冯·诺依曼熵，c 是 R 和 S 的本征态的重叠量。显见，新的不确定关系比旧的不确定关系要复杂得多。

④ Li C. F, Xu J. S, Xu X. Y. et al., "Experimental Investigation of the Entanglement Assisted Entropic Uncertainty Principle", *Nat. Phys.*, vol. 7, 2011, pp. 752 – 756.

量子纠缠（技术）可以将不可对易的力学量同时准确确定。由于量子纠缠的纠缠度可以通过量子技术进行调节，即通过控制纠缠度的大小，人们还可以控制不可对易的力学量被确定的准确度。这说明，量子世界的不确定是相对的，而不是绝对的。①

对于微观粒子来说，当人们没有测量它，它以其自在方式运动着，完全可以用波函数来进行描述。而在经典物理学中，要完全确定经典物体的状态，需要坐标与动量（或广义坐标和广义动量）的同时描述，这是经典物理学所形成的观念。但到了量子世界，只需要用波函数就能够完全描述微观粒子的状态，不需要从坐标与动量同时对微观粒子进行描述。采用坐标与动量的描述方式是经典物理学的方法，在量子世界并不具有必然性。事实上，当我们用微观粒子来指称微观世界的个体（如光子、原子、中子等），实际上它并不是经典物理学意义上的粒子或波，因此不能够用经典的粒子或波概念去审视微观粒子。"微观粒子"就是一个习惯指称。在量子测量之前，我们只知道微观粒子能够用一个复数的波函数进行完全描述，其他的信息我们并不知道。微观粒子经过测量仪器作用之后才变为经典的粒子或经典的波。

用波函数描述的量子世界是确定的，还是不确定的？由于波函数完全描述了量子世界的微观粒子，而且波函数的演化遵从薛定谔方程，它在微观世界的演化就是一个因果的决定论的演化，微观粒子的一切性质都可以通过波函数的演化来概率预见。因此，从波函数这一意义来讲，微观粒子是确定的，关于微观粒子或量子世界的知识也是确定的，而不是不确定的。

# 三　量子力学的诠释问题

科学理论并不能孤立存在，它必须植根在一个更广大的知识和信念体系中才能获得较为充分的支持和说明，从而变得更具有可理解性。因此，任何理论都需要补充性的说明，以使得理论本身变得更加

---

① 吴国林：《量子技术哲学》，华南理工大学出版社 2016 年版，第 286 页。

可靠和可理解。在物理学中，只是到了量子力学这里，对理论本身的诠释问题才变得更为迫切。量子世界并不是人们所直接感知的世界，对它的理解只能借助于量子理论和量子实验的检验，即使这样，人们对量子世界的理解仍然存在着重大的差别，这就是量子力学的诠释问题。

量子力学诠释就是关于量子力学理论的一种说法或一种理论，或者说关于微观世界是怎么样的描述。量子力学诠释（interpretation）可被定义为：当量子力学为真，世界会是什么样的描述。[1] 量子力学诠释，不仅是对量子世界是什么样的理解，而且把量子世界的本来面貌展示出来了。由于量子世界的非直观感知性，人们认识量子世界并不能一次完成，因此，历史上出现了多种著名的量子力学诠释。比如，哥本哈根诠释、玻姆量子势诠释、退相干诠释、模态诠释、多世界诠释等，[2] 这些诠释仍然活跃在量子力学中，它们与不同学者的量子力学的研究相联系。目前有关量子力学的诠释还在增加，其中，笔者与合作者共同提出了双四维复时空的量子力学曲率诠释。[3]

量子力学的诠释，就是对量子世界的一种理解。各种不同的量子力学诠释是否具有同等重要性？理解有没有优劣之分？伽达默尔的诠释说认为："理解并不是更好理解……我们只消说，如果我们一般有所理解，那么我们总是以不同的方式在理解，这就够了。"[4] 这就是说，理解没有优劣之分，我们所看到的只是不同的理解。伽达默尔的这一理解观是否适合于量子力学的诠释呢？我们知道，量子力学的诠释，也就是量子科学家对量子力学如何进行理解。事实上，量子科学家都在寻找一种更好的诠释，能克服原有诠释的不足，以增进对量子世界的理解。上述的哥本哈根诠释、玻姆量子势诠释、退相干诠释、

---

[1]　R. A. Healey, *The Philosophy of Quantum Mechanics*: *Interactive Interpretation*, Cambridge: Cambridge University Press, 1989, p. 5.

[2]　这五种量子力学诠释的基本内容，参见吴国林《量子技术哲学》，第197—203页。

[3]　赵国求、李康、吴国林：《量子力学曲率诠释论纲》，《武汉理工大学学报》（社会科学版）2013年第1期。该模型也受到了美国波士顿大学哲学系曹天予教授的积极评价。

[4]　［德］伽达默尔：《真理与方法》（修订译本），洪汉鼎译，商务印书馆2007年版，第403页。

模态诠释、多世界诠释等，都有不同的解释力。比如，多世界诠释虽然在人们的现实理解中有许多"奇异"之处，如多世界诠释认为，每一次量子测量，整个宇宙分裂为两个或更多个彼此独立的世界，但是，它的逻辑性却是非常好。

面对这么多的量子力学诠释，能否原则上提出一些条件来选择一个更好的诠释。一个好的量子力学诠释应该是怎样的或满足什么条件？此问题并未得到过专门或广泛的讨论。因为一个科学理论必须接受逻辑检验和经验检验这两个基本条件，已经成为物理学家和物理哲学家的研究共识。逻辑一致和符合经验作为量子力学诠释的基本条件和限制，的确让我们找到了具有一定诠释力的诠释版本。但是，对于量子力学诠释而言，仅逻辑和经验两个条件还不具有足够的辨识力。

"对选择问题而言，一个恰当的解决将有赖于这样一组条件，按照它们就可以从众多的诠释中选出来一个或两个站得住脚的版本，并且在可接受的意义上，这组条件对于各种不同版本的拥护者来说是元诠释的。"可见，量子力学诠释条件涉及的是元诠释问题（meta-interpretational question）。维马斯（Vermaas）认为，量子力学诠释的问题不仅是一个探究而且还是选择性的问题。[①] 也就是说，量子力学诠释包括寻找诠释和探究选择诠释的条件两个部分。

为此，我们应当把元诠释的研究视域适当扩大。事实上，技术对于微观世界的认识具有重要作用。微观系统（被测量的微观系统）与测量仪器发生相互作用，这时仪器是对微观系统某一性质或某一侧面的展现，仪器所展现出来的现象是经典现象。这些经典现象并不与原来的微观系统的性质一一对应，而是微观系统借着测量仪器被诠释出来，被显现出来的可视化的现象并不是微观系统本身的状态。按照后现象学家伊德（Ihde）所说，诠释学关系不是扩展或模仿感觉和身体能力，而是语言及诠释能力。诠释学关系用意向性关系表述为：人类→（技术—世界）。这里的圆括号表示为一个统一体（unity），即技术与世界成为一个整体，世界并不是原初的世界，世界一定与技术

---

① P. E. Vermaas, "Technology and the Conditions on Interpretation of Quantum Mechanics", *The British Journal for the Philosophy of Science*, Vol. 56, 2005, p. 636.

结合在一起。在诠释学关系中，工具是现象的建构者，工具与世界之间不存在明显的一致性，技术显现的是世界的一种现象。人类直接感知到的是工具的可视化形式，而不是世界本身的自在状态。诠释学关系要求使用者具有一种诠释学的能力。

考虑到人们并不能直接把握量子技术，需要借助经典技术来转换。量子技术的意向性公式可以改写为：人类→（经典技术—量子技术—微观世界）。这就是说，经典技术与量子技术一起成为人与微观世界的中介。比如，原子究竟如何？它是通过经典技术与量子技术一起来转换的。人们认识到的原子已经是在经典技术与量子技术作用之下显示出来的原子，它并不是那个没有经过量子技术作用之前的原子了；经典技术与量子技术在某种意义上成为原子显示的条件。这就是说，原子经过经典技术与量子技术的诠释，才能得到认识主体的理解。

在诠释学关系中，技术一方面对世界进行解蔽，另一方面，技术本身又对世界进行遮蔽，使世界本身不能全面地展现出来。人们看到的世界是在技术语境下的世界，技术的解蔽与遮蔽总是与世界纠缠在一起。微观世界并不能如其所是地显现出来，微观世界总是在技术的解蔽与遮蔽之中。

既然技术在量子世界和认识主体有一个诠释关系，那么，技术条件就应当成为量子力学诠释的条件之一。荷兰学者维马斯（Vermaas）最早考虑了量子力学诠释选择的技术条件。考虑到现代量子技术及其未来发展，维马斯从技术领域对量子力学诠释提出了两个作为逻辑条件和经验条件的补充条件：技术功能条件（Technical functions condition）和工程图纸条件（Engineering sketches condition）。技术功能条件是量子力学的诠释应当通过量子力学满足：将技术功能 $\varphi$ 归因到技术人工物 x。技术功能条件意味着，量子力学理论不仅要检验理论本身的逻辑性、经验检验性，还必须检验量子力学理论如何从量子技术客体推演出技术功能，即量子力学能预见技术客体的功能，显然这是更高阶的要求。除了技术功能条件之外，维马斯提出了工程图纸条件。工程图纸条件来自工程实践中的图纸设计活动。工程图纸条件是指在设计量子力学所描述的技术客体时，量子力学诠释应当满足工程师的作图实践，并且再现这些图纸归因到人工物的性质。① 维马斯认为技术功能条件是主要的，工程图纸条件则带有一定的保留态度（with some reservation）。在笔者看来，工程图纸条件作为量子力学诠释的选择条件，要求过于狭窄，这一要求有些过分。事实上，量子科学实验的有关实验图，并不一定表示真实的微观粒子的运动轨道。因此，这一条件并不能用来选择好的量子力学诠释。而技术功能条件是一个更严格的条件，这一条件是可以用来选择更好的量子力学诠释。各种量子力学的诠释，并不是一个相互竞争的理论，而是以不同方式对量子世界进行解蔽，使量子世界显现出来，让量子世界被理解。技术功能条件开创了人们比较研究量子力学诠释的新思路，这是非常有意义的。技术功能条件实质上反映了科学与技术之间的紧密关系，即科学理论能够说明技术客体的功能。虽然量子力学不能对量子人工物的设计提出具体的操作方式，但是，量子力学能够预见科学事实，都必须有（或创造）量子技术设置去实施，以检验量子力学的诠释是否更好。宽泛地讲，技术功能条件可以放松为技术条件，即量子力学诠释还需要有技术条件作为标准。

笔者曾给量子技术给出了一个界定，量子技术是建立在量子力学和量子信息理论基础之上的新型技术。② 这实际上是说，量子力学和量子信息理论是量子技术的理论基础，因此，用量子技术的规范去要求量子力学诠释，以便选择一个更好的量子力学理论，这是有积极意义的。量子力学诠释的技术功能条件是对量子力学诠释的高阶检验。

既然量子力学与量子信息理论是量子技术的基础，那么，我们自然想到一个问题，量子力学诠释的选择是否需要有一个信息条件呢？

从量子信息来考察，有的量子力学诠释不能说明量子信息的本体地位，而仅把量子态看作是一种数学的东西。1926 年，玻恩在《论碰撞过程的量子力学》中首先提出波函数的几率波诠释：波并不像经典波那样代表什么实在的物理量的波动，它只不过是关于粒子的各种

---

① P. E. Vermaas, "Technology and the Conditions on Interpretation of Quantum Mechanics", *The British Journal for the Philosophy of Science*, vol. 56, 2005, p. 653.

② 吴国林：《量子技术的哲学意蕴》，《哲学动态》2013 年第 8 期。

物理量的几率分布的数学描述而已，① 而不是实在的东西。在笔者看来，波函数作为存在，它是实在与信息的统一，从这一角度来看，信息显现了实在某一方面的性质。在玻姆的量子势诠释中，玻姆于 20 世纪 80 年代末提出了"主动信息"（active information）概念用于他的量子理论的本体论诠释中。由于量子势的形式控制量子的行为，这意味着，在量子势中包含的"信息"决定了量子过程的结果，玻姆把这种"信息"称之为"主动信息"。而在最新的量子信息技术中，如量子隐形传态过程中，也涉及量子信息的传递问题，涉及量子信息与经典信息的关系。随着量子信息理论的兴起，也有学者提出，用量子信息重构量子力学。著名物理学家惠勒也提出，万物来自比特。凡此种种，都隐喻着量子信息条件应当在量子力学诠释中起到某种作用。为此，我们认为，量子力学诠释的选择条件，除了技术条件之外，还应当增加一个信息条件，量子力学诠释要说明量子系统演化中的信息过程。比如，信息如何产生、处理与传播等。简言之，量子力学诠释的信息条件是：量子力学诠释应当通过量子力学说明量子信息的传递和经典转变过程（即如何从量子信息转变为经典信息）。增加信息条件实质上反映了科学理论与信息理论之间的关系，反映了实在与信息之间具有关联性。

可见，量子力学诠释不同于伽达默尔的理解观，量子力学诠释在于追求更好的量子科学理论，而不仅仅是多一种说法而已。或者说，更好的量子力学诠释要更加接近量子世界的真相或本来面目。

# 四　量子诠释意义上的理解

理解总是主体的理解，总是表现为主体如何认识世界，更好地与世界打交道，并且在理解的基础上，主体更好地进行预见和实践，让人在世上活得幸福。人类的发展史表明，仅有人文社会科学，而没有自然科学的发展，人类是不可能长久幸福的。比如，没有现代医学，人类的平均寿命会很短；没有空调机，在炎热的夏日难以获得冰凉的

---

① M. Born, "Zur Quantenmechanik der Stossvorgänge", *Z. Physik*, vol. 37, 1926, pp. 863 – 867.

舒适感。

对文学作品来说，有没有主客区分问题，文本对象是否具有意义？如普鲁斯特所言："事实上，读书时每个读者都在读自己。作品不过是作家提供给读者的一个类似于光学仪器的工具，它能让读者见到自己心中那些无此书他便很难见到的东西。"英伽登发挥为"文本与读者融为一体，主客之分失去作用，于是意义不再是一个需要定义的对象，而是需要体验的效应。"① 保罗·德曼认为："如果我们不再认为一篇文学文本可以理所当然地被认为具有一个明确的意义或一整套含义，而是将阅读行为看作是一个真理与谬误无法摆脱的纠缠在一起的无止境过程，那么，在文学史上经常运用的一些流行的方法就不再适合了。"② 这意味着文学文本不是具有确定意义的独立客体，不会有确定不变的意义。

如果说在人文学科的诠释学范围内有否定文本原意的主张，那么，在当代自然科学中，也有这样的看法。近年来，网络上有 3 篇署名"中国科学院院士朱清时"的文章——《物理学步入禅境：缘起性空》《再谈物理学步入禅境》和《量子意识：现代科学与佛学的汇合处?》，因为朱清时是中国科学院院士，又做过中国科技大学的校长，其论文影响颇大。超弦理论认为，组成物质世界的基本客体是弦。组成物质世界的基本单元是宇宙弦的各种可能的振动态，朱清时将弦的振动态看做不是客观实在的，由此宣称"物质不是客观实在"。实际上，弦或量子场都是物质世界的基本单元，都是物质的客观存在形式，也没有到达"缘起性空"。他甚至还得出这样的结论："意识是物质世界的基础。""意识不能被排除在客观世界之外。""物质世界是无中生有产生的。"显然，朱清时对超弦理论、量子力学的诠释是错误的，微观物质有其本然的存在，它不能无中生有。

为此，我们必须考查量子文本。科学工作者所理解的量子文本，是由四个层次的量子文本组成：第一，量子文本是由量子概念、量子

---

① ［法］安托万·孔帕尼翁：《理论的幽灵——文学与常识》，吴泓缈等译，南京大学出版社 2011 年版，第 136、141—142 页。

② Paul de Man, *Blandness and Insight*, University of Minnesota Press, 1983, p. vii.

规律、量子定理和量子理论组成的量子科学知识体系，它是由理论观点、专门术语和数学推导等组成的文字或符号系统，这就是"量子理论文本"。第二，科学仪器（含量子测量仪器）与科学实验构成的"量子经验文本"。由科学仪器所构成的各种科学实验活动，既包括实验的过程，也包括实验的结果。科学仪器总是可读的。第三，自然界包括量子世界，量子世界本身就是一本需要打开的书，需要人类去阅读和理解，这是"原初量子文本"。量子世界构成一个客观的世界。人类需要认识量子世界，改造和利用量子自然，并与量子世界和谐相处。这也是量子诠释的根本目的。

第四，由人的意向、量子文本与量子世界共同创造的量子技术，形成量子技术文本。

量子文本的意义主要有这几方面。（1）基本含义。量子文本的基本含义。其意义只存在于量子作品的科学文字和语言结构自身之中。（2）指称意义。理解是为了把握量子文本的含义、作品的原意（original meaning），即通过文本语言符号所表达的思想。（3）语境意义。理解是"让"文本意义显现、展示和出场。量子文本的语境意义是指称文本在与理解者或世界的相遇中所呈现出来的意义，这种意义也是理解者所领会到的意义。它是在不同的时代、不同的理解条件下所呈现出来的不同的意义，甚至还包括价值意义和时代意义等。量子文本的基本含义，就是其通过符号或文字所表达出来的意义。比如，位置与动量不确定关系 $\Delta x \Delta p_x \geq \eta/2$ 表示：对于一个微观粒子来说，如果它的坐标（位置）是准确的或确定的，即 $\Delta x = 0$，那么，同时它的动量就无法确定，即 $\Delta p_x \rightarrow \infty$；反之，如果它的动量是准确的或确定的，即 $\Delta p_x = 0$，那么，同时间它的位置就无法确定，即 $\Delta x \rightarrow \infty$。量子文本的指称意义，是指量子文本的真理或真相。具体来说，对于量子世界本身，我们要获得其本质认识；对于量子概念、量子规律和量子理论，我们要获得其真理性认识。坐标与动量的不确定关系说明了，微观粒子的坐标与动量不可能被准确测量，这与测量仪器的准确程度没有关系。量子文本的语境意义，是指量子文本在不同的语境中显示出来的意义。坐标与动量的不确定关系可阐释线性谐振子的基态零点能、氢原子的基态能。能量与时间的不确定关系可阐释大爆炸宇宙学的宇宙创生的能量。不确定原理用于人文文本意味着，文本既有原本意义，也有个体意义、历史意义和当代意义等。

对于量子文本，能否任意解释呢？显然不能。量子文本的正确理解，只能是对量子文本的真理性的揭示。在认识量子文本的过程中，它的真理性是渐次得到显示的。理解量子文本，就是要获得其原本、自在的意义。对于量子世界来说，不论有多种性质的量子现象，关键在于获得对量子世界的真理性认识，即获得量子世界的自身显示、它自身显现出来意义，这是原初的意义，其他的意义都是次生的。正如张江从文论角度认为，文本有自在意义。他说："公共阐释将公众难以理解和接受的晦暗文本，尤其是区别于文学的历史文本，加以观照、解释、说明，使文本向公众敞开，渐次释放文本的自在性，即作者形诸文本、使文本得以存在的基本意图及其可能的意义。"①

可见，判断理解量子文本是否正确，只能是主体的理解是否是量子文本的真理性显示。不论是原初量子文本（量子世界）、实验量子文本和理论量子文本，其根本任务是发现量子科学理论，并使量子科学理论（理论量子文本）接受量子实验（量子实践）的检验，还要预见或创造新的量子现象或量子技术人工物。即是说，真理性是检验理解量子文本的唯一标准，这里的真理既包括符合论意义的认识真理观，还包括存在论意义的解蔽（揭示）真理观，即量子事物如其所示的显现出来，就是真理。量子文本的真理，并不是发现者主体的意图，也不是早已在那里等候，而是需要我们去发现，需要我们去发明。

理解者之所以能够理解量子文本，其根源在于：（1）具有理解能力和学习能力的理解者；（2）理解者具有量子文本的前见，如经典科学的基本知识和实践；（3）间距，即理解者与量子文本之间的间距，这个间距包括宏观的主体与微观的量子世界之间的距离；（4）以数学为标志的科学语言。

间距需要有量子技术如量子测量仪器等去架设沟通理解的桥梁，让微观粒子显现出来，让宏观的主体能间接认知它。量子技术不仅仅

① 张江：《公共阐释论纲》，《学术研究》2017 年第 6 期。

起一个桥梁的作用，它还在量子世界与主体之间发挥诠释作用。当然，上述理解会构成多种循环，并且在量子文本的理论与实践层次上，理解、解释与应用三者达到统一。量子诠释在于对量子文本进行理解、解释和应用，并获得量子文本的意义。理解、解释和应用同是理解过程中的组成部分，三者之间是相互作用的。

理解在于达到认识和揭示真理，这对于人文文本也是如此。一个好的人文文本的理解，应当更接近文本的本意，这就是说，人文学科的解释，也必须追求真。为了让他者理解，而曲解原意，即使是为达到善或美，那样的善是伪善，那样的美是赝美。在此基础上，理解的标准是达到真、善与美的统一。

就量子文本的理解来说，最基本的标准是真。但是，这还不够，这在于真也是社会历史的过程，真也有一个不断展现的过程，因此才有不同的量子力学诠释。由于量子文本还能够直接或间接用于改造世界和人自身，因此，对量子文本的理解的更全面的标准，也是真、善与美的统一，而不能仅是真，而忽视了善与美对真的制约和指引。

# 公共阐释论与存在论阐释学的
# 分歧和互补<sup>*</sup>

崔欣欣　　刘彦顺<sup>**</sup>

西方阐释学在 20 世纪 90 年代左右开始受到国内学界的重视，其中西方现代阐释学的影响力尤其广泛和深入。海德格尔和伽达默尔的存在论阐释学是西方现代阐释学的源头，海德格尔从存在论现象学视角出发，把阐释学由方法论和认识论引入本体论层面进行讨论，伽达默尔沿着海德格尔的道路继续前进，并为阐释加入了历史性维度，建构了他的哲学阐释学。总体来说，存在论阐释学以存在论现象学为理论基础，不追求阐释结果的确定性，强调文学作品的意义在阅读或审美过程中的显现，以及读者在这一过程中的个体化的审美体验。它引领了西方现代阐释学强调"读者权威"的潮流，在我国学界也产生了深刻的影响：一方面，这种强调个体经验、追求开放性和非确定性的阐释倾向给我国文学批评界带来了丰富的声音和繁荣的景象，为文本阐释提供了多元视角；另一方面，它也产生了一定的消极影响——理论先行、前置立场、预设结论的批评模式大肆其道，文本被任意肢解，经典本身的意义和价值反而被"遮蔽"了。面对如此现状，国内学者提出建构中国自己的阐释学理论的主张。张江教授的"公共阐释论"即这一理论倡议下的一种实践。它试图解决两个方面的问题：

---

   * 本文为国家社科基金项目"现象学美学中的时间性思想及其效应研究"（项目编号：16BZW024）的阶段性成果。

   ** 作者单位：崔欣欣，中国社会科学院研究生院马克思主义学院；刘彦顺，暨南大学文学院。

一是试图为以文学作品为主的艺术批评和阐释中普遍存在的"强制阐释"现象提供一种有效的解决途径；二是反思西方当代"反理性、反基础、反逻各斯中心主义"①的阐释学主流倾向的局限性，建设具有公共理性的中国本土阐释学理论。

张江教授在《公共阐释论纲》中将海德格尔和伽达默尔的存在论阐释学作为公共阐释理论建设的文献参考与准备之一。他认为，海德格尔对此在之共同在世及言说的共享本质的阐述，以及伽达默尔对语言共同体与阐释之关系的论述说明了存在论阐释学内在的公共性。但与此同时，他又指出伽达默尔对无定解阐释的坚持和倡导是一种"自我反省与批判"，②存在论阐释学对个体经验优先性的强调是造成这种结果的根源所在。这意味着：一方面，存在论阐释学与公共阐释论之间一定程度上具有内在的一致性；另一方面，也从侧面反映了两种阐释学理论在其理论根基、有效阐释的生成及阐释学的效用等问题上存在分歧。那么，公共阐释论与存在论阐释学之间究竟有何异同？两种阐释学理论是否存在对话和互补的可能性？本文试图在美学及文艺理论视域中对以上论题进行分析和探究。

# 一 存在论阐释学的存在论基础和公共阐释论的公共理性根基

伽达默尔明确指出："海德格尔对人类此在（Dasein）的时间性分析已经令人信服地表明：理解不属于主体的行为方式，而是此在本身的存在方式。"③海德格尔对此在的生存论分析在于追问此在如何"在"，对此在的理解和阐释即为此在存在本身。相应地，就对文艺作品的阐释而言，存在论阐释学遵循海德格尔存在论现象学的原则和方法，致力于探讨和回答对文学作品的"理解和阐释如何存在"的

---

① 张江：《公共阐释论纲》，《学术研究》2017 年第 6 期。
② 张江：《公共阐释论纲》，《学术研究》2017 年第 6 期。
③ ［德］伽达默尔：《真理与方法：哲学诠释学的基本特征》上卷，洪汉鼎译，上海译文出版社 2004 年版，第 4 页。

问题。在此理论基础上，存在论阐释学以对作品的个体性感受和经验为理解与阐释的出发点，将作品外在性的东西如作者的原意、作品产生的时代背景进行悬置。在这里，阐释的目的不再是重现文本的创作原意，而是追问作为"此在"的人在对文本的理解经验中如何实现自我理解，以及作品意义在这一过程中是如何不断生成和显现的。也就是说，读者的阅读和理解过程本身就是阐释的目的，也是作品意义的发生机制。读者个体的审美意向性经验的重要性在此得到凸显。读者的审美经验是在与文学作品相遇相交的过程中逐渐获得的，它是个体性的、不可重复的，是理性的，也可以是非理性的。存在论阐释学对个体审美经验优先性的强调是一种反理性的阐释倾向，具有消解绝对理性和绝对认识真理的意图。这种反理性的阐释倾向是海德格尔和伽达默尔对施莱尔马赫与狄尔泰的认识论意义上的阐释学的批判和反拨。它扬弃了复现和还原作者意图的传统阐释学宗旨，使阐释和理解行为本身的审美意义与审美价值得以彰显。

在存在论阐释学视域中，读者个体的阅读活动和由此生成的审美经验才属于对文学作品的有效阐释，任何以社会学、历史学和心理学视角对作品的拆解性分析与批评都不属于原发性阐释行为本身，它或者发生在原发性阐释行为之前，或者是在原发性阐释行为之后对作品的进一步探讨，其作用在于拓展读者对文学作品产生背景的了解和认识，这种认识有可能使读者在审美和阅读过程中产生更多的审美愉悦，从而打开作品更为丰富的意义世界。以对《红楼梦》的阐释为例，根据存在论阐释学的原则，那些将《红楼梦》解读为批判封建社会腐朽性或者解读成作者人生经历的传记式描述的做法都不是真正的原发性阐释行为，而只有当读者以审美的态度面对作品及其整个意义世界，并在阅读过程中不断生发出流畅的愉悦感，对《红楼梦》的理解和阐释才真正发生。因此，在存在论现象学基础上，存在论阐释学追求的不是以一种逻辑的或者推论的方式复现文本的原初意图，而是以跨越历史时空的文本与阐释者之间的互文性相遇来打开和扩展文本潜在的意义维度。

相对于存在论阐释学对个体经验优先性的强调，公共阐释论则主张，当某个语言共同体中的人们阅读同一部文学作品时，应当以达成共同理解为阐释有效性的标准。这种对作品的理解共识是在理性原则指导下的公共性理解；作为指导原则和规范标准的理性是个体理性的共识叠加与集合而形成的"公共理性"。① 公共阐释建立在"公共理性"的基础之上，公共阐释中的理性主义体现为公共理性。那么，何为公共理性呢？公共理性指导下的对文学作品的公共阐释行为与奠基于存在论阐释学的文学阐释活动有何异同？这是理解公共阐释论与存在论阐释学视域下的文学阐释行为之差异性的核心所在。总的来说，公共理性包含了公共性和理性两大内涵。

首先，这里的理性是不同于个体理性的公共性理性。西方哲学史上的理性概念一般指的是个体层面的理性认知，理性代表一种反思、判断和推理的"我思"的能力，是认识论的基础。而理性的公共性不曾受到重视。近代以来的阐释学理论也未曾明确地将公共理性作为其理论基础。直到公共阐释论中，作为公共视域下人类普遍认知范式的"公共理性"才被正式提到阐释学的理论核心位置。具体来说，张江教授"公共阐释论"中的"公共理性"指的是"个体理性的共识重叠与规范集合"，② 这意味着理性是公共阐释的基本内涵，"公共理性"规范下的文学阐释活动应符合普遍的理性规则，对作者创作心理、创作意图的推理和判断应该是理性指导下的合乎人类基本认知规范的行为，其作用在于为读者提供关于作品背景及内涵的共通性认识。但是，公共阐释论的公共理性根基与存在论阐释学的存在论现象学基础并不是两个相互对立的因素，或者说两者的差异不构成两种阐释学理论之间的对立，因为它们不是针对同一维度的文学阐释行为而言的。前者强调公共领域中文学阐释和批评活动的理性特质，后者则主张读者个体与作品之间意向性审美经验的兴发性和丰富性。在这两种阐释方案中，文学作品被视为不同的"对象"，在公共阐释论中文学作品是认识对象，而在存在论阐释学中文学作品属于审美对象。因此，公共阐释更倾向于认识行为而非审美行为；相对而言，存在论阐释学则更突出审美个体阅读经验的整体性和流畅性，理性和感性在其

---

① 张江：《公共阐释论纲》，《学术研究》2017 年第 6 期。
② 张江：《公共阐释论纲》，《学术研究》2017 年第 6 期。

中相互融合、相互渗透。而由于存在论阐释学是对近代以来的认识论阐释学的反拨与批判，因此它更为强调感性经验在整个阅读经验中的重要性。

其次，"公共理性"是对公共空间中的文学阐释行为的基本规范，因此，"公共性"是公共阐释和公共理性的必要前提。也就是说，公共阐释论中的理性是超越了个体理性的具有普遍公约性的公共理性，它为公共性的阐释活动奠定了基本的原则和规范。《公共阐释论纲》指出："阐释的公共性决定于人类理性的公共性，公共理性的目标是认知的真理性与阐释的确定性。"① 更确切地说，阐释的公共性与理性的公共性是相互规定、相互依存的：一方面，当文学阐释活动进入公共领域时，阐释者之间的相互理解和共同认知的达成必定是在公共理性的规范下实现的，理性的公共性确保了文学阐释的普遍可理解性；另一方面，公共理性是针对读者或批评家在公共领域的文学阐释活动而言的，公共理性满足了人们在公共领域交流和相互理解的需求。由此可见，"公共性"不仅是公共理性的基本内涵，更是公共阐释论的基本前提。相较而言，就存在论阐释学来说，对作品的原发性的理解和阐释首先发生在读者个体与艺术作品"之间"。存在论阐释学的理论适用场域在于读者与文学作品之间的独特的意向性审美世界，它可以发生在私人空间，也可以发生在公共场所。例如，当多个读者在同一空间同时阅读和欣赏一首诗时，从存在论阐释学角度来说，有效的原发性阐释发生在读者个体和诗之间，它是读者个体对诗的审美体验和意义理解。同样地，当多个欣赏者面对博物馆中的同一幅绘画作品时，当观众在音乐厅中同时聆听同一首交响乐时，他们与艺术作品之间的最初关联也是存在论意义上的。个体的审美经验揭示了艺术作品的意义世界，作品的审美价值首先实现于为欣赏者个体所带去的审美愉悦中。因此，在个体的阅读和欣赏活动结束之前，在进入到审美个体之间的对话和交流之前，阐释更显著地体现为存在论意义上的理解行为。

综上可知，即使是在公共场域中对艺术作品的理解和阐释行为，

---

① 张江：《公共阐释论纲》，《学术研究》2017 年第 6 期。

也存在着不同的维度。读者个体与作品之间的理解和阐释属于存在论阐释学范畴，阅读和审美体验同时包含着感性和理性经验；而读者彼此之间就某个文学作品的审美体验进行的交流和对话则属于公共阐释论的探讨范围，交流和对话以相互理解为目的，因此建立在公共理性的指导原则之上。

## 二 阐释结果的多元性及公共阐释的确定性

由于理论基础和运行范式相异，两种阐释学理论所得出的阐释效果是不同的。总的来说，存在论阐释学肯定对文学文本阐释歧义的合理性，认为对文本意义的阐释是无定解的；而公共阐释论追求的是"认知的真理性和阐释的确定性"，[①] 认为文本阐释的多元性是有限度的，读者个体的阐释必须受到公共阐释的检验和评判。

伽达默尔指出，对于理解而言，本质性的问题就是敞开和开放的可能性。他肯定了读者对文本的创造性解读："文本的意义超越它的作者，这并非只是暂时的，而是永远如此的。因此，理解就不是一种复制的行为，而是始终是一种创造性的行为。"[②] 也就是说，存在论阐释学的根本目的不在于获得符合创作者本意的文本的确定性意义，而是让读者参与到文本意义的展开过程中。阐释的开放性是由文学作品与阐释者之间的历史距离造成的，对于历史文本的阐释尤其如此。当读者在阅读一个历史文本时，他对文本的理解不完全依据文本自身的真实意义，而是同时受到读者所处历史环境的影响，因为每一个时代往往是按照它自身的方式来理解历史文本的。因而，阐释在这里是一个开放性的无确定答案的经验行为，正如伽达默尔所言："经验的辩证运动的真正完成并不在于某种封闭的知识，而是在于那种通过经验本身促成的对于经验的开放性。"[③] 从这一意义上来说，对文本的

---

① 张江：《公共阐释论纲》，《学术研究》2017 年第 6 期。
② ［德］伽达默尔：《真理与方法：哲学诠释学的基本特征》上卷，洪汉鼎译，上海译文出版社 2004 年版，第 383 页。
③ ［德］伽达默尔：《真理与方法：哲学诠释学的基本特征》上卷，洪汉鼎译，上海译文出版社 2004 年版，第 457 页。

理解和阐释就不是一种复制作者意图的行为，而是一个"意义发生事件"——文本所流溢出的情感打动了读者，将读者卷进它所营造的氛围整体和意义世界。例如，在完成《红楼梦》的创作后，作者的写作意图已经不存在了，它内蕴于作品本身，成为人物的对话、行动、心理，以及事件的发生、冲突和结局，等待读者在具体的阅读活动中进行领会和阐释。作品的意义从历时性维度来说是开放的，只要是围绕着文本进行的理解与阐释都属于关于《红楼梦》的"意义发生事件"，文本的意义和价值在一次次的"意义发生事件"中得到丰富和拓展。

存在论阐释学对阐释效果的开放性和无定解性的肯定源于其对时间距离的积极的阐释学意义的运用。伽达默尔认为，海德格尔对阐释学的存在论转向把时间性带入了理解视域中。时间视域对阐释的积极意义体现在：对文本或艺术作品的意义的理解是永无止境的，在这个过程中不仅有新的有价值的理解涌现出来，而且也会出现错误的混杂的理解，正是凭借时间距离，才能够将这些新的错误进行过滤，从而促使真正的意义得以浮现。因而，存在论阐释是在时间视域中不断生成多样性的阐释经验，并淘汰极端的、无法理解的私人化阐释经验。

公共阐释论则认为，对文本理解和阐释的最终目的并不在于呈现阐释结果的多样性和歧异性，而是追求公共视域中对文学作品理解和解释的确定性。在公共阐释论中，"阐释的确定性"是一个核心论题。公共阐释论建立在公共理性的根基之上，理性的本来目的就在于在混乱或歧义中找到有规律的、合目的的确定性认知，公共理性作为公共领域中的实践理性，更需要凸显确定性认知的核心地位。由此，确当的阐释就成为公共阐释论的预设要求和必然效果。更进一步来说，公共领域的文本阐释要想获得有效性和合法性，就必须实现阐释者之间的共同理解和公共认知。因而，在关于文本意义的交流和论辩的过程中无论发生怎样的冲突和对抗，最终都要以寻求一个公共性的阐释结果为目标，这是阐释作为一种权力或力量在公共领域的特有属性。① 而且张江还指出，那些不被公共理性所接受的阐释往往是脱离

① 张江、〔英〕约翰·汤普森：《公共阐释还是社会阐释——张江与约翰·汤普森的对话》，《学术研究》2017 年第 11 期。

了文本的强制阐释，是理论家站在自己的既有立场上将自身的观点强加于文本的私人阐释，这样的私人性阐释不利于阐释发挥应有的社会影响力，属于无效阐释，[①] 故而应当被公共阐释所淘汰。

由上所述可知，无论是公共阐释论，还是存在论阐释学，都是以文本作为理解和阐释的本体依据。从"文本意图"出发，公共阐释论得出对文学作品意义的阐释必须具有边界性，理解始终围绕着文本本体而进行，且阐释的结果具有可公约性；存在论阐释学认为文本的意义世界具有无限的开放性，因为文本是历史性的文本，每一个时代对文本的理解和阐释都是重新生成的，带有这个时代的烙印。但是，问题在于理解和阐释的开放性是否就意味着公共阐释所追求的阐释的确定性与存在论阐释的个体经验是全然对立的？答案并不绝对。

表面看来，就公共阐释论而言，理解与阐释似乎具有"真"与"假"之分，被检阅的符合所谓公共权威的阐释为"真"阐释，可被记载和传播，而不被公共权威所接纳的为"假"阐释，需被否定和淘汰。然而究其根本，公共阐释对阐释确定性的追求是为了防止理解上的任意践踏而造成的对文本本意的"误解"，最终目的则是为了使阐释学更好地履行它的公共性的社会责任。假使放任阐释的无限开放性而不加以有限度的约束和规范，则难以避免对文本的任意和强制性解读，从而误导不具有充分的合理前见的读者，造成理解混乱、认知失范。因此，理解的开放性并不是公共阐释论抵制的核心，对文本的任意拆解和肆意解读才是其反对的根本。反之，对存在论阐释学来说，虽然它肯定文本的历史开放性和意义内涵的丰富性，但是却反对理解的任意性，它也认为理解和阐释应尽可能避免自我误解，因为理解是自我存在的理解，对文本的理解就是人自我的一次存在的实现，倘若发生误解，则说明理解是不恰当的、不可靠的，人的自我存在因而也是无法实现的。所以，存在论阐释学也是在开放性的理解中努力达到恰当、有力和可靠的理解。[②]

易言之，在公共阐释论和存在论阐释学看来，在理解和阐释文本

① 张江：《公共阐释论纲》，《学术研究》2017 年第 6 期。
② ［加］让·格朗丹：《哲学解释学导论》，何卫平译，商务印书馆 2009 年版，第 157 页。

时，文本本体才是阐释的核心意义来源，一切理解和阐释都应以努力使文本本身的意义显现为任务，任何扭曲或遮蔽文本自身意义的理解与阐释都是不合理的。忽视文本意义的解释会使阐释者陷入自说自话的个人独白中，这不仅是公共阐释极力反对的，也是被存在论阐释学所摒弃的。事实上，相较于德里达的建立在解构主义基础上的以揭示文本不确定性为核心的激进阐释学，存在论阐释学的开放性仍然是一种"有限度"的开放。可以说，伽达默尔的存在论阐释学其实内蕴了辩证法特征。例如，在与赫施、佩尔的论争中，伽达默尔强调了文本阐释的不确定性，而在与德里达的论争中，他又反过来批判德里达过于激进的不确定性理解观点。这种看似矛盾的态度实则"从一个侧面说明了伽达默尔哲学诠释学的辩证特性，即追求意义的确定性与不确定性的辩证统一的特性"。① 然而，伽达默尔并没有为解决确定性阐释与无定解阐释之间的矛盾找到一个切实可行的理论路径或者理论空间。从这个意义上来说，公共阐释论的提出恰恰为存在论阐释学的这一难题找到了一个适当的论域空间，解答了存在论阐释学中文本的无定解阐释在何种情况下可以实现确定性，而且应当实现确定性，巧妙地以文本阐释的社会责任和教化意义化解了文本意义的开放性与阐释效果的确定性需求之间的矛盾。

## 三　两种阐释学理论中的真理问题

"真理"在西方哲学史上有着悠久的历史，且一直处于哲学认识论的核心位置。哲学史上常见的几种真理观有符合论、实用论、融贯论等，其中，符合论真理观曾作为海德格尔存在论真理观的主要批判对象。海德格尔对符合论真理观的批判是为了恢复"真理"一词的原初含义，即古希腊的 aletheia，本义为解蔽、显现、揭示。存在论意义上的真理就是"真"的揭蔽，也就是真理本身的自我显现、自我存在。海德格尔将这一真理观带到了对阐释学的存在论转向的批判

---

① 张震：《理解的真理及其限度：西方现代诠释学的艺术哲学向度的考察与批判》，中国社会科学出版社 2010 年版，第 176 页。

中，把此在的自我理解和存在视为阐释学的主要研究对象，真理就在此在的自我理解中彰显自身。就对艺术作品的理解和阐释而言，真理的显现实现于审美个体与作品之间互逆的意向性指向过程，伴随着个体审美经验的生成以及作品意义世界的敞开。伽达默尔吸收了海德格尔对艺术真理的认识，并在对席勒和康德的"审美区分"思想批判的基础上提出了"审美无区分"概念，认为对艺术作品的理解和欣赏不仅包含了对"审美质"的体验，同时也蕴含着对"非审美质"如作品产生的世界及其意义的理解。因此欣赏者对艺术作品的理解经验不只具有感性的审美经验，也具有理性的审美经验，这种艺术经验正是作品意义的展现，也是真理的显现。在此，"理解不再是抵达真理的一种方式或途径，理解本身就是目的，真理即意义的生成"。[①]故而在存在论阐释学中，真理的获得途径是对艺术作品的理解和阐释，"真理问题不再是方法问题；它是显现存在为一个其存在在于理解存在的存在的问题"。[②]真理在这里是理解真理、经验真理、意义真理、存在真理。在《真理与方法》中，伽达默尔还引入游戏概念对艺术作品的理解经验和存在方式进行了说明。在他看来，游戏是一个意义整体，在反复的游戏过程中其意义被表现并被理解。对艺术作品意义的理解和阐释也是如此，荷尔德林诗作的意义正是在读者一次次的阅读中得到理解和显现，《活着》对人生和生活的种种理解与表达读者也只有在亲身的阅读过程中才能够切身体会。

公共阐释论追求的则是认知真理。在公共阐释论中，真理的实现是由阐释各方相互交流所达成的共识，真理在这里具有认识论的意义和价值。这种真理观既不同于存在论的真理观，也与传统哲学中的符合论真理观存在根本性的差异。确切地说，它是一种通过阐释主体之间的回环往复的沟通和交流而获得的具有公共效能的一致性真理，与阿佩尔所说的阐释的真理观相似。在阿佩尔看来，这种真理的"一致

---

① 曾军、辛明尚：《文学阐释的公共性及其问题域》，《复旦学报》（社会科学版）2018 年第 6 期。

② ［法］利科尔：《存在与诠释学》，载《理解与解释——诠释学经典文选》，洪汉鼎译，东方出版社 2001 年版，第 253 页。

性起着一种规整性原则的作用，它作为交往共同体的理想，首先必然在实在共同体中并且通过实在共同体才得到实现"。① 也就是说，根据公共阐释论的原则，对文学作品的阐释所获得的共识真理必须是在语言共同体或民族共同体中才能实现，是共同体成员针对作品的创作意图、文本内涵及形式结构进行交流、对话而得到的一致性认识。它甚至可以形成具有权威性和影响力的普遍性知识，用以教育进而影响其他共同体成员对该作品的阅读理解。例如，中学语文课本上对文章的阅读理解设定参考答案就属于公共阐释论意义上的文学阐释行为，通过设定关于段落大意的"标准答案"来促进学生对"文本原意"的掌握。但是，"公共理性判断不保证真理"，② 对作品的公共阐释主要是通过公共理性规范下的对话来修正和推进关于作品本身认知的确定性。严格来讲，公共阐释论中生成的关于文学作品的确当认知是具有"真理效力"的知识。因此，面对同一部文学作品，公共阐释论强调的是如何使关于文学作品的理解成为确定性的、普遍性的知识，被更多的读者所接受和认识；存在论阐释学关注的则是作品意义，即真理如何由被理解前的遮蔽状态走向解蔽，实现自身的澄明性存在。

这是两种不同维度的真理观。公共阐释论中关于作品的共识性真理的获得是一种社会交往行为的结果，阐释者之间的彼此理解是一种审美主体之间的认同行为；而存在论阐释学的存在论意义上的真理是一种持续发生和不断涌现的文本理解的意义事件，真理的显现是由阐释者与文本在经验活动中共同参与并开启的意义生成行为。简言之，两种真理是就艺术鉴赏的不同维度和不同阶段而言的，存在论阐释学的真理是在理解行为过程中生成和显现的，公共阐释论的真理（共识）是在个体理解行为结束之后，经过多方批判、争论、商讨而得出的。

同在阐释效果上的互补关系一样，两种阐释理论在真理维度上也并非对立，而是可以互补和相互影响的。一方面，存在论真理为共识

---

① ［德］卡尔－莫托·阿佩尔：《哲学的改造》，孙周兴、陆兴华译，上海译文出版社1997年版，第124页。

② 张江：《公共阐释论纲》，《学术研究》2017年第6期。

性真理的获得提供了源源不断的生机与活力，只有在存在论真理的敞开和基础上才有共识论真理的达成；另一方面，共识性真理为阐释者之间的对话交流提供了一个使共识得以达成的合理性论证平台。因为"仅仅把真理视作世界的开启与意义的发生，并不能解决实际经验中的真理断言的有效性的问题"，[①] 面对现实层面的文本意义确定性尤其是文学教育的需求，存在论阐释学的显现真理无法为此提供一个有效可行的实践标准，在这种情况下，需要公共阐释的共识性知识或共识性真理为具体的文本理解和阐释划定可行的范围与标准。而且，公共阐释论和存在论阐释学拥有共同的"真理尺度"，即文本本身，任何超出文学作品自身场域，从阐释者私人角度做出的强制阐释都不属于有效的文学阐释。

## 四　两种阐释学的比较对公共阐释论建构的意义

对两种阐释学理论进行比较的最终目的在于为公共阐释论的建构提供理论参考。由上述比较可知，在对文学等艺术作品的解读中，存在论阐释学和公共阐释论在理论基础、运行机制、阐释效果和目的上均存在一定程度的差异，理清这些差异对于建构公共阐释论具有积极的意义。

首先，公共阐释论的建构需要明确理性规范在文本阐释中的适用论域，肯定感性表达在公共阐释中的重要性。《公共阐释论纲》中明确阐述了理性与感性在阐释中的不同作用："非理性精神行为可以参与阐释过程，精神性体验与情感意志是阐释生成的必要因素，但必须经由理性逻辑的选择、提纯、建构、表达而进入阐释。这是一切阐释之所以可能的必备前提和实现要件。"[②] 也就是说，在公共阐释论中，读者个体对于阅读经验的表述必须是经由理性组织和建构的，那么，

---

① 张震：《理解的真理及其限度：西方现代诠释学的艺术哲学向度的考察与批判》，中国社会科学出版社 2010 年版，第 155 页。

② 张江：《公共阐释论纲》，《学术研究》2017 年第 6 期。

这里就存在一个疑问，理性对感性经验的表达是以何种方式展开的？依据文学阐释文本的基本情况，它可以是对作品各部分的细致分析，也可以是就读者对作品整体流畅的阅读经验进行的描述，前者是"肢解式"的阐释和文本批评，后者则是"兴发式"的文本鉴赏。本文认为，公共阐释论应该以"兴发式"的文本阐释为合理有效且有益于文学批评健康发展的阐释的具体展开方式。这种阐释方式建立在审美个体愉悦、流畅的阅读和审美经验之上，而这种经验的生成正是由存在论阐释学所提供的。因此，确切来说，个体经验在公共领域中的表达亦包含着感性成分，而非全然是理性话语，我们常常用来描述阅读体验的"生动""形象""鲜活""感性"等词就是对愉悦且流畅的审美体验的感性表达。①

其次，公共阐释论应在共时和历时角度对文本阐释结果的开放性和有限性之间的张力关系进行阐述。公共阐释论主张的认知的确定性只是在某一时间段内的阐释效果，从长久的历史进程来看，即使是已被确定的文本阐释结果，也仍然具有开放的特质。我国古代文论也强调文学创作要有"言外之意""味外之旨"，说明文学作品的文本意义没有完全的确定性，对文本的理解和阐释因而也是开放的。因此，公共性是变动不居的、时机化、相对的，是针对特定语境而言的。公共阐释所得出的文本的确定性意义只是某一时间段的一些批判家或读者基于自身的前理解对于文本做出的有限的解读，这些解读在当时的语境中经过公共性的检验得到了肯定，成为"权威"的、"正确"的文本阐释结果，对于其他读者理解文本产生了一定的积极影响。这是公共阐释论对文本阐释在共时性维度上的主要贡献。与此同时，存在论阐释学则在历时性维度上为文本阐释提供了阐释机制，它构成了公共阐释论中文本意义来源的基础。存在论阐释学的历史视域为文本阐释的开放性提供了支持，个体关于文本的理解和阐释经验因为时代的发展和相关知识的丰富而发生变化，它可能会偏离先前的"权威"阐释对某一文本的解读，得出关于文本的新的阅读经验，这些新经验

---

① 刘彦顺：《"公共阐释论"与审美活动作为时间意识的空间性、同时性——论"强制阐释论"与"公共阐释论"的内在关联》，《求是学刊》2018 年第 1 期。

不仅对已有的权威阐释构成了威胁，同时也为新的公共阐释提供了资源。《公共阐释论纲》中只就存在论阐释学的"公共性"内涵对公共阐释论的建构意义进行了说明，从公共性的角度指出了存在论阐释学的此在之共同在世和言说的共享本质对于公共阐释论的理论支持价值，而忽视了存在论阐释学最为根本的理论意义，即它为文本提供的原发性的阅读经验。文本的阐释是时间和空间双重维度共同作用下的结果，缺少任何一维都会对文本理解和阐释的有效性造成损害。因此，公共阐释论的建构需要肯定存在论阐释学的积极价值。

总之，公共阐释论的提出具有重要的理论意义和现实意义。从理论意义上来说，公共阐释是对西方现代阐释学反理性、反逻各斯主流倾向的一种反思和批判，同时也是一种理论的交流和对话，希望通过碰撞产生新的理论视野，进而推动整个阐释学理论在当代的发展和完善。从现实意义上来说，对艺术作品的阐释不可能仅仅停留在私人性的审美愉悦中，一件艺术作品一旦被放置在博物馆或者美术馆中进行展览，它就具有了公共性的审美价值和意义。个体在完成其审美活动后，往往会期待和他人之间的体验交流，并期待获得感性或理性上的共识与认同。而且，专业人士针对作品的一些公开性的阐释和批评也会对他人的理解和审美产生一定的影响。因此，在现实生活中的阐释行为不可能只停留在本体论的意义上，个体审美活动之后的交流与批评就是在公共场域进行的公共阐释行为，它在一定程度上是以追求确当性的认知为目的的。从这一意义上来说，公共阐释对认知真理性和阐释确定性的追求是必不可少的，它所包含的一定程度上的认识论意义和反思性与实践性是对存在论阐释学的必要补充。